Ludger Schönfeld
Mitwirkung: Prof. Dr. Volker Stiehl

Business Process Automation

Geschäftsprozesse nachhaltig automatisieren
mit BPMN und DMN

Rheinwerk
Computing

Liebe Leserin, lieber Leser,

mit diesem Buch haben Sie sich für ein Lehrbuch entschieden, dass Sie pragmatisch und praxisnah an die Automatisierung von Geschäftsprozessen heranführt. Das ist ein nicht zu unterschätzender Vorgang mit vielen Herausforderungen, denn diese Geschäftsprozesse müssen so einige Anforderungen erfüllen: Sie sollen nachhaltig, transparent und flexibel sein. Auch agiles Arbeiten sollte zu ihrem Repertoire gehören, wenn Sie sich an die Umsetzung machen.

Klingt anspruchsvoll? Ist es auch! Aber mit Ludger Schönfeld haben Sie genau den richtigen Experten an der Hand, um die Welt der Business Process Automation zu erkunden. Der Solution Architect, Business Analyst und Projektleiter beschäftigt sich schon seit vielen Jahren mit der Gestaltung und Optimierung digitaler Geschäftsprozesse und zeigt Ihnen in diesem Buch Schritt für Schritt, wie Sie am besten herstellerneutral und individuell arbeiten. Beispiele und Best Practices ergänzen das Theoriewissen und unterstützen Sie dabei, genau das richtige Vorgehen für Ihr Unternehmen auszuwählen.

Zuletzt noch ein Wort in eigener Sache: Wir möchten nicht nur gute Bücher machen, sondern immer bessere. Wir hoffen dazu beizutragen, dass Sie so lernen können, wie Sie es sich wünschen – effizient, mit Spaß, in einem angenehmen Tempo ... was immer Ihnen wichtig ist. Und wer könnte besser sagen, ob uns das gelungen ist, als Sie? Deshalb freuen wir uns, wenn Sie Feedback für uns haben! Wie hat es Ihnen gefallen? Können wir noch etwas verbessern?

Überhaupt sind wir gern im Austausch: Gibt es ein IT-Thema, zu dem Sie ein Buch am Markt vermissen? Etwa, weil es zu einer Veranstaltung an der Hochschule keine genau passende Literatur gibt, oder weil Sie sich in ein neues Framework einarbeiten möchten? Dann melden Sie sich gern!

Und nun viel Spaß und Erfolg mit Business Process Automation!

Ihre Lisa Helmus
Lektorat Computing

lisa.helmus@rheinwerk-verlag.de
www.rheinwerk-verlag.de
Rheinwerk Verlag • Rheinwerkallee 4 • 53227 Bonn

Auf einen Blick

Wir hoffen, dass Sie Freude an diesem Buch haben und sich Ihre Erwartungen erfüllen. Falls Sie Anregungen, Wünsche und Kommentare haben, lassen Sie es uns wissen: **service@rheinwerk-verlag.de**.

Informationen zu unserem Verlag und Kontaktmöglichkeiten finden Sie auf unserer Verlagswebsite **www.rheinwerk-verlag.de**. Dort können Sie sich auch umfassend über unser aktuelles Programm informieren und unsere Bücher und E-Books bestellen.

Autor Ludger Schönfeld
Lektorat Almut Poll, Lisa Helmus
Copy-Editing Friederike Daenecke, Zülpich
Typografie & Layout Vera Brauner
Satz SatzPro, Krefeld
Herstellung Nadine Preyl
Covergestaltung Bastian Illerhaus
Coverbilder Shutterstock: 2287651205 © Gorodenkoff, 658932478 © Papuchalka-kaelaimages
Druck Beltz Grafische Betriebe, Bad Langensalza

Dieses Buch wurde auf FSC®-zertifiziertem Papier gedruckt.
Hergestellt in Deutschland.

Bibliografische Information der Deutschen Nationalbibliothek:
Die Deutsche Nationalbibliothek verzeichnet diese Publikation in der Deutschen Nationalbibliografie; detaillierte bibliografische Daten sind im Internet über *http://dnb.dnb.de* abrufbar.

ISBN 978-3-8362-9564-2

1. Auflage 2026

Rheinwerk Verlag GmbH • Rheinwerkallee 4 • 53227 Bonn
service@rheinwerk-verlag.de

Inhalt

Materialien zum Buch

Auf der Webseite zu diesem Buch stehen folgende Materialien für Sie zum Download bereit:

- Alle Beispielprojekte aus dem Buch
- Installationsanleitungen

Gehen Sie auf *www.rheinwerk-verlag.de/5716*. Klicken Sie auf den Reiter **Materialien**. Sie sehen die herunterladbaren Dateien samt einer Kurzbeschreibung des Dateiinhalts. Klicken Sie auf den Button **Herunterladen**, um den Download zu starten. Je nach Größe der Datei (und Ihrer Internetverbindung) kann es einige Zeit dauern, bis der Download abgeschlossen ist.

Danksagung

Ich möchte mich bei allen Personen (und Hunden 😊) bedanken, die mich beim Verfassen dieses Buches unterstützt haben.

Insbesondere ist *Prof. Dr. Volker Stiehl* zu nennen, der mir in zahlreichen Diskussionen als Sparringspartner zur Verfügung stand und mir unermüdlich Feedback zu den Kapiteln gegeben hat. Danke dir, Volker, für deine Unterstützung dieses Projekts und für den offenen Austausch mit dir!

Des Weiteren möchte ich mich bei meiner Kollegin *Clarissa Goedecke* für ihr Feedback zu diesem Buch bedanken. Seit gut drei Jahren geben wir zusammen Trainings zu »Prozessmodellierung mit BPMN« und haben in Beratungsprojekten zur Business Process Automation zusammengearbeitet. Deshalb bin ich dir sehr dankbar für dein Feedback. Vielen Dank, Clarissa!

Zudem gilt mein Dank der *Object Management Group (OMG)*, die mir im Rahmen dieses Buches gestattet hat, Beispiele und Abbildungen aus ihren Spezifikationen zur BPMN und DMN zu verwenden.

Auch den *Teilnehmern und Teilnehmerinnen an meinen Trainings* möchte ich für ihr konstruktives Feedback zu den Trainings danken: Durch ihr Feedback konnte ich bestimmte Konzepte aus ihrer Perspektive sehen, und ich habe versucht, diesen Blickwinkel im Buch zu berücksichtigen.

Weiterhin möchte ich meiner Freundin *Anja* und ihren Hunden *Dexter*, einem mittlerweile 13-jährigen West Highland White Terrier, und *Arwen*, einer jungen Sheltie-Hündin, für ihre Unterstützung danken, durch die ich dieses Buch zu Ende bringen konnte.

Ferner möchte ich dem gesamten Team des Rheinwerk Verlags danken – hier vor allem *Almut Poll* für die unterstützende Betreuung.

Ludger Schönfeld
Köln, Dezember 2025

Über dieses Buch

Ein Wegweiser hilft, das Ziel zu erreichen.

Fragen, die dieses Kapitel beantwortet

- Was ist die Motivation für dieses Buch?
- Für wen ist das Buch geeignet?
- Wie wird die Theorie vermittelt?

Warum dieses Buch?

Als ich 2016 als Student begann, das Thema für meine Masterthesis zu recherchieren (*»Business Process Management – Eine Vorgehensweise zur Geschäftsprozesserhebung und -beschreibung«*), stellte ich fest, dass die Theorien, die der praktischen Anwendung zugrunde liegen, aus sehr vielen verschiedenen Quellen stammen. Doch wer hat in der Praxis Zeit, diese verstreuten Quellen tatsächlich zu lesen und auszuwerten?

Zudem konnte ich auch in den letzten Jahren meiner Beratertätigkeit feststellen, dass kein Buch wirklich durchgängig erklärt, wie man als Praktiker von der Aufnahme eines Prozesses mit den relevanten Informationen bis hin zur Prozessimplementierung vorgeht. Jedes Buch hat seine Schwerpunkte. Diese liegen entweder auf reinem Requirements Engineering, auf der Architektur oder auf technischen Aspekten und/oder es werden spezifische Details beschrieben, die sich auf bestimmte Softwareprodukte beziehen und damit herstellerabhängig sind.

Darüber hinaus habe ich bemerkt, dass viele Praktiker in den Unternehmen der Ansicht sind, sie müssten nur den Standard BPMN »irgendwie« nutzen, und zusammen mit Technologien wie einem Workflow-Management-System ließen sich alle bisherigen »Herausforderungen« der Organisation bewältigen. Das legt ihnen das Marketing der Softwarehersteller auch durchaus nahe: Es legt den Fokus auf schnelle Erstimplementierungen; was aber zu tun ist, damit Unternehmen auch in Zukunft flexibel ihre Geschäftsziele erreichen, kommt weniger zur Sprache.

Schlimmer noch kann es werden, wenn Hersteller von Low-Code-Softwareprodukten eine schnelle Implementierung in Aussicht stellen. Werden dann die Folgekosten für die Wartung nicht berücksichtigt, drohen gravierende Folgen für die Innovations- und Wettbewerbsfähigkeit der betroffenen Unternehmen.

Denn wartbare Implementierungen sind zentral für die Handlungsfähigkeit von Unternehmen, beispielsweise um Wettbewerbsvorteile zu erzielen, indem neue Funktionalitäten bereitgestellt werden – etwa mithilfe innovativer Technologien wie künstlicher Intelligenz oder durch die Implementierung von kurzfristigen Anforderungen.

Deshalb möchte ich Ihnen mit diesem Buch ein Werk zur Verfügung stellen, das Sie bei Ihrem praktischen Einstieg auf den kompletten Weg mit Erklärungen begleitet:

- Wir beginnen mit der methodischen Erhebung der Informationen, die für einen fachlichen Prozess relevant sind.
- Sie lernen, diesen Prozess konzeptionell mit den Fachexperten zu erarbeiten. Dazu nutzen Sie die Standards *Business Process Model and Notation (BPMN)* und *Decision Model and Notation (DMN)*.
- Anschließend implementieren Sie den fachlichen Prozess anhand des herstellerunabhängigen, innovativen und ganzheitlichen Prozessimplementierungsansatzes namens *Prozessgesteuerter Ansatz* (nach Prof. Dr. Volker Stiehl) mithilfe eines BPMN-basierten Workflow-Management-Systems.

Für wen ist dieses Buch geeignet?

Wenn Sie einen praktischen Leitfaden für Ihre Praxis benötigen, der erklärt, wie Sie Ihre fachlichen Prozesse Ende-zu-Ende mithilfe eines Workflow-Managements automatisieren, und wenn Sie wissen möchten, wie Sie dies nachhaltig und herstellerunabhängig bewerkstelligen, dann sollten Sie diese Anleitung lesen.

Nach dem Studium dieses Leitfadens sind Sie in der Lage, die relevanten Informationen zu einem Geschäftsprozess methodisch und effizient aufzunehmen und zu beschreiben, sodass Sie selbst oder ein Entwickler bzw. eine Entwicklerin die restliche Implementierung in einem BPMN-basierten Workflow-Management-System nachhaltig vornehmen kann. Auch können Sie dann anderen Teammitgliedern oder Kolleginnen und Kollegen diesen Ansatz erläutern.

Zudem werden Sie die allgemeinen Best Practices beachten, sodass Ihr Prozessmodell auch verständlich und wartbar bleibt. Auch sorgt der verwendete Implementierungsansatz dafür, dass Ihre fachliche Prozessablauflogik unabhängig von Ihrer Systemlandschaft bleibt. Dies erhöht wiederum die Flexibilität, mit der Sie dazu beitragen, die Geschäftsziele des Unternehmens zu erreichen. Denn operativ verbessern sich die Erweiterbarkeit bzw. Anpassbarkeit der Fachprozessanwendung, der Fachprozesse und der Systemlandschaft. Wenn Sie als IT-Vertreter diesen Ansatz verwenden, ermöglichen Sie eine handlungsfähige IT-Abteilung, die sich nicht durch eine enge Kopplung an externe Systeme blockiert, wenn es in Zukunft um Migrationsprojekte oder Ähnliches geht. Damit positionieren Sie sich innovativ mit Ihrer IT-Abteilung als Enabler für die Erreichung der Business-Ziele.

Was ich mit diesem Buch jedoch nicht will, ist, Ihnen die Handhabung eines Workflow-Management-Systems erläutern. Allerdings erhalten Sie durch die Umsetzung des durchgängigen Fallbeispiels (vgl. Abschnitt »Wie wird die Theorie vermittelt?«) einen guten ersten Einblick, wie ein Workflow-Management-System mit einem breiten BPMN-Umfang funktioniert (wir nutzen dazu eine freie Version des Beispielprodukts). Für die Einführung in ein bestimmtes Produkt möchte ich Sie auf die zum jeweiligen Produkt gehörenden Herstellerressourcen, Tutorials, Trainings und Bücher verweisen.

Wie ist das Buch aufgebaut?

Damit Sie die im vorigen Abschnitt beschriebenen Fähigkeiten erwerben, habe ich das Buch vom Allgemeinen zum Speziellen strukturiert:

- **Kapitel 1, »Einführung«:** In diesem Kapitel erkläre ich Ihnen die grundlegenden Begriffe. Sie erfahren, warum es notwendig ist, sich im Rahmen der digitalen Transformation andere Denkansätze anzueignen, und Sie lernen die grundlegenden Technologien in diesem Kontext kennen.
- **Kapitel 2, »Einführung in die Prozessmodellierung mit BPMN 2.0.2 und DMN 1.3«:** In diesem Kapitel erhalten Sie eine Einführung in die Prozessmodellierung. Dazu gehe ich auf die Syntax der beiden wichtigen Standards *Business Process Model and Notation (BPMN)* und *Decision Model and Notation (DMN)* ein und erläutere die notwendigen Best Practices.
- **Kapitel 3, »Überblick über Prozessimplementierungsansätze«:** Hier stelle ich Ihnen die mir bekannten Prozessimplementierungsansätze vor und führe deren Vor- und Nachteile auf. Dies hilft Ihnen dabei, das enorme Potenzial des Prozessgesteuerten Ansatzes einzuschätzen.
- **Kapitel 4, »Die Prozessgesteuerte Architektur«:** In diesem Kapitel erkläre ich Ihnen in Form eines Überblicks die Architektur des Prozessgesteuerten Ansatzes. Dabei gehe ich auf die einzelnen Bestandteile der Architektur ein.
- **Kapitel 5, »Prozesse erheben«:** Hier lernen Sie, den fachlichen Prozess methodisch und effizient aus den Köpfen der Fachexperten »aufs Papier« zu bekommen. Dazu stelle ich Ihnen wichtige Erhebungsmethoden vor und gebe Ihnen Tipps, damit Ihre Erhebung erfolgreich werden kann.
- **Kapitel 6, »PDA-Layer: Die Fachprozess-Sicht erarbeiten«:** In diesem Kapitel liegt der Fokus auf dem fachlichen Prozess. Deshalb werden Sie innerhalb der *Prozessgesteuerten Anwendung-Ebene* (engl. *Process-driven Application (PDA)-Layer*) lernen, welche Bestandteile im Rahmen des Prozessgesteuerten Ansatzes erarbeitet werden müssen und wie Sie dies methodisch tun.
- **Kapitel 7, »SCI-Layer: Die Integrationssicht beschreiben«:** Ausgehend von den Anforderungen aus dem fachlichen Prozess müssen Sie nun die externen Systeme integrie-

ren, und zwar mit dem Ziel, bereits vorhandene benötigte Funktionalität wiederzuverwenden. Wie Sie die Integration zu den externen Systemen vornehmen, erläutere ich Ihnen in diesem Kapitel.

- **Kapitel 8, »Die Prozessgesteuerte Architektur implementieren«**: In diesem Kapitel zeige ich Ihnen, wie Sie und Ihre Entwickler den fachlichen Prozess mithilfe eines BPMN-basierten Workflow-Management-Systems realisieren.

Wie wird die Theorie vermittelt?

Um meine Erläuterungen des Prozessgesteuerten Ansatzes zu illustrieren, verwende ich in diesem Buch eine durchgängige Fallstudie, sodass Sie alle Erklärungen und Schritte des Prozessgesteuerten Ansatzes praktisch nachvollziehen können.

Wir stellen uns daher vor, dass wir als Prozessberater (m/w/d) von der *Example Training GmbH*[1] beauftragt wurden, eine eigene Seminarverwaltungsapplikation zu entwickeln, die die fachlichen Prozesse ihrer Kernprozesse flexibel, transparent und nachhaltig umsetzt. Das Unternehmen möchte sich für die Zukunft flexibel aufstellen. Dazu wählte das Unternehmen den Prozessgesteuerten Ansatz nach Volker Stiehl.

Die *Example Training GmbH* ist ein mittelständisches Unternehmen, das weltweit operiert und seinen Kunden maßgeschneiderte Trainings zu verschiedenen Themen anbietet. Kunden (also Teilnehmer an einem Training) können entweder Privat- oder Geschäftskunden sein. Dabei arbeitet das Unternehmen zu einem großen Teil mit externen Trainern (m/w/d) zusammen.

Derzeit arbeitet das Unternehmen mit einer Trainingssoftware, die nicht flexibel an seine eigenen fachlichen Prozesse angepasst werden kann. Somit erfüllt die Software nicht wirklich die Anforderungen des Unternehmens und die Erwartungen der Kunden. Zudem fehlen wichtige Aspekte der fachlichen Prozesse in der Software, sodass das Trainingsunternehmen diese Lücken manuell schließen muss. Dies verursacht hohe Personalkosten im Rahmen der Administration.

Als Vorbereitung hat sich das Unternehmen mit seiner Geschäftsstrategie ausführlich auseinandergesetzt und die daraus abzuleitenden Geschäftsprozesse identifiziert. Durch Dekomposition sind auf operativer Prozessebene folgende fachlichen Prozesse mit den gedachten Inhalten entstanden:

Prozess »Seminaranmeldung abwickeln«

- **Von**
  - Seminaranmeldungsanfrage eines Teilnehmers ist eingegangen.

---

1 Hierbei handelt es sich um ein fiktives Unternehmen. Jegliche Ähnlichkeiten zu einem existierenden Unternehmen sind zufällig.

- **Bis**
  - Seminar wurde zum Termin durchgeführt.
  - Seminaranmeldung wurde storniert.

  oder
  - Seminaranmeldung ist nicht zustande gekommen.
- **Prozessgegenstand**
  - eine Seminaranmeldung eines Teilnehmers zu einem bestimmten Termin eines bestimmten Seminars
- **Grobe Inhalte**
  - erhaltene Seminaranmeldedaten valid?ieren (→ Sind die Daten, die für die Seminaranmeldung benötigt werden, vorhanden und gültig?)
  - Verfügbarkeit des Platzes prüfen (→ Anmeldegrenze)
  - gegebenenfalls Teilnehmer auf Warteliste setzen und Teilnehmer über Position auf der Warteliste informieren
  - Wenn Teilnehmer auf der Warteliste sind: Jeden Tag einmal prüfen, ob für Teilnehmer ein Seminarplatz verfügbar ist. Wenn ein Platz verfügbar ist: Teilnehmer von der Warteliste nehmen und als Teilnehmer einplanen. Diese Prüfung findet nur bis 5 Tage vor dem Seminartermin statt wegen der benötigten Zeit, die die Bestätigung des Teilnehmers erfordert. Schließlich müssen die Teilnehmer auch genügend Zeit bekommen, um ihre persönliche Terminplanung umzustellen. Einem Teilnehmer wird der Seminarplatz angeboten, und er muss das Angebot bestätigen. Wenn keine Bestätigung kommt, ist die Seminaranmeldung nicht zustande gekommen. Dasselbe gilt, wenn der Teilnehmer nur auf der Warteliste ist. In diesem Fall werden keine Stornierungsgebühren erhoben.
  - Bestätigung der Seminaranmeldung an Teilnehmer versenden
  - bei erfolgreicher Teilnahme und nach Bezahlung der Rechnung eine Teilnahmebescheinigung bzw. ein Zertifikat erzeugen und versenden
  - Rechnung an Teilnehmer nach Seminardurchführung versenden oder auch bei Stornierung durch Teilnehmer
  - Im Fall der Stornierung durch Teilnehmer: Der Teilnehmer kann bis einschließlich zum gebuchten Seminartermin den Termin absagen. Gegebenenfalls Stornierungsgebühren gemäß Bedingungen ermitteln und Platz freigeben.
  - Im Fall der Stornierung durch Trainingsunternehmen: Hierzu kommt eine Kommunikation vom Prozess »Seminar planen«. Dies kann bis zum Seminartermin noch automatisch geschehen. Dafür gibt es verschiedene Gründe: z. B. weil der Trainer krank ist oder weil die Mindestteilnehmerzahl nicht erreicht wurde. In diesem Fall müssen die Teilnehmer keine Gebühren bezahlen.

Prozess »Seminar planen«

- **Von**
  - Bedarf für ein Seminar ist entstanden.
- **Bis**
  - Das Seminar wurde durchgeführt. (Das heißt: Seminardaten anlegen mit Beschreibung, Termine und Ort festlegen, verfügbare Trainer zuweisen, Teilnehmeranwesenheit eintragen.)

  oder

  - Das Seminar ist nicht zustande gekommen (z. B. aufgrund zu weniger Teilnehmer oder weil kurzfristig keine Trainer verfügbar waren, z. B. aufgrund von Krankheit).
- **Prozessgegenstand**
  - ein Seminar mit einem Termin oder mehreren Terminen. Jeder Termin kann auch einen anderen Veranstaltungsort bedingen.
- **Grobe Inhalte**
  - Seminarinhalte erfassen (Beschreibung) oder auf ein bereits vorhandenes Seminar als Template zurückgreifen
  - (weitere) Termin(e) mit einem Veranstaltungsort erfassen
  - Trainerverfügbarkeit prüfen und Trainer zuordnen
  - Zugeordnete Trainer müssen den Termin noch bestätigen.
  - Seminar mit den Terminen und Orten im Online-Shop veröffentlichen (nachdem ein Trainer die Termine bestätigt hat)
  - Teilnehmerliste nachhalten (An-/Abwesenheit, gegebenenfalls auch bei Erfolg der Prüfung den Nachweis) → Diese Nachhaltung erfolgt durch den Trainer.
  - Teilnahmebescheinigungen/Zertifikate an die jeweiligen Teilnehmer versenden

Prozess »Trainerabwesenheit melden«

- **Von**
  - Abwesenheitsmeldung eingegangen (z. B. Urlaub, Krankheit, …)
- **Bis**
  - Trainer meldet sich verfügbar (z. B. nach Ablauf der Abwesenheitsmeldung).

  oder

  - Trainer ist nicht verfügbar. (Nachdem der Zeitraum auf der Abwesenheitsmeldung abgelaufen ist, bestätigt der Trainer oder die Sachbearbeiterin nicht seine Verfügbarkeit.)
- **Prozessgegenstand**
  - die Meldung der Abwesenheit eines Trainers für einen bestimmten Zeitraum

- **Grobe Inhalte**
  - Hier muss inhaltlich auch nach einem Stellvertreter für die bereits zugeordneten Seminare gesucht werden. Wenn bis drei Tage vor den jeweiligen Seminarterminen kein Ersatz gefunden werden kann, müssen die jeweiligen Seminare abgesagt werden. Dazu ist eine Kommunikation an die betreffenden Prozesse »Seminar planen« und »Seminaranmeldung abwickeln« erforderlich. Für bereits gezahlte Gebühren werden Gutschriften erstellt. Diese werden erst einmal manuell durch eine Sachbearbeiterin bearbeitet, da die Rechnungen erst nach dem Training zu 90 % fällig werden. Somit sind die manuellen Fälle sehr reduziert.

Für die durchgängige Fallstudie werden wir uns auf den fachlichen Prozess »Seminaranmeldung abwickeln« beschränken. In diesen fachlichen Prozess müssen folgende Fachexperten einbezogen werden:

- Trainer
- Sachbearbeiter
- Teilnehmer (Diese Rolle wird durch eine Sachbearbeiterin bzw. einen Sachbearbeiter im Trainingsunternehmen übernommen und durch regelmäßige Kundenbefragungen ergänzt.)

Das Unternehmen verfügt derzeit über eine Website mit Online-Shop als Eingangskanal für die Kundinnen und Kunden. Darüber können sich diese beispielsweise über Trainingsangebote informieren, sich zu einem Training anmelden sowie eine Trainingsanfrage zu maßgeschneiderten Fortbildungen stellen.

Für die grundlegenden betriebswirtschaftlichen Funktionen Customer-Relationship-Management, Personalbereitstellung (HR) und Rechnungswesen verfügt das Unternehmen über ein branchenübliches Standardanwendungssystem; aus diesem Grund können diese Funktionalitäten aus der Systemlandschaft wiederverwendet werden. Zudem wird für die Generierung von Teilnahmebescheinigungen/Zertifikaten auch ein externer Service eines Drittanbieters genutzt.

Kapitel 1
Einführung

Für eine gelungene Kommunikation zwischen verschiedenen Stakeholdern ist es wichtig, dass alle die Begriffe und Konzepte eines Themengebietes kennen.

Fragen, die dieses Kapitel beantwortet:

- Was ist der *Prozessgesteuerte Ansatz* und wie erfüllt er die Anforderungen der *digitalen Transformation*?
- Wie meistern Unternehmen die digitale Transformation erfolgreich?
- Was ist *Geschäftsprozessmanagement* und wie lässt es sich in diesen Kontext einordnen?
- Was ist ein *Geschäftsprozess*?
- Was wird unter *Geschäftsprozessautomatisierung* verstanden?
- Welche Technologien sind im Umfeld des Prozessgesteuerten Ansatzes relevant?

Der *Prozessgesteuerte Ansatz* nach Volker Stiehl (engl. *Process-driven Approach*) ist eine auf BPMN-Prozessmodellen basierende Methodik, um Projekte der digitalen Transformation abzuwickeln und beliebige innovative Fachprozesse zu implementieren.

Er ist ganzheitlich und herstellerneutral. »Ganzheitlich« bedeutet: Der Ansatz umfasst alle Aspekte, die wir bei der Entwicklung einer Fachprozessanwendung benötigen. Dabei nutzt er die vorhandenen Best Practices aus Prozessmethodik, Projektmanagement, Softwarearchitektur und -entwicklung. Die Herstellerneutralität wird durch die Verwendung von Standards ermöglicht. Bei diesem Projektabwicklungs- und Implementierungsansatz stehen die Fachprozesse einer Fachprozessanwendung im Fokus. Alle Fragen werden vom Fachprozess abgeleitet (d. h. mit Fachexperten und -expertinnen diskutiert):

- Welche Daten sind relevant?
- Welche Funktionalitäten werden benötigt (vorhandene Services vs. neue Funktionalität)?
- Welche Regeln sind einzuhalten?
- Welche Benutzeroberflächen sind zu erstellen?

Allerdings werden die Fragen nicht nur vom Fachprozess abgeleitet, sondern auch beantwortet. Denn die Projektbeteiligten und Fachexperten fragen sich stets, was der Fachprozess benötigt, damit er sein Ziel erreichen kann. Damit treibt der Fachprozess die

Entwicklung voran. Zudem ist es wichtig, noch einen weiteren Aspekt hervorzuheben: Während der Ausführung des Fachprozesses treibt die *Process Engine* die Ausführung des Prozesses aktiv voran. Auch hier tritt dieser »treibende Aspekt« deutlich hervor. Ich gehe auf den Prozessgesteuerten Ansatz und andere Ansätze genauer in Kapitel 3, »Überblick über Prozessimplementierungsansätze«, ein.

Für mich ist der *Prozessgesteuerte Ansatz* ein überaus hilfreicher und praktisch erprobter Ansatz für Fachprozessanwendungen. Sein Nutzen und seine Effizienz sind erheblich. Warum ist das so?

Durch den ganzheitlichen Implementierungsansatz erhält die Organisation eine klare Übersicht darüber, welche fachlichen, methodischen und technischen Aspekte sie für die Anwendung des Fachprozesses erlernen und berücksichtigen muss. Sie braucht also ihre Mitarbeiter nicht in den verschiedenen Disziplinen Prozessmethodik, Projektmanagement, Softwarearchitektur und -entwicklung einzeln auszubilden. Dies wäre kostenintensiv und langwierig. Stattdessen muss sie ihre Mitarbeiter nur einen integrierten Ansatz erlernen lassen. Zudem bekommt sie direkt einen praxiserprobten Ansatz an die Hand, der Industrie-Best-Practices umfasst. Damit muss sie auch nicht selbst einen Ansatz für Fachprozessanwendungen zeitaufwendig über Jahre erarbeiten. Denn dafür hat ein Unternehmen heute keine Zeit mehr, wenn es sich inklusive der IT erfolgreich entwickeln möchte. So kann sich die Organisation ganz um ihr Kerngeschäft kümmern: Sie kann neue Produkte und Dienstleistungen mit deren Fachprozessen etablieren, und sie kann sich voll auf Innovationen für ihre Kunden fokussieren und Wettbewerbsvorteile erzielen. Die Fachprozesse kann sie flexibel, nachhaltig, transparent, effizient und qualitativ hochwertig in einer Fachprozessanwendung implementieren. So muss die Organisation ihre knappen Ressourcen nicht auf »Nebenschauplätzen« vergeuden (beispielsweise mit der Entwicklung einer nachhaltigen Implementierungsmethodik von Fachprozessanwendungen).

Als ich ca. 2011 zum Abschluss meines Bachelorstudiums mit BPMN und Workflow-Management-Systemen bzw. BPMN-Process-Engines in Berührung kam, war für mich zunächst die Technologie interessant. Das Thema ließ mich nicht los. Es ist bis heute für mich hochspannend, einen Fachprozess gemeinsam mit den Fachexperten in der einheitlichen Modellierungsnotation BPMN zu beschreiben und ihn direkt zu implementieren. Und das Tolle daran ist: Ich brauche keine »Übersetzungsleistung« in andere Notationen oder proprietäre Formate, wie das in der Vergangenheit meist erforderlich war.

Bereits sehr früh in meiner Lernentwicklung habe ich bemerkt, dass ich für die erfolgreiche und nachhaltige Implementierung einen Implementierungsansatz benötige, der meinem Bedürfnis nach methodischer Anleitung auch für Unternehmen Rechnung trägt. Mit den mir bekannten und allgemein vorhandenen Implementierungsansätzen, die ich in Abschnitt 3.1, »Unterscheidung zwischen dem fachlichen und dem technischen Prozessmodell«, und in Abschnitt 3.2, »Das Camunda BPMN-Framework«, beschreibe, war ich unzufrieden. Vereinfacht gesagt: Diese Ansätze erklärten mir zu wenig, wie ich vorgehen sollte. Sie waren für mich unvollständig. Damit war für mich die Prozessimplementierung zu kompliziert.

Daher begann ich mich in den einzelnen Disziplinen weiter auszubilden, da ich sehr neugierig war. Ich vertiefte mein Wissen in der Prozessmethodik, bildete mich weiter in Softwarearchitektur und -entwicklung und beschäftigte mich mit den seinerzeit gehypten Trends wie Microservices und der serviceorientierten Architektur (SOA) sowie mit aktuellen Technologien. Dabei setzte ich mich auch kritisch mit den Charakteristika, Einsatzgebieten, Potenzialen und Grenzen der Trends und Technologien auseinander.

In dieser Zeit lernte ich Volker Stiehl und seinen Prozessgesteuerten Ansatz kennen, den er im Laufe mehrerer Jahrzehnte entwickelt hatte. Er gab ein einführendes Webinar zum Prozessgesteuerten Ansatz. Bereits nach diesem kurzen Webinar war mir bewusst, dass ich nach diesem Ansatz gesucht und ihn nun gefunden hatte: weil ich meine Kunden herstellerneutral beraten möchte und mich zugleich innerhalb einer Organisation nicht von bestimmten Technologien abhängig machen möchte. Und weil ich mir die Möglichkeit offenhalten möchte, Funktionalitäten in den Fachprozessen mit neueren Technologien (z. B. mit künstlicher Intelligenz) anders zu realisieren. Ich begann, diesen Ansatz anzuwenden. Viele seiner Aspekte waren mir bereits bekannt. Aber ihre Kombination und die Denkweise, wie man Funktionalitäten realisiert, waren mir neu. Mit dieser Denkweise gestalte ich meine Arbeitsweise sowie die Zusammenarbeit mit beratenden Organisationen flexibel, effektiv und effizient.

Ich habe mich in dem Prozessgesteuerten Ansatz intensiv ausbilden lassen, sodass ich ihn als Trainer weitergeben kann. Mit diesem Buch möchte ich Ihnen, liebe Leserinnen und Leser, diesen Ansatz praktisch vermitteln und Sie an meinen Erfahrungen teilhaben lassen, sodass Sie den Prozessgesteuerten Ansatz auch in Ihrer Organisation anwenden können.

Damit Sie die Motivation für diesen Ansatz nachvollziehen können, möchte ich Ihnen in diesem Kapitel die notwendigen Hintergründe, Begriffe und Konzepte vermitteln.

Dazu habe ich dieses Kapitel wie folgt aufgebaut:

1. **Fachprozessanwendungen und Geschäftsprozessautomatisierung:** In diesem Abschnitt erläutere ich, was eine Fachprozessanwendung im Allgemeinen ausmacht und wie der Begriff *Geschäftsprozessautomatisierung* (engl. *Business Process Automation*, BPA) einzuordnen ist. Zudem stelle ich Ihnen die relevanten Technologien zur Geschäftsprozessautomatisierung vor.
2. **Geschäftsprozesse, Fachprozesse und das Geschäftsprozessmangement:** In diesem Abschnitt erkläre ich die Begriffe *Geschäftsprozess*, *Fachprozess* sowie die Bedeutung des Geschäftsprozessmanagements und gehe auf die Einteilung und Ableitung von Geschäftsprozessen ein.

3. **Die Bedeutung der digitalen Transformation für Organisationen:** Seit Beginn des 21. Jahrhunderts ist die digitale Transformation nicht mehr aufzuhalten. Die Schnelllebigkeit, die stark ausgeprägte Globalisierung und neue Technologien machen eine andere Arbeitsweise notwendig. In diesem Abschnitt erfahren Sie, warum es für ein Unternehmen notwendig ist, sich ernsthaft mit der digitalen Transformation zu beschäftigen. Sie lernen den Unterschied zwischen *Digitalisierung* und *digitaler Transformation* kennen. Außerdem skizziere ich die Erfolgsfaktoren für die Umsetzung. Schließlich erläutere ich die Anforderungen, die ein Implementierungsansatz für Unternehmensanwendungen im 21. Jahrhundert erfüllen muss. Dann werden Sie verstehen, warum auch Sie einen anderen und umfassenden Implementierungsansatz brauchen.

1.1 Fachprozessanwendungen und Geschäftsprozessautomatisierung

Der Prozessgesteuerte Ansatz nach Volker Stiehl ist eine auf BPMN-Prozessmodellen basierende Projektabwicklungs- und Implementierungsmethodik für Fachprozessanwendungen. Das bedeutet: Fachprozesse werden individuell in eine Anwendung implementiert: die *Fachprozessanwendung*. Die Fachprozessanwendung umfasst die Fachprozesse eines bestimmten Anwendungsbereichs (der sogenannten *Domäne*). Diese Fachprozessanwendung wird im Prozessgesteuerten Ansatz als *Prozessgesteuerte Anwendung* bezeichnet. Mit diesem Ausdruck sind definierte Eigenschaften verknüpft. Mehr dazu folgt in Kapitel 4, »Die Prozessgesteuerte Architektur«.

Eine Fachprozessanwendung im Allgemeinen – und auch im Speziellen die Prozessgesteuerte Anwendung – kann kein *Microservice* sein. Als Microservices in Deutschland zum Trend wurden, habe ich besonders zu Beginn des Öfteren gesehen, wie man versuchte, Fachprozesse mithilfe von Microservices zu implementieren. Dies führte jedoch nach meinen Beobachtungen immer wieder zu schlecht wartbarer Software. Warum ist das so? Um diese Frage zu klären, muss ich etwas ausholen.

1.1.1 Abgrenzung von Microservices zu Fachprozessanwendungen bzw. Prozessgesteuerten Anwendungen

Ein Microservice ist eine Komponente, die einen fachlich engen Umfang hat. Dieser Umfang wird durch einen *Bounded Context* definiert (siehe Infobox). Diese Komponente ist lose mit anderen Komponenten der Systemumwelt gekoppelt sowie unabhängig deploybar, wartbar sowie skalierbar. Wichtig dabei ist auch, dass ein eigenes Team den Microservice entwickelt, weiterentwickelt und betreibt. Damit sorgte der Microservice-Architekturstil auch für eine Änderung an der Organisation eines Unternehmens: weg von Silos, hin zu interdisziplinären Teams (vgl. (Gartner, 2023); (Richardson, 2023); (Newman, 2021), S. 3ff.).

[i]

Info: Bounded Context

Nach Eric Evans (dem Erfinder des *Domain-Driven Design*) wird ein *Bounded Context* als ein abgegrenzter fachlicher Anwendungsbereich definiert. Dieser ist durch seine eigenen Begriffe und Konzepte gekennzeichnet (vgl. (Evans, 2004), S. 511, S. 513–514 und S. 336).

Ein *Modul* hingegen stellt keinen Bounded Context dar, da es Elemente innerhalb eines Kontextes organisiert: Durch die Modularisierung entsteht kein separater Kontext (vgl. (Evans, 2004), S. 511, S. 513–514 und S. 336).

Microservices lassen sich mithilfe der Techniken *Domain Storytelling* oder *Event Storming* nach Alberto Brandolini identifizieren und entwickeln.

Wenn Sie den Microservice-Architekturstil im Rahmen der Implementierung von Fachprozessanwendungen einsetzen, wird Ihr Unternehmen Probleme bekommen. Welche das sind, beschreibe ich in Abschnitt 1.3.4, »Anforderungen an einen Implementierungsansatz für Unternehmensanwendungen im 21. Jahrhundert«, unter der Anforderung »Nachhaltigkeit«.

Ich möchte das Wesentliche an dieser Stelle wegen der Brisanz herausgreifen: Der fachliche Umfang eines Microservice stellt keinen fachlichen Ende-zu-Ende-Prozess dar, sondern nur eine Teilfunktionalität eines Fachprozesses bzw. Geschäftsprozesses. Erst durch die Kopplung über *Geschäftsereignisse (Events)* entsteht ein zusammenhängender Prozessfluss über mehrere Microservices hinweg. Die so verknüpften Microservices enden in einen »Prozess-Monolithen«. Die Abhängigkeiten, die hier über die verschickten Events entstehen, lassen sich im Laufe der Zeit kaum noch warten, da die Transparenz fehlt. Die Folge wird sein, dass Ihre Organisation wieder in eine Situation gerät, in der es heißt: »Never change a running system« (vgl. auch (Stiehl, 2023)).

Allerdings können wir meiner Meinung nach vom Microservice-Architekturstil lernen, dass bei der Ableitung von Komponenten die konsequente Ausrichtung auf die Fachlichkeit und damit auf die fachliche Modularisierung eines Systems bedeutsam ist. Den unreflektierten Einsatz des Microservice-Architekturstils in jedem Kontext sehe ich jedoch kritisch. Deshalb empfehle ich Ihnen, sich mit Ihrem Geschäftskontext auseinanderzusetzen und dann dafür die richtigen Architekturansätze auszuwählen. Denn nur weil Microservices ein Hype waren, heißt das nicht, dass dieser Architekturstil auch zu Ihnen passt (vgl. auch (JAX Blog, 2019)).

1.1.2 Geschäftsprozessautomatisierung und die relevanten Technologien für den Prozessgesteuerten Ansatz

Mithilfe von Fachprozessanwendungen oder Prozessgesteuerten Anwendungen werden Fachprozesse/Geschäftsprozesse »automatisiert«. Wir sprechen dann von einer *Geschäftsprozessautomatisierung* (engl. *Business Process Automation*, *BPA*) Das bedeutet:

Prozesse werden in einer Anwendung implementiert. Damit werden die enthaltenen Fachprozesse/Geschäftsprozesse teilweise oder im besten Fall vollständig von IT unterstützt. So definiere ich in diesem Buch die »Geschäftsprozessautomatisierung«.

Für eine Fachprozessanwendung bzw. Prozessgesteuerte Anwendung sind folgende Kern-Technologien von Bedeutung:

1. Workflow-Management-System (WfMS)
2. Business-Rule-Management-System (BRMS) / Decision-Management-System
3. Messaging-System
4. Integrationsframework/-plattform
5. künstliche Intelligenz (KI)

Sehen wir uns diese Technologien in den folgenden Abschnitten genauer an.

Workflow-Management-System (WfMS)

Ein *Workflow* ist ein IT-unterstützter Fachprozess auf Detailebene. Die Prozessinformationen müssen so detailliert sein, wie sie ein operativer Prozessbeteiligter auf Arbeitsebene benötigt (vgl. dazu (Schmelzer und Sesselmann, 2013), S. 480; (Workflow Management Coalition, 1999), S. 8).

In einem *Workflow-Management-System* wird ein Workflow definiert, verwaltet und seine Ausführung gemäß einer Definition gesteuert und kontrolliert (vgl. (Workflow Management Coalition, 1999), S. 8). In der Praxis ist die Vorstellung verbreitet, dass ein WfMS zumeist zentral sein müsse. Dies ist aber nicht der Fall. Ein WfMS stellt eine *Infrastrukturkomponente* dar, die als Basis für die Implementierung und Ausführung von fachlichen Prozessen dient. Sie übernimmt die *Ablaufsteuerung* eines fachlichen Prozesses. Damit kann sie auch in eine Prozessapplikation integriert werden. Auf diese Weise würde einerseits die Prozessablauflogik transparent gemacht werden, andererseits können im Sinne der *Low-Code*-Entwicklungsphilosophie Anwendungen auch schneller entwickelt und weiterentwickelt werden. Dabei kommt es aber auf den richtigen Prozessimplementierungsansatz an (vgl. Kapitel 3).

Ein WfMS beinhaltet unter anderem die sogenannte *Process Engine*, die die Steuerung der Prozessausführung gemäß der Prozessdefinition bzw. gemäß dem Prozessmodell übernimmt. Ich verwende in diesem Buch an manchen Stellen auch den Begriff Process Engine, um auszudrücken, dass hier nicht immer eine schwerfällige Software mit verschiedenen Komponenten benötigt wird. Für die Prozessgesteuerte Anwendung ist eine BPMN-Process-Engine bedeutsam.

Als Beispiele für BPMN-basierte Workflow-Management-Systeme bzw. Process Engines möchte ich (in alphabetischer Reihenfolge) folgende nennen:

- Bizagi
- Bonita (Bonitasoft)
- Camunda BPM
- CibSeven
- Kogito (RedHat, Cloud-native-Produkt)
- Flowable
- jBPM (RedHat)
- Operaton
- SpiffWorkflow
- Trisotech
- 5Minds ProcessCube

Bitte achten Sie bei der Auswahl des für Sie passenden Workflow-Management-Systems auf verschiedene Faktoren, beispielsweise auf:

- die umfangreiche Unterstützung der BPMN-Modellierungspalette (Die Softwarehersteller behaupten in ihrer Werbung zwar, dass sie BPMN umfangreich unterstützen; die meisten tun es meiner Erfahrung nach leider nicht.)
- Import- und Exportmöglichkeiten
- die Frage, inwiefern das System zur Ihrem Entwicklungsansatz passt. Dabei spielt die Unterstützung von verschiedenen Konnektoren für spezifische Systeme eine untergeordnete Rolle, da die Integration von Systemen nicht die Aufgabe eines WfMS ist.

[i]

Info: Business-Process-Management-System (BPMS)

Ein *Business-Process-Management-System (BPMS)* unterstützt den gesamten *Business-Process-Management-Zyklus*. Dieser besteht aus Design, Modellierung, Ausführung, Automatisierung und Verbesserung. Dazu bietet das BPMS eine Sammlung von typischen Technologien bzw. Features an (vgl. (Schmelzer und Sesselmann, 2013), S. 481, und (Tucci, 2023)):

- Prozessmodellierung (inklusive Kollaborationsunterstützung für die Zusammenarbeit)
- Process Mining (siehe in Abschnitt 1.1.3 unter »Process Mining«)
- Workflow Automation (siehe in Abschnitt 1.1.2 unter »Workflow-Management-System«)
- Business Rule Engine (siehe in Abschnitt 1.1.2 unter »Business-Rule-Management-System«)
- Simulationswerkzeuge

Gartner erweitert das Kürzel BPMS um »intelligent«: iBPMS. Damit meint Gartner zusätzliche Features und Technologien, die eine Prozessautomatisierung »datengetriebener« und »dynamischer« machen sollen, z. B. durch *Complex Event Processing* und den Einsatz von *künstlicher Intelligenz* (vgl. (Gartner, 2021)).

Business-Rule-Management-System (BRMS) / Decision-Management-System

In einem *Business-Rule-Management-System (BRMS)* lassen sich fachliche, operative Entscheidungen (eben die *Business Rules*) definieren, vorhalten (inklusive Versionierung) sowie ausführen. Dabei übernimmt innerhalb des BRMS die technische Komponente *Business Rule Engine* die Ausführung der Entscheidungen auf Grundlage einer vorhandenen Entscheidungsdefinition (vgl. (Stiehl, 2013), S. 362–363).

Die Idee hinter einem BRMS ist, dass Fachexperten ihre fachlichen Entscheidungen verbunden mit der Entscheidungslogik in einer für sie verständlichen Notation beschreiben (z. B. DMN, Entscheidungsbäume, Entscheidungstabellen). Diese Entscheidungen mit ihrer Logik werden auf diese Weise zentral verwaltet und können als zentraler Service anderen Applikationen zur Verfügung gestellt werden. Änderungen an fachlichen Entscheidungen werden über verschiedene Versionen vorgehalten und können so sehr zeitnah von den jeweils genutzten Applikationen verwendet werden.

Als Beispiele möchte ich folgende DMN-basierten Produkte nennen, wobei die meisten den Schwerpunkt auf die Ausführung legen und damit eher Business Rule Engines als ein komplettes BRMS sind (in alphabetischer Reihenfolge):

- actico (ACTICO GmbH)
- Camunda DMN Engine
- Kogito (RedHat, Cloud-native-Produkt)
- Drools (RedHat)
- Trisotech

Messaging-System

Ein Messaging-System unterstützt bei der Integration von zwei Systemen oder Komponenten. Dabei »puffert« es die von einem System bzw. einer Komponente gesendeten Informationen (*Nachricht*, *Message*), bis das Empfänger-System oder die Empfänger-Komponente bereit ist, die Nachricht abzuholen. Damit wird die Robustheit der Fachprozessanwendung bzw. der Prozessgesteuerten Anwendung innerhalb der verteilten Systemlandschaft erhöht. Dabei kann eine Nachricht von einem System für genau einen Empfänger oder für mehrere vorgesehen sein.

Die Verarbeitung der Nachrichten von der Empfänger-Komponente erfolgt zeitlich versetzt, somit wird mit einem Messaging-System *asynchron* kommuniziert. Die Nachricht ist eine beliebige Information in einer Datenstruktur (wie beispielsweise JSON oder XML), die für die fachliche Situation relevant ist. Zum Beispiel könnte es sich bei einer Nachricht um eine Bestellung mit diversen Bestellpositionen handeln, die an das verbuchende ERP-System geschickt wird.

Beispiele für Messaging-Systeme sind (in alphabetischer Reihenfolge):

- Apache ActiveMQ Artemis
- Apache Kafka
- Azure Service Bus
- RabbitMQ

Integrationsframework und Integrationsplattform

Integrationsframeworks und -plattformen unterstützen die Integration von Systemen und setzen Konzepte und allgemeine Patterns für die professionelle Unternehmensanwendungsintegration um: Beispiele sind die Transformation von Daten von einem Format in ein Ziel-Format und die Anreicherung von Inhalten in einer Nachricht (*Content Enricher*)[1].

Anstatt eine eigene Systemintegration zu implementieren, empfiehlt es sich, auf entsprechende leichtgewichtige Frameworks oder spezialisierte Software zurückzugreifen. Denn ihre Nutzung spart Zeit, und die Implementierung im Framework sollte auf Performance optimiert sein.

Beispiele für Integrationsframeworks im Java-Umfeld sind:

- Apache Camel
- Spring Integration

Künstliche Intelligenz (KI)

Künstliche Intelligenz (KI) macht es in der Anwendung möglich, dass eine Maschine bzw. ein Computer auf Basis von gelerntem Wissen zu mehr oder weniger rationalen Handlungen kommen kann, ähnlich der rationalen Denkfähigkeit eines Menschen (vgl. (Russel und Norvig, 2012), S. 55). Damit wird aus meiner Sicht schon deutlich, dass die Qualität der zugrunde liegenden Daten für das Lernen entscheidend ist.

Im Februar 2023 sahen wir dies am Beispiel von *ChatGPT*. Diese KI greift auf Daten aus dem Internet zurück. Wir wissen aber, dass viele Daten im Internet falsch sind, ja dass sogar falsche Informationen bewusst gestreut werden (Stichwort »Fake News«). Somit trifft die KI Entscheidungen auf Basis von falsch gelerntem Wissen. Und es erfolgt keine Qualitätsüberprüfung. Das wiederum bedeutet, dass letztendlich der Mensch entscheiden muss, wie er mit den erhaltenen Erkenntnissen zielführend umgeht.

Allerdings wird heute bereits in vielen Situationen KI eingesetzt, beispielsweise im Rahmen von *ChatBots*, die in Text oder/und Sprache *(VoiceBot)* inhaltliche Aspekte bzw. Absichten erkennen können. Diese Technik nennt sich *Natural Language Processing (NLP)*.

Ein weiteres praktisches Anwendungsbeispiel sind Systeme zur *intelligenten Dokumentenverarbeitung*[2]. Mit ihnen lassen sich die relevanten Informationen in Texten erkennen und extrahieren. Die Textformen reichen von unstrukturierten Dokumenten wie E-Mails bis zu semistrukturierten Dokumenten wie JSON-Dateien. In diesen Systemen kommt unter anderem die Technik *Optical Character Recognition (OCR)* zum Einsatz, um aus geschriebenem Text oder aus dem Text in Bildern die relevanten textuellen Informationen zu extrahieren. Des Weiteren wird *Machine Learning (ML)* eingesetzt, um das System auf bestimmte Muster in den jeweiligen Dokumenten zu trainieren, sodass es später im Ein-

---

1 Siehe »Enterprise Integration Patterns«: *https://www.enterpriseintegrationpatterns.com/*

2 Das ist ein reiner Marketing-Name.

satz mit hoher Wahrscheinlichkeit die relevanten Informationen richtig erkennt und extrahieren kann. In diesem Buch und im Rahmen des hier vorgestellten Prozessgesteuerten Ansatzes wird KI genutzt, um Erkenntnisse aus den Daten abzuleiten und diese schließlich über Fachprozesse in Handlungen zu übersetzen. Im Englischen ist dies unter dem Begriff *Insights to Action* bekannt. Damit lassen sich beispielsweise aus bisherigen Kundentransaktionen Erkenntnisse durch die Auswertung mittels KI erhalten. Diese Erkenntnisse werden von Analysten ausgewertet und fließen in Entscheidungsregeln ein. Die Anwendung der Entscheidungsregeln im Rahmen der Prozessausführung auf die weitere Interaktion mit dem Kunden führt zu neuem Kundenverhalten: Der Kreislauf beginnt von Neuem. Die Entscheidungsregeln werden auf Basis des neuen Kundenverhaltens regelmäßig angepasst (vgl. (Silver, 2016), S. 7–8, und (Taylor, 2012)).

1.1.3 Technologien, von denen Sie auch gehört haben sollten

In der Werbung werden Sie auf weitere Technologien stoßen, mit denen Sie Fachprozesse/Geschäftsprozesse optimieren können bzw. sollen. Ich nehme es direkt vorweg: Die nachstehenden Technologien sind meiner Meinung nach nicht vorrangig erforderlich bzw. sogar kontraproduktiv, wenn Sie sich wirklich nachhaltig im Rahmen der digitalen Transformation für die Zukunft aufstellen wollen:

- proprietäre Low-Code- bzw. No-Code-Plattformen
- Robotic Process Automation
- Process Mining

Sehen wir uns diese Technologien dennoch genauer an, denn sie werden Ihnen immer wieder angepriesen werden.

Proprietäre Low-Code- und No-Code-Plattformen

Sicherlich haben Sie bereits die Begriffe *Low Code* und *No Code* gehört und fragen sich, wie der Prozessgesteuerte Ansatz zu diesen beiden Begriffen passt. Schließlich wird mit Low Code und No Code eine schnellere Entwicklung versprochen, was auf den ersten Blick sehr erfolgversprechend klingt. Deshalb wollen viele Unternehmen direkt Low-Code- oder No-Code-Plattformen auswählen und schauen sich nach geeigneten Plattformen um.

Dazu ist Folgendes zu sagen: Zunächst einmal sind die beiden Begriffe *Low Code* und *No Code* reine Marketing-Begriffe und stellen keine Standards dar. Deshalb ist auch Vorsicht bei der unreflektierten Auswahl von reinen Low-Code- bzw. No-Code-Plattformen geboten. So gibt es derartige Plattformen für unterschiedliche Kontexte: z. B. für die Entwicklung von Unternehmensanwendungen und für die Entwicklung von Benutzeroberflächen. Unternehmensanwendungen brauchen jedoch Flexibilität, um den individuellen Anforderungen der jeweiligen Kunden gerecht zu werden und zukünftige Innovationen zu ermöglichen.

Was bedeuten die Begriffe »No Code« und »Low Code«?

Bei *No Code* handelt es sich um einen Programmierstil, der komplett auf vordefinierten Bausteinen basiert, die per Drag-and-drop zusammengefügt werden. Dabei gibt es keine Möglichkeiten zur individuellen Anpassung im Rahmen der Programmierung für das eigene Unternehmen (vgl. (Kukat, 2020) und (t3n, 2018)). Wenn es um die Implementierung von Fachlogik für Unternehmensanwendungen geht, ist aus meiner Sicht dieser Ansatz nicht geeignet, da ihm die Flexibilität fehlt.

Unter *Low Code* wird hingegen ein Programmierstil für Anwendungen verstanden, der ebenfalls auf vordefinierten grafischen Programmierbausteinen basiert, aber zusätzlich das Einbringen von Programmiercode ermöglicht, um individuelle Anpassungen vorzunehmen (vgl. (Kukat, 2020)). Den Ursprung von Low Code verorte ich in den 1990er-Jahren bei den Ansätzen *Rapid Application Development* und *Model-driven Software Development (MDSD)* (vgl. (Dewanto & Klein, 2018) und (t3n, 2018)).

Damit wird schon erkennbar, dass der Low-Code-Ansatz im Umfeld der Implementierung von Fachlogik für Unternehmensanwendungen eher erfolgversprechend ist als der No-Code-Ansatz.

Wenn ein Unternehmen nun nach einer Low-Code-Plattform im Internet sucht, werden ihm wohlklingende Werbeversprechen gemacht: So soll die Entwicklung allein dadurch schneller werden, dass die zumeist proprietäre Notation (meist auf Basis einer Art Flussdiagramm-Symbolik) und tiefe Konfigurationsdialoge schneller werden. Auch durch das Angebot einer Vielzahl an Konnektoren zu Systemen soll die Entwicklung unweigerlich schneller werden.

Wie Sie in Abschnitt 1.3, »Die Bedeutung der digitalen Transformation für Organisationen«, sehen werden, hängt die schnellere Entwicklung im Rahmen der digitalen Transformation jedoch von verschiedenen Faktoren ab, die längst nicht allein durch solch eine Plattform berücksichtigt werden. Zudem ist es bereits aus Architektursicht und in Hinblick auf das Erreichen von zukünftigen Geschäftszielen nicht vorteilhaft, spezifische Systeme in der Fachlogik zu verknüpfen: Dies sorgt für Abhängigkeit vom Softwarehersteller der Low-Code-Plattform und für enorme Aufwände bei der Anpassung bzw. beim Austausch der angebundenen Systeme. Wenn die Plattformen dann auch keine Migrationsunterstützung durch Tools erlauben, ist die Abhängigkeit perfekt. Niemand kann sagen, wie lange der Softwarehersteller der Low-Code-Plattform auf dem Markt existieren wird. Bei Unternehmensanwendungen kann man aber schon davon ausgehen, dass sie ca. 10–20 Jahre genutzt werden. So wäre eine Organisation auf Gedeih und Verderb vom Softwarehersteller der Low-Code-Plattform abhängig und kann nur hoffen, dass die Low-Code-Plattform lange genug existiert. Somit bezieht sich das Argument »Schnelligkeit« lediglich auf die Erstimplementierung, aber nicht auf die Weiterentwicklung in der Zukunft. Auch kann eine Organisation nicht wissen, wer Einfluss auf die Roadmap hinsichtlich der Features der Plattform hat. Mich wundert es, dass – obwohl wir Deutschen nicht für Risikofreudigkeit bekannt sind – viele Unternehmen auf derartige Werbeversprechen anspringen und damit enorme Risiken eingehen.

Deshalb finde ich den herstellerunabhängigen und branchenneutralen Prozessimplementierungsansatz *Prozessgesteuerter Ansatz* für Fachprozessanwendungen so bedeutsam. Er setzt auf Standards, z. B. auf *BPMN* für die Prozessablauflogik und auf ein BPMN-basiertes Workflow-Management-System sowie auf *DMN* für die Geschäftsregellogik und auf ein DMN-basiertes Business-Rule-Management-System. Damit lässt sich auch hier sagen, dass dieser Ansatz die Entwicklungsphilosophie von *Low Code* unterstützt: Das BPMN-basierte Workflow-Management-System muss eine umfassende Unterstützung der BPMN-Spezifikation bieten, damit die Prozessablauflogik mit den Fachexperten in BPMN beschrieben werden kann, sodass anschließend dieser fachliche detaillierte Prozess als Basis für die Umsetzung im Workflow-Management-System genutzt wird. Die Unternehmen müssen sich lediglich Standards wie BPMN, DMN und die zugehörigen Methodiken aneignen. Durch den richtigen Einsatz von Standards ist ein Unternehmen für die Zukunft gewappnet, ohne dass es auf einen einzigen bestimmten Softwarehersteller angewiesen ist.

Robotic Process Automation (RPA)

In diesem Kontext handelt es sich bei einem *Roboter* um einen Software-Roboter (kurz: *Bot*, d. h. um ein Programm). Dieser Roboter sorgt stellvertretend für Menschen für einen regelbasierten und strukturierten Ablauf einer Aufgabe, die bisher von Menschen erledigt wurde (vgl. auch (Murdoch, 2018), S. 5–7, und (Tripathi, 2018), S. 12). Bei dem *Prozess* handelt es sich um die IT-Unterstützung einer reinen Benutzeraufgabe, die in einem fachlichen Ende-zu-Ende-Prozess vorkommt.

Oft wird vom Marketing von Ende-zu-Ende-Prozessen gesprochen, die ein RPA-Bot automatisieren soll. Hier meint »Ende-zu-Ende« jedoch den Übergang von einem IT-System zum anderen und nicht die Ausrichtung vom Kunden zum Kunden.

Software-Roboter können im Allgemeinen beispielsweise mit verschiedenen Applikationen interagieren: Neben Schnittstellen zu verbreiteten Systemen erlauben sie auch die Interaktion mit Anwendungen über die grafische Benutzeroberfläche sowie über Microsoft Excel.

Einsatzszenarien

Mir sind zwei Einsatzszenarien für RPA bekannt: Beim ersten Szenario kann RPA für die Erledigung von regelbasierten und strukturierten *Benutzeraufgaben* verwendet werden. Dann wird anstelle des neuen Prozessdesigns des Ende-zu-Ende-Fachprozesses (hier: vom Kunden zum Kunden) einfach nur dieser Teil der Benutzeraufgabe mittels RPA unterstützt, um beispielsweise Personalkosten zu sparen und den Menschen Zeit für kreative Aufgaben zu geben. Beim zweiten Szenario wird RPA lediglich als *Brückentechnologie* eingesetzt. Oft gibt es bisher keine Systemschnittstelle zu einem anbindenden System.

Das System verfügt lediglich über eine grafische Benutzeroberfläche, sodass es für die schnellere Ende-zu-Ende-Prozessautomatisierung über die Benutzeroberfläche durch Nutzung eines Software-Roboters integriert wird.

Ein Software-Roboter im Kontext von RPA wird durch einen *Kontrollserver* verwaltet und gesteuert. Mit ihm lassen sich beispielsweise Lizenzen verwalten und die einzelnen Software-Roboter-Ausführungen planen und ausführen. Für die Ausführung der Software-Roboter gibt es zwei Varianten. Bereits beim Lösungsdesign muss man sich entscheiden, wie der Roboter ausgeführt werden soll: als Attended Bot oder als Unattended Bot.

1. **Attended Bot:** Bei diesem Verfahren wird ein Software-Roboter auf dem Desktop-Rechner eines menschlichen Nutzers ausgeführt. So kann der menschliche Nutzer mit dem Roboter interagieren. Zum Beispiel kann er den Software-Roboter starten und benötigte Eingaben tätigen. In vielen Fällen kann der Roboter auch mit den Berechtigungen des menschlichen Users bestimmte Programme nutzen.
2. **Unattended Bot:** Bei diesem Verfahren wird der Software-Roboter unabhängig von menschlichen Nutzern auf einer Servereinheit ausgeführt. Für die Ausführung benötigt der Software-Roboter natürlich auch eine Umgebung mit den Berechtigungen und Programmen, die er für seine Arbeit benötigt.

Exemplarisch für RPA-Plattformen möchte ich folgende nennen (in alphabetischer Reihenfolge):

- Automation Anywhere
- BluePrism
- Robot Framework
- UiPath

Wie ist RPA zu bewerten?

Den Einsatz von RPA sehe ich insofern kritisch, als dass die reine Automatisierung von Benutzeraufgaben lediglich ein Digitalisierungsprojekt ist: Hier macht sich niemand die Mühe, ein neues Design des Ende-zu-Ende-Prozesses zu entwickeln. Damit wird ein schlechter Prozess digitalisiert. Sinnbildlich gesprochen klebt man lediglich ein Pflaster auf eine eiternde Wunde. Allerdings lässt sich RPA schon vorübergehend als Brückentechnologie einsetzen, wenn die Systemschnittstelle zu einem integrierenden System zeitnah implementiert wird. Die Integration ist allerdings so zu lösen, dass RPA einfach gegen die Systemschnittstelle ausgetauscht werden kann. Wenn Sie in Ihrer prozessgesteuerten Anwendung partout nicht auf RPA verzichten können, empfehle ich Ihnen, die Anbindung nach dem Prinzip zur Realisierung einer externen Funktionalität zu lösen (vgl. unter anderem Abschnitt 6.6.2, »Vorhandene Funktionalität aus der Systemlandschaft anfordern«).

Außerdem möchte ich anmerken, dass sich die Nutzung eines Software-Roboters zur Interaktion mit einer grafischen Benutzeroberfläche in der Regel als fragil herausstellt. Wenn die Benutzeroberfläche sich häufig ändert, muss auch der Software-Roboter andauernd angepasst werden. Und falls der Software-Roboter Probleme hat, die Elemente auf der Benutzeroberfläche zu »packen«, führt dies auch zu Fehlern. Diese Fehler können auch länger unbeobachtet bleiben, wenn es zu falschen Eingaben kommt. Deshalb empfehle ich die Systemintegration über eine Systemschnittstelle.

Process Mining

Process Mining bezeichnet einen Ansatz zur Extraktion eines aktuellen Prozesses aus den vorhandenen Systemen. Auf dieser Basis kann dann ein Reporting aufgesetzt werden, um Verbesserungen für die Prozessoptimierung abzuleiten. Dazu muss eine geeignete Datenstruktur (ein *Event Log*) aus den jeweiligen Systemen extrahiert und aufbereitet werden, sodass die einzelnen Ereignisse eindeutig einem Prozessvorgang zugeordnet werden können. Dabei müssen folgende Informationen zu den Aktivitäten des Prozesses in den Systemen irgendwie identifiziert werden können (vgl. dazu (IEEE Task Force on Process Mining, 2023)):

- Zeitangabe, wann die Aktivität stattfand
- Bezeichnung der Aktivität
- ein Bezug zu einem Vorgang über eine ID (*Case ID*).

Diese Ableitung der Informationen und die damit einhergehende Datentransformation sowie -aufbereitung können sehr aufwendig sein. Zudem benötigt man einerseits Kenntnisse in den jeweiligen Datenstrukturen der Systeme und andererseits Kenntnisse in der Erstellung der Reports und zu deren Interpretation wiederum Fachwissen aus dem Prozesskontext. Meiner Erfahrung nach sind als Faustregel für den Aufwand 80 % für die Datenanalyse und 20 % für den Reporting-Aufbau zu kalkulieren.

Als Hersteller von Process-Mining-Plattformen möchte ich exemplarisch folgende nennen (in alphabetischer Reihenfolge):

- Celonis
- Software AG
- UiPath

Wie ist Process Mining zu bewerten?

Am Einsatz von Process Mining sehe ich kritisch, dass hier der Fokus einzig auf die Ist-Situation gerichtet wird. Damit wird noch kein fachlicher Prozess verbessert. Man schaut sich lediglich an, was ursprünglich einmal in den Systemen programmiert wurde (IT-Prozess), und versucht, daraus einen Prozess zu konstruieren. Dieser Prozess stellt in den meisten Fällen keinen fachlichen Ende-zu-Ende-Prozess dar, sondern lediglich einen Ausschnitt davon. Denn viele Bestandteile eines fachlichen Prozesses werden derzeit noch nicht durch IT-Technologie unterstützt. Dementsprechend betrachte ich auch die Analyse der Pfade (z. B. des »Happy Path«, also des aus der Datenlage ersichtlichen »Normalablaufs«) auf der Basis dieses »Prozessfragments« als nicht zielführend.

Die Zeit und das Geld für die Aufbereitung der Daten für solch eine Visualisierung und für den Aufbau des Reportings mittels solch einer nicht gerade günstigen und zusätzlichen Plattform können Sie sich meiner Meinung nach zumeist sparen. Stattdessen sollte ein Prozess-Reporting auf Basis eines Workflow-Management-Systems aufgebaut werden. In ihm sind die Prozessdaten bereits in strukturierter Form vorhanden. Diese Daten werden zur Prozessausführung erzeugt. Nun können Sie diese Daten über eine zielführende Reporting-Integration zum Zweck des Reportings bereitstellen. Die Analyse und Erstellung der Reports lassen sich dann mithilfe der bereits vorhandenen Analysetools im Unternehmen vornehmen. Der fachliche Ende-zu-Ende-Prozess muss mittels Prozesserhebung in Gruppenmoderation zusammen mit den anwesenden Repräsentanten des fachlichen Prozesses erarbeitet werden (vgl. dazu Kapitel 5, »Prozesse erheben«).

Sollten Sie allerdings später beim neuen Prozess Verbesserungen ableiten wollen und hier auch künstliche Intelligenz im Rahmen der Analyse anwenden wollen, könnte eine Process-Mining-Plattform eine interessante Lösung sein. Denn sie umfasst mehr Features als reines Kennzahlen-Reporting. Ansonsten müssten Sie sich Ihre Bestandteile der Reporting-Infrastruktur selbst aufbauen. Es kommt also darauf an, wie Ihr Reporting zukünftig aussehen soll und wie viel Budget für so ein spezifisches Reporting zur Verfügung steht. Grundsätzlich gilt allerdings: Sie brauchen die Methodik des Process Minings nicht, wenn Sie Ihren fachlichen Prozess mittels eines BPMN-basierten Workflow-Management-Systems richtig Ende-zu-Ende implementiert haben. Ich empfehle Ihnen, statt des Process Minings den Prozessgesteuerten Ansatz nach Volker Stiehl anzuwenden.

Im nächsten Abschnitt befassen wir uns mit den Begriffen *Fachprozess*, *Geschäftsprozess* und mit der Bedeutung des *Geschäftsprozessmanagements*.

1.2 Geschäftsprozesse, Fachprozesse und das Geschäftsprozessmanagement

Fachprozessanwendungen bzw. Prozessgesteuerte Anwendungen implementieren Fachprozesse und/oder Geschäftsprozesse. Die Begriffe *Fachprozess* und *Geschäftsprozess* habe ich in den vorherigen Abschnitten wie selbstverständlich verwendet. In diesem Abschnitt möchte ich zunächst erläutern, was ich unter einem Fachprozess und einem Geschäftsprozess verstehe. Denn je nach dem Automatisierungsgrad, dem Einsatz der Technologie in Ihrem Unternehmen und der Art und Weise eben Ihrer Geschäftsprozesse spielen diese beiden Begriffe eine mehr oder auch weniger bedeutende Rolle.

1.2.1 Geschäftsprozess vs. Fachprozess

Ein *Geschäftsprozess* stellt eine Folge von wertschöpfenden Aktivitäten dar, die sich über Funktionen und/oder Organisationen erstreckt. Dabei liegt der Fokus bei einem Geschäftsprozess auf den Bedürfnissen und Erwartungen der Kunden. Zudem wird ein Geschäftsprozess von der Geschäftsstrategie und den Geschäftszielen des Unternehmens abgeleitet. Das bedeutet, ein Geschäftsprozess wird *top down* (d. h. vom Allgemeinen zum Speziellen) entwickelt (vgl. unter anderem (Schmelzer und Sesselmann, 2013), S. 52/ S.140–142, und (Schönfeld, 2017), S. 4).

Geschäftsprozesse werden also von der Strategie abgeleitet und je nach Bedarf weiter konkretisiert. Wie sich der Geschäftsprozess einheitlich und für jeden verständlich weiter herunterbrechen lässt, sodass auch die verschiedenen Stakeholder in der Organisation sich in ihm zurechtfinden und zielführend mit ihm arbeiten können, regelt ein *Prozessebenen-Modell* (vgl. (Slama et al., 2011), S. 83, und (Schmelzer und Sesselmann, 2013), S. 153). Mithilfe dieses Modells werden meiner Erfahrung nach die relevanten Details und Zielsetzungen pro Detailebene eines Geschäftsprozessmodells sowie die zugelassenen Beschreibungselemente pro Ebene definiert. Erst dies ermöglicht eine einheitliche und zielführende Detaillierung eines Geschäftsprozesses.

Im *Geschäftsprozessmanagement* wird typischerweise für die Ableitung der Geschäftsprozesse ein Modell mit vier oder fünf Ebenen verwendet, das zumeist sehr stark an das Modell von Schmelzer/Sesselmann angelehnt ist (siehe (Schmelzer und Sesselmann, 2013), S. 169):

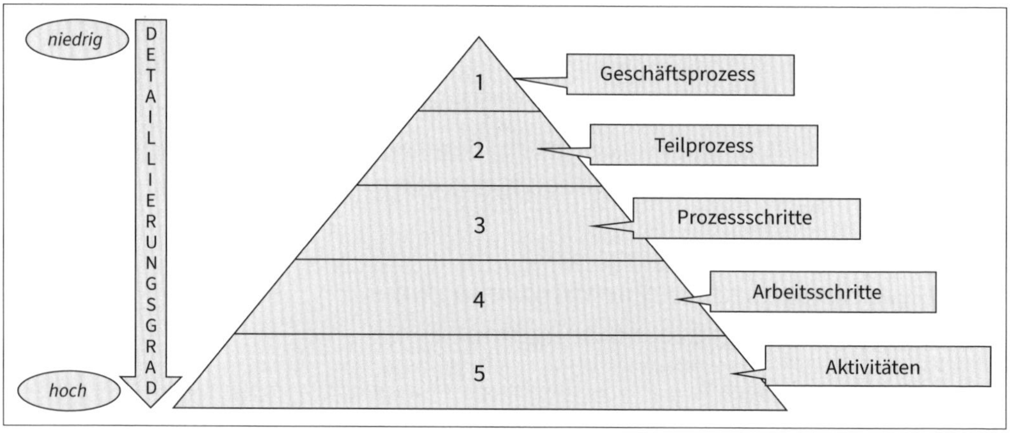

Abbildung 1.1: Eine allgemeine Prozessebenenstruktur (in Anlehnung an (Schmelzer und Sesselmann, 2013), S. 169)

1. Geschäftsprozess
2. Teilprozess
3. Prozessschritte
4. Arbeitsschritte
5. Aktivitäten

Die oberste Ebene hat noch eine niedrige Detailstufe, während die unterste Ebene eine hohe Detailstufe umfasst. Die unterste Ebene wird für die *Prozessautomatisierung* benötigt.

Allerdings ist die Beschränkung auf vier oder fünf Detailebenen im Rahmen der digitalen Transformation oft unzureichend. Denn Geschäftsprozesse sind sehr umfangreich. Deshalb genügt zur verständlichen Beschreibung diese eingeschränkte Ebenen-Anzahl nicht. Aus diesem Grund empfehle ich, zur Top-down-Detaillierung den Ansatz von Bruce Silver zu verwenden. In den Detailebenen des Ansatzes nach Silver verwenden wir maximal 10 bis 15 Aktivitätenelemente. Dann wird eine weitere Ebene eingeführt. So bekommen wir verständliche Geschäftsprozessmodelle. Auf diesen Ansatz gehe ich in Kapitel 6, »PDA-Layer: Die Fachprozess-Sicht erarbeiten«, genauer ein.

Des Weiteren ist es für das Verständnis der Bedeutung eines Geschäftsprozesses wichtig, zu sehen, wie ein Geschäftsprozess eingeteilt werden kann. Zwar werden Geschäftsprozesse von der Strategie abgeleitet, allerdings sind nicht alle Geschäftsprozesse gleich kritisch für den Erfolg eines Unternehmens bzw. einer Organisation. Deshalb müssen Geschäftsprozesse eingeteilt (d. h. klassifiziert) werden, um die Ressourcen des Unternehmens zielführend einsetzen zu können. So benötigt nicht jeder Geschäftsprozess dieselbe Aufmerksamkeit in Bezug auf eintretende Risiken, sollte er einmal nicht laufen.

Zur Klassifizierung von Geschäftsprozessen gibt es verschiedene Kategorisierungsschemata, z. B. von der *European Foundation for Quality Management (EFQM)*, das *Process Classification Framework (PCF)*, das *BPM CBOK* oder die Einteilung in *primäre und sekundäre Geschäftsprozesse* (vgl. dazu (Schmelzer und Sesselmann, 2013), S. 65). Für unsere Situation genügt es, die Geschäftsprozesse in *Standardprozesse* und *Kernprozesse* einzuteilen:

- **Kernprozesse** erzeugen einen Mehrwert für den Kunden. Für das erzeugte Produkt oder die Dienstleistung ist der Kunde bereit, einen Preis zu bezahlen. Damit wird klar, dass diese Prozesse erfolgskritisch und wichtig für die Wettbewerbsfähigkeit sind. Damit halte ich mich sehr eng an die Definition für *primäre Geschäftsprozesse* von Schmelzer/Sesselmann (siehe (Schmelzer und Sesselmann, 2013), S. 66). In diesen Geschäftsprozessen verbirgt sich dementsprechend ein großes Potenzial an Innovationen für ein Unternehmen.
- **Standardprozesse** sind hingegen Prozesse, die jedes Unternehmen oder jede Organisation in derselben Branche bzw. Organisationsart hat. Diese Prozesse werden nicht als erfolgskritisch betrachtet, werden aber unbedingt für die Bereitstellung der Ressourcen benötigt, mit denen die Kernprozesse erfüllt werden können. Ein Beispiel für einen solchen Geschäftsprozess könnte »Personal bereitstellen« lauten (vgl. auch (Schmelzer und Sesselmann, 2013), S. 66). Dieser Geschäftsprozess umfasst beispielsweise alle Inhalte zum Verfolgen der verfügbaren Kapazitäten der Mitarbeiter (Krankheit, Urlaub, Elternzeit, ...). Dafür sind fachlich operative Prozesse im Detail vorzusehen.

Diese Einteilung ist entscheidend, wenn Sie sich damit beschäftigen, welchen fachlichen Prozessen Sie welche Aufmerksamkeit bei der Implementierung widmen wollen (vgl. Abschnitt 1.3.2, »Anwendungen zur Abdeckung von Prozessen kaufen oder selbst implementieren? – Buy- vs. Build-Strategie«).

Nun finden Sie viele Softwarehersteller, die auf ihrer Website damit werben, dass Sie mit ihrer Software Ihre Geschäftsprozesse (engl. »Business Processes«) automatisieren können. Hier ist es wichtig zu verstehen, was damit gemeint ist. *Geschäftsprozesse* im Sinne des Geschäftsprozessmanagements, wie sie oben beschrieben wurden, lassen sich meist nur teilweise mit IT-Mitteln unterstützen, d. h. »automatisieren«. Dafür ist ein Geschäftsprozess viel zu umfangreich. Was hier gemeint ist, ist ein für das Geschäft relevanter fachlicher, operativer Prozess. Ich nenne diesen Prozess einen *Fachprozess* oder *fachlichen Prozess*, um Missverständnisse zu vermeiden.

Missverständnisse vermeiden

Wenn man versucht, die Begriffe *Fachprozess* oder *fachlicher Prozess* ins Englische zu übersetzen, kommt man schnell auch auf den Begriff *Business Process*, den man im Deutschen allerdings wieder als *Geschäftsprozess* übersetzt. Deshalb droht hier Verwirrung, und Sie sollten bei Ihrem konkreten Vorhaben vorab dafür sorgen, dass alle Beteiligten diesen Unterschied verstehen.

Ein Fachprozess ist in einem Geschäftsprozess enthalten. Allerdings befindet er sich auf operativer Ebene, also auf der operativen Detailebene der Fachexperten. Das heißt, der Fachprozess beschreibt, wie die Fachexperten auf Arbeitsebene tätig sind. Genau diesen Detailgrad benötigen wir, wenn wir einen Geschäftsprozess automatisieren. Wie Sie einen Fachprozess zielführend top down erarbeiten und beschreiben, erkläre ich Ihnen in Kapitel 5, »Prozesse erheben«, und in Kapitel 6, »PDA-Layer: Die Fachprozess-Sicht erarbeiten«.

Hinsichtlich der Automatisierungspotenziale eines Geschäftsprozesses denke ich, dass wir mittlerweile Instrumente haben (und dass in Zukunft auch weitere hinzukommen werden), die uns einen Geschäftsprozess immer mehr mit IT voll unterstützen lassen. Es kommt schlussendlich auch darauf an, dass eine Organisation bzw. ein Unternehmen die Technologien versteht und für sich prüft, wie es mit ihnen seine Fachprozesse und Geschäftsprozesse bestmöglich unterstützen kann und möchte.

1.2.2 Die Bedeutung des Geschäftsprozessmanagements

Das *Geschäftsprozessmanagement* (*GPM*, engl. *Business Process Management*, *BPM*) ist ein ganzheitlicher Managementansatz, der die Bestandteile *Führung*, *Organisation* und *Controlling* zur Steuerung und Optimierung von Geschäftsprozessen in Bezug auf die Geschäftsstrategie der Organisation umfasst (vgl. (Schmelzer und Sesselmann, 2013), S. 6).

Das Ziel von GPM ist es, durch die *Prozessoptimierung* die Effektivität und Effizienz des Unternehmens sicherzustellen (vgl. (Schmelzer und Sesselmann, 2013), S. 10).

Der Begriff *Prozessoptimierung* wird sehr inflationär verwendet, bleibt aber für die meisten sehr vage. Wenn ich frage: »Was bedeutet das?«, wird mir meistens geantwortet: »Prozesse neu oder anders entwerfen«. Darauf frage ich: »Woher weiß ich, dass der Prozess ›optimiert‹ ist? Oder anders ausgedrückt: Was ist die Größe, die als optimal gilt?« – Betretenes Schweigen ist zumeist die Antwort.

Es ist wichtig zu verstehen, dass Geschäftsprozesse durch Abgleich mit den *Prozesszielen* optimiert werden, die wiederum von den Geschäftszielen abgeleitet werden. Jeder Geschäftsprozess bezweckt die Erfüllung der Geschäftsstrategie und der Geschäftsziele. Die *Geschäftsziele* werden heruntergebrochen, sodass jeder Geschäftsprozess bzw. Teilprozess bestimmte Ziele zu erreichen hat: eben die Prozessziele. Dementsprechend sind die Ziele unsere Optimierungsgröße.

Das Geschäftsprozessmanagement kennt zur kontinuierlichen Optimierung der Geschäftsprozesse verschiedene Methoden. Eine davon ist die *Geschäftsprozessautomatisierung*. Ich gehe auf die besondere Rolle der Geschäftsprozessautomatisierung im nächsten Abschnitt ein. Dort stelle ich auch exemplarisch weitere Methoden vor. Letztendlich ist es aus meiner Sicht wichtig, dass ein Unternehmen einen Mix aus verschiedenen Methoden wählen sollte.

1.2.3 Die Rolle der Geschäftsprozessautomatisierung im Geschäftsprozessmanagement

In Abschnitt 1.1.2, »Geschäftsprozessautomatisierung und die relevanten Technologien für den Prozessgesteuerten Ansatz«, habe ich bereits erläutert, was *Geschäftsprozessautomatisierung* bedeutet. Jetzt möchte ich ihre bedeutende Rolle für das Geschäftsprozessmanagement genauer herausarbeiten. Denn die Geschäftsprozessautomatisierung spielt eine entscheidende Rolle dabei, innovative Produkte und Dienstleistungen auf den Markt zu bringen, sowie dabei, ein Unternehmen Wettbewerbsvorteile erzielen zu lassen, da dadurch effektive und effizientere Vorgehen unterstützt werden und neue/andere Geschäftsmodelle möglich werden. Dies wird aber nur möglich, wenn ein Unternehmen bzw. eine Organisation die Geschäftsprozessautomatisierung auf effektive und effiziente Weise einsetzt.

Im Allgemeinen lassen sich Geschäftsprozesse/Fachprozesse wie folgt automatisieren:

1. **Individualanwendung:** Der fachliche Prozess (bzw. mehrere) für einen Anwendungsbereich (*Domäne*) wird in einer eigenen Software unterstützt. Für welche Art von fachlichen Prozessen dies entscheidend ist und für welche eher problematisch, können Sie in Abschnitt 1.3.2, »Anwendungen zur Abdeckung von Prozessen kaufen oder selbst implementieren? – Buy- vs. Build-Strategie«, nachlesen.

2. **Standardanwendungssystem:** Hierbei wird für den fachlichen Prozess bzw. die fachlichen Prozesse einer Domäne auf ein Anwendungssystem »von der Stange« zurückgegriffen. Das Anwendungssystem unterstützt typischerweise fachliche Prozesse, die allgemein für beispielsweise eine Branche gelten. Dieses System lässt sich eventuell noch in Maßen an eigene Bedürfnisse anpassen (*customizen*). Für welche Art von fachlichen Prozessen dies sinnvoll sein kann und für welche es eher problematisch ist, können Sie ebenfalls in Abschnitt 1.3.2 nachlesen.
3. **Workflow-Management-System:** Dabei handelt es sich um ein branchenneutrales System, mit dem individuelle fachliche Prozesse unterstützt werden können. Mehr Informationen dazu finden Sie in Kapitel 4, »Die Prozessgesteuerte Architektur«, und in Abschnitt 1.1.2, »Geschäftsprozessautomatisierung und die relevanten Technologien für den Prozessgesteuerten Ansatz«.
4. **Robotic Process Automation (RPA):** Dazu finden Sie mehr in Abschnitt 1.1.3.
5. **Künstliche Intelligenz (KI):** Mehr Informationen zum Einsatz der künstlichen Intelligenz bei der Geschäftsprozessautomatisierung finden Sie in Abschnitt 1.1.2.

Derartige fachliche Prozesse sind für die Geschäftsprozessautomatisierung am besten geeignet, wenn sie

- umfangreich strukturiert sind (d. h. Informationen sind standardisiert und weisen eine Struktur auf),
- regelbasiert sind (d. h. ein festgelegtes Muster aufweisen),
- häufig wiederholt werden,
- sehr informationslastig sind (d. h., es gibt ein hohes Aufkommen von Informationen, die verarbeitet werden müssen) sowie
- kostenintensiv und zeitkritisch sind (vgl. auch (Schmelzer und Sesselmann, 2013), S. 480, und (Freund und Rücker, 2019), S. 173).

Neben der bedeutsamen Methodik der Geschäftsprozessprozessautomatisierung spielen im empfohlenen Mix der Methoden des Geschäftsprozessmanagements (GPM) weitere Methoden eine wichtige Rolle. Jedes Unternehmen bzw. jede Organisation muss den für sich richtigen Mix aus Methoden im GPM auswählen. Es gibt allerdings sehr viele Methoden. Exemplarisch nenne ich die folgenden drei (vgl. auch (Schmelzer und Sesselmann, 2013), S. 14):

- *Change-Management* im Rahmen der Führung (vgl. auch Abschnitt 1.3.3., »Weitere Erfolgsfaktoren für die digitale Transformation«)
- Referenzmodelle zur Standardisierung der Geschäftsprozesse (z. B. das *eTOM Business Process Framework* für Dienstleister vom *TM Forum*
- das *Reifegradmodell* zur Einschätzung der Reife der eigenen Geschäftsprozesse im Unternehmen oder in der Organisation

1.3 Die Bedeutung der digitalen Transformation für Organisationen

Zu Beginn dieses Kapitels habe ich bereits den Prozessgesteuerten Ansatz als Prozessabwicklungs- und Implementierungsmethodik für digitale Transformationsprojekte bezeichnet. Ich habe beschrieben, dass die digitale Transformation eine andere Arbeitsweise und Denkweise als bisher erforderlich macht. In diesem Abschnitt erläutere ich Ihnen, warum sich Unternehmen ernsthaft mit der digitalen Transformation beschäftigen sollten und warum damit auch eine andere Arbeits- und Denkweise notwendig wird.

Ein Grund, warum sich Organisationen und Unternehmen ernsthaft mit der digitalen Transformation befassen müssen, ist, dass ihre *Wettbewerbsfähigkeit* in Zukunft davon abhängen wird, wie sie ständig neue Anforderungen erfüllen können – z. B., indem sie neue Geschäftsbereiche etablieren und zu Innovationen bereit sind. Viele Unternehmen können ohne diese Bereitschaft nicht erfolgreich bleiben.

Neue Anforderungen ergeben sich bereits dadurch, dass jüngere Generationen ganz selbstverständlich mit bestimmten Technologien umgehen. Wenn ich an meine eigene Grundschulzeit denke, gab es da noch keine Computer, Tablets und Smartphones. Mittlerweile sieht das anders aus. Für die heutigen Kinder sind diese Medien selbstverständlich, und das hat auch Auswirkungen auf ihre zukünftigen Bedürfnisse und Erwartungen an Dienstleistungen und Geschäftsmodelle der Unternehmen. Derzeit ist dies für die deutschen Unternehmen vermutlich noch nicht so richtig zu spüren, aber ich vermute, in spätestens zehn Jahren sieht dies bereits anders aus.

Seit ungefähr August 2024 gibt es eine weitere Technologie, die die Arbeitsweise auf den Kopf stellt: *generative künstliche Intelligenz* (KI). Vereinfacht gesagt lassen sich mithilfe generativer KI auf Basis vorhandener Daten neue Inhalte erzeugen. Ich frage mich: Was wird als Nächstes kommen? Neue Technologien werden immer schneller verfügbar und verändern die Arbeitsweise in Organisationen und Unternehmen. Ignorieren darf man diese Veränderungen nicht: Zögerliche Organisationen bzw. Unternehmen werden die Auswirkungen ihrer Versäumnisse in Sachen Transformation zu spüren bekommen, wenn andere Mitbewerber die Transformation bereits erfolgreich angegangen sind. Dazu gehört nicht nur die rein technische Nutzung neuer Technologien, sondern deren erfolgreiche Etablierung in die eigenen Geschäftsprozesse. Aktuell merken viele »nur«, dass ihre Digitalisierungsbemühungen nicht erfolgreich sind (vgl. (Schönfeld, 2021) und (Roland Berger, 2021)). Denn wenn die jungen Menschen dieser Generationen ihre Ansprüche an ihr Leben formulieren und auch die jetzigen gut ausgebildeten Arbeitskräfte sich bevorzugt bei innovativen Firmen bewerben, werden Unternehmen, die auf Denkansätzen aus dem 20. Jahrhundert beharren, nicht mehr erfolgreich sein. Da genügt es auch nicht, nur Kosten zu senken und Personal zu entlassen.

Ganz im Gegenteil: Es werden kreative Menschen benötigt, die Kommunikations-, Kollaborations- sowie Problemlösungskompetenz aufweisen und mit Technologien kritisch umgehen können:

»Education today is much more about ways of thinking which involve creative and critical approaches to problem-solving and decision-making. It is also about ways of working, including communication and collaboration, as well as the tools they require, such as the capacity to recognise and exploit the potential of new technologies, or indeed, to avert their risks.« ((OECD, 2022)).

Dies erfordert einerseits gut ausgebildete junge Menschen sowie die Einsicht, dass die erfahrenen Menschen im Unternehmen weitergebildet werden müssen, sodass alle zusammen die Herausforderung annehmen und ihre Unternehmen erfolgreich voranbringen können.

Stattdessen nehme ich jedoch in vielen Unternehmen wahr, dass man die Unterschiede zwischen *Digitalisierung* und *digitaler Transformation* nicht kennt. Zudem wissen viele Verantwortliche nicht, wie sie die Veränderungen erfolgreich vornehmen können (vgl. auch (Roland Berger, 2021)). Deshalb werden unter dem Label »digitale Transformation« zumeist eher Initiativen zur Digitalisierung durchgeführt. (Auf die genauen Unterschiede komme ich noch im folgenden Abschnitt zu sprechen.)

Regelmäßig mit neuen Anforderungen umzugehen, führt – solange man an bisherigen Denkweisen festhält – zu großem Stress. Die primäre Schlussfolgerung solcher Unternehmen ist meiner Beobachtung nach, dass sie einfach nur »schneller« werden müssten, ohne ernsthaft die Denkansätze zu ändern.

So erlebe ich beispielsweise, dass manche Unternehmen meinen, sie hätten die agile Methodik ausreichend etabliert. Dies ist meinen Beobachtungen zufolge leider nicht der Fall. Grundsätzlich beobachte ich immer noch die Denkweisen aus dem 20. Jahrhundert: z. B. das Festhalten an umfangreichen, dokumentierten Konzepten, unflexible Budgetierung durch Jahresplanungen, Teams, die zumeist nicht interdisziplinär produktorientiert, sondern funktional aufgestellt sind und auch keine ausreichende Entscheidungskompetenz für sich sowie keine Möglichkeit haben, flexibel auf Budgets zuzugreifen.

Zudem werden zumeist zu den traditionellen Projektmanagement-Rollen *Projektleiter* und *Business Analyst* einfach *Product Owner* und *Scrum Master* ergänzt. Diese Rollen haben jedoch Überschneidungen, sodass die Menschen in den Projekten in unproduktiven Abstimmungsmeetings sitzen. Ich erkläre mir das so, dass das Management noch nicht die eigene neue Rolle verstanden hat: nämlich den Teams und der Organisation als ganzer die Rahmenbedingungen für die neue Arbeitsweise zu schaffen.

Die digitale Transformation ist wirklich neu, und die Unternehmen können sie nicht allein mit den bisherigen Denkansätzen umsetzen. Die alleinige Ausrichtung auf Schnelligkeit, ohne die Arbeitsweise des Unternehmens radikal umzustellen – unter Einbeziehung der Mitarbeiter –, wird nicht nachhaltig (d. h. dauerhaft) für die Unternehmen umsetzbar sein. Dazu gehört auch, dass die IT handlungsfähiger werden muss, um zukünftig kontinuierlich Anforderungen zusammen mit den Fachbereichen umsetzen zu können, unabhängig davon, ob neue IT-Transformationsprojekte anstehen und somit noch genügend

Ressourcen vorhanden sind. Das bedeutet, dass in Zukunft Fachbereiche und IT so partnerschaftlich zusammenarbeiten, wie es die agile Vorgehensweise vorsieht (z. B. Scrum). Dazu müssen die Unternehmen aber eine gemeinsame Business- und IT-Strategie haben.

Damit Ihnen klarer wird, was die digitale Transformation bedeutet, gehe ich in den folgenden Abschnitten zunächst auf die Unterschiede zwischen der digitalen Transformation und der Digitalisierung ein. Dann sehen wir uns die Faktoren an, die zum Erfolg einer digitalen Transformation beitragen. Hier spielt das Thema *Change-Management* eine wesentliche Rolle, sodass Sie hier auch Faktoren aus dem Change-Management wiederfinden werden.

1.3.1 Unterschiede zwischen Digitalisierung und digitaler Transformation

Die Unterschiede zwischen *Digitalisierung* und *digitaler Transformation* zu verstehen, ist entscheidend für das Gelingen der digitalen Transformation in einem Unternehmen. Abbildung 1.2 fasst die Unterschiede übersichtlich zusammen.

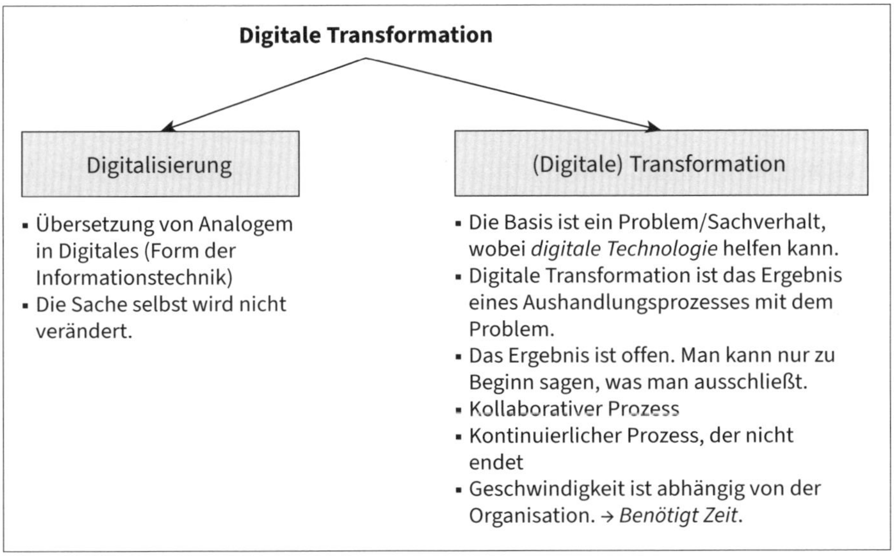

Abbildung 1.2: Zusammenfassung der Unterschiede zwischen Digitalisierung und digitaler Transformation (vgl. (Friesike und Sprondel, 2022))

Die *Digitalisierung* umfasst lediglich, dass etwas Analoges in die Form bzw. Sprache des Computers (digital: »Einsen und Nullen«) *übersetzt* wird. Um es mit dem Worten des Medientheoretikers Friedrich Kittler zu sagen: Hierbei erfolgt lediglich eine Umwandlung von einem »Aufschreibesystem« in ein anderes. Dabei wird die Sache selbst nicht verändert. Zum Beispiel wird ein Formular, das bisher auf Papier existierte, nun als Online-Formular abgebildet und zur Verfügung gestellt. Das bisherige Vorgehen wird dabei nicht hinterfragt und bleibt unberührt (vgl. (Friesike und Sprondel, 2022), S. 10–11).

Der ehemalige Vorstandchef von Telefonica Deutschland, Thorsten Dirks, soll nach (Grzanna, 2018) Folgendes gesagt haben:

> *»Wenn Sie einen Scheißprozess digitalisieren, dann haben Sie einen scheiß digitalen Prozess.«*

Dies bringt für mich die Situation auf den Punkt.

Bei der *digitalen Transformation* hingegen geht es um eine Ausgangssituation mit einem Problem, bei dessen Lösung digitale Technologien helfen können. Um das Problem zu lösen, wird innerhalb eines *Aushandlungsprozesses* zwischen den Beteiligten im Unternehmen erarbeitet, wie die digitalen Technologien eingesetzt werden. Dabei ist es wichtig, dass das Ergebnis nicht von vornherein feststeht, dass also *ergebnisoffen* diskutiert wird. Man kann zu Beginn lediglich sagen, wo man nicht hinmöchte. Wichtig ist, dass das Unternehmen und die Beteiligten sich zielführend kritisch mit der Situation auseinandersetzen (vgl. (Friesike und Sprondel, 2022), S. 12–13 und S. 16).

Dieser Transformationsprozess braucht *Zeit*. Das bedeutet, dass er sich nicht durch den Kauf einer Software abkürzen lässt (vgl. auch (Cyca, 2018) und (Friesike und Sprondel, 2022), S. 17–18). Die genaue Dauer hängt von der Organisation ab. Ich kann also meine Firma nicht mit anderen Unternehmen vergleichen.

Wichtig ist, dass ein Unternehmen mit der digitalen Transformation richtig beginnt, sodass alle Beteiligten im Unternehmen – Mitarbeiter und Führungskräfte – ein gemeinsames Verständnis von den zukünftigen Arbeitsweisen erarbeiten und erhalten. Es handelt sich also um einen *kollaborativen Prozess* (vgl. (Friesike und Sprondel, 2022), S. 17).

In meiner Beraterpraxis beobachtete ich immer wieder, dass die Manager in den Unternehmen meinen, sie müssten schneller sein als andere. Sie meinen, dass Schnelligkeit allein entscheidend ist, und vergessen dabei, dass die Mitarbeiterinnen und Mitarbeiter die neue Arbeitsweise erst erlernen müssen. Damit kann eine Transformation des Unternehmens nicht erfolgreich sein: Wenn das gesamte Unternehmen sich nicht die Zeit dafür gibt, dann werden seine Angehörigen nicht die neuen Arbeitsweisen wie agile Zusammenarbeit lernen – und damit auch nicht die enge Zusammenarbeit zwischen den Fachexperten und IT-Experten. Dies hat zur Folge, dass das Unternehmen später nicht die »Geschwindigkeit« zur Etablierung neuer Produkte und der erforderlichen Prozesse erreicht. Zudem werden sich auch die wichtigen Mitarbeiter und Mitarbeiterinnen diesen Druck sicherlich nicht bieten lassen und zu anderen Unternehmen wechseln. Damit wird das Unternehmen nicht mehr wettbewerbsfähig sein.

Zudem wird die Transformation nicht mit der Einführung eines Service enden, sondern sie wird kontinuierlich weitergehen (vgl. (Friesike und Sprondel, 2022), S. 17). Leider wird dieser Aspekt der *kontinuierlichen Verbesserung* häufig vernachlässigt. So beobachte ich in meiner Beraterpraxis, dass viele Unternehmen beispielsweise ein Produkt-Backlog nur so lange pflegen, bis der fachliche Prozess bzw. die fachlichen Prozesse einmal in eine Applikation gegossen wurden. Durch eine gelebte kontinuierliche Verbesserung gehen jedoch neue Anforderungen und Kundenerwartungen sowie eigene Verbesserungen des Unternehmens ständig in das Produkt ein. Diese Vielzahl an Anforderungen wird kontinuierlich priorisiert und bei hoher Priorität vom Team umgesetzt.

Hier prallen die alte Denkweise der *Projektorientierung* (d. h. Anforderungen werden in Software umgesetzt und die Software geht in den Betrieb; das Projekt ist dann erst einmal beendet) und die neue agile Denkweise aufeinander. In der agilen Denkweise wird *produktorientiert* gedacht. Die Unternehmen müssen in digitalen Produkten denken.

Das bedeutet: Die Unternehmen brauchen ein interdisziplinäres Team je Produkt und ein Produkt-Backlog, in dem das Team über den gesamten Produktlebenszyklus hinweg Anforderungen an das Produkt pflegt und diese in Abstimmung mit dem »Auftraggeber« für den nächsten Umsetzungsdurchlauf priorisiert. Dabei verfügt das interdisziplinäre Team über alle Fähigkeiten zur Umsetzung und zum Betrieb des Produkts.

Nur wenn die Unternehmen diesen Unterschied zwischen Digitalisierung und digitaler Transformation verstehen, werden sie durch Restrukturierung ihrer Organisation zukünftig Wettbewerbsvorteile gegenüber ihren Konkurrenten erzielen können. Erst damit werden die Unternehmen flexibler und »schneller« in der Umsetzung.

1.3.2 Anwendungen zur Abdeckung von Prozessen kaufen oder selbst implementieren? – Buy- vs. Build-Strategie

Im vorangegangenen Abschnitt über die Unterschiede zwischen Digitalisierung und digitaler Transformation habe ich bereits bei der Erläuterung des Begriffs »digitale Transformation« erklärt, dass die Behebung eines Problems nur durch eine kritische Auseinandersetzung mit ihm erfolgen kann. Dieser Prozess kann nicht durch den Kauf einer Software abgekürzt werden. Ist dies aber wirklich immer so? In diesem Abschnitt unterscheide ich zwischen der *Buy-* und der *Build-Strategie* und erkläre Ihnen, bei welchen Prozessen welche Strategie in der digitalen Transformation zu empfehlen ist.

Bevor sich ein Unternehmen über »Buy oder Build?« Gedanken machen sollte, sollte es seine *Geschäftsprozesse* kennen und sie klassifizieren. Es sollte wissen, ob es sich bei ihnen um Standardprozesse oder Kernprozesse des Unternehmens handelt. Während *Standardprozesse* (wie beispielsweise in den Domänen HR, Finanzen und IT) Ressourcen für die *Kernprozesse* bereitstellen könnten, können andere Prozesse für die Erfüllung der Geschäftsziele und damit für die Wettbewerbsfähigkeit relevant sein: z. B. der Prozess »Auftrag abwickeln«. Als essenzielle Voraussetzung dient die eigene *Strategie*. Hier befinden wir uns bereits im ganzheitlichen Managementansatz *Geschäftsprozessmanagement* (vgl. Abschnitt 1.2.2, »Die Bedeutung des Geschäftsprozessmanagements«). Damit lautet das Gebot der digitalen Transformation: *Process First!*

Auf der Basis dieser Einteilung Ihrer Prozesse können Sie entscheiden, wie erfolgskritisch Ihre Prozesse für Ihr Unternehmen sind. Für *erfolgskritische Prozesse (Kernprozesse)* werden Sie eigene Anwendungen bauen *(Build-Strategie)*. Dabei kommt es allerdings auf den

Entwicklungsansatz an. Nur so werden Sie in der Lage sein, zukünftig auf die Bedürfnisse Ihrer Kunden einzugehen und neue Geschäftsmodelle inklusive der Prozesse zu etablieren. So werden Sie auch »Luft« haben, um Innovationen auf den Markt zu bringen. Damit werden Sie Wettbewerbsvorteile erzielen.

Der herstellerunabhängige *Prozessgesteuerte Ansatz* nach Volker Stiehl, den ich in diesem Buch vorstelle, hilft Ihnen, erfolgskritische Prozesse auf diese Weise nachhaltig zu entwickeln. Ich kenne bislang keinen anderen Ansatz, der das tut und der den Abbau *technischer Schulden* ermöglicht. Alle anderen Implementierungsansätze begünstigen technische Schulden und sind nicht nachhaltig.

[i]

Info: Technische Schulden

Als *technische Schulden* wird die Last bezeichnet, die entsteht, weil Software oder andere IT-Systeme unzureichend umgesetzt wurden, sodass in der Zukunft Probleme zu erwarten sind. Mit diesem Begriff lässt sich Stakeholdern erklären, dass das Aufschieben von Maßnahmen zur Sicherstellung qualitativer Softwareentwicklung nicht zu Schnelligkeit führt, sondern die Entwicklung mittel- bis langfristig verlangsamt. Denn die Konsequenzen aus der kurzfristig »schnelleren« Entwicklung holen einen später ein und bremsen somit die Weiterentwicklung und die Fähigkeit, sich mit der Umsetzung von Innovationen zu beschäftigen (vgl. (Atchison, 2023)). Zudem können technische Schulden auch dazu führen, dass Entwickler sich andere Stellen suchen, wenn sie sich zu sehr mit den Eigenheiten von Legacy-Systemen beschäftigen müssen (vgl. ebd.).

Ich weiß, dass man während der Corona-Pandemie bewusst öfters die Entscheidung traf, technische Schulden aufzunehmen. Denn hier mussten sehr schnell viele Prozesse in Unternehmen angepasst werden. Das war aber eine Ausnahmesituation. So zu handeln, darf nicht zur Regel werden, und die Behebung des aktuellen Zustandes wird einige Zeit und Kosten in Anspruch nehmen (vgl. ebd.).

Als Beispiele für technische Schulden möchte ich folgende nennen (vgl. (T2Informatik, 2023)):

- **Konsequenter Einsatz von Robotic Process Automation (RPA)**, anstatt die fachlichen Prozesse in Bezug auf die zukünftigen Geschäftsziele neu zu designen. Ich vergleiche RPA gern mit einem Pflaster, das man auf eine eiternde Wunde klebt, in der Hoffnung, dass sie schon heilen werde: Kurzfristig wird man den Schmerz aushalten, aber mittel- bis langfristig wird man mit den Folgen zu kämpfen haben.
- **Verzicht auf die lose Kopplung von Systemen:** Systeme werden stattdessen direkt miteinander verbunden. Dies ist jedoch fatal: So hat der Austausch eines Systems die Auswirkung, dass Sie später suchen müssen, wo das System überall verwendet wurde, und dort die Integration anpassen müssen. Dies bindet enorme Ressourcen! Die Folge ist, dass die Handlungsfähigkeit der IT eingeschränkt wird

in Bezug auf kurzfristige, wettbewerbsrelevante Prozessanpassungen und Innovationen.

- **Fehlende Berücksichtigung von Coding-Standards:** Die Vernachlässigung von Coding-Standards (z. B. von Dokumentation, Dependency Injection, komponentenbasierter Entwicklung, Abstraktion von konkreter Implementierung mittels Schnittstellen, Unit-Tests) sorgt für einen enormen Zeitaufwand bei der Wartung oder Erweiterung der Anwendung. So benötigen beispielsweise neue Entwickler viel Zeit, um zu verstehen, was andere Entwickler einst implementiert haben. Ein anderes Beispiel ist schlechter Programmierstil: Wenn eine Anwendung keine Erweiterungspunkte vorsieht, lassen sich nur mit Mühe neue wettbewerbskritische Anforderungen umsetzen.

Für Standardprozesse, die für Ihr Unternehmen nicht erfolgskritisch sind, werden Sie hingegen eher bereits vorhandene Software-Produkte anschaffen. Das ist die *Buy-Strategie*. Mit ihr können Sie Standard-Anwendungssysteme nutzen, die Sie eventuell noch eingeschränkt anpassen können (»customizen«).

Tabelle 1.1 stellt Ihnen zusammenfassend die Merkmale der Buy- und der Build-Strategie bei der Abbildung der eigenen Prozesse in Anwendungen dar.

Standardprozesse (Buy-Strategie)	**Kernprozesse (Build-Strategie)**
– Standardprozesse bringen keine Wettbewerbsvorteile und keine Differenzierung zur Konkurrenz. – Innovationen sind nicht erforderlich. – Der Kauf eines Standard-Anwendungssystems verhindert die flexible Anpassung der Prozesse und Transparenz über die Prozesse im Produkt. – Das Standard-Anwendungssystem schafft Abhängigkeit vom Softwarehersteller.	– Kernprozesse sind für das Unternehmen erfolgskritisch. Um für die nötige Flexibilität zur Förderung von Innovationen zu sorgen, sollte das Unternehmen seine Anwendungen für die Kernprozesse selbst implementieren. – Entscheidend bei der Individualentwicklung ist der Entwicklungsansatz: der *Prozessgesteuerte Ansatz* nach Volker Stiehl. Dieser ist die Basis für den Abbau technischer Schulden.

Tabelle 1.1: Zusammenfassung der Merkmale von Implementierungsstrategien bei Standardprozessen und Kernprozessen

1.3.3 Weitere Erfolgsfaktoren für die digitale Transformation

Neben der Entscheidung für Buy oder Build ist es wichtig, dass das *Change-Management* als Querschnittsdisziplin die Veränderung begleitet.

[i]

Info: Change-Management

Veränderungen in der Organisation, wie sie beispielsweise im Rahmen der digitalen Transformation notwendig sind, verursachen bei den Mitarbeitern Widerstände. Ich habe gelernt, dass der Mensch ein Gewohnheitstier ist und Veränderungen gegenüber negativ eingestellt ist. Damit Widerstände bei den Mitarbeitern reduziert auftreten und gar nicht erst groß werden, ist der richtige Umgang mit der Veränderung wesentlich. Dies ist die Aufgabe des *Change-Managements*: die optimale Steuerung von Veränderungen in der Organisation (vgl. (Lauer, 2019), S. 6).

Für ein erfolgreiches Change-Management empfehle ich, die Faktoren zu berücksichtigen, die in Abbildung 1.3 schematisch dargestellt sind (vgl. (Lauer, 2019)).

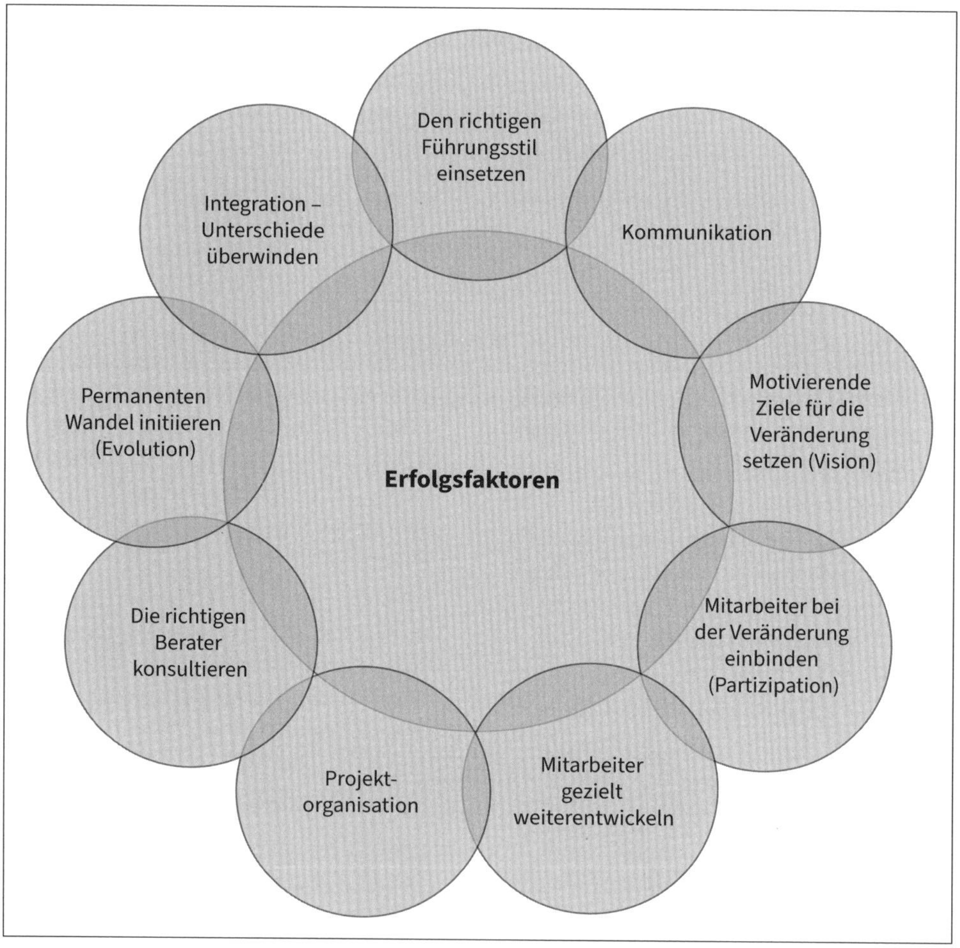

Abbildung 1.3: Zusammenfassung der Erfolgsfaktoren für das Change-Management nach (Lauer, 2019)

- **Den richtigen Führungsstil einsetzen**: Den geeigneten Führungsstil zu finden, um den Wandel zu unterstützen, ist enorm bedeutsam.
  - Dazu gehört einerseits der *transaktionale Führungsstil*, mit dem die notwendige Ordnung sichergestellt wird, um die unterschiedlichen Bereiche zu koordinieren. Hierbei werden die klassischen Techniken mit Tätigkeiten wie »Ziele setzen«, »Planen«, »Entscheidungen durchführen« und »Kontrollieren« angewendet.
  - Andererseits spielt auch der *transformationale Führungsstil* eine wichtige Rolle. Bei diesem Führungsstil bestehen die zentralen Bestandteile darin, die Mitarbeiter durch Inspiration zu motivieren und zu kommunizieren (vgl. (Lauer, 2019), S. 89–90).

  Die digitale Transformation stellt einen enormen Wandel der Organisation dar. Der Wandel umfasst neben dem Erlernen neuer Arbeitsweisen auch neue Technologien über alle Hierarchieebenen hinweg. Dieser Lernprozess der Organisation dauert seine Zeit (vgl. dazu Abschnitt 1.3.1, »Unterschiede zwischen Digitalisierung und digitaler Transformation«). In dieser Phase braucht es neben der ordnenden Hand auch Inspiration, um die Mitarbeiter über die Zeit »bei Laune zu halten«. Für diesen Wandel sind demnach auch die richtigen Personen als Führungskräfte entscheidend. Darauf weist auch Lauer hin (vgl. dazu (Lauer, 2019), S. 87).
- **Kommunikation:** Die Kommunikation ist der zentrale Faktor, um Veränderungen zu unterstützen und zu begleiten. Je nach Phase des Unternehmenswandels sind unterschiedliche Instrumente sinnvoll. So müssen beispielsweise die Führungskräfte zu Beginn den Mitarbeitern die Ziele und den Hintergrund des anvisierten Wandels zeitnah und möglichst zeitgleich erläutern, um Gerüchten und Widerständen vorzubeugen. Dabei ist es wichtig, dass die Erläuterung in der Sprache der Zielgruppe erfolgt. Das Management sollte auch ein offenes Ohr für die Mitarbeiter haben und proaktiv Dialogmöglichkeiten anbieten. Während des Wandels muss es über Projektfortschritte, Quick Wins und die Erfolge informieren. Dies kann beispielsweise durch die Formate Projekt-Informations-Markt, Begegnungsräume, Mitarbeitergespräche und/oder Newsletter erfolgen (vgl. (Lauer, 2019), S. 125 und 131).
- **Motivierende Ziele für die Veränderung setzen (Vision):** Eine *Vision* ist ein realistisches und zugleich herausforderndes Zukunftsbild der Organisation, das zur Orientierung in Richtung des angestrebten Wandels dient. Die Vision ist vor allem für die internen Mitglieder der Organisation gedacht. Sie wird auf Basis der Ergebnisse der sachlichen Analyse des Unternehmens und seiner Umwelt definiert (vgl. (Lauer, 2019), S. 113). Lauer empfiehlt, bei der Formulierung der Vision und auch bei der Überprüfung der Umsetzung einen größeren Kreis von Beteiligten aus der Organisation einzubinden. Damit lässt sich auch überprüfen, ob die Vision von allen Beteiligten verstanden wird.

  Aus meiner Praxis habe ich den Eindruck gewonnen, dass oft die Mitarbeiter und vermutlich auch die Manager selbst die Notwendigkeit des Wandels im Rahmen der digitalen Transformation nicht ausreichend verstehen. Dies zeigt sich für mich daran, dass sie versuchen, mit Denkansätzen aus dem 20. Jahrhundert weiterzuarbeiten. Vermutlich verstehen sie einfach nicht, warum sie ihre Organisation ernsthaft verändern müssen, wenn auch die Politik (aus meiner Sicht) nur eine Veränderung auf dem Papier vorlebt, beispielsweise beim Klimaschutz. Stattdessen führen sie eher halbherzig beispielsweise agile Methodik auf dem Papier ein und praktizieren weiterhin die Denkweise des Wasserfallmodells in ihrer Organisation. (Das zeigt sich an einer Ausrichtung auf Dokumenterzeugung und nicht auf Ergebnisse sowie in ihrer linearen Vorgehensweise.) Auch fehlende zielführende Kommunikation kann eine Ursache sein.

- **Mitarbeiter in die Veränderung einbinden (Partizipation):** Wenn die Organisation bzw. das Unternehmen seine Mitarbeiterinnen und Mitarbeiter zu Beteiligten macht und sie somit adäquat in den Wandel einbezieht, steigert dies zumeist die Motivation und die Widerstände nehmen ab. Dies hat den positiven Effekt, dass öfter ein besseres Ergebnis erzielt wird, weil das Wissen verschiedener Mitarbeiter genutzt werden kann (vgl. (Lauer, 2019), S. 153). Allerdings muss die Organisation auch wertschätzend mit dem Wissen der Mitarbeiter umgehen. Und sie muss das erarbeitete Ergebnis auch akzeptieren.

  Die Partizipation ist aus meiner Sicht ein wichtiger Aspekt im transformatorischen Führungsstil. Dieser hat Auswirkungen auf den Faktor der inspirierenden Motivation. So lässt sich bei der Gestaltung der zukünftigen Prozesse jeweils ein Repräsentant pro Rolle eines Prozesses einbinden (d. h. ein Vertreter für jede Rolle im Prozess), und diese Repräsentanten definieren den jeweiligen Prozess in Bezug auf die Prozessziele. Dies erfolgt zumeist in der Gruppenmoderation. Auch bei der Installation der kontinuierlichen Verbesserung der Prozesse spielen solche Teams eine wichtige Rolle. Meiner Erfahrung nach sollte der *Prozessverantwortliche (Process Owner)* dieses Team moderieren, da er für die Umsetzung der Prozessziele verantwortlich ist. Damit wird der Aushandlungsprozess der zukünftigen Prozesse im Rahmen der digitalen Transformation ermöglicht (vgl. dazu Abschnitt 1.3.1, »Unterschiede zwischen Digitalisierung und digitaler Transformation«).

- **Mitarbeiter gezielt weiterentwickeln:** Im Rahmen der digitalen Transformation müssen die Mitarbeiter ein breiteres Spektrum an Fähigkeiten erwerben. Die Mitarbeiter benötigen Kreativität, Kommunikations-, Kollaborations- sowie Problemlösungskompetenz und müssen mit Technologien kritisch umgehen können (vgl. (OECD, 2022)).

  Dieser Faktor stellt sicher, dass die Organisation die erforderlichen Anforderungen an die Fähigkeiten der Mitarbeiter identifiziert und die Mitarbeiter diesbezüglich gezielt weiterentwickelt. So wird sichergestellt, dass die Mitarbeiter den Wandel erfolgreich unterstützen und fördern können.

Bei den klassischen Methoden dazu lassen sich Weiterbildung *on the job* und *off the job* unterscheiden:

- Zu *On-the-job*-Maßnahmen zählen z. B. Job-Rotation, Mentoring und Coaching sowie Multiple Management. Beim *Multiple Management* wird ein paralleles Management von angehenden Managern aufgestellt, die parallel Entscheidungen treffen. Ihre Ergebnisse können auch vom eigentlichen Management einbezogen werden, und die angehenden Manager können somit wichtige Kompetenzen erwerben (vgl. (Lauer, 2019), S. 185 und S. 192).
- Zu *Off-the-job*-Maßnahmen zählen z. B. Trainings und E-Learnings (vgl. (Lauer, 2019), S. 185 und S. 192).

Aus meiner Sicht müssen folgende Kompetenzen und Fähigkeiten den Mitarbeitern und Managern je nach Rolle vermittelt werden:

- Moderationsfähigkeiten
- Teamführung
- Systemdenken (»vernetztes Denken«) für die Entscheidungsfindung in komplexen Situationen (Entscheidungen von Managern sind komplex.)
- transformationale Führung
- agile Methodik und verschiedene Ansätze wie beispielsweise SAFe, »Scrum of Scrum« sowie Kanban und Scrum
- das Bewusstsein für aktuelle Technologien und Trends und dafür, wie sie einzusetzen sind
- Standards wie BPMN und DMN und die relevante Methodik
- Methoden des Prozessmanagements sowie die Anwendung von Problemlösemethoden

- **Projektorganisation** (vgl. auch (Lauer, 2019), S. 199f.): Im Rahmen der digitalen Transformation ist die Etablierung des agilen Prozessmanagements ein aus meiner Sicht wichtiger Erfolgsfaktor, um den erfolgreichen Wandel und die weitere, kontinuierliche Weiterentwicklung der Services und Prozesse der Organisation sicherzustellen. Damit ist diese Arbeitsweise nicht nur während der Zeit bedeutsam, in der Sie den Wandel etablieren, sondern auch als weitere Arbeitsform, um den kontinuierlichen Arbeitsprozess sicherzustellen. Nur diese Projektorganisation stellt auf Teamebene die enge Zusammenarbeit zwischen Fachbereichen und IT-Experten sicher. Zugleich können kontinuierliches Feedback und neue Anforderungen auf Basis regelmäßiger Priorisierungen in die Umsetzung einfließen.

  Darüber hinaus ist es aber auch wichtig, dass nicht nur auf Teamebene, sondern in der gesamten Organisation der agile Ansatz etabliert wird. So können Priorisierungen von

Anforderungen top down einfließen und somit zu den verantwortlichen Produkt-/Service-Teams gelangen. Dabei helfen aus meiner Sicht populäre Frameworks wie *SAFe* (vgl. (SAFe, 2023)). Auf der Teamebene hilft beispielsweise *Kanban* oder *Scrum* (vgl. (Scrum.org, 2023)). Des Weiteren gibt es weitere agile »Frameworks« wie das *Nexus Framework* (vgl. (Scrum.org, 2023)) und *Scrum of Scrums*, *Agile Portfolio Management*, *Lean Management*, *Enterprise Scrum*, *Large Scale Scrum* (LeSS) und *Disciplined Agile Delivery (DAD)* (vgl. (Roland Berger, 2021), S. 9).

- **Die richtigen Berater konsultieren:** Zur Unterstützung des Unternehmenswandels empfiehlt Lauer, entsprechende Berater einzubeziehen (vgl. (Lauer, 2019), S. 217). Die Berater sind extern und sollten eine unabhängige und neutrale Stellung bei der Unterstützung des Unternehmenswandels einnehmen. Zudem bringen sie ihre Erfahrungen aus verschiedenen Unternehmen ein (vgl. dazu (Lauer, 2019), S. 217).

  Es gibt Berater für verschiedene Situationen: von der Strategieentwicklung über die Prozessberatung und das Training bis hin zur Unterstützung der Implementierung. Dabei ist die Auswahl der geeigneten Beratungen je nach Situation und der jeweiligen realen Kompetenzen wichtig, da es viele Beratungen gibt und die Tätigkeit des »Beraters« kein geschützter Begriff ist. Auch innerhalb eines Beratungsunternehmens selbst können fähige und unfähige Berater tätig sein. Deshalb teile ich die Empfehlung von Lauer, dass man auf persönliche Referenzen im eigenen Unternehmen oder/und auf Referenzprojekte des Beratungsunternehmens setzen sollte. Zudem hilft auch erst einmal ein Pilotprojekt, um Vertrauen aufzubauen (vgl. (Lauer, 2019), S. 222). Anhand des Pilotprojekts können Sie meist schon abschätzen, ob das ins Auge gefasste Beratungsunternehmen sein Geld wert ist. Allerdings hängt das Ergebnis stark von den gerade verfügbaren und eingesetzten Beratern ab.

- **Permanenten Wandel initiieren (Evolution):** Aufgrund der Tatsache, dass die digitale Transformation ein kontinuierlicher Prozess ist (vgl. Abschnitt 1.3.1, »Unterschiede zwischen Digitalisierung und digitaler Transformation«), muss die Organisation sich ständig in kleinen Schritten an diesen Prozess anpassen (vgl. auch zu diesem Faktor: (Lauer, 2019), S. 231).

  Dafür ist es entscheidend, dass die Organisation eine kontinuierliche Lernfähigkeit etabliert. Das ist mit dem allgemeinen Begriff der *lernenden Organisation* gemeint. Dafür muss die Organisation eine Kultur des Ausprobierens, der Offenheit für Neues, der Zusammenarbeit sowie der Fehlertoleranz etablieren (vgl. (Lauer, 2019), S. 231). Hierbei spielt aus meiner Sicht die agile Arbeitsweise eine wichtige Rolle, da sie die Zusammenarbeit und das kontinuierliche Lernen unterstützt. Für die Umsetzung ist es meiner Meinung nach aber auch essenziell, dass das Management eine geeignete Kultur etabliert und vorlebt.

- **Integration – Unterschiede überwinden:** Dieser Faktor hat das Ziel, ein kooperatives Miteinander von verschiedenen Menschen sicherzustellen. Natürlich kommt es auch auf die positive Einstellung der verschiedenen Mitarbeiterinnen und Mitarbeiter an.

Dabei sind Integrationsmaßnahmen im Rahmen eines Wandels auf verschiedenen Ebenen essenziell: auf der Projektteam-Ebene, in Organisationseinheiten wie auf der Bereichs- oder Abteilungsebene, auf der Ebene virtueller Teams sowie auf der Ebene der gesamten Organisation bei Unternehmenszusammenschlüssen (vgl. (Lauer, 2019), S. 173–174). Maßnahmen können entweder *on the job* (z. B. auf Arbeitskreisebene und auf Leitungsebene) oder/und *off the job* (z. B. als Teambildungsmaßnahme) stattfinden (vgl. (Lauer, 2019), S. 177–180).

[+]

Tipp: Zum Weiterlesen – Leseempfehlung:

Für das Thema *Change-Management* empfehle ich folgende Bücher:

- Kotter: *Leading Change* (Kotter, 2012)
- Lauer: *Change Management – Grundlagen und Erfolgsfaktoren* (Lauer, 2019)

Für einen praktischen Einstieg in das Thema *vernetztes Denken* empfehle ich folgende Literatur:

- Honegger: *Vernetztes Denken und Handeln in der Praxis – Mit Netmapping und Erfolgslogik schrittweise von der Vision zur Aktion* (Honegger, 2013)

und ergänzend

- Vester: *Die Kunst vernetzt zu denken – Ideen und Werkzeuge für einen neuen Umgang mit Komplexität* (Vester, 2015)

1.3.4 Anforderungen an einen Implementierungsansatz für Unternehmensanwendungen im 21. Jahrhundert

In den vorangegangenen Abschnitten habe ich Ihnen bereits einige wichtige Aspekte erläutert, die Sie im Rahmen der digitalen Transformation berücksichtigen sollten, um dauerhaft erfolgreich zu sein. In diesem Abschnitt möchte ich Ihnen die Anforderungen an einen neuen Prozessimplementierungsansatz im Rahmen der digitalen Transformation erläutern. Denn die Implementierung von Unternehmensanwendungen erfordert – bedingt durch die digitale Transformation im 21. Jahrhundert – neue Denkansätze für die Umsetzung beliebiger innovativer Fachprozesse.

Das liegt daran, dass Sie zusammen mit Ihrem Unternehmen in einer sich ständig ändernden und komplexen Welt leben. Dabei ist auch zu beachten, dass wir in Deutschland in *Prozessen* denken und arbeiten. Diese Prozesse wollen wir mithilfe von Anwendungen unterstützen. Mehr zum Begriff *Prozess* finden Sie in Abschnitt 1.2.1, »Geschäftsprozess vs. Fachprozess«.

In Abbildung 1.4 habe ich Ihnen die Anforderungen an einen Prozessimplementierungsansatz zusammenfassend dargestellt. Diese Anforderungen werde ich anschließend genauer erläutern.

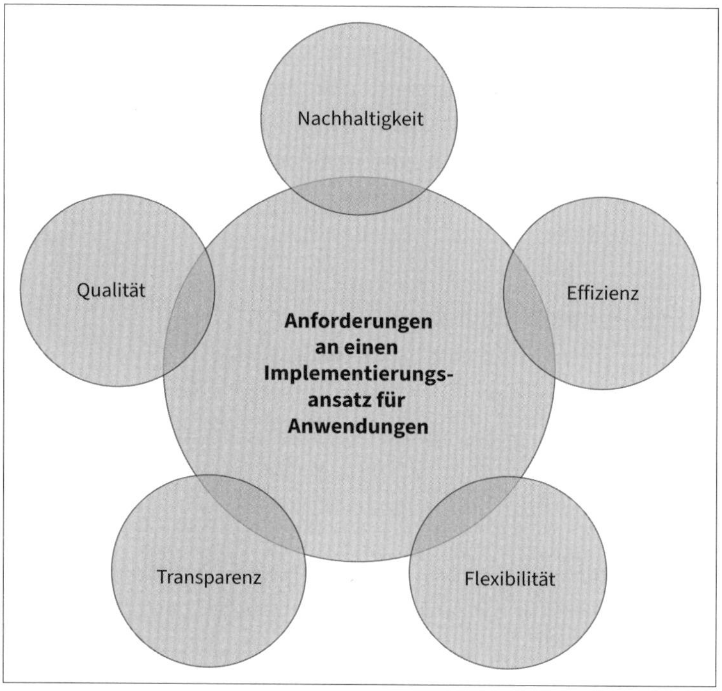

Abbildung 1.4: Anforderungen an einen Implementierungsansatz für Anwendungen im 21. Jahrhundert

Nachhaltigkeit

Unter *Nachhaltigkeit* verstehe ich die langfristige Ausrichtung Ihrer Ziele und die Fähigkeit Ihres Unternehmens, flexibel auf zukünftige Kundenanforderungen zu reagieren. Darüber hinaus streben Sie die Einführung neuer Geschäftsprozesse an, um innovative Geschäftsmodelle zu ermöglichen. Dafür ist ein zukunftsorientierter Implementierungsansatz erforderlich, der diese Perspektive unterstützt.

Dabei sind folgende Aspekte entscheidend:

- **Erstentwicklung und Weiterentwicklung:** Bei der Implementierung müssen wir gleichermaßen Wert auf die Erstentwicklung und die kontinuierliche Weiterentwicklung der Anwendung legen. Bei der Weiterentwicklung ist es entscheidend, dass Anpassungen an den verwendeten externen Systemen nicht zwangsläufig eine Anpassung der Anwendung selbst erfordern. Zudem ist es wichtig, dass Sie die Geschäftsprozesse/Fachprozesse ohne Beeinträchtigung der Systemlandschaft anpassen können. Darüber hinaus ist es von Bedeutung, dass die Fachprozesse und deren Implementierung auch für Entwickler in der Zukunft transparent bleiben, sodass diese auch nach Jahren noch Änderungen an der Implementierung vornehmen können. Dadurch wird vermieden, dass die Anwendung in einen Zustand gerät, in dem das Prinzip *Never change a running system* zum Tragen kommt.

- **Referenzarchitektur:** Die Referenzarchitektur fokussiert sich auf die Trennung der Fachprozesse von der Integration der Prozesse in eine existierende Systemlandschaft. Zudem ist für die Referenzarchitektur ebenso die Transparenz der Fachprozesse und Entscheidungen von Bedeutung. Diese lässt sich mit Standards wie BPMN und DMN erreichen. Mit solch einer Referenzarchitektur können Sie unabhängig Fachprozesse anpassen und Systeme austauschen. Durch diesen Implementierungsansatz erhalten Sie eine »zeitlose Software« und geraten nicht in die heute oft anzutreffende Situation, in der *Never change a running system* gilt.

Ich finde diesen Aspekt sehr zentral. Deshalb erkläre ich Ihnen anhand zweier aktueller Negativ-Beispiele aus meiner Beobachtung, wie der hier vorgestellte Aspekt Nachhaltigkeit oft verletzt wird.

Low-Code-Plattformen für professionelle Unternehmensanwendungen

(Erklärungen zu den Begriffen *Low Code* und *No Code* finden Sie in Abschnitt 1.1.3, »Technologien, von denen Sie auch gehört haben sollten«.)

Die meisten Low-Code- bzw. No-Code-Plattformen haben proprietäre Notationen für die Implementierung von fachlicher Prozessablauflogik, Daten oder/und Benutzeroberflächen. Die Softwarehersteller schlagen als »Entwicklungsansatz« vor, eigene Funktionalität in beispielsweise umfangreichen internen Skripten zu implementieren (z. B. mit JavaScript). Das hat zur Folge, dass Bestandteile der Funktionalität eines Prozesses nicht in anderen Prozessen wiederverwendet werden können, sondern per Copy-and-paste dupliziert werden. Dies ist keine gute Idee, denn es bedeutet: Wenn dieses häufig duplizierte Code-Fragment angepasst werden muss, muss ich die Anpassung in jeder verwendeten Anwendung vornehmen. Stattdessen sollte man Funktionalität, die man in unterschiedlichen Kontexten benötigt, wiederverwendbar gestalten, indem man sie beispielsweise als zentrale Funktion definiert.

Des Weiteren sieht dieser »Entwicklungsansatz« der Softwarehersteller vor, dass die Integration von erforderlichen Systemen über vorhandene Konnektoren möglich ist. So bieten die Softwarehersteller eine Vielzahl an spezifischen Konnektoren für verschiedene Systeme an. Damit soll die Integration von Systemen innerhalb der Fachprozesse erfolgen. Als Folge liegen aber viele systemspezifische Details für eine Systemanbindung in einem Fachprozess und »verunreinigen« diesen. Dadurch werden Systemmigrationen erschwert, wenn ein neues System den Platz des bisherigen Systems einnimmt. Dann müssen alle Fachprozesse und Anwendungen zusätzlich angefasst werden, um die bestehende Integration des Altsystems durch die Integration des neuen Systems zu ersetzen.

Dies bindet zusätzlich IT-Ressourcen, die heute sowieso schwer auf dem Markt zu bekommen sind. In dieser Zeit kann die IT nicht den Fachexperten bei der Implementierung von neuen Kundenanforderungen oder bei der Implementierung der Prozesse im Rahmen von neuen Geschäftsmodellen unterstützen. Außerdem wird für Fach- und IT-Experten später nicht mehr erkennbar, was der Fachprozess ist und wie dieser funktioniert. Dieser

Umstand erschwert einerseits die Kommunikation zwischen Fach- und IT-Experten und andererseits die Einarbeitung von neuen Entwicklern, die den Fachprozess auch verstehen müssen.

Auch bieten die Plattformen für Daten, Formulare, Fachprozesse und Entscheidungen zumeist eigene Notationen und Editoren an. Wenn sie für fachliche Prozesse BPMN unterstützen, so bieten sie meist nur eine rudimentäre Abdeckung der BPMN-Modellierungspalette. Diese genannten Artefakte lassen sich zumeist nicht ausreichend exportieren. Wenn ein Export möglich ist, dann wird oft das Format JSON oder XML verwendet, um die Artefakte in einer proprietären Struktur exportieren zu können. Noch schlimmer ist es, wenn Plattformen keine Exportmöglichkeiten anbieten. Wenn Sie dann die Entwickler und den Vertrieb der Softwarehersteller fragen, wie Sie die Artefakte einer Anwendung exportieren können, erhalten Sie die Antwort: »Sie können die Informationen per Copy-and-paste in eine andere Plattform übertragen.«

Stattdessen ist es aber besser, die Anwendung auf Basis von Standards und Best-Practice-Entwicklungsansätzen zu implementieren. Dann haben Sie in der Zukunft auch die Chance, die Komponenten der Anwendung wiederzuverwenden. Dieses Wissen muss die eigene Organisation aufbauen. Dies gehört aus meiner Sicht in der digitalen Transformation zu einem »Lernmodul« dazu: Ohne Wissen über professionelle und nachhaltige Anwendungsentwicklung wird es für eine Organisation aus meiner Sicht unmöglich, mit IT-Technologien zu arbeiten.

Diese Beispiele zeigen mir, dass ich mit solchen Plattformen keine professionelle Unternehmensanwendung für den Lebenszyklus einer Anwendung von ca. 10 bis 15 Jahren bauen kann. Denn aus meiner Sicht liegt der Fokus hier nur auf der Abhängigkeit vom Softwarehersteller. Ich stelle mir die Frage: »Wie lange wird diese Vielzahl an Softwareherstellern von Low- bzw. No-Code-Plattformen auf dem Markt bestehen?« Es gibt derzeit viele Hersteller von Low/No-Code-Plattformen. Ich kann mir aber nicht vorstellen, dass diese 10 bis 20 Jahre lang in ihrer derzeitigen Form bestehen werden. Deshalb würde ich als Unternehmer dieses Risiko der Abhängigkeit reduzieren: durch Nutzung eines nachhaltigen Implementierungsansatzes, der herstellerneutral ist. Als Berater lege ich großen Wert darauf, dass die Anwendungen für meine Kunden nachhaltig sind. Ich hoffe, dass Sie nun nachvollziehen können, warum *Nachhaltigkeit* bei diesem Thema so wichtig ist.

Microservices und deren Verknüpfung über Ereignisse mit Prozessen

Die Idee hinter *Microservices* ist, Monolithen zu vermeiden, also sehr umfangreiche Anwendungen, die als ein einziges physisches Artefakt vorliegen. (Umgangssprachlich könnten wir einen Monolithen auch »Monster-Anwendung« nennen.) Solche umfangreichen Anwendungen sind im Laufe der Zeit gewachsen. Sie lassen sich weder gut skalieren noch warten, da der Programmcode oft nicht modular und nicht nach fachlichen Gesichtspunkten aufgebaut wurde. Somit geht die Transparenz verloren.

Microservices hingegen sind zustandslose »Komponenten« mit begrenztem fachlichem Umfang und lassen sich dadurch auch unabhängig von anderen skalieren (vgl. dazu Abschnitt 1.1.1, »Abgrenzung von Microservices zu Fachprozessanwendungen bzw. Prozessgesteuerten Anwendungen«). Allerdings stellt ein fachlicher Umfang eines Microservice keinen fachlichen Ende-zu-Ende-Fachprozess dar, sondern nur eine Teilfunktionalität. Ein Ende-zu-Ende-Fachprozess überspannt verschiedene Microservices *(Bounded Contexts)*. Damit jeder Microservice konsistente Daten für seine Funktionalität hat, müssen die Microservices Daten in Form von geschäftsrelevanten Events austauschen, z. B. so: »Kunde x geändert« oder »Neuer Auftrag y«. Dieser Austausch erfolgt über asynchrone Kommunikation mittels eines Messaging-Systems. Der eine Microservice veröffentlicht diese Information (*publish*), und alle anderen interessierten Microservices können diese konsumieren (*subscribe*) und verarbeiten. Dies bedeutet, dass der konsumierende Microservice dezentral Integrationslogik halten muss, um die Daten aus der Struktur des anderen Microservice in sein eigenes Datenformat zu überführen.

Zudem muss eventuell auch ein Microservice Programmcode enthalten, um die Reihenfolge von Events einzuhalten: Vielleicht müssen erst bei Verfügbarkeit die Kundendaten geändert werden, bevor der Microservice den neuen Auftrag des Kunden bearbeiten kann. Dies umfasst fachliche Prozessablauflogik und Integrationsablauflogik. Die fachliche Prozessablauflogik ist nicht sichtbar und muss später mühevoll durch Reengineering verstanden werden – beispielsweise, wenn sich neue Teams einarbeiten oder bei Migrationsprojekten.

Zudem wird in Zukunft mit großer Wahrscheinlichkeit die Zahl an Microservices durch neue Anforderungen ansteigen. Damit wird die Organisation sich wieder einen »Prozess-Monolithen« heranzüchten. Die dabei entstehenden Abhängigkeiten zwischen den Microservices – vermittelt über die ausgetauschten Events – lassen sich im Laufe der Zeit kaum noch warten, da die Transparenz fehlt. Die Folge wird sein, dass die Unternehmen wieder in eine Situation geraten, in der es dann *Never change a running system* heißt (vgl. auch (Stiehl, 2023)).

Eine weitere Idee der Softwarehersteller von Workflow-Management-Systemen besteht darin, die Koordination von Microservices über eine Process Engine zu ermöglichen. Mit ihren Systemen verbinden sie Microservices zu einem nahtlosen Ende-zu-Ende-Prozess und ermöglichen somit deren Koordination (*Orchestrierung*). Doch diese Vorstellung scheint darauf hinzudeuten, dass die Implementierung eines »Prozesses« aus Microservices einen fachlichen Prozess darstellt. Dabei wird das grundlegende Prozessdenken nicht vollständig erfasst. Denn ein fachlicher Ende-zu-Ende-Prozess lässt sich nicht einfach aus der bloßen Summe einzelner Microservices zusammensetzen. Hier wird nicht fachlich in Prozessen gedacht, sondern rein technisch in der Verknüpfung von einzelnen Funktionalitäten. Bei dieser Denkweise handelt es sich um einen Integrationsprozess von verschiedenen Microservices. Dieses Beispiel verdeutlicht meiner Ansicht nach sehr gut, dass eine nachhaltige Implementierung fachlicher Prozesse allein durch den reinen Microservice-Ansatz nicht möglich ist.

Effizienz

Anwendungen müssen signifikant schneller entwickelt, gewartet und weiterentwickelt werden können. Dies geschieht durch die Anwendung folgender Prinzipien:

- **Agilität:** partnerschaftliche und enge Zusammenarbeit zwischen Fach- und IT-Experten
- **Bewährte Methodik:** methodisches Prozessdesign mit Fokus auf den Fachprozessen, die das Unternehmen benötigt
- **Standards:** Hier sind insbesondere als zentrale Standards *BPMN* für die grafische Prozessbeschreibung und *DMN* für die fachlichen Entscheidungsmodelle hervorzuheben. Diese stellen die Basis für die Kommunikationseffizienz zwischen Fach- und IT-Experten dar. Zugleich verwenden Sie dieselben Prozessmodelle für die Prozessausführung mit einer BPMN-basierten Process Engine. Sie brauchen keine »Übersetzung« in ein technisches Ausführungsmodell, wie es bisher meist noch in den Köpfen ist.
- **Parallele Entwicklung:** Die parallele Entwicklung wird erst durch eine Referenzarchitektur möglich, die den Fokus auf die Trennung der Fachprozesse von den Integrationsaufgaben (Systemintegration) legt und es ermöglicht, die Anwendung unabhängig anzupassen (Prinzip: *Separation of Concerns*).
- **Keine Änderungen von Systemen in der Systemlandschaft:** Bisher erlebe ich es oft in Unternehmen, dass in Systemen gedacht wird und damit bei neuen Anforderungen die vorhandenen Systeme angepasst werden. Dieses Denken, vorhandene Systeme anpassen zu müssen, kostet zu viel Zeit und Geld. Zudem sind Sie damit von dem System und dem Systemhersteller abhängig. Ganz zu schweigen von den Problemen bei einem neuen Release des geänderten Systems. So stecken Sie viele Ressourcen in die Beantwortung der Frage: »Sind die Änderungen im neuen Release noch kompatibel und funktionstüchtig?«

  Mit jedem neuen Release in einem System müssen sämtliche Änderungen auf Funktionstüchtigkeit getestet werden. Deshalb ist dieses Prinzip so wichtig: keine Änderungen in Systemen in der Systemlandschaft vornehmen! Denn dies ist nicht nötig. Sie denken in Fachprozessen und in der für sie benötigten Funktionalität. Dabei nutzen Sie vorhandene Funktionalität, die durch Ihre Systemlandschaft bereitgestellt wird. Wenn Funktionalität bisher nicht vorhanden ist, wird diese von Ihnen komponentenbasiert neu implementiert und gehört damit zu Ihrer Prozessgesteuerten Anwendung.

Flexibilität

Es ist von essenzieller Bedeutung, dass neue fachliche Anforderungen nahtlos umgesetzt werden können, ohne dass dafür umfangreiche Anpassungen an der bestehenden Systemlandschaft erforderlich sind. Zusätzlich müssen die daraus resultierenden Prozessgesteuerten Anwendungen flexibel genug sein, um den Anforderungen zukünftiger Trends und Technologien gerecht zu werden. Dieser Aspekt gewährleistet, dass Sie auch in Zukunft problemlos Erweiterungen und Anpassungen an Ihren Anwendungen vornehmen können.

Transparenz

Für verschiedene Stakeholder müssen Fachprozesse in einer allgegenwärtigen, standardisierten Sprache verständlich sein. Dies gilt sowohl für Fachexperten und Entwickler als auch für den Betrieb. Zudem ist zur Laufzeit für jede Rolle der Ausführungszustand eines Fachprozesses anhand von dessen BPMN-Prozessmodellen einsehbar.

Diese Anforderung stellt sicher, dass für jeden Stakeholder die Prozessausführung sichtbar ist. Zudem wird die Einarbeitung für beispielsweise Entwicklungsteams beschleunigt, da diese dank der richtigen Anwendung der Standards BPMN und DMN die Fachprozesse verstehen können. Das BPMN-Prozessmodell dient als »Landkarte« für die ergänzenden Implementierungen. Auch hierdurch gewinnen Sie an Schnelligkeit.

Qualität

Die Qualität ist entscheidend, beispielsweise um die Anwendung warten und weiterentwickeln zu können. Um die Qualität einer Anwendung sicherzustellen, sind viele verschiedene Aspekte zu berücksichtigen, beispielsweise die Funktionalität, Kompatibilität, Sicherheit, Flexibilität und Interaktionsfähigkeit (vgl. (Spillner und Linz, 2019), S. 24–27, und (iso25000, 2024)). Nicht jedes dieser Qualitätsmerkmale ist immer gleich wichtig. Deshalb ist es wichtig, diese für die aktuelle Anwendung zu priorisieren (vgl. (Spillner und Linz, 2019), S. 27).

Hier habe ich lediglich die Begriffe für die exemplarischen Merkmale aufgeführt. Um die Bedeutung zu verstehen, muss man sich mit den jeweiligen Definitionen genauer beschäftigen. Alle Qualitätsmerkmale aufzuführen und zu erläutern, würde jedoch den Umfang dieses Buches sprengen. Ich wollte Ihnen an dieser Stelle lediglich einen ersten Eindruck vom Begriff der *Qualität* einer Anwendung geben. Um sich in die Details einzuarbeiten, empfehle ich Ihnen, die aufgeführten Quellen zu konsultieren.

Die Qualität lässt sich durch die Anwendung einer bewährten Projektabwicklungs- und Implementierungsmethodik, durch die richtige grafische Darstellung von Prozessen in BPMN, der Komponentenentwicklung und -nutzung sowie durch die Berücksichtigung von *Clean-Code*-Prinzipien[3] sicherstellen. Dieser Aspekt ist deshalb so bedeutsam, weil er die Basis für die allgemeinen Ziele wie Reduzierung von Kosten und von Entwicklungs- und Weiterentwicklungszeit darstellt. Hierdurch wird die Basis für den Abbau von *technischen Schulden* (vgl. Infobox in Abschnitt 1.3.2) geschaffen, und es wird Ihrem Unternehmen ermöglicht, seine Ziele dauerhaft zu erreichen.

3 Siehe zu Clean Code beispielsweise: *https://clean-code-developer.de/die-tugenden/* (10.06.2023)

1.4 Zusammenfassung

Die zu Beginn des Kapitels formulierten Fragen können nun wie folgt beantwortet werden:

Was ist der Prozessgesteuerte Ansatz und wie erfüllt er die Anforderungen der digitalen Transformation?

Der Prozessgesteuerte Ansatz nach Volker Stiehl (engl. *Process-driven Approach*) ist eine auf BPMN-Prozessmodellen basierende Projektabwicklungs- und Implementierungsmethodik für digitale Transformationsprojekte, mit der beliebige innovative Fachprozesse umgesetzt werden können. Er ist ganzheitlich und herstellerneutral. *Ganzheitlich* bedeutet: Der Ansatz umfasst alle Aspekte, die wir für die Entwicklung einer Fachprozessanwendung benötigen. Dabei nutzt er die vorhandenen Best Practices aus Prozessmethodik, Projektmanagement, Softwarearchitektur und -entwicklung. Die Herstellerneutralität wird durch die Verwendung von Standards wie BPMN und DMN ermöglicht. Bei diesem Projektabwicklungs- und Implementierungsansatz stehen Fachprozessanwendungen im Fokus.

So bleiben Ihre Fachprozessanwendungen unabhängig von Softwareherstellern und dadurch flexibel. Die Unabhängigkeit wird, wie weiter vorn bereits angedeutet, durch Standards wie BPMN und DMN gewährleistet. Die Flexibilität und Erweiterbarkeit werden sichergestellt durch:

- die klare Trennung der Verantwortlichkeiten mithilfe von Schichten
- den Einsatz bestimmter Kern-Technologien für die verschiedenen Verantwortlichkeiten »Prozessausführung«, »Entscheidungsmodellausführung«, »Integration« und »Benutzeroberflächen (UI)«
- das Prinzip der losen Kopplung

Damit wird eine schlagkräftige Basis dafür geschaffen, dass Ihre Organisation auf zukünftige Anforderungen reagieren kann. Zudem lassen sich neue Technologien wie beispielsweise künstliche Intelligenz zur Realisierung von Funktionalität einsetzen. Somit werden im Vergleich zur Konkurrenz schnellere Innovationen möglich. Darüber hinaus fördert dieser Ansatz die neue Arbeitsweise des agilen Vorgehens (z. B. mit Scrum).

Indem die relevanten Repräsentanten der Prozessakteure in die Erarbeitung der Fachprozesse einbezogen werden, wird die *Akzeptanz* bei den Prozessbeteiligten sichergestellt. Zudem wird die *Effizienz* der Entwicklung durch das direkte Einbeziehen der relevanten Prozessakteure sowie des Entwicklungsansatzes sichergestellt. Die effiziente Entwicklung der Fachprozessanwendung wird auch durch die klare Trennung der Verantwortlichkeiten ermöglicht. Dadurch kann nach Erarbeitung des Umfangs des Fachprozesses sowie eines Pfades dieser Pfad bereits von den verschiedenen Gewerken (wie »prozessgesteuerter Anwendungsentwickler«, »Integrationsexperte« und »UI«) unabhängig entwickelt werden.

Wie meistern Unternehmen die digitale Transformation erfolgreich?

Die digitale Transformation bringt für Unternehmen so einige Tücken mit sich. Diesen Herausforderungen können sich die betroffenen Akteure stellen, indem sie ...

1. die Bedeutung der digitalen Transformation im Vergleich zur Digitalisierung verstehen (vgl. Abschnitt 1.3.1, »Unterschiede zwischen Digitalisierung und digitaler Transformation«),
2. die Buy- und Build-Strategie in Bezug auf ihre Kern- bzw. Standardprozesse neu anwenden und bei erfolgskritischen Geschäfts-/Fachprozessen (*Kernprozessen*) im Kontext der Build-Strategie den nachhaltigen und herstellerneutralen Prozessgesteuerten Ansatz einsetzen (vgl. Abschnitt 1.3.2, »Anwendungen zur Abdeckung von Prozessen kaufen oder selbst implementieren? – Buy- vs. Build-Strategie«)
3. die Erfolgsfaktoren des Change-Managements im Unternehmen richtig umsetzen (vgl. Abschnitt 1.3.3, »Weitere Erfolgsfaktoren für die digitale Transformation«).
4. ihren bisherigen Entwicklungsansatz für ihre operativen Fachprozesse fit für die Zukunft machen. Denn durch die digitale Transformation ergeben sich andere Anforderungen an einen Prozessimplementierungsansatz. Diese Anforderungen habe ich in Abschnitt 1.3.4, »Anforderungen an einen Implementierungsansatz für Unternehmensanwendungen im 21. Jahrhundert«, beschrieben:
   - Nachhaltigkeit
   - Effizienz
   - Flexibilität
   - Transparenz
   - Qualität

   Nach meinem derzeitigen Kenntnisstand erfüllt nur der Prozessgesteuerte Ansatz nach Volker Stiehl diese Anforderungen.

Was ist Geschäftsprozessmanagement und wie lässt es sich in diesen Kontext einordnen?

Das *Geschäftsprozessmanagement (GPM)* ist ein ganzheitlicher Managementansatz, der die Bestandteile *Führung*, *Organisation* und *Controlling* zur Steuerung und Optimierung von Geschäftsprozessen in Bezug auf die Geschäftsstrategie der Organisation umfasst. Das Ziel des GPM ist es, durch Prozessoptimierung die Effektivität und Effizienz des Unternehmens sicherzustellen. Dafür muss das Unternehmen den für sich richtigen Mix an Methoden und Tools auswählen. Neben der Prozessautomatisierung gibt es auch weitere Methoden/Tools, die dabei eine wichtige Rolle spielen (vgl. Abschnitt 1.2.2, »Die Bedeutung des Geschäftsprozessmanagements«, und Abschnitt 1.2.3, »Die Rolle der Geschäftsprozessautomatisierung im Geschäftsprozessmanagement«).

Das GPM hilft, die erforderlichen Geschäftsprozesse im Hinblick auf die Geschäftsstrategie sowie die erforderliche Kultur und die benötigten Methoden und Tools zu etablieren.

Damit sorgt es für die notwendigen Rahmenbedingungen, um kontinuierliche Verbesserungen von Geschäftsprozessen im Unternehmen sicherzustellen.

Was ist ein Geschäftsprozess?

Ein *Geschäftsprozess* stellt eine Folge von wertschöpfenden Aktivitäten dar, die sich über Funktionen und/oder Organisationen erstreckt. Dabei liegt der Fokus bei einem Geschäftsprozess auf den Bedürfnissen und Erwartungen der Kunden. Zudem wird ein Geschäftsprozess von der Geschäftsstrategie und den Geschäftszielen des Unternehmens abgeleitet. Dabei ist es auch wichtig, dass ein Unternehmen seine Geschäftsprozesse klassifiziert, um seine Ressourcen so einzuteilen, dass die einzelnen Geschäftsprozesse die jeweils erforderliche Aufmerksamkeit erhalten (vgl. Abschnitt 1.2.1, »Geschäftsprozess vs. Fachprozess«).

Neben dem Begriff Geschäftsprozess verwende ich auch den Begriff *Fachprozess*. Damit drücke ich aus, dass wir uns auf der operativen Detailebene der Fachexperten eines Geschäftsprozesses befinden. Diesen Detaillierungsgrad benötigen wir, wenn wir einen Geschäftsprozess mithilfe einer Prozessgesteuerten Anwendung unterstützen möchten (vgl. Abschnitt 1.2.1, »Geschäftsprozess vs. Fachprozess«).

Was wird unter Geschäftsprozessautomatisierung verstanden?

Unter *Geschäftsprozessautomatisierung* verstehe ich, dass Geschäftsprozesse bzw. Fachprozesse mithilfe der IT effektiv und effizient entweder teilweise oder vollständig umgesetzt werden. Es gibt verschiedene Arten der Geschäftsprozessautomatisierung, die ich in Abschnitt 1.2.3, »Die Rolle der Geschäftsprozessautomatisierung im Geschäftsprozessmanagement«, beschreibe.

Die Geschäftsprozessautomatisierung spielt eine entscheidende Rolle, um innovative Produkte und Dienstleistungen auf den Markt zu bringen und um ein Unternehmen Wettbewerbsvorteile erzielen zu lassen, da sie effektive und effizientere Vorgehen unterstützt und neue oder auch andere Geschäftsmodelle ermöglicht. Dies lässt sich aber nur erreichen, wenn ein Unternehmen bzw. eine Organisation die Geschäftsprozessautomatisierung als Methode effektiv und effizient einsetzt.

Welche Technologien sind im Umfeld des Prozessgesteuerten Ansatzes relevant?

Für den nachhaltigen und herstellerneutralen Prozessgesteuerten Ansatz benötigen Sie die Technologien, die ich in Abschnitt 1.1.2, »Geschäftsprozessautomatisierung und die relevanten Technologien für den Prozessgesteuerten Ansatz«, beschrieben habe.

Oft gibt es bereits für den Einstieg Open-Source-Tools oder -Frameworks für diese Technologien, sodass Sie bereits Proofs of Concept leicht umsetzen können und auf diese Weise schnell erste Erfahrungen mit dem Ansatz und den Technologien sammeln können. Dies erleichtert Ihnen den Einstieg.

Kapitel 2

Einführung in die Prozessmodellierung mit BPMN 2.0.2 und DMN 1.3

Damit zwei verschiedene Personen über die Fachlogik sprechen können, müssen sie eine einheitliche Sprache verwenden. Für unser Themenfeld sind es sogar zwei: BPMN für die Geschäftsprozesse und DMN für fachliche operative Entscheidungen.

Fragen, die dieses Kapitel beantwortet:

- Wie verwende ich den Standard *Business Process Model and Notation (BPMN)* richtig, um fachliche Prozesse zu beschreiben?
- Wie beschreibe ich operative Geschäftsentscheidungen mithilfe des Standards *Decision Model and Notation (DMN)*?

Die beiden Standards BPMN (*Business Process Model and Notation*) und DMN (*Decision Model and Notation*) sind wichtig, um fachliche Prozesse und fachliche Entscheidungen zu beschreiben und zu implementieren. Beide Standards sind bedeutende Bestandteile des Prozessgesteuerten Ansatzes, sodass wir uns in diesem Kapitel mit ihnen beschäftigen:

1. **Fachliche Prozesse mit BPMN beschreiben:** In Abschnitt 2.1, »Prozesse mit BPMN beschreiben«, beschreibe ich die wesentlichen Bestandteile der BPMN.
2. **Operative Entscheidungen mit DMN beschreiben:** In Abschnitt 2.2, »Entscheidungen mit DMN beschreiben«, erhalten Sie eine Einführung in die operative Entscheidungsmodellierung mit dem DMN-Standard.
3. **Best Practices/Methodik:** In Abschnitt 2.3, »Best Practices«, beschreibe ich die zentralen Best Practices und die Methodik zur Verwendung der beiden Notations-Standards BPMN und DMN.

2.1 Prozesse mit BPMN beschreiben

Beispiel: Fachprozess »Seminaranmeldung abwickeln«

Anhand unseres Beispielfachprozesses »Seminaranmeldung abwickeln« können Sie die Bestandteile der BPMN verinnerlichen, die Sie in diesem Kapitel lernen. Am besten legen Sie sich beim Studieren dieses Kapitels den Fachprozess daneben. Den vollständigen Fachprozess entnehmen Sie bitte den Begleitmaterialien zum Buch.

Die Business Process Model and Notation (BPMN) ist aus meiner Sicht die bedeutsamste Modellierungsnotation, um fachliche Prozesse grafisch zu beschreiben und auszuführen. Wie bedeutsam sie ist, zeigt sich nicht nur an ihrer Verbreitung, sondern auch daran, dass sie bereits seit 2013 ein ISO-Standard[1] ist. Deshalb werden wir uns in diesem Abschnitt mit den Grundlagen der BPMN beschäftigen. In Abschnitt 2.3, »Best Practices«, erlernen Sie dann die wesentlichen Best Practices bei der Prozessmodellierung mit BPMN. Für weiterführende Best Practices empfehle ich das Buch von Bruce Silver: *BPMN Method & Style* (Silver, 2011).

2.1.1 Umfang und Bedeutung der BPMN

Die *Business Process Model and Notation (BPMN)* wurde als standardisierte Notation für fachliche Prozesse entwickelt, um die Kommunikation zwischen Fachexperten und IT-Experten effizient zu gestalten. Aus eigener Erfahrung kann ich bestätigen, dass die BPMN nach einer kleinen Einweisung bereits von BPMN-»Laien« gelesen werden kann, und zwar unabhängig von Fachrichtungen und Vorkenntnissen, wie ich es zum Beispiel in einem interdisziplinären Team mit Psychologen, Soziologen und Ingenieuren erlebt habe.

Dabei ist es aber wichtig, dass die rein fachliche Prozessablauflogik der Fachexperten mit BPMN beschrieben wird. Ich erlebe leider öfter in der Praxis, dass unerfahrene Menschen keinen fachlichen Prozess, sondern einen *Implementierungsprozess* beschreiben, der mit Entwicklungsdetails gespickt ist. Auf diese Weise verunreinigen sie jedoch die Fachlogik mit Implementierungsdetails, was die Kommunikation mit den Fachexperten sehr stören kann. In diesem Fall wird die BPMN nicht korrekt eingesetzt. Die BPMN definiert eine Syntax, und um sie richtig anzuwenden, muss man eine Methodik lernen, die nicht Bestandteil der BPMN-Spezifikation ist (vgl. dazu auch (OMG, 2013), S. 20).

Die IT ist für die Implementierung des fachlichen Prozesses in Applikationen verantwortlich (vgl. (OMG, 2013), S. 1). Ab der Version 2.0 erlaubt die BPMN, ein Prozessmodell als Basis für die Prozessautomatisierung zu verwenden. So lässt sich mithilfe eines *Workflow-Management-Systems* ein fachlicher operativer Prozess in einem BPMN-basierten Workflow-Management-System als Basis für die Ausführung verwenden. Dadurch entfällt eine »Übersetzung« in ein anderes »technisches« Prozessmodell (vgl. dazu Abschnitt 3.1, »Unterscheidung zwischen dem fachlichen und dem technischen Prozessmodell«). Allerdings müssen die Softwarehersteller ihr Workflow-Management-System dazu mit der BPMN umfangreich ausstatten.

1 ISO/IEC 19510:2013: *https://www.iso.org/standard/62652.html*

2.1.2 Die BPMN-Prozesstypen

Der BPMN-Standard umfasst drei »*Prozesstypen*«:

1. **Process:** Der Prozess beschreibt einen Aktivitätenfluss in einer Organisation, der sich auf die auszuführende Arbeit fokussiert (vgl. (OMG, 2013), S. 143). Abbildung 2.1 zeigt ein Beispiel für einen Prozess.

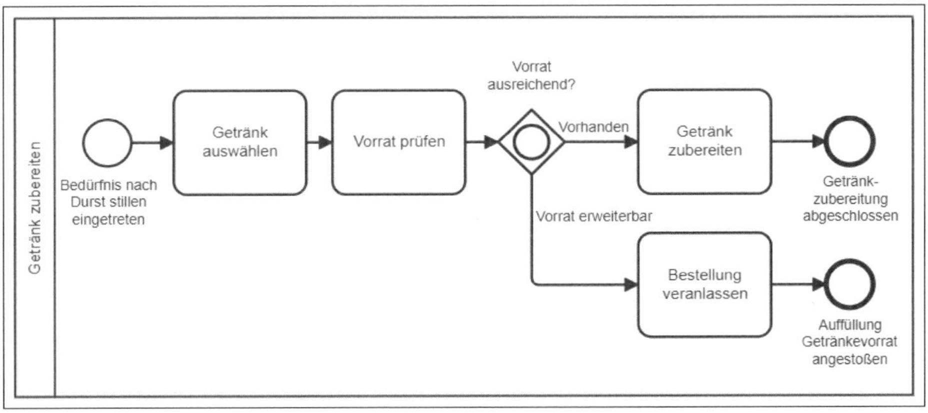

Abbildung 2.1: »Getränk zubereiten« – Beispiel für einen Prozess (Prozesstyp »Process«)

2. **Collaboration:** Mit diesem Prozesstyp wird die Interaktion (»Kollaboration«) zwischen mindestens von zwei *Teilnehmern* (engl. Participants) dargestellt. Die Teilnehmer werden durch *Pools* repräsentiert. Die Interaktion wird mittels *Message flows* zwischen den Pools visualisiert (vgl. (OMG, 2013), S. 107 und S. 110). Abbildung 2.2 zeigt beispielhaft einen Prozess mit einer Kollaboration.

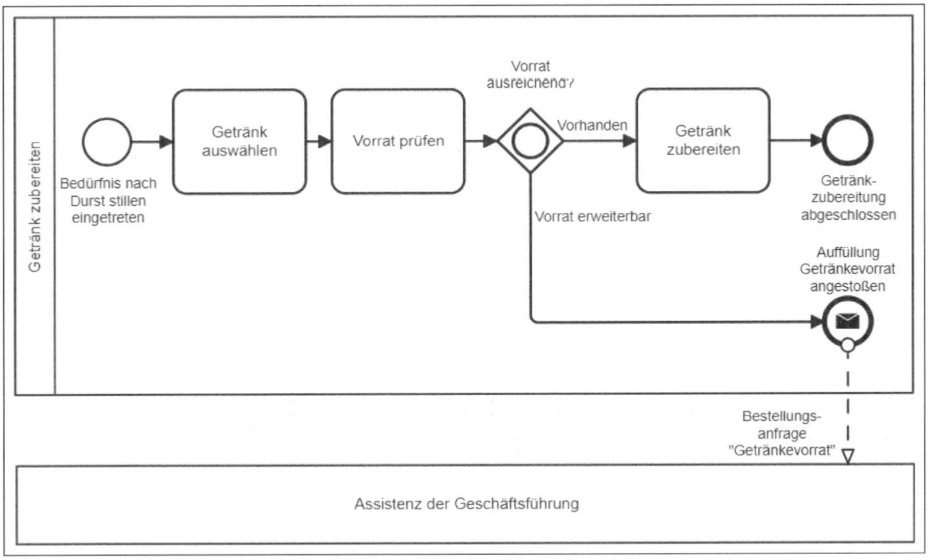

Abbildung 2.2: »Getränk zubereiten« – Beispiel für einen Prozess mit Kollaboration

3. **Choreography:** Eine *Choreography* ist ein sehr spezieller Prozesstyp. Im Gegensatz zum Process liegt bei ihr der Schwerpunkt nicht auf der Orchestrierung der Arbeit, sondern auf dem Austausch der Informationen zwischen den Teilnehmern (vgl. (OMG, 2013), S. 315).

Wir werden in diesem Buch nur von den Prozesstypen Process und Collaboration Gebrauch machen. Wenn Sie mehr über die Choreography erfahren möchten, empfehle ich Ihnen die Lektüre des BPMN-Standards: (OMG, 2013). Dort finden Sie auch ein Beispiel abgebildet (siehe (OMG, 2013), S. 317).

2.1.3 Die grundlegenden Elemente der BPMN

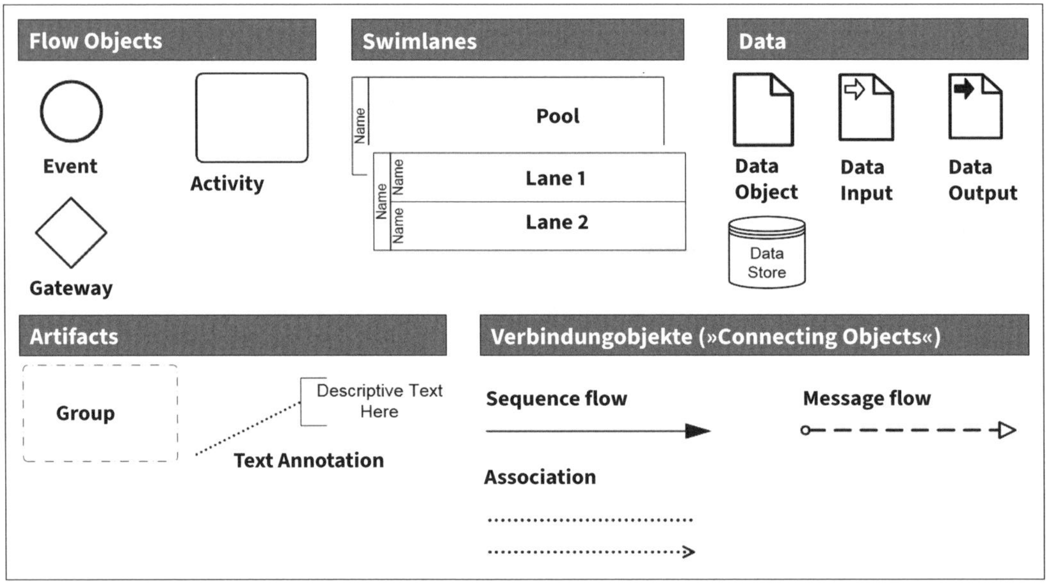

Abbildung 2.3: Die fünf Elementkategorien der BPMN im Überblick (vgl. dazu (OMG, 2013), S. 25ff.)

Die BPMN umfasst fünf grundlegende Elementkategorien (vgl. (OMG, 2013), S. 25, und siehe Abbildung 2.3):

1. Flussobjekte (engl. Flow Objects)
2. Daten (engl. Data)
3. Verbindungsobjekte (engl. Connecting Objects)
4. Swimlanes
5. Artifacts

In diesem Abschnitt stelle ich Ihnen die grundlegenden Elemente dieser Kategorien vor.

Flussobjekte

Mithilfe der Flussobjekte (engl. *Flow Objects*) wird das Verhalten eines fachlichen Prozesses beschrieben. Es gibt drei Flussobjekte:

1. **Events:** Ein *Event* beschreibt einen *Zustand*, der im Prozessverlauf eintritt. Ein Zustand kann entweder etwas anstoßen (z. B. den Prozess) oder ein Ergebnis zur Folge haben (vgl. (OMG, 2013), S. 26). Mit Events werden wir uns in Abschnitt 2.1.4, »Wichtige Events«, beschäftigen.
2. **Activities:** Eine *Activity* (dt. »Aktivität«) bezeichnet allgemein auszuführende Arbeit in einer Organisation. Dabei kann es sich um *atomare* und *nicht-atomare* Aktivitäten handeln. Es gibt zwei Typen von Aktivitäten: *Subprozesse* und Aufgaben. Dabei stellt eine *Aufgabe* (engl. Task) eine atomare Aktivität dar. Das heißt, die hiermit beschriebene Arbeit lässt sich nicht mehr weiter auf einen tieferen Detaillierungsgrad herunterbrechen. Im Allgemeinen lässt sich sagen, dass Anwender und Anwendungen Aufgaben durchführen (vgl. (OMG, 2013), S. 26 und S. 154). Mit Aufgaben werden wir uns in Abschnitt 2.1.5, »Die Aufgabentypen«, beschäftigen.
3. **Gateways:** *Gateways* werden zur Steuerung des Flusses in einem Prozess verwendet. Damit lassen sich Pfade verzweigen oder aufteilen und auch wieder zu einem Pfad zusammenführen (vgl. (OMG, 2013), S. 27). Mit Gateways beschäftigen wir uns in Abschnitt 2.1.6, »Wichtige Gateways«.

Daten

Zur Beschreibung von Daten im Prozess gibt es laut der BPMN-Spezifikation drei zentrale Konzepte (vgl. (OMG, 2013), S. 27/S. 207 und ab S. 210):

1. **Data Object:** Ein *Data Object* beschreibt Daten innerhalb des Prozesses (vgl. (OMG, 2013), S. 204).
2. **Data Store:** Die Daten werden dauerhaft außerhalb des Prozesskontextes gespeichert und stehen so für die Dauer der Prozessinstanz-Lebenszeit zur Verfügung (vgl. (OMG, 2013), S. 207).
3. **Data Input/Data Output:** Mit dem Element *Data Input* definieren Sie, welche Daten eine Aktivität oder ein Prozess als Eingabe benötigt. Mit dem Element *Data Output* hingegen beschreiben Sie, dass bestimmte Daten als Ergebnis aus einer Aktivität oder aus einem Prozess erzeugt werden. Die Beziehung zwischen dem Data Input oder dem Data Output und der Aktivität drücken Sie mithilfe einer *Data Association* aus (vgl. (OMG, 2013), S. 210/212 und 214).

   Mithilfe der Data Association werden die Daten im Prozess aus den Datenobjekten (Data Objects) oder den Data Inputs eines Prozesses an die Aufgaben übergeben, sodass diese mit den erforderlichen Daten versorgt werden. Zudem lässt sich das Ergebnis der ausgeführten Aktivität an ein Datenobjekt- oder Data-Output-Element übergeben (vgl. (OMG, 2013), S. 220–221).

Ist an einer der erlaubten Aktivitäten *kein* Data Input oder Data Output zu finden, dann wird damit ausgedrückt, dass diese Aktivität keine bestimmten Daten zum Starten benötigt (Data Input) bzw. dass keine bestimmten Daten als Ergebnis erzeugt werden (Data Output). Dabei ist es wichtig zu beachten, dass lediglich Aufgaben, die globalen Tasks und die globalen Prozesse über einen Aufruf mittels *Call Activity* Data Inputs und Data Outputs definieren können. *Eingebettete Subprozesse* (siehe dazu Abschnitt 2.1.7, »Subprozesse«) dürfen direkt keine eigenen Data Inputs oder Outputs definieren (vgl. (OMG, 2013), S. 210–212).

Um die Unterschiede zwischen den Elementen Data Input, Data Object und Data Output zu verdeutlichen, zeige ich Ihnen in Abbildung 2.4 ein Beispiel für einen angedeuteten Prozess mit diesen Datenelementen. Dort sehen Sie, dass die Aufgabe »Tu was 1« unbedingt einen Data Input benötigt, um zu starten. Die erzeugten Daten aus dieser Aufgabe werden an das Datenobjekt übergeben. Die Aufgabe »Tu was 2« ruft die Daten aus dem Datenobjekt ab. Zudem erzeugt die Aufgabe »Tu was 2« ein erforderliches Ergebnis, was mit dem Data-Output-Element beschrieben wird.

Ich hatte kein freies Tool zur Hand, mit dem ich dieses Beispiel mit den Data-Input- und -Output-Elementen in dieser Form darstellen konnte. Deshalb ist Abbildung 2.4 eine Fotomontage auf Basis von *bpmn.io*[2] und Elementen aus der BPMN-Spezifikation (vgl. (OMG, 2013), S. 213 und S. 215).

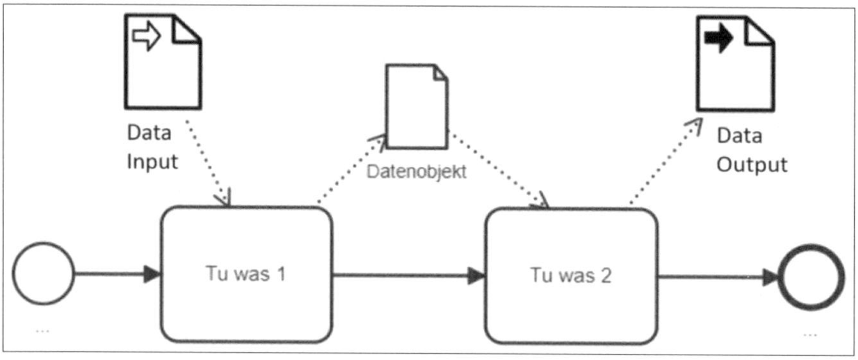

Abbildung 2.4: Ein angedeuteter Prozess mit Data Input, Data Object und Data Output (Fotomontage auf Basis von bpmn.io und (OMG, 2013), S. 213 und S. 215)

Weitere Details zur Modellierung von Daten im Prozess entnehmen Sie bitte (OMG, 2013), ab S. 202.

Verbindungsobjekte

In der BPMN existieren vier Möglichkeiten, Flussobjekte untereinander oder mit anderen Informationen zu verbinden:

2 *https://bpmn.io/* (Stand: 02.01.2026)

1. **Sequence Flow:** Ein *Sequence Flow* (dt. *Sequenzfluss*) wird verwendet, um die Reihenfolge der Flussobjekte im Prozess zu beschreiben. Inhaltlich geht es dabei um die Reihenfolge der durchzuführenden Aufgaben (vgl. dazu (OMG, 2013), S. 27).

   Ein Sequence Flow kann nur innerhalb eines Pools Elemente verbinden. Das heißt, Sie können keine Elemente aus einem aufgeklappten Subprozess mit Elementen verbinden, die sich im übergreifenden Prozess befinden. Abbildung 2.5 zeigt die Regeln, welche BPMN-Elemente mit anderen Elementen verbunden werden dürfen. Nur diese Elemente dürfen *eingehende* und/oder *ausgehende Sequenzflüsse* haben (vgl. (OMG, 2013), S. 40–41).

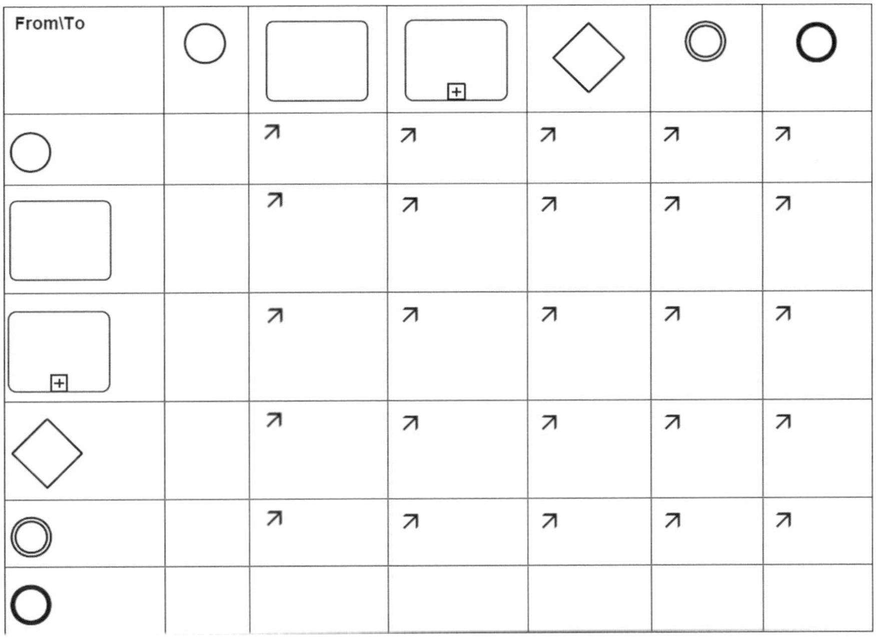

Abbildung 2.5: Sequence Flow – Verbindungsregeln (Übersicht) ((OMG, 2013), S: 40–41, leicht modifiziert)

2. **Message Flow:** Ein Message Flow wird im Rahmen einer Kollaboration verwendet, um den Fluss der Nachrichten zwischen zwei Teilnehmern darzustellen (vgl. (OMG, 2013), S. 27). Mit Message Flows werden wir uns noch gesondert beim Thema Kollaboration in Abschnitt 2.1.10 beschäftigen.
3. **Association:** Mithilfe einer *Association* werden Informationen und Artifacts (siehe unten im gleichnamigen Abschnitt) mit grafischen BPMN-Elementen verknüpft (vgl. (OMG, 2013), S. 27).
4. **Data Association:** Mit einer *Data Association* beschreiben Sie die Übertragung von Daten zwischen Data Objects, Properties sowie Inputs und Outputs von Aktivitäten, Prozessen und Global Tasks (siehe dazu Abschnitt 2.1.7, »Subprozesse«) (vgl. (OMG, 2013), S. 220).

Swimlanes

Mithilfe von *Swimlanes* lassen sich die zentralen Modellierungselemente ordnen (vgl. (OMG, 2013), S. 26). Die BPMN kennt zwei Optionen für diesen Zweck (siehe auch Abbildung 2.3):

1. **Pools:** Ein Pool repräsentiert einen Teilnehmer in einer Kollaboration (vgl. (OMG, 2013), S. 27). Ein Pool ist verantwortlich für seinen Prozess wie ein Dirigent für sein Orchester. Ein Pool kann auch als *Blackbox* (zugeklappt) dargestellt werden (vgl. (OMG, 2013), S. 27). In diesem Fall spielen die internen Details für den Betrachter keine Rolle. Mehr zur Rolle der Pools im Rahmen einer Kollaboration erkläre ich in Abschnitt 2.1.10.
2. **Lanes:** Eine Lane oder auch Swimlane unterteilt einen Prozess innerhalb eines Pools, um die Aufgaben zu organisieren (vgl. (OMG, 2013), S. 27). Typischerweise werden Lanes verwendet, um die Verantwortlichkeiten für Aufgaben zu beschreiben, also für Rollen bzw. Organisationseinheiten.

Artifacts

Artifacts ergänzen einen Prozess um zusätzliche Informationen. Dabei werden zwei vordefinierte Artifacts unterschieden (siehe Abbildung 2.3). Die BPMN erlaubt es auch, eigene Artifacts zu definieren. (vgl. (OMG, 2013), S. 26):

1. **Group (dt. Gruppierung):** Mit einer Gruppierung lassen sich grafische Elemente in einem Prozess, die zur selben Kategorie gehören, inhaltlich zusammenfassen. Es ist wichtig zu verstehen, dass dieses Element keine Auswirkung auf den Sequenzfluss hat: Es handelt sich dabei lediglich um eine Gruppierungs*information* für die Modellierung und/oder Leser (vgl. (OMG, 2013), S. 28).
2. **Text Annotation:** Bei einer *Text Annotation* handelt es sich um eine Anmerkung/Kommentierung, die den Lesern ergänzende Informationen zu einem Element (z. B. zu einer Aufgabe) bieten soll (vgl. (OMG, 2013), S. 28).

2.1.4 Wichtige Events

In BPMN markieren Ereignisse – sogenannte *Events* – bestimmte Auslöser oder Zustände, die den Ablauf eines Prozesses steuern. So kann beispielsweise ein Ereignis einen Prozess starten, ihn in eine Wartephase versetzen oder zu seinem Abschluss führen.

Im Folgenden lernen Sie die Event-Typen kennen, die in der Praxis am häufigsten vorkommen. Wenn Sie sich darüber hinaus für die vollständige Bandbreite der Events interessieren, lohnt sich ein Blick in die BPMN-Spezifikation der OMG ((OMG, 2013), S. 239ff).

Die Arten von Events

Die BPMN kenn drei Arten von Events (vgl. (OMG, 2013), S. 232):

1. **Start Event:** Ein *Startereignis* kennzeichnet, unter welcher Bedingung ein Prozess startet.

2. **End Event:** Ein *Endereignis* kennzeichnet das Ende eines Prozesspfads.
3. **Intermediate Event:** Mit einem *Zwischenereignis* lassen sich Zustände im Prozessverlauf beschreiben.

Ein *Boundary Event* ist eine bestimmte Form eines Zwischenereignisses. Solch ein Event lässt sich an den Rand einer Aufgabe oder eines Subprozesses »heften«.

Zudem lassen sich *unterbrechende* (engl. *interrupting*) von *nicht-unterbrechenden* (engl. *non-interrupting*) Events unterscheiden: Unterbrechende Events haben eine durchgezogene Kreislinie, während bei nicht-unterbrechenden Events die Kreislinie gestrichelt ist. »Nicht-unterbrechend« bedeutet, dass die Aktivität, an die das Event angeheftet ist, beim Eintreten des Events nicht beendet wird. Damit entsteht quasi ein paralleler Ablauf. Die Aufgabe wird weiterbearbeitet, und parallel dazu wird beim Eintreten des Events auch der ausgehende Pfad vom Event ausgeführt (vgl. dazu (OMG, 2013), S. 253ff.).

Innerhalb dieser drei Eventarten gibt es wiederum die zwei folgenden Varianten (vgl. (OMG, 2013), S. 233):

1. **Empfangendes Event:** Ein *empfangendes Event* (engl. *Catching Event*) wartet darauf, dass ein definierter Zustand eintrifft. Alle Start Events und einige Zwischenereignisse sind empfangende Events.
2. **Auslösendes Event:** Ein *auslösendes Event* (engl. *Throwing Event*) stößt ein Ereignis an (man sagt, es »triggert ein Event«). Dieses Ereignis kann wiederum mit einem entsprechenden *empfangenden Event* aufgefangen werden. Alle End Events und einige Zwischenereignisse sind auslösende Events.

Start Events

Ein Prozess kann mehrere *Prozessebenen* haben, sodass der übergreifende Prozess (engl. *Top Level Process*) beispielsweise einen *embedded Subprozess* oder einen *globalen Prozess* mithilfe der *Call Activity* aufrufen kann. Auf die genannten Konzepte gehe ich in Abschnitt 2.1.7, »Subprozesse«, genauer ein. Jede dieser Prozessebenen besitzt einen bestimmten Umfang an potenziell verwendbaren Start Events (vgl. (OMG, 2013), S. 238). Tabelle 2.1 zeigt eine Gegenüberstellung der aus meiner Sicht wesentlichen Start Events und der Verwendung je BPMN-Prozessebene. Das »X« bedeutet, dass das jeweilige Start Event auf der entsprechenden BPMN-Prozessebene verwendet werden kann.

So können Sie Tabelle 2.1 entnehmen, dass für alle Subprozesse nur das Start Event *None* verwendet werden darf. Sollten bei einem Aufruf eines globalen Prozesses aus einem Top-Level-Prozess auch andere Start Events vorhanden sein, wird lediglich das Start Event None berücksichtigt. Alle anderen Start Events bei einem *globalen Prozess* erzeugen eine Top-Level-Prozessinstanz. Sie sehen dort außerdem, dass ein Event-Subprozess einen definierten Start-*Trigger* benötigt. Damit ist das None-Start-Event nicht nutzbar. Zudem muss ein *Event-Subprozess* ein einziges Start Event haben (vgl. (OMG, 2013), S. 241–244).

Start Event	Top-Level-Prozess	»Embedded« Subprozess	»Globaler« Prozess (aufgerufen)	Event-Subprozess
None	X	X	X	–
Message	X	–	(X)	X *Interrupting* *Non-Interrupting*
Signal	X	–	(X)	X *Interrupting* *Non-Interrupting*
Timer	X	–	(X)	X *Interrupting* *Non-Interrupting*
Conditio-nal	X	–	(X)	X *Interrupting* *Non-Interrupting*

Tabelle 2.1: Übersicht über die Verwendung der zentralen Start Events (vgl. dazu (OMG, 2013), S. 239–244)

Start Event	Top-Level-Prozess	»Embedded« Subprozess	»Globaler« Prozess (aufgerufen)	Event-Subprozess
Error Event	–	–	–	X 
Escalation Event	–	–	–	X 

Tabelle 2.1: Übersicht über die Verwendung der zentralen Start Events (vgl. dazu (OMG, 2013), S. 239–244) (Forts.)

Die in Tabelle 2.1 aufgelisteten Start Events haben folgende Bedeutung (vgl. (OMG, 2013), S. 239–244):

- **None Start Event:** Ein *None*-Start-Event weist keinen spezifischen, definierten Trigger auf. Ein *None*-Start-Event muss in einem Prozess vorhanden sein, der von einem Top-Level-Prozess über die *Call Activity* aufgerufen wird. Auf die Call Activity gehe ich in Abschnitt 2.1.7 zu den Subprozessen ein.
- **Message Start Event:** Auf Basis einer eingehenden *Message* von einem *Teilnehmer* (engl. *Participant*) wird der Prozess gestartet (vgl. auch Abschnitt 2.1.10 über Kollaboration).
- **Signal Start Event:** Auf Basis eines definierten *Signals*, das von einem oder mehreren anderen Prozessen gesendet wurde, wird der Prozess angestoßen.

Hinweis: »Signal« vs. »Message«

Eine *Message* hat immer nur *ein* Ziel, während ein *Signal ein oder mehrere* Ziele haben kann.

Zudem kann ein Signal für die Kommunikation innerhalb und zwischen Prozessebenen, über Pool-Grenzen hinweg sowie zwischen verschiedenen BPMN-Prozessdiagrammen verwendet werden (vgl. (OMG, 2013), S. 240, S. 247 und S. 252).

Dagegen wird eine Message nur über Pool-Grenzen hinweg versendet und empfangen (vgl. Abschnitt 2.1.10, »Die Sache mit der Kollaboration – Prozessteilnehmer interagieren miteinander«).

Um Signal Events besser zu verstehen, können Sie sich einen Radiosender vorstellen, der sein Programm überträgt – das Signal. Dabei kann er natürlich einen oder auch mehrere Zuhörer haben: die Empfänger.

- **Timer Start Event:** Basierend auf der Definition eines bestimmten Datums oder Zyklus wird der Prozess beim Erreichen dieser »Zeitdefinition« angestoßen.
- **Conditional Start Event:** Auf Basis einer fachlichen Bedingung (engl. *Condition*), z. B. einer Datenänderung, wird der Prozess angestoßen. Damit das Ereignis erneut eintreten kann, muss das Ergebnis der Bedingung zuerst falsch (*false*) und dann wahr (*true*) werden.
- **Error Start Event:** Auf Basis eines eintretenden *Errors* wird der Prozess angestoßen. Gemäß dem Verständnis eines »Errors« gibt es dieses Event nur in der unterbrechenden (engl. *interrupting*) Version. Das bedeutet, der übergreifende Prozess wird abgebrochen.
- **Escalation Start Event:** Auf Basis eines eintretenden *Escalation*-Events wird der Prozess angestoßen. Damit lassen sich fachliche Maßnahmen definieren, die ausgeführt werden, wenn eine mit diesem Event definierte fachliche Einschränkung nicht erfüllt wird. Das Ziel ist es, den Abschluss einer fachlichen Aktivität zu beschleunigen: z. B. den Ablauf einer zeitlichen Frist (vgl. (OMG, 2013), S. 242). Dieses Event gibt es in zwei Ausführungen:
  - **unterbrechend/interrupting:** Der übergeordnete Prozess wird abgebrochen)
  - **nicht-unterbrechend/non-interrupting:** Der übergeordnete Prozess läuft weiter.

Alle Start-Ereignisse sind *empfangende Ereignisse* (engl. *Catching Events*).

[»]

Hinweis: »Escalation« vs. »Error«

Ein *Error Event* gibt es im Gegensatz zu einem *Escalation Event* (*Catching*-Variante) nur in der unterbrechenden Ausführung. Dementsprechend lässt sich ableiten, dass ein *Error* ein fataler Fehler und ein unvorhergesehener Zustand ist, während eine *Escalation* einen aus dem fachlichen Prozesskontext (der Geschäftsaktivität) heraus vorgesehenen Zustand darstellt, für den man bestimmte Maßnahmen beschreiben möchte, wenn dieser eintritt. Das Ziel ist es, den Abschluss der Geschäftsaktivität zu beschleunigen (vgl. (OMG, 2013), S. 242). Außerdem wird bei einem Error im Vergleich zu einer Escalation der laufende Subprozess abgebrochen, während bei einer Escalation andere Ausführungen im Prozess fortgesetzt werden (vgl. (OMG, 2013), S. 246–247).

Zwischenereignisse (Intermediate Events)

In diesem Abschnitt beschreibe ich die aus meiner Sicht zentralen *Zwischenereignisse* (engl. *Intermediate Events*). Bei den Zwischenereignissen lassen sich Ereignisse unterscheiden, die wie Aufgaben und andere Flussobjekte im Prozessablauf vorkommen, und Ereignisse, die an den Rand von Aufgaben oder Subprozessen »angeheftet« werden (engl. *Boundary Events*).

Tabelle 2.2 zeigt eine Gegenüberstellung der aus meiner Sicht wesentlichen Zwischenereignisse und ihrer Verwendung. Abweichend von den anderen Abschnitten fokussiert sich die Gegenüberstellung bei den Zwischenereignissen auf die Event-Typen und nicht auf die BPMN-Prozessebenen. Denn Zwischenereignisse sind innerhalb des Prozesses anzutreffen. Dabei spielen die Ebene keine Rolle.

	Normal Flow	**Boundary Event**
None		–
Message		
Signal		
Timer		

Tabelle 2.2: Übersicht über die Verwendung der zentralen Zwischenereignisse (vgl. dazu (OMG, 2013), S. 250–256)

	Normal Flow	**Boundary Event**
Escalation		
Error	–	
Compensation		
Cancel	–	
Conditional		
Link		–

Tabelle 2.2: Übersicht über die Verwendung der zentralen Zwischenereignisse (vgl. dazu (OMG, 2013), S. 250–256) (Forts.)

Die in Tabelle 2.2 aufgelisteten Zwischenereignisse haben nachfolgende Bedeutung. Sie können der Tabelle auch entnehmen, welche Event-Varianten im normalen Prozessfluss und/oder als Boundary Event verwendet werden dürfen (vgl. (OMG, 2013), S. 250–256):

- **None:** Dieses Event gibt es nur im normalen Prozessfluss und als auslösendes Event. Es kann nicht als Boundary Event verwendet werden. Damit lässt sich eine Zustandsänderung im Prozess kennzeichnen.
- **Message:** Mit dem auslösenden (engl. *Throwing*) Message Event lässt sich eine *Message* senden; mit dem empfangenden Message Event lässt sich hingegen auf eine Message warten (die wir dann »fangen«).
- **Signal:** Mit diesem Event lassen sich *Signale* senden oder empfangen, abhängig davon, ob es sich um ein auslösendes oder ein empfangendes Event handelt. Dabei kann ein Signal nur dann von einem empfangenden Signal Event empfangen werden, wenn es am Rand einer Aktivität angeheftet ist (Boundary Event).
- **Timer:** Im Prozess wird mithilfe des Timer Events auf das Eintreten eines bestimmten Zeitpunkts oder eines bestimmten Zyklus gewartet. Dieses Event gibt es nur in der Form des empfangenden (engl. *Catching*) Events.
- **Escalation:** Mit dem auslösenden Escalation Event lässt sich eine *Escalation* auslösen (»werfen«), während mit dem empfangenden Escalation Event als Boundary Event auf eine bestimmte Eskalation reagiert werden kann. In Abbildung 2.6 sehen Sie ein Beispiel für die Handhabung von Eskalationen. Mehr Informationen finden Sie oben im Abschnitt »Start Events«.

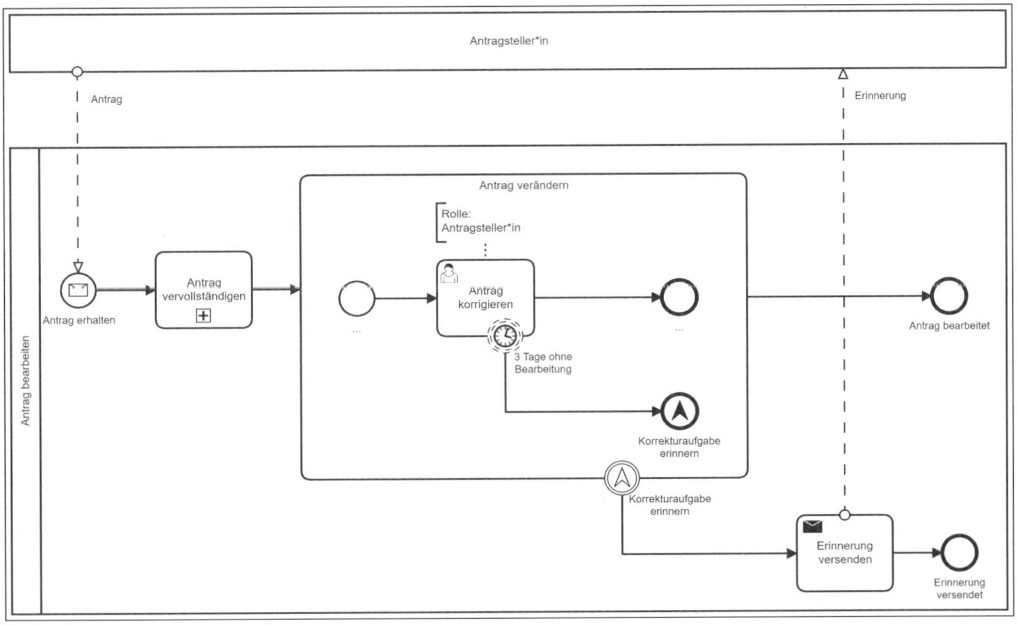

Abbildung 2.6: Beispiel für die Handhabung von Eskalationen (vereinfachter fiktiver Prozess »Antrag bearbeiten«)

- **Error:** Ein Fehler darf nur mittels eines empfangenden Error Events am Rand einer Aufgabe als Boundary Event gefangen werden. Das Error Event unterbricht immer die Aktivität. Es gibt als Zwischenereignis *kein* auslösendes Error Event. In Abbildung 2.7 wird die Verwendung des Error Events verdeutlicht.

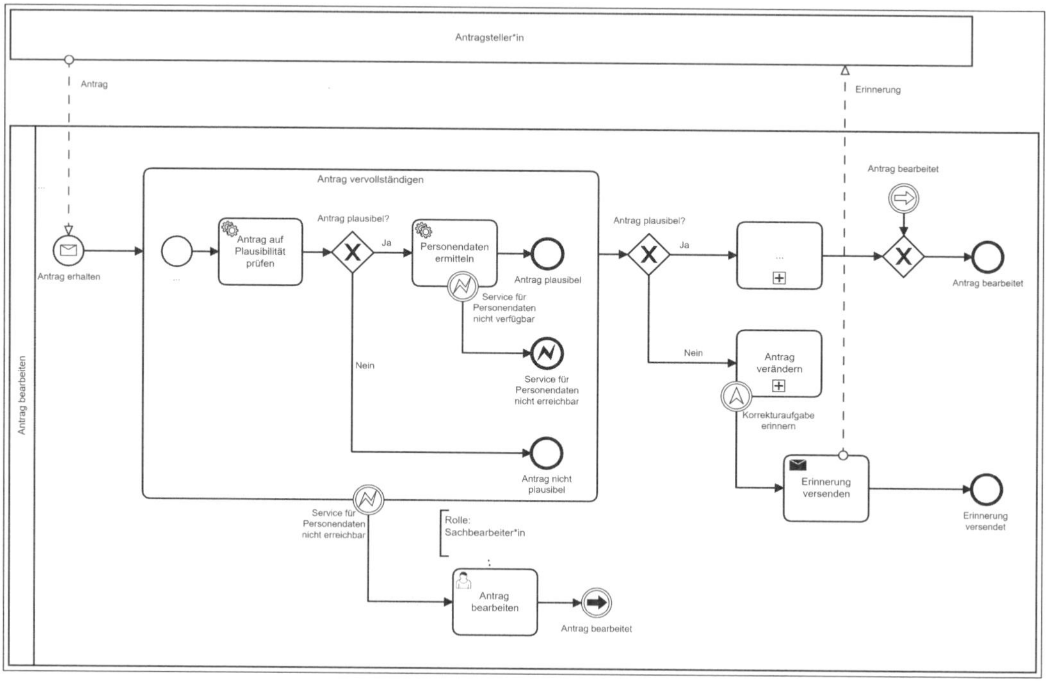

Abbildung 2.7: Beispiel für die Handhabung von »Errors« (vereinfachter fiktiver Prozess »Antrag bearbeiten«)

- **Compensation:** Mit dem auslösenden Compensation Event lässt sich darstellen, dass eine Kompensation erforderlich ist. Hingegen können Sie mit dem empfangenden Compensation Event, das als Boundary Event an eine Aktivität angeheftet ist, ein Compensation Event fangen. Ausgelöst wird eine Kompensation durch ein auslösendes Compensation Event (vgl. dazu unten den Abschnitt »End Events« und Abschnitt 2.1.8, »Kompensation (Compensation)«).
- **Cancel:** Dieses empfangende Event darf nur im Rahmen von *Transaction*-Subprozessen verwendet werden. Es handelt sich um ein Boundary-Zwischenereignis, das ein Abbruch-Signal der Transaktion empfängt und auf dieses reagiert (vgl. dazu in Abschnitt 2.1.7 die Erklärung zum Transaction-Subprozess).

- **Conditional:** Dieses Ereignis wartet auf das Eintreten einer bestimmten fachlichen Bedingung.
- **Link:** Das *Link Event* kann nur als Zwischenereignis im normalen Prozessfluss verwendet werden. Mit einer Kombination aus auslösendem und empfangendem Link Event lassen sich zwei Bereiche eines Prozesses miteinander verbinden. Wichtig ist, dass die Verbindung lediglich auf der gleichen Prozessebene möglich ist. Das bedeutet beispielsweise, dass Sie nicht aus einem übergreifenden Prozess mittels Link Event zu einem Subprozess springen können.

  Typische Szenarien sind beispielsweise die explizite Beschreibung von Schleifen (vgl. dazu Abschnitt 2.1.9, »Fachliche Schleifen beschreiben«) und die Vermeidung von Überschneidungen von Sequenzflüssen. Dabei ist es entscheidend, dass das auslösende Link Event und das zugehörige empfangende Link Event dieselbe Bezeichnung erhalten, um die Verständlichkeit sicherzustellen. Es ist erlaubt, dass mehrere auslösende Link Events auf ein bestimmtes empfangendes Link Event verweisen. Dabei darf es nur jeweils ein Ziel geben.

Hinweis: Unterschiede zwischen »Signal« und »Message« sowie »Error« und »Escalation«

Die Erläuterungen der Unterschiede zwischen *Signal* und *Message* sowie *Error* und *Escalation* finden Sie oben im Abschnitt »Start Events«.

Zwischenereignisse können in der Variante empfangend (engl. *Catching*) und auslösend (engl. *Throwing*) vorkommen. Allerdings existieren die **Boundary Events** lediglich in der empfangenden Variante.

End Events

End Events sind aus meiner Sicht von zentraler Bedeutung, sodass ich sie in diesem Abschnitt ausführlich erläutere.

Wenn das aktuelle Prozessverhalten den Endzustand erreicht, wird der Pfad beendet. Der Prozess ist allerdings erst dann beendet, wenn alle aktiven Prozesspfade einen Endzustand erreichen (vgl. (OMG, 2013), S. 245). Ein End Event kennzeichnet somit ein *Endergebnis* (vgl. (OMG, 2013), S. 246).

Tabelle 2.3 zeigt eine Gegenüberstellung der aus meiner Sicht wesentlichen End Events und ihrer Verwendung je BPMN-Prozessebene (siehe oben den Abschnitt »Start Events«). Das »X« zeigt, dass das jeweilige End Event auf der jeweils benannten BPMN-Prozessebene verwendet werden kann.

	Top Level Process	**»Embedded« Subprozess**	**»Globaler« Prozess (aufgerufen)**	**Event-Subprozess**
None 	X	X	X	X
Terminate 	X	X	X	X
Message 	X	X	X	X
Signal 	X	X	X	X
Error Event 	X	X	X	X
Escalation Event 	X	X	X	X
Cancel 	–	X (nur innerhalb eines *Transaction*-Subprozesses verwendbar)	–	–
Compensation 	X	X	X	X

Tabelle 2.3: Übersicht über die Verwendung der zentralen End Events (vgl. dazu (OMG, 2013), S. 246–248 und S. 279)

Die in Tabelle 2.3 aufgelisteten End Events haben folgende Bedeutung (vgl. (OMG, 2013), S. 246–248):

- **None End Event:** Das *None End Event* hat kein definiertes Ergebnis.
- **Terminate End Event:** Mit diesem End Event werden alle Aktivitäten im Prozess sofort beendet. Dies ist beispielsweise im Fall von parallelen Abläufen interessant, wenn Sie am Ende eines Prozesspfads sicherstellen wollen, dass wirklich der gesamte Prozess beendet werden soll. Dabei werden keine Kompensationen oder Ausnahmebehandlungen durchgeführt.
- **Message End Event:** Zum Ende des Prozesspfads wird eine *Message* an einen externen Teilnehmer (engl. Participant) im Rahmen einer Kollaboration gesendet (vgl. dazu Abschnitt 2.1.10).
- **Signal End Event:** Hiermit wird zum Ende des Prozesspfades ein *Signal* versendet, das von unterschiedlichen Prozessen aufgefangen werden kann.
- **Error End Event:** Ein *Error End Event* erzeugt beim Erreichen einen Fehler. Dieser Fehler kann von einem Error-Zwischenereignis am Rand des umgebenden Subprozesses abgefangen werden, sofern dieses denselben *errorCode*[3] verwendet und sich in der hierarchischen Nähe befindet. (siehe oben im Abschnitt »Zwischenereignisse (Intermediate Events)«).
- **Escalation End Event:** Wird dieses Endereignis erreicht, wird eine Escalation ausgelöst. Ein empfangendes Escalation-Zwischenereignis am Rand des umgebenden Subprozesses kann diese Escalation abfangen, wenn es denselben *escalationCode*[4] besitzt und sich im direkten übergeordneten Kontext befindet. (siehe oben im Abschnitt »Zwischenereignisse (Intermediate Events)«).
- **Cancel End Event:** Dieses Endereignis ist lediglich innerhalb eines *Transaction*-Subprozesses erlaubt. Dieses Ereignis stößt den Abbruch der Transaktion an. Mithilfe eines zugehörigen *Catching Cancel Intermediate Events* am Rand des Transaction Subprozesses kann die Reaktion nach Abbruch der Transaktion außerhalb der Transaktion beschrieben werden (vgl. dazu in Abschnitt 2.1.7 den Unterabschnitt »Transaction-Subprozess«).
- **Compensation End Event:** Mit diesem Endereignis wird beim Erreichen eine Kompensation angestoßen (vgl. dazu Abschnitt 2.1.8). Dabei muss die zu kompensierende Aktivität erfolgreich beendet sein, um sie kompensieren zu können, und sie muss ein am Rand angeheftetes eingetretenes Kompensations-Zwischenereignis haben oder sich

3 *errorCode* ist eine Eigenschaft für die Ausführung. Damit lässt sich der Error eindeutig benennen, sodass mithilfe eines *Catching Intermediate*-Zwischenereignisses genau dieses benannte Fehlereignis abgefangen werden kann. Fachlich ist es wichtig, dass sowohl das auslösende als auch das zugehörige empfangende Event dieselbe Bezeichnung erhalten.

4 *escalationCode* ist eine Eigenschaft für die Ausführung. Damit lässt sich die Escalation eindeutig benennen, sodass mithilfe eines *Catching Intermediate*-Zwischenereignisses genau dieses benannte Escalation-Ereignis abgefangen werden kann. Fachlich ist es wichtig, dass sowohl das auslösende als auch das zugehörige empfangende Event dieselbe Bezeichnung erhalten.

in einem Compensation-Event-Subprozess befinden. Es ist wichtig, dass die zu kompensierende Aktivität für dieses Endereignis sichtbar ist. Dies bedeutet, dass eine nachfolgend genannte Bedingung zutreffen muss ((OMG, 2013), S. 247 [übersetzt aus dem Englischen]):

- »Das Kompensations-Endereignis ist im *normalen Fluss* auf derselben Ebene des Subprozesses enthalten.«
- »Das Kompensations-Endereignis ist in einem Kompensations-Event-Subprozess enthalten, das in dem Subprozess enthalten ist, der die Aktivität beinhaltet.«
- »Wenn keine Aktivitäten [*Anm. des Autors*: für die Kompensation] identifiziert werden können, werden alle erfolgreichen abgeschlossenen Aktivitäten kompensiert, die für das Kompensations-Endereignis sichtbar sind. Die Kompensation der Aktivitäten erfolgt in umgekehrter Reihenfolge des Sequenzflusses. ›Sichtbar‹ bedeutet: *Das Kompensations-Endereignis befindet sich innerhalb des normalen Flusses und auf demselben Level des Subprozesses wie die Aktivitäten.*«

[»]

Hinweis: Unterschiede zwischen »Signal« und »Message« sowie »Error« und »Escalation«

Die Erläuterungen der Unterschiede zwischen den Events *Signal* und *Message* sowie *Error* und *Escalation* finden Sie oben im Abschnitt »Start Events«.

Alle End-Ereignisse sind auslösende Ereignisse (engl. *Throwing Events*).

2.1.5 Die Aufgabentypen

Die Bedeutung der Aufgaben (engl. *Tasks*) habe ich bereits in Abschnitt 2.1.3, »Die grundlegenden Elemente der BPMN«, erläutert. An dieser Stelle erkläre ich die verschiedenen Aufgabentypen.

Eine *Aufgabe* (engl. *Task*) wird in der BPMN als Rechteck mit abgerundeten Ecken dargestellt (vgl. (OMG, 2013), S. 154). Eine Aufgabe ohne ein Symbol stellt eine allgemeine Aufgabe dar, die undefiniert ist (siehe Abbildung 2.8).

Abbildung 2.8: Undefinierte Aufgabe (Beispiel)

Nachfolgend stelle ich die spezifischen Aufgabentypen vor:

- Service Task
- Script Task

- Send Task
- Receive Task
- Business Rule Task
- User Task
- Manual Task

Synchrone und asynchrone Kommunikation (Messaging):

Mithilfe von *Send Task* und *Receive Task* (oder auch mit den entsprechenden Message Events) lässt sich eine **asynchrone Kommunikation** durchführen (vgl. (OMG, 2013), S. 430 und (Silver, 2011), S. 99). Das bedeutet, dass beim Versenden einer Message nicht direkt auf eine Antwort gewartet wird, sondern der Prozess stattdessen direkt weitergeht.

Die asynchrone Kommunikation ist bei lange laufenden Aufgaben sinnvoll. Bis diese erledigt sind, können Minuten, Stunden oder auch Wochen vergehen (vgl. (Silver, 2011), S. 99).

Hingegen lässt sich mit der *Service Task* eine **synchrone Kommunikation** umsetzen. Hiermit wird eine interne oder entfernte Funktionalität aufgerufen. Erst wenn der Aufruf eine Antwort liefert, ist die Service Task beendet und der Prozess geht weiter (vgl. (OMG, 2013), S. 430).

Die synchrone Kommunikation wird für kurzlebige Aufgaben verwendet: Die zeitliche Abarbeitung erfolgt innerhalb von Millisekunden oder Sekunden (vgl. (Silver, 2011), S. 99).

Service Task

Eine *Service Task* ruft einen *Service* auf. Dabei kann es sich sowohl um einen *Webservice* (d. h. eine entfernte Funktion) als auch um eine (interne) Anwendungsfunktion handeln (vgl. (OMG, 2013) , S. 156). Abbildung 2.9 zeigt eine Service Task.

Abbildung 2.9: Service Task (Beispiel)

Script Task

Mithilfe einer *Script Task* lässt sich ein Programmfragment (*Skript*) in einer Sprache formulieren, die von dem Workflow-Management-System verstanden wird und auch ausgeführt wird (vgl. (OMG, 2013) , S. 156).

Abbildung 2.10 zeigt eine Script Task.

Abbildung 2.10: Script Task (Beispiel)

Send Task

Eine *Send Task* macht nichts anderes, als eine *Message* an einen externen Teilnehmer (engl. *Participant*) zu senden. Wurde die Message versendet, ist die Aufgabe beendet (vgl. (OMG, 2013), S. 157).

Abbildung 2.11 zeigt eine Send Task.

Abbildung 2.11: Send Task (Beispiel)

Receive Task

Die *Receive Task* macht nichts anderes, als auf den Eingang einer Message von einem externen Teilnehmer (engl. *Participant*) zu warten (siehe Abbildung 2.12). Wenn die Aufgabe die Message empfangen hat, ist die Aufgabe beendet (vgl. (OMG, 2013) , S. 159).

Abbildung 2.12: Receive Task (Beispiel)

Des Weiteren existiert eine *instanziierende* Variante der Receive Task (engl. *instantiate*). Diese Aufgabe kann verwendet werden, um einen Prozess zu starten. Sie trägt dasselbe Symbol wie ein *Message Start Event* (zu den Start Events siehe Abschnitt 2.1.4, »Wichtige Events«) (vgl. (OMG, 2013), S. 159–160). Die instanziierende Receive Task ist in Abbildung 2.13 zu sehen.

Abbildung 2.13: Instanziierende Receive Task, um den Prozess zu starten (Beispiel)

Business Rule Task

Mithilfe der *Business Rule Task* lässt sich eine verbundene *Entscheidung* in einer Business Rule Engine aufrufen. Dabei werden aus dem Prozess die für den Aufruf erforderlichen Daten übergeben. Nach Beendigung der Entscheidungsauswertung wird das Ergebnis an den Prozess übergeben. Damit ist die Aufgabe beendet (vgl. (OMG, 2013), S. 161 und S. 430).

Abbildung 2.14 zeigt eine Business Rule Task.

Abbildung 2.14: Business Rule Task (Beispiel)

User Task

Die *User Task* ist eine Aufgabe, die einem Menschen in einem Workflow-Management-System zugewiesen wird. Der Mensch erledigt diese Aufgabe mit Unterstützung des Workflow-Management-Systems oder der Fachprozessanwendung bzw. der Prozessgesteuerten Anwendung (vgl. (OMG, 2013), S. 160).

Abbildung 2.15 zeigt eine User Task.

Abbildung 2.15: User Task (Beispiel)

Manual Task

Die *Manual Task* ist eine Aufgabe, die weder mithilfe eines Workflow-Management-Systems noch mit einer anderen Applikation durchgeführt werden kann (vgl. (OMG, 2013), S. 161 und S. 430).

Abbildung 2.16 zeigt eine Manual Task.

Abbildung 2.16: Manual Task (Beispiel)

2.1.6 Wichtige Gateways

Die Bedeutung eines Gateways habe ich bereits in Abschnitt 2.1.3, »Die grundlegenden Elemente der BPMN«, erläutert. An dieser Stelle beschreibe ich die aus meiner Sicht wichtigsten Gateways. Die umfassende Erläuterung aller Gateways finden Sie in (OMG, 2013).

Mit Gateways »verzweigen« oder »splitten« Sie einen Prozesspfad und können auch unterschiedliche Prozesspfade zu einem »zusammenführen«. Dabei ist wichtig, dass niemals ein und dasselbe Gateway mit der Funktion *Verzweigung/Splitten* auch als *Zusammenführung* verwendet wird: Einerseits würde dadurch die Lesbarkeit erschwert, und andererseits kann es bei Unachtsamkeit zu einer Verklemmung (engl. *Deadlock*) im Prozess kommen.

Ein Gateway wird als *Diamant*-Symbol (also als Raute) dargestellt (vgl. (OMG, 2013), S. 286). Folgende Gateways sehe ich als wichtig an:

- Data-based Exclusive Gateway (XOR)
- Inclusive Gateway (OR)
- Parallel Gateway (AND)
- Event-based Gateway

Data-based Exclusive Gateway (XOR)

Ein *Data-based Exclusive Gateway* (dt. *datenbasiertes exklusives Gateway*) erzeugt einen Alternativpfad innerhalb eines Prozesses (vgl. (OMG, 2013) , S. 288). Auf Basis des Ergebnisses, das eine vorangehende, zugehörige Entscheidungsaufgabe geliefert hat, testet das Gateway, welcher der Pfade zutrifft. Es kann dabei nur einer der Pfade zutreffen: *»entweder … oder …« (XOR)*. Das Gateway selbst kann *keine* Entscheidung durchführen.

Das Gateway gibt es in zwei Varianten: einmal ohne Inhalt in dem »Diamanten«-Symbol und einmal mit einem »X«. Ich empfehle zwecks besserer Lesbarkeit und Verständlichkeit immer die Variante mit dem »X« zu verwenden.

Abbildung 2.17 zeigt ein Beispiel zur Verwendung des Data-based Exclusive Gateways. Das erste Gateway dient zur Zusammenführung von zwei eingehenden Sequenzflüssen auf denselben Pfad zur Aufgabe »Xyz prüfen«. Hier kann ein *Token* von einem der beiden Pfade ankommen, sodass dieses Gateway für die Zusammenführung verwendet wird. Anschließend folgt die Aufgabe »Xyz prüfen«. Diese übernimmt die Entscheidungsdurchführung. Auf Basis des Ergebnisses gibt es nun drei Optionen (verzweigende Pfade): »*Rückfrage*«, »*Ja*« oder »*Nein*«. Es kann nur eine der beiden Optionen zutreffen.

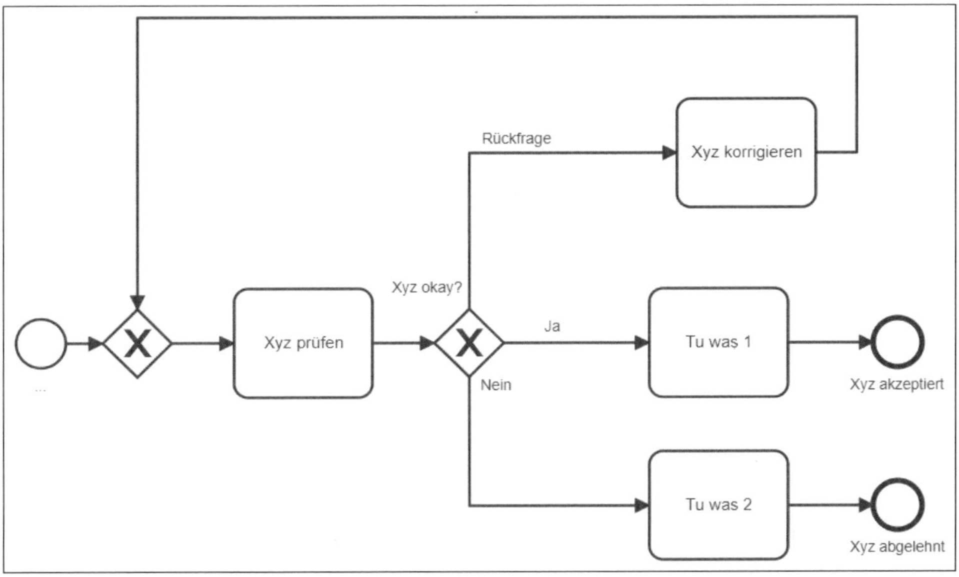

Abbildung 2.17: Beispielprozess mit »Data-based Exclusive Gateway«

Optional kann man auch im Rahmen der Verzweigung einen *Default- Sequenzfluss* beim XOR-Gateway definieren (siehe Abbildung 2.18). Dieser weist einen schrägen Strich am Anfang des Sequenzflusses auf. Dieser Pfad würde immer dann zutreffen, wenn keine der anderen Bedingungen der verzweigenden Pfade zutrifft. Sollte während der Prozessausführung keine der Bedingungen der ausgehenden Sequenzflüsse vom XOR-Gateway zutreffen und existiert auch kein Default-Sequenzfluss, dann wird ein Laufzeitfehler ausgelöst (vgl. (OMG, 2013) , S. 290).

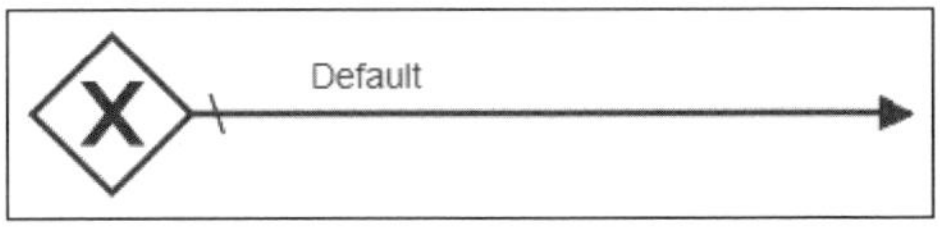

Abbildung 2.18: Default-Sequenzfluss

Inclusive Gateway (OR)

Bei einem *Inclusive Gateway* werden auch wie beim XOR-Gateway auf Basis des Ergebnisses einer voranstehenden Entscheidungsaufgabe Bedingungen getestet, um zu ermitteln, welche Pfade zutreffen. Im Gegensatz zum XOR-Gateway handelt es sich hier um ein ODER (engl. OR), sodass ein, mehrere oder alle der ausgehenden Sequenzflüsse bei einem *verzweigenden OR-Gateway* zutreffen können. Es werden alle zutreffenden Sequenzflüsse durchlaufen. Auf diese Weise kann ein Inclusive Gateway sowohl alternative Pfade als auch parallele Pfade erzeugen (vgl. (OMG, 2013), S. 291).

Bei der *Zusammenführung* von mehreren Pfaden kann ein Inclusive Gateway eine Kombination von alternativen Pfaden und parallelen Pfaden verwenden. Dabei ist das Gateway so »intelligent«, dass es weiß, welche der eingehenden Sequenzflüsse aktiv sind, und es wird auf Tokens von allen diesen eingehenden Sequenzflüssen warten. Erst wenn diese eintreffen, geht es mit dem Prozess weiter (vgl. (OMG, 2013), S. 435).

Optional kann man auch beim OR-Gateway im Rahmen der Verzweigung einen *Default-Sequenzfluss* definieren (siehe Abbildung 2.18). Dieser weist einen schrägen Strich am Anfang des Sequenzflusses auf. Dieser Pfad würde immer dann zutreffen, wenn keine der anderen Bedingungen der verzweigenden Pfade zutrifft. Sollte während der Prozessausführung keine der Bedingungen der ausgehenden Sequenzflüsse vom OR-Gateway zutreffen und existiert auch kein Default-Sequenzfluss, dann wird ein Laufzeitfehler ausgelöst (vgl. (OMG, 2013) , S. 291).

Abbildung 2.19 zeigt ein einfaches Beispiel für ein OR-Gateway. Inhaltlich geht es um einen vereinfachten Prozess *»Angebot erstellen«*. In der Aufgabe *»Position für Schätzung zusammenstellen«* werden auf Basis der Kundenanfrage die relevanten Leistungspositionen zusammengestellt. In jedem Fall ist ein Projektleiter erforderlich. Allerdings sind je nach Größe des Projekts und des Projekttyps nicht immer weitere spezifische Rollen erforderlich (z. B. Business-Analysten, Entwickler, ...). Manchmal kann auch der Projektleiter beispielsweise die Rolle des Business-Analysten übernehmen. Jede der Rollen wird separat nach einer Schätzung angefragt. Nach Eingang der relevanten Schätzungen geht es mit weiteren Aufgaben weiter, bis schließlich das Angebot an den Kunden abgegeben werden kann.

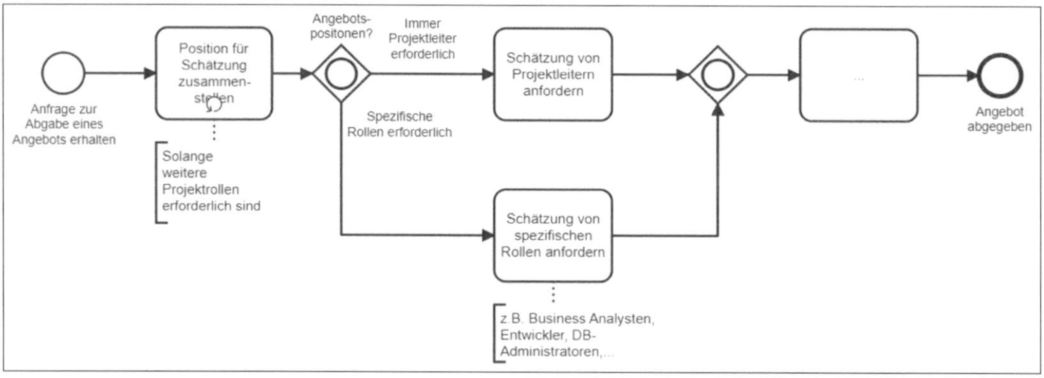

Abbildung 2.19: Beispielprozess mit einem »Inclusive Gateway« (OR-Gateway)

Parallel Gateway (AND)

Ein *Parallel Gateway* erzeugt parallele Pfade. Hierbei werden keine Bedingungen geprüft. Auf allen ausgehenden Sequenzflüssen werden *Tokens* erzeugt, und für eingehende Sequenzflüsse wartet das Parallel Gateway, bis alle Tokens der eingehenden Sequenzflüsse ankommen. Dabei erwartet das Gateway jeweils exakt auf ein Token der eingehenden Sequenzflüsse. Diese Tokens werden wieder zu einem Token zusammengeführt, und erst dann wird der Prozess fortgeführt (vgl. (OMG, 2013), S. 293 und S. 434).

Parallele Abläufe machen inhaltlich nur dann Sinn, wenn die parallel durchzuführenden Aufgaben – im Beispiel »Tu was 2« und »Tu was 3« – auch unabhängig voneinander ausgeführt werden können (siehe Abbildung 2.20). Andernfalls muss ein sequenzieller Ablauf gewählt werden.

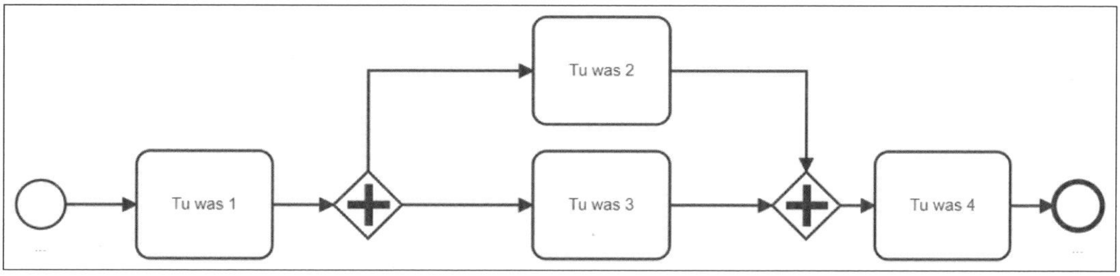

Abbildung 2.20: Beispielprozess mit einem »Parallel Gateway« (AND)

In Abbildung 2.21 habe ich das Verhaltens eines parallelen Gateways veranschaulicht. In *Schritt* ❶ sehen Sie, dass das Token auf das »verzweigende« Gateway trifft. Dann werden in *Schritt* ❷ aus einem Token zwei Token wegen den beiden ausgehenden Sequenzflüsse. *Schritt* ❸ zeigt, dass das Token des unteren Pfades bereits beim »zusammenführenden« parallelen Gateway angekommen ist. Das Gateway wartet noch auf ein Token vom anderen eingehenden Sequenzfluss. Wenn die beiden Tokens von beiden eingehenden Sequenzflüssen angekommen sind, »verschmelzen« sie wieder zu einem Token. In *Schritt* ❹ können Sie dieses Ergebnis bereits sehen.

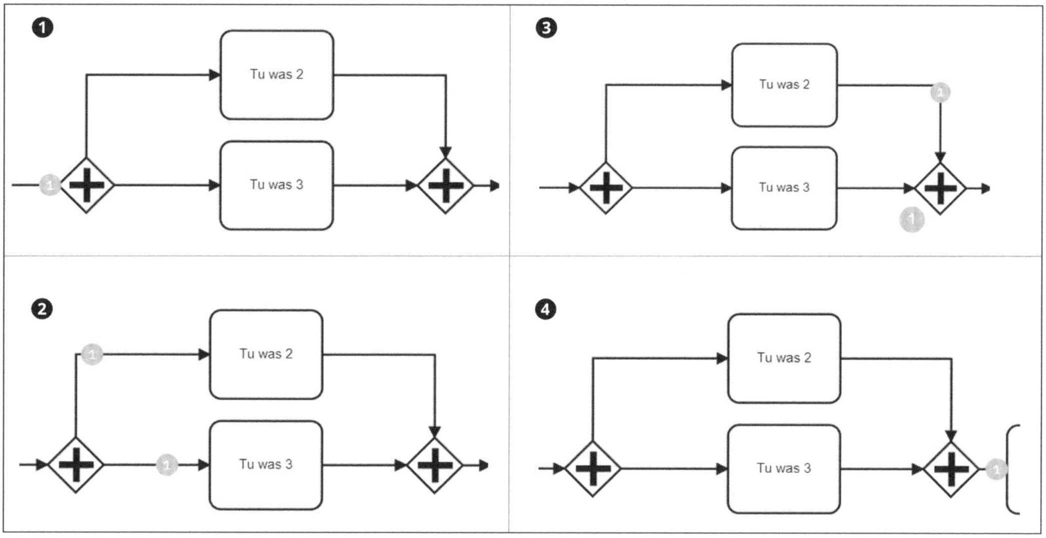

Abbildung 2.21: Token-Simulation »Parallel Gateway« (erstellt mit Camunda Modeler und dem »Token Simulation«-Plugin)

Event-based Gateway

Ein *Event-based Gateway* erlaubt es auf Basis von bestimmten, eingetretenen Ereignissen, den Prozess fortsetzen zu lassen. Die BPMN unterscheidet zwei Typen: das *Exclusive Event-based Gateway* und das *Parallel Event-based Gateway*.

Wir widmen uns zunächst dem *Exclusive Event-based Gateway*. Dieses gibt es in zwei Varianten. Einmal kann man es im normalen Prozessverlauf nutzen, und zudem gibt es die *instanziierende* (engl. *instantiate*) Variante, mit der man einen Prozess starten kann. Im Gegensatz zum Exclusive Event-based Gateway für den normalen Prozessverlauf, hat die instanziierende Variante keine eingehenden Sequenzflüsse (siehe Abbildung 2.22 und vgl. (OMG, 2013), S. 297–298).

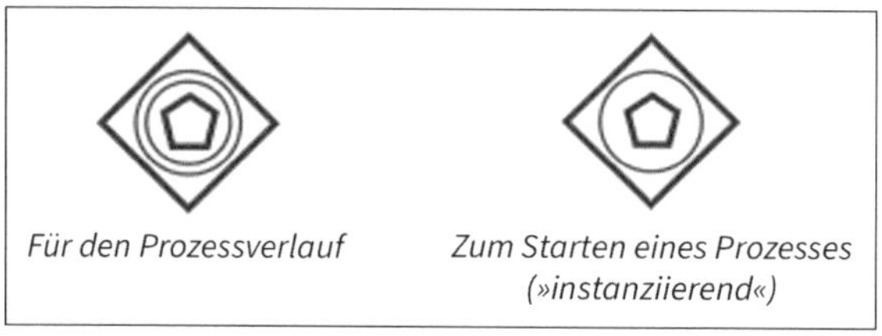

Abbildung 2.22: Die beiden Varianten des »Exclusive Event-based Gateways«

Das Exclusive Event-based Gateway funktioniert nach dem logischen »*Entweder...oder*«-Prinzip, und damit lassen sich alternative Pfade umsetzen. Es wartet auf *genau ein* eingetretenes Ereignis. Die alternativen Pfade (ausgehende Sequenzflüsse) beginnen mit dem jeweiligen Ereignis (*Event*). Allerdings dürfen nur folgende *empfangende Zwischenereignisse* verwendet werden: *Message*, *Signal*, *Timer*, *Conditional* und *Multiple*. Zudem darf die *Receive Task* verwendet werden, allerdings ohne ein angehängtes *Boundary Event* (vgl. (OMG, 2013), S. 296–297).

Die *Receive Task* hat inhaltlich dieselbe Bedeutung wie ein empfangendes Message Event.

Zur besseren Verständlichkeit verdeutliche ich die Funktionsweise des Exclusive Event-based Gateways in einem kleinen Beispielprozess (siehe Abbildung 2.23). Inhaltlich nehme ich Bezug auf einen »*Auftrag erstellen*«-Prozess. Auf Basis einer Anfrage des Kunden wird ein Angebot erstellt und das Angebot an den Kunden geschickt. Dieser Teil des Prozesses ist nicht ersichtlich. Nun wartet der Prozessverlauf entweder auf die *Auftragsbestätigung*, oder die *Frist der Gültigkeit des Angebots* (hier: zwei Wochen) ist *abgelaufen*. In dem Fall, dass die *Auftragsbestätigung* eingegangen ist, wird die Aufgabe *Projekt initiieren* abgearbeitet und der Prozess schließlich mit dem Endereignis *Auftrag erhalten* beendet. Sollte die Frist für die *Gültigkeit des Angebots abgelaufen* sein, ohne dass die Auftragsbestätigung eingegangen ist, geht der Prozess in den Endzustand *Angebot abgelehnt* über.

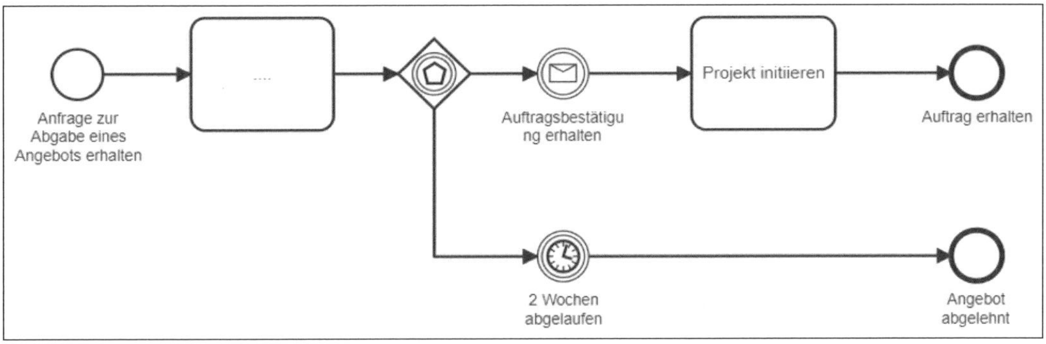

Abbildung 2.23: Beispielprozess mit einem »Exclusive Event-based Gateway«

Zuletzt möchte ich noch kurz auf das zweite Event-based Gateway eingehen: das *Parallel Event-based Gateway* (siehe Abbildung 2.24). Dieses gibt es nur in der instanziierenden Form. Das bedeutet, man kann mithilfe dieses Gateways einen Prozess starten (vgl. (OMG, 2013), S. 298).

Abbildung 2.24: Parallel Event-based Gateway ((OMG, 2013), S. 298)

Mit seiner Hilfe können Sie dafür sorgen, dass der Prozess mit einer von mehreren Nachrichten startet. Jedoch werden die anderen Nachrichten auch in der gleichen Prozessinstanz benötigt. Wenn also durch den ersten eingetretenen Event der Prozess gestartet wurde, bleiben die anderen Ereignisse deaktiviert: Sie warten und müssen ausgelöst werden, bevor der Prozess beendet wird. Die Auslösung der anderen Events muss zur selben Prozessinstanz gehören (vgl. (OMG, 2013), S. 298).

2.1.7 Subprozesse

Dass *Subprozesse* Aktivitäten sind, wissen Sie aus Abschnitt 2.1.3, »Die grundlegenden Elemente der BPMN«.

Subprozesse ermöglichen die Modellierung von *internen Details* mithilfe der bekannten Flussobjekte und Verbindungsobjekte. Sie können »zugeklappt« oder »aufgeklappt« werden, um je nach Abstraktionsrelevanz die *erforderliche Detailtiefe* zu zeigen (vgl. (OMG, 2013), S. 171). Des Weiteren definieren Subprozesse einen *inhaltlichen Bereich* zur Verwendung von Attributsichtbarkeit, Beschreibung von Geschäftstransaktionen und für eine fachliche Ausnahmebehandlung.

[»]

Hinweis: Wie lassen sich Subprozesse in der Praxis verwenden?

Subprozesse lassen sich in der Praxis für folgende fachliche Szenarien verwenden (vgl. (Stiehl, 2023), S. 57):

1. **Modularisierung zur Erhöhung der Übersichtlichkeit des Prozessmodells:** In diesem Fall wird die Anzahl der Aktivitäten auf einer Detaillierungsebene reduziert. Somit wird eine Hierarchie zur Darstellung verschiedener Detaillierungsebenen etabliert.
2. **Modularisierung zur Kapselung bestimmter Geschäfts- bzw. Prozessfunktionen:** Hierbei wird eine Funktionalität in einem Unterprozess gekapselt. Damit wird durch die Kapselung und den Namen des Subprozesses für die Prozessfunktion erreicht, dass der Prozess für den Leser verständlich wird. Damit muss der Leser nicht zu sehr in die Tiefe einsteigen. Ein Beispiel könnte ein Name für einen Subprozess sein: *»Rechnung erstellen«*
3. **Modularisierung zur Wiederverwendbarkeit in anderen Prozessen:** Die Wiederverwendbarkeit eines separaten Prozesses wird mit der *Call Activity* erzielt (siehe unten den Unterabschnitt »Reusable Subprozess (Call Activity)«). Ein Beispiel könnte sein: *»Kreditwürdigkeit prüfen«* bei Kunden, sofern dieser Prozess in verschiedenen anderen Prozessen benötigt wird.
4. **Zusammenfassen von Aktivitäten für Schleifen** (vgl. Abschnitt 2.1.9, »Fachliche Schleifen beschreiben«)
5. **Zur Beschreibung von Ausnahmebehandlung:** angeheftete Ereignisse oder Ereignis-Teilprozesse (vgl. Abschnitt 2.1.9, »Fachliche Schleifen beschreiben«, und unten den Abschnitt »Event-Subprozess«).
6. **Zusammenfassen von Aktivitäten für Transaktionen** (siehe unten unter »Transaction-Subprozess«)
7. **Zusammenfassen von Aktivitäten für Ad-hoc-Verhalten** (siehe unten unter »Ad-hoc-Subprozess«)

Nachfolgende Subprozesse definiert die BPMN (vgl. (OMG, 2013), S. 171ff.):

- Embedded Subprozess
- Reusable Subprozess (*Call Activity*)
- Event-Subprozess
- Transaction-Subprozess
- Ad-hoc-Subprozess

Embedded Subprozess

Den *embedded Subprozess* gibt es in der aufgeklappten (engl. *collapsed*) oder in der zugeklappten (engl. *expanded*) Variante (siehe Abbildung 2.25). In der letzteren Variante werden die internen Details des Subprozesses für den Leser ersichtlich. Dabei ist es wichtig, dass dieser Subprozess zum selben Prozess wie der übergeordnete Prozess gehört und in diesen eingebettet ist (vgl. dazu (OMG, 2013), S. 171). Mit dem embedded Subprozess lässt sich *keine Wiederverwendbarkeit des Subprozesses* realisieren, da dieser sich im selben Prozess wie der übergeordnete Prozess befindet.

[!]

Achtung: Verlinkung zugeklappter embedded Subprozesse mit separatem Prozessdiagramm

Manche Modellierungstools (z. B. *ADONIS NP*) erlauben die Verlinkung eines zugeklappten embedded Subprozesses mit einem separaten Prozessdiagramm. In der neuen Prozessdatei stehen alle BPMN-Symbole zur Verfügung. Das mag bei in BPMN ungeübten Menschen den Eindruck erwecken, dass es sich um einen separaten Prozess handelt, und diese Anwender machen dann umfangreich von allen Elementen Gebrauch. Sie nehmen zumeist auch an, dass dieser Subprozess an anderer Stelle wiederverwendet werden kann. *Dies ist jedoch falsch!* Denn wie ich oben bereits ausgeführt habe, ist ein embedded Subprozess in einen Prozess eingebettet und kann nicht wiederverwendet werden. Zudem gibt es auch bestimmte Regeln, wie beispielsweise das zu verwendende *Start Event* (vgl. Abschnitt 2.1.4, »Wichtige Events«). Deshalb ist Vorsicht geboten!

Ich empfehle Ihnen, sich ausführlich mit dem BPMN-Standard zu beschäftigen und ein Modellierungstool ausschließlich als Unterstützung zu betrachten. Nehmen Sie nicht blind an, dass alles, was im Tool möglich ist, auch regelkonform ist. Andernfalls werden Sie eventuell die BPMN falsch angewenden, was die Lesbarkeit und Verständlichkeit erschwert.

Abbildung 2.25 zeigt den embedded Suprozess mit dem Schleifensymbol (»Loop«-Task-Marker). Es ist an dieser Stelle nicht wichtig. Hier soll es ausreichen, dass Sie die beiden Varianten eines embedded Subprozesses anhand eines Beispiels sehen. Das Thema »Schleifen« besprechen wir in Abschnitt 2.1.9, »Fachliche Schleifen beschreiben«.

Der embedded Subprozess liefert einen *Kontext*, um eine Ausnahmebehandlung zu modellieren, der für die enthaltenen Aufgaben anzuwenden ist. Beispiele finden Sie bei der Beschreibung der jeweiligen Elemente:

- **Kompensationen** (im Zusammenhang mit dem »Transaction-Subprozess«): siehe unten unter »Transaction-Subprozess«. Ein Beispiel zur »Kompensation« außerhalb von Transaktionen und mittels embedded Subprozess und Event-Subprozessen finden Sie im BPMN-Standard: (OMG, 2013), S. 176.
- **Escalation Event und Error Event**: vgl. Abschnitt 2.1.4, »Wichtige Events«.

Außerdem können Sie einen aufgeklappten embedded Subprozess verwenden, um *parallele Aktivitäten in einer kompakten Darstellung* zu beschreiben. Das ist die *parallel Box* (siehe Abbildung 2.26). Die Aktivitäten *C* und *D* innerhalb dieses embedded Subprozesses werden parallel abgearbeitet. Es gibt hier weder ein Start Event und ein End Event noch Sequenzflüsse. Auch der embedded Subprozess weist in diesem Fall keine Bezeichnung auf (vgl. (OMG, 2013), S. 172).

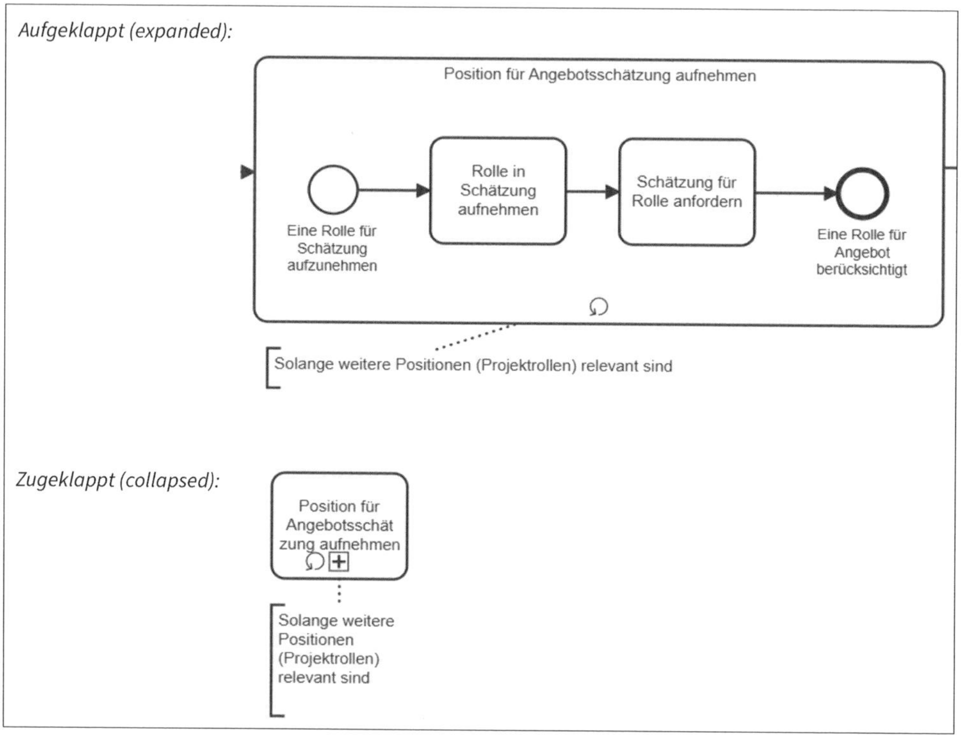

Abbildung 2.25: Embedded Subprozess – aufgeklappt und zugeklappte Varianten anhand eines Beispiels mit »Loop«-Task-Marker

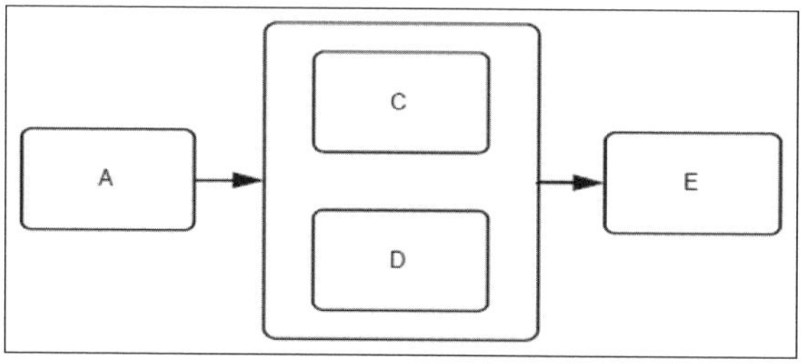

Abbildung 2.26: Aufgeklappter Subprozess als »parallel Box« ((OMG, 2013), S. 172)

Reusable Subprozess (Call Activity)

Einen *reusable Subprozess (Call Activity)* verwenden Sie, um einen vordefinierten, separaten und damit **globalen Prozess** aus einem anderen Prozess heraus aufzurufen (vgl. (OMG, 2013), S. 174 und S. 182). Hiermit können Sie einen vorhandenen Prozess wiederverwenden.

Einen globalen Prozess können Sie aus anderen Prozessen mithilfe einer Call Activity aufrufen und so den Prozess mehrfach verwenden. Beachten Sie, dass der so aufgerufene Prozess keinen Zugriff auf die Informationen hat, die Ihr aufrufender Prozess kennt. Dementsprechend müssen Sie beim Aufruf die relevanten Informationen an den aufgerufenen Prozess über die Call Activity mitgeben. Dies geht auch im umgekehrten Fall: Das Ergebnis aus dem aufgerufenen Prozess muss über die Call Activity an den aufrufenden Prozess übergeben werden. Zudem können ein *Error Event* und ein *Escalation Event*, die im aufrufenden Prozess ausgelöst wurden, im aufgerufenen Prozess am Rand der Call Activity behandelt werden (vgl. (OMG, 2013),S. 182–186).

Abbildung 2.27 zeigt die *Call Activity* im zugeklappten (engl. *collapsed*) Zustand. Es gibt sie auch im aufgeklappten Zustand (engl. *expanded*).

Abbildung 2.27: Call Activity (zugeklappte Variante)

Bei einem globalen Prozess ist es wichtig, dass dieser auch ein *None Start Event* aufweist, um einen Aufruf mittels Call Activity möglich zu machen. Dieses Event wird beim Aufruf durch einen anderen Prozess verwendet. Eventuell vorhandene andere »nicht-leere« Startereignisse werden in diesem Fall ignoriert (vgl. (OMG, 2013), S. 239 und S. 431).

Hinweis: Call Activity zum Aufruf von »Global« Tasks verwenden

Neben globalen Prozessen lassen sich mithilfe der Call Activtiy auch **globale Aufgaben** (engl. *global Tasks*) aufrufen (vgl. (OMG, 2013), S. 182). Dabei handelt es sich um **wiederverwendbare atomare Aufgaben**, die Sie einmal mit ihren Eigenschaften definieren und danach in beliebigen Prozessen aufrufen können (vgl. (OMG, 2013), S. 186).

Dabei definiert die BPMN nur zu nachfolgenden Aufgaben entsprechende globale Aufgaben: *Global User Task*, *Global Manual Task*, *Global Script Task* und *Global Business Rule Task* (vgl. (OMG, 2013), S. 187).

Event-Subprozess

Ein *Event-Subprozess* befindet sich innerhalb eines Prozesses oder Subprozesses und hat dabei weder eingehende noch ausgehende Sequenzflüsse. Ein Event-Subprozess wird durch ein definiertes Ereignis angestoßen, das im übergreifenden Prozess auftritt. Dabei kann es sich um ein *unterbrechendes* Startereignis oder ein *nicht-unterbrechendes* Startereignis handeln (vgl. auch Abschnitt 2.1.4, »Wichtige Events«). Bei einem nicht-unterbrechenden Startereignis läuft der übergreifende Prozess weiter, während der Event-Subprozess seine Aufgaben abarbeitet. Dieser kann auch mehrmals aktiviert und ausgeführt werden, nämlich immer dann, wenn das Ereignis im übergreifenden Prozess ausgelöst wird. Ein Event-Subprozess hat nur ein einziges Start-Ereignis. Dabei dürfen nur folgende Start-Ereignistypen verwendet werden: *Message*, *Error*, *Escalation*, *Compensation*, *Conditional*, *Signal* und *Multiple* (vgl. (OMG, 2013), S. 174).

Den Event-Subprozess gibt es in zwei Varianten: zugeklappt (engl. *collapsed*) und aufgeklappt (engl. *expanded*) (vgl. (OMG, 2013), S. 174). Ein angedeutetes Beispiel mit der aufgeklappten Variante eines Event-Subprozesses sehen Sie in Abbildung 2.28.

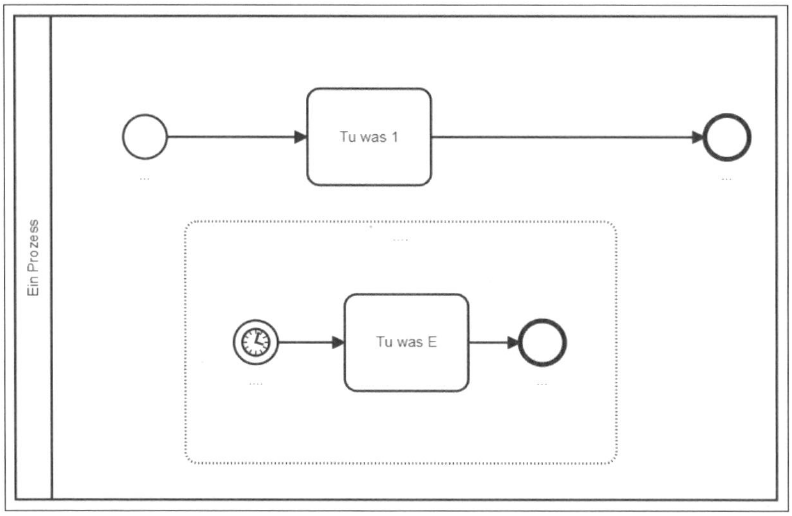

Abbildung 2.28: Aufgeklappter Event-Subprozess in einem angedeuteten Beispielprozess

Ein Event-Subprozess wird typischerweise im Kontext der Modellierung einer fachlichen Ausnahmebehandlung verwendet.

Transaction-Subprozess

Ein *Transaction-Subprozess* fasst die Sequenz von Aufgaben in diesem Subprozess als eine Transaktion auf. Dabei wird dieser Subprozess durch ein Transaktionsprotokoll gesteuert: z. B. *WS-Transaction* (vgl. (OMG, 2013), S. 176).

Traditionell wird unter einer *Transaktion* in der Informatik eine unteilbare Einheit von – in diesem Fall – abzuarbeitenden Aufgaben verstanden. Wenn ein »Fehler« an einer Stelle im Transaction-Subprozess auftritt, wird der Zustand vor dem Transaction-Subprozess wiederhergestellt. Das bedeutet, dass der Subprozess mit seinen Aufgaben entweder *ganz oder gar nicht* abgearbeitet wird. Wichtig dabei ist, dass dieses Konzept hier auf Geschäftstransaktionen in der BPMN angewendet wird.

Der Transaction-Subprozess wird durch ein doppelt gezeichnetes, abgerundetes Rechteck gekennzeichnet. Auch ihn gibt es in aufgeklappter (engl. *expanded*) und in zugeklappter (engl. *collapsed*) Form: siehe dazu Abbildung 2.29 und Abbildung 2.30.

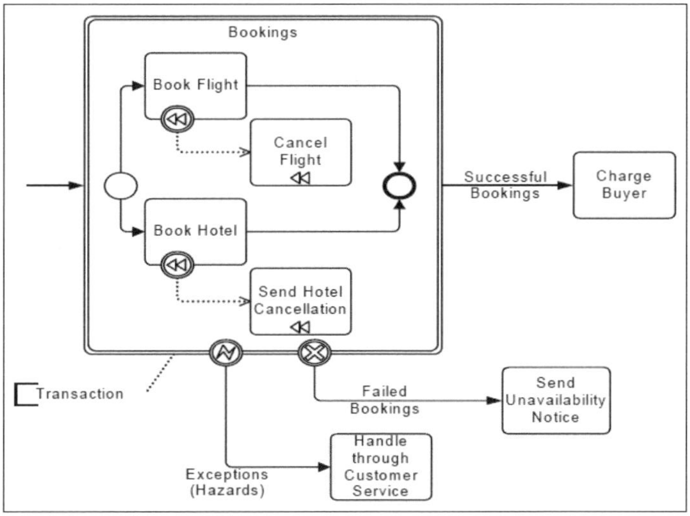

Abbildung 2.29: Aufgeklappter Transaction-Subprozess – Beispiel »Book Travel« ((OMG, 2013), S. 177)

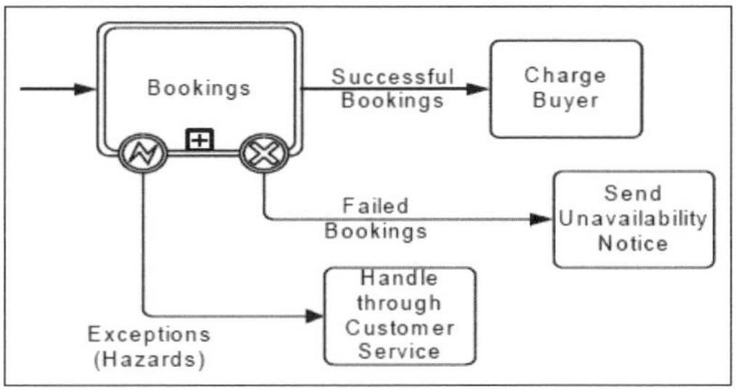

Abbildung 2.30: Zugeklappter Transaction-Subprozess – Beispiel »Book Travel« ((OMG, 2013), S. 177)

Aus Abbildung 2.29 und Abbildung 2.30 können Sie entnehmen, dass ein Transaction-Subprozess, ob aufgeklappt oder zugeklappt, im Allgemeinen drei ausgehende Sequenzflüsse hat (vgl. (OMG, 2013), S. 177–178):

1. **Erfolgreiche Beendigung (»successful completion«):** In diesem Fall ist der Subprozess erfolgreich beendet worden, sodass der übergreifende Prozess fortgesetzt wird. Dazu müssen alle Pfade im Subprozess erfolgreich zu Ende gebracht werden. Dies geschieht unter Verwendung von *Nicht*-Cancel-Events.
2. **Fehlgeschlagene Beendigung** – **Abbruch (»Cancel«):** Wird eine Transaktion abgebrochen, kehren die Aktivitäten innerhalb der Transaktion zum vorherigen Zustand des Prozesses zurück. Es können aber auch definierte *Kompensationen* durchgeführt werden (vgl. dazu Abschnitt 2.1.8, »Kompensation (Compensation)«). Allerdings können Sie nur über das *Cancel*-Event Kompensationen in einem Transaction-Subprozess auslösen.

Das empfangende Cancel-Zwischenereignis, das am Rand des Transaction-Subprozesses definiert wird, fängt das »Cancel«-Signal auf und führt zunächst die Wiederherstellung des Prozesszustands und die definierten Kompensationen aus. Erst danach wird der ausgehende Sequenzfluss aus dem Cancel-Zwischenereignis verfolgt.

Ein Cancel-Signal kann auf zwei Wegen versendet werden:

- Über ein modelliertes, explizites Cancel End Event im Transaction-Subprozess. Wird dieses Endereignis erreicht, wird der Abbruch der Transaktion signalisiert. Wichtig ist, dass das Cancel Event nur im Transaction-Subprozess verwendet werden darf.
- Eine Abbruch-Nachricht kann über das unterstützte Transaktionsprotokoll innerhalb der Ausführung empfangen werden. In dem Fall, die Sie in Abbildung 2.31 sehen, ist nach meinem Verständnis die Definition des Abbruchsignals für den Betrachter des Prozessmodells unsichtbar.

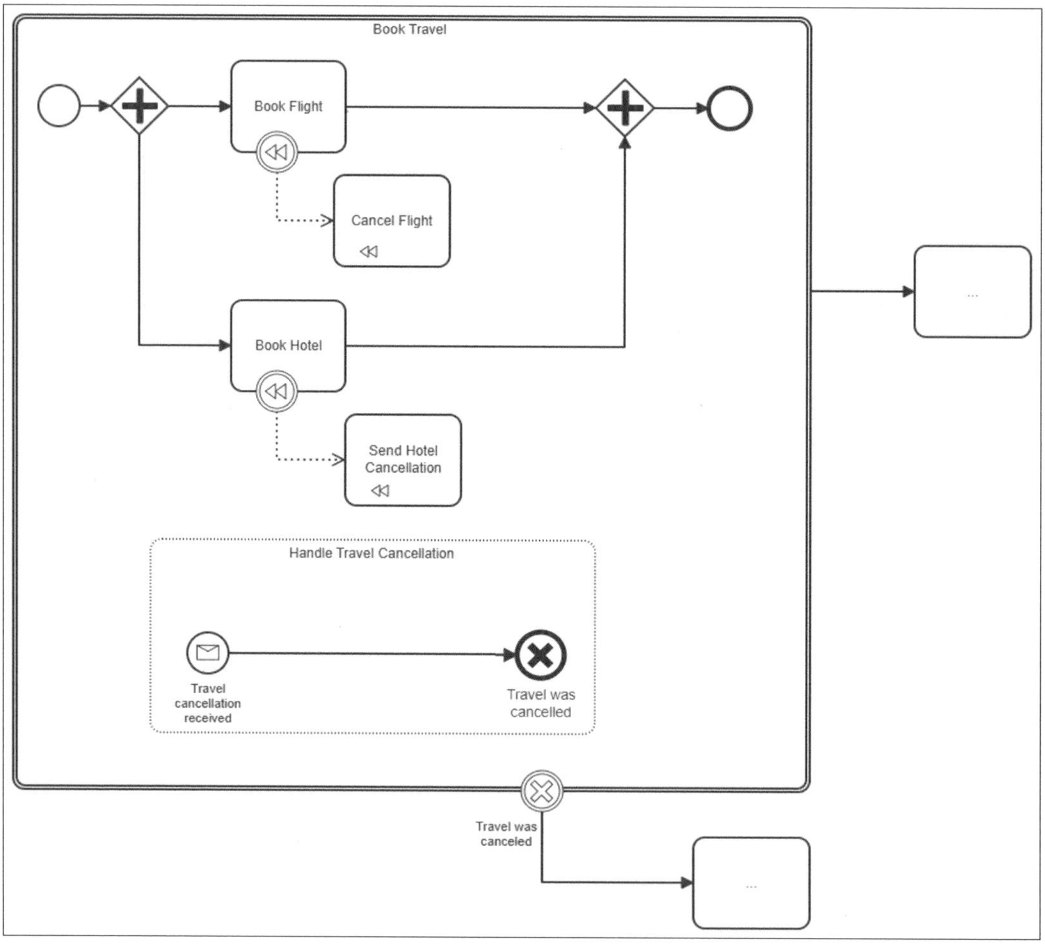

Abbildung 2.31: »Optimiertes« und vereinfachtes Beispiel »Book Travel« zum OMG-Beispiel (vgl. (OMG, 2013), S. 177)

3. **Gefährdung/Bedrohung (»Hazard«)**: In diesem Fall ist etwas fatal schiefgelaufen, sodass weder ein Abbruch noch ein erfolgreicher Abschluss des Subprozesses möglich ist. Zur Darstellung wird ein Error-Zwischenereignis an den Rand des Subprozesses angehängt. Beim Eintreten wird der Subprozess *ohne* Kompensation abgebrochen, und es wird dem Sequenzfluss des Error-Zwischenereignisses gefolgt.

Damit künftige Leser den Prozess besser verstehen, empfehle ich Ihnen, das Signalisieren des Abbruchs (»Cancel«) der Transaktion explizit zu modellieren. In Abbildung 2.31 habe ich oben dargestelltes Beispiel optimiert. Ich habe hier den dritten Ausgang, die *»Gefährdung«*, weggelassen, da er an dieser Stelle zur Demonstration nicht relevant ist. Nun können Sie erkennen, dass die Transaktion beim Eingang einer Reisestornierung abgebrochen werden kann. In diesem Fall wird zum vorherigen Prozesszustand vor der Transaktion zurückgerollt und es werden die definierten Kompensationen ausgeführt. Erst dann wird der ausgehende Sequenzfluss des angehängten *»Cancel«*-Zwischenereignisses verfolgt.

Ad-hoc-Subprozess

Ein *Ad-hoc-Subprozess* wird verwendet, wenn eine Gruppe von Aktivitäten zur Beschreibung einer Situation erforderlich wird, in der sich allerdings die Reihenfolge dieser Aufgaben und die Anzahl der Ausführungen der einzelnen Aktivitäten nicht festmachen lässt (vgl. (OMG, 2013), S. 179). Die Reihenfolge der Ausführung der Aufgaben sowie die Anzahl der Ausführungen ist abhängig vom Wissen des Ausführenden. Das bedeutet, einzelne Aufgaben können auch mehrmals ausgeführt werden (vgl. (OMG, 2013), S. 180). Zumeist handelt es sich dabei um menschliche Ausführende.

Den Ad-hoc-Subprozess erkennen Sie an dem »Tilden«-Symbol. Ihn gibt es ebenfalls in zwei Varianten: aufgeklappt (engl. *expanded*) und zugeklappt (engl. *collapsed*) (siehe Abbildung 2.32 und Abbildung 2.33; vgl. (OMG, 2013), S. 179).

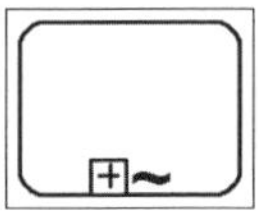

Abbildung 2.32: Zugeklappter Ad-hoc-Subprozess ((OMG, 2013), S. 179)

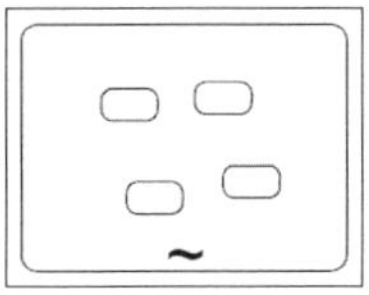

Abbildung 2.33: Aufgeklappter Ad-hoc-Subprozess ((OMG, 2013), S. 179)

Ein typisches Beispiel für einen wissensintensiven Vorgang ist die Behandlung eines Patienten durch einen Arzt. Zwar lassen sich einige wiederkehrende Tätigkeiten definieren, doch werden nicht alle bei jedem Fall ausgeführt. Welche konkreten Schritte der Arzt vornimmt, hängt vom individuellen Krankheitsbild und seiner fachlichen Einschätzung ab. Damit entspricht dieser Ablauf einem ad-hoc-Prozess, bei dem die Reihenfolge und Auswahl der Aktivitäten situativ festgelegt werden.

2.1.8 Kompensation (Compensation)

Eine *Kompensation* (engl. *Compensation*) erlaubt es, bereits erfolgreich ausgeführte Aktivitäten rückgängig zu machen, wenn das Ergebnis dieser Aktivitäten nicht mehr erwünscht ist (vgl. (OMG, 2013), S. 301).

Eine Kompensation besteht aus zwei Komponenten:

1. **Compensation Handler:** Mit dem *Compensation Handler* werden die erforderlichen Schritte ausgeführt, um die Auswirkungen der Aktivitäten rückgängig zu machen. Ein als Compensation-Event-Sub-Process modellierter Compensation Handler kann auf die Daten seines übergeordneten Prozesses in dem Zustand zugreifen, den diese Daten zum Zeitpunkt von dessen Abschluss hatten – also auf einen Snapshot des damaligen Datenzustands. (vgl. (OMG, 2013), S. 301).

   Unter einem Compensation Handler wird eine Menge von Aktivitäten verstanden, die nicht mit anderen Teilen des Prozessmodells verbunden sind. Er beginnt mit einem empfangenden Compensation-Ereignis. Dabei handelt es sich entweder um ein angeheftetes Compensation-Zwischenereignis oder bei einem Event-Subprozess um ein Startereignis (vgl. (OMG, 2013) , S. 302):

   - Bei Verwendung eines **angehefteten Compensation-Zwischenereignisses** kann die Kompensation nur als Blackbox beschrieben werden. Dabei wird das angeheftete Compensation-Zwischenereignis an der Aktivität über eine *Assoziation* mit einer *Kompensationsaktivität* verbunden. Die Kompensationsaktivität kann entweder eine Aufgabe oder ein Subprozess sein (siehe Abbildung 2.34 und vgl. (OMG, 2013), S. 302).

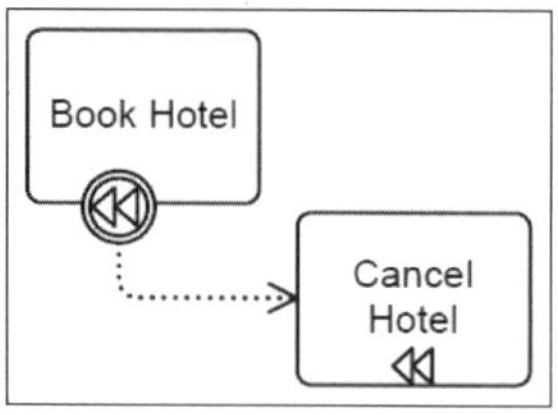

Abbildung 2.34: Eine Kompensation wird durch ein angeheftetes Kompensationsereignis und eine Kompensationsaktivität beschrieben ((OMG, 2013), S. 302).

   - Bei Verwendung eines **Compensation-Event-Subprozesses** wird dieser entweder in den Prozess oder in einen Subprozess eingebettet. Dabei kann dieser Subprozess *rekursive* Kompensationen für Aufgaben im übergreifenden Prozess anstoßen (vgl. (OMG, 2013), S. 302). Ein Beispiel ist in Abbildung 2.35 dargestellt.

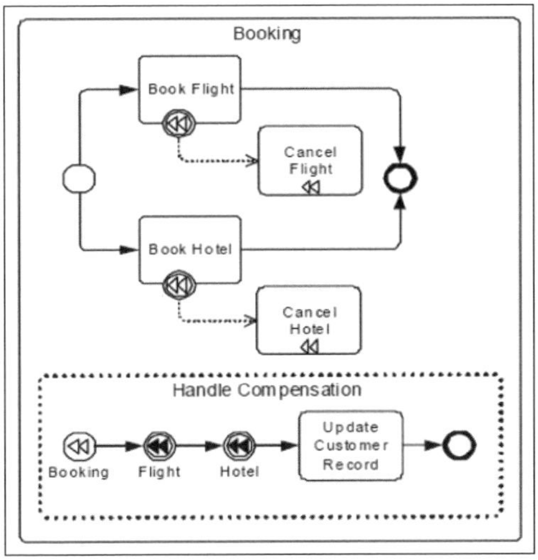

Abbildung 2.35: Eine Kompensation wird mit dem Kompensations-Event-Subprozess beschrieben ((OMG, 2013), S. 303).

2. **Compensation Trigger:** Mit einem *Compensation Trigger* wird die Kompensation angestoßen. Dies geschieht durch ein **auslösendes Kompensationsereignis** – entweder als *Zwischenereignis* oder als *Endereignis*. Die zu kompensierende Aktivität wird referenziert. Dazu wird sie im Namen des Ereignisses kenntlich gemacht. Ergibt sich der Kontext bei dieser Referenzierung nicht, wird für alle abgeschlossenen Aktivitäten des Prozesses eine Kompensationsaktivität durchgeführt (vgl. (OMG, 2013) , S. 303).

2.1.9 Fachliche Schleifen beschreiben

In einem fachlichen Prozess haben Sie auch eine oder mehrere Aufgaben, die abhängig von einer Bedingung mehrmals durchgeführt werden. Sie werden also *wiederholt* durchgeführt. Damit beschreiben Sie bereits eine *Schleife*.

Es gibt zwei Schleifentypen, die Sie in BPMN beschreiben können:

1. **Die Anzahl der Durchläufe ist zu Beginn unbekannt:** Die zu wiederholenden Aufgaben werden sequenziell (d. h. hintereinander) durchgeführt. → Dies können Sie durch Modellierung einer expliziten Schleife oder mit dem »Loop«-Task-Marker realisieren.
2. **Die Anzahl der Schleifendurchläufe ist von vorhinein bekannt:** Hiermit lässt sich eine *Liste von Objekten* durchlaufen. Es kann zwischen sequenzieller oder paralleler Bearbeitung der Aufgabe(n) gewählt werden. → Dies realisieren Sie mit dem »Multi Instance«-Task-Marker (sequenziell oder parallel).

Typ 1: Anzahl Durchläufe unbekannt – sequenzielle Aufgabendurchführung

Durch die Modellierung einer expliziten Schleife oder mit dem Task-Marker »Loop« können Sie eine Schleife modellieren, bei der die durchzuführende(n) Aufgabe(n) so lange durchlaufen werden, wie die Bedingung zutrifft (wahr/true ist). Dabei wird die Bedingung für jeden Durchlauf geprüft (vgl. dazu (OMG, 2013), S. 189 und S. 432). Es ist für den Leser sehr hilfreich, wenn die Schleifenbedingung mittels einer *Text-Annotation* an der Aufgabe angegeben wird. Denn so ohne Weiteres lässt sich für den Leser die Bedingung der Schleifendurchläufe nicht erkennen.

Abbildung 2.36 zeigt ein Beispiel mit der *expliziten Schleife*. Aus Gründen der Lesbarkeit und zur Vermeidung von überlappenden Sequenzflüssen ist der Einsatz des *Link Events* empfehlenswert (vgl. auch Abschnitt 2.1.4, »Wichtige Events«), wenn die Schleife in den Teil der Wiederholung geht.

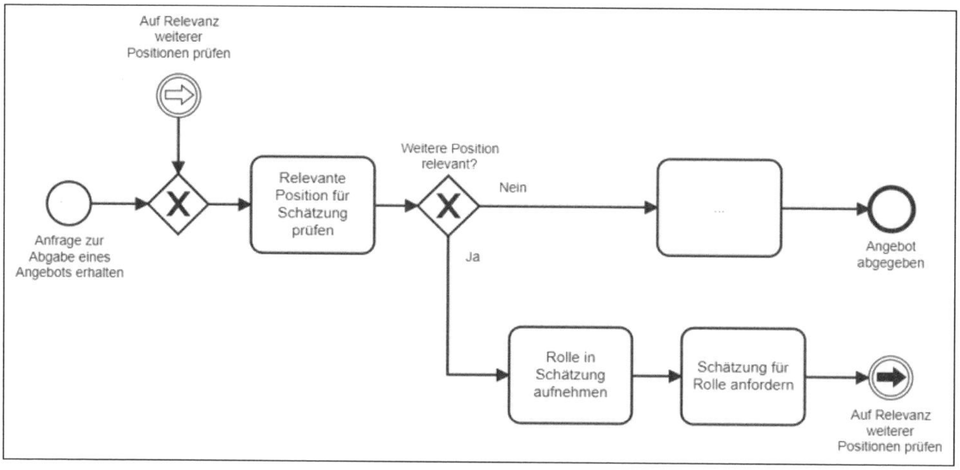

Abbildung 2.36: Explizite Standard-Schleife – sequenziell (Beispiel)

Zum Vergleich zeigt Abbildung 2.37 dieselbe Situation, die in der Variante »explizite Schleife« oben dargestellt wurde, nun aber mithilfe des »Loop«-Task-Markers. Diesen können Sie sowohl an einer **Aufgabe** als auch an einem **Subprozess** nutzen (vgl. (OMG, 2013) , S. 189). Sie können erkennen, dass diese Variante etwas kompakter ist als die Modellierung in Form einer expliziten Schleife.

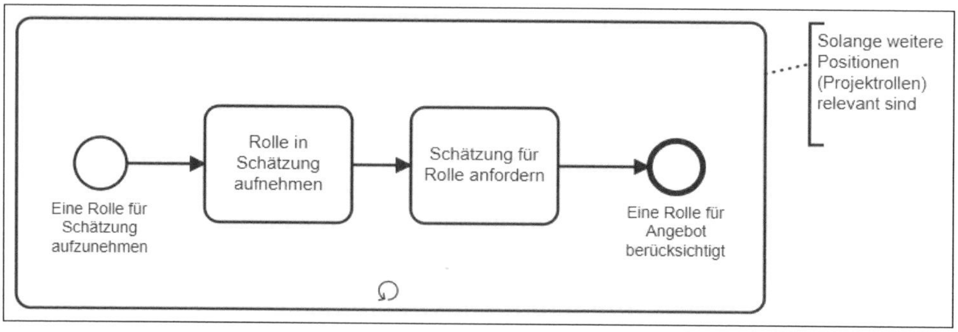

Abbildung 2.37: Standardschleife mit »Loop«-Task-Marker – sequenziell (Beispiel)

Typ 2: Schleifendurchlauf zu Beginn bekannt – sequenziell oder parallel

Diesen Schleifentyp lässt sich mit dem »Multi Instance«-Task-Marker umsetzen. In diesem Fall steht zu Beginn fest, wie viele Schleifendurchläufe erforderlich werden. Damit lässt sich eine *Liste von Objekten* durchlaufen. Durch die Liste steht fest, wie viele Elemente diese hat. Für jedes Element erfolgt ein Durchlauf der Aufgabe(n) (vgl. (OMG, 2013), S. 190 und S. 432–433).

Der »Multi Instance«-Task-Marker lässt sich mit Aufgaben und Subprozessen verwenden. Es gibt ihn in zwei Formen: *sequenziell* und *parallel*. Im Gegensatz zur sequenziellen Abarbeitung werden bei der parallelen Abarbeitung die Elemente nebeneinander bearbeitet. Abbildung 2.38 zeigt die beiden verschiedenen »Multi Instance«-Task Marker.

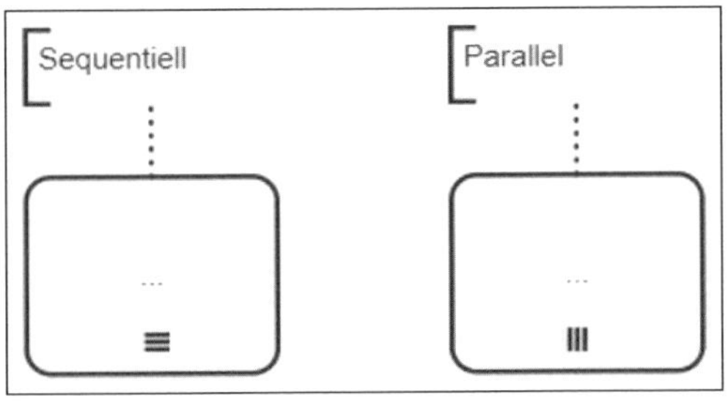

Abbildung 2.38: Aufgaben mit sequenziellem und parallelem »Multi Instance«-Task-Marker

2.1.10 Die Sache mit der Kollaboration – Prozessteilnehmer interagieren miteinander

Auch dem Prozesstyp *Kollaboration*, engl. Collaboration, sind Sie oben schon begegnet. In diesem Abschnitt möchte ich ihn genauer erläutern, da Sie mithilfe von Kollaborationen bestimmte Aspekte beschreiben können.

Mithilfe der Kollaboration lässt sich die Zusammenarbeit (Interaktion) zwischen zwei oder mehreren Teilnehmern beschreiben. Die Teilnehmer werden als Pool dargestellt. Bei einem Teilnehmer kann es sich um spezifische Entitäten (wie beispielsweise ein Unternehmen) oder um allgemeine Rollen (beispielsweise *»Kunde«* oder *»HR«*) handeln. Im Rahmen der Kollaboration werden Messages zwischen den Teilnehmern ausgetauscht. Der Austausch der Messages zwischen den Teilnehmer wird mit einem Message Flow visualisiert (vgl. (OMG, 2013), S. 110 und S. 113). Ein Beispiel einer Kollaboration finden Sie in Abschnitt 2.1.1, »Umfang und Bedeutung der BPMN« dargestellt.

Die zentralen Bestandteile zur Darstellung der Kollaboration, Pool und Message Flow, habe ich bereits in Abschnitt 2.1.3, »Die grundlegenden Elemente der BPMN«, erläutert. Deshalb werde ich an dieser Stelle diese Elemente nicht erneut erklären. Allerdings sollten wir uns noch mit den Regeln für die Verwendung des Message Flows beschäftigen.

Message Flows dürfen Sie nur über Pool-Grenzen hinweg verwenden und niemals innerhalb desselben Pools. Abbildung 2.39 zeigt Ihnen, welche Objekte in diesem Rahmen *ein-*

gehende und/oder *ausgehende Message Flows* haben dürfen. Alle nicht dargestellten Elemente dürfen nicht mit Message Flows verbunden werden, also Lanes, Gateways, Data Object, Group sowie Text Annotation (vgl. (OMG, 2013), S. 41–42).

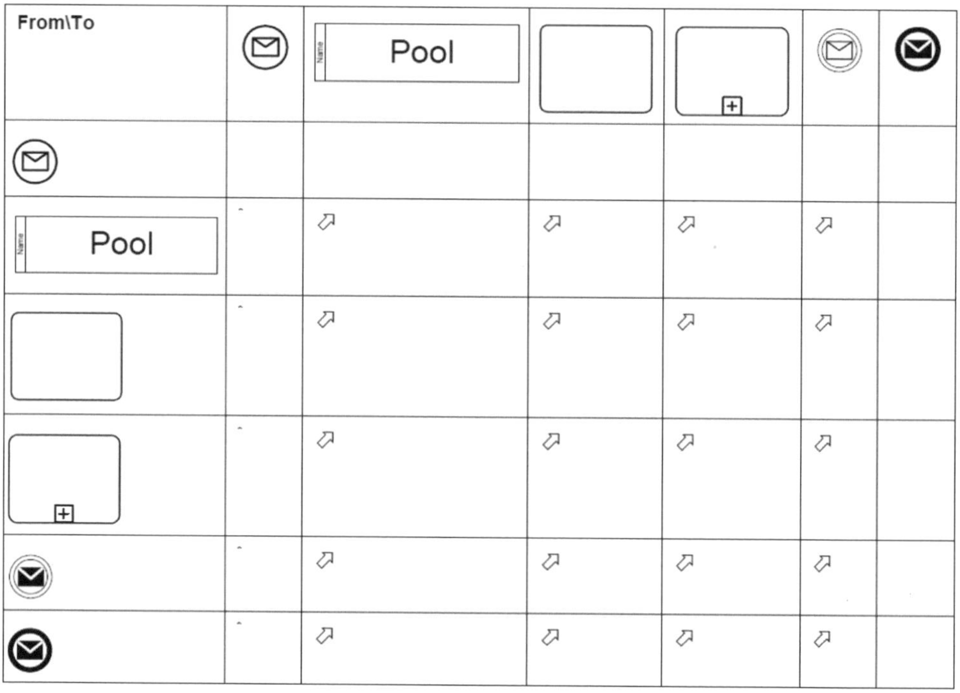

Abbildung 2.39: Übersicht über die Verbindungsregeln zum »Message Flow« ((OMG, 2013), S. 41)

2.2 Entscheidungen mit DMN beschreiben

Hinweis: Verwendung von DMN in der Version 1.3

Seit September 2024 ist die DMN in der Version *1.6 beta* verfügbar. Sie fragen sich vielleicht, warum ich weiterhin den Schwerpunkt auf die DMN-Version *1.3* und nicht auf die aktuelle stabile Version *1.5* lege. Die Antwort ist einfach: Die Versionen *1.4* und *1.5* enthalten aus meiner Sicht nur kleinere Ergänzungen.

Von der OMG wurden beispielsweise neue Boxed Expressions *Iterator*, *Filter* und *Conditional* hinzugefügt, die grafisch die Entscheidungslogik für Schleifen, das Filtern von Listen und für Bedingungen darstellen (vgl. (Silver, o. J.)). Jedoch kann ich dies auch in Version 1.3 durch textuelle Expressions spezifizieren. Zudem wurden weitere FEEL-Funktionen ergänzt (vgl. auch (Silver, o. J.)).

Das Fundament und die Konzepte der DMN bleiben unverändert. Ich lege mehr Wert darauf, Ihnen die Arbeitsweise mit der DMN zu vermitteln, anstatt jede auch noch so kleine Änderung des Standards zu beschreiben.

Viele Softwarehersteller und Unternehmen verstehen die Bedeutung der DMN bisher nicht vollständig und reduzieren sie nur auf Entscheidungstabellen. Aufgrund dieses Missverständnisses können Unternehmen das enorme Potenzial der DMN nicht nutzen. Deshalb möchte ich erst einmal dazu beitragen, dass Sie den Standard DMN verstehen. Dadurch können Sie durch Ihre Anforderungen an die Softwarehersteller Druck ausüben, sodass die Hersteller die DMN korrekt und vollständig in Tools unterstützen.

Wenn Sie die grundlegende Arbeitsweise mit der DMN verstanden haben, dann können Sie auch die ergänzten Features für sich nutzen.

Operative Entscheidungen werden im Rahmen von Geschäftsprozessen getätigt. Dabei spielt es keine Rolle, ob es sich lediglich um menschliche Entscheidungen oder für die Automatisierung gedachte Entscheidungen handelt. Interessant wäre es, ein fachliches Entscheidungsmodell einerseits verständlich für den Fachbereich zu erarbeiten und es andererseits so weiter formalisieren zu können, dass es als Basis für die IT-Umsetzung verwendet werden kann. Genau diesen Zweck verfolgt der Standard *Decision Model and Notation* (*DMN*; vgl. dazu (OMG, 2021), S. 9 und S. 11f.). Dieser wurde im Jahr 2015 veröffentlicht, wobei die ihm zugrunde liegende Theorie bereits älter ist.

Entscheidung (Decision)

Eine *Entscheidung* (engl. *Decision*) ist das Verfahren zur Bestimmung eines *Ergebniswertes* aus einer Anzahl von *Eingabewerten*, bei dem die *Entscheidungslogik* (engl. *Decision Logic*) beschreibt, wie der Ergebniswert aus den Eingabewerten bestimmt wird ((OMG, 2021), S. 226 [übersetzt aus dem Englischen]).

In diesem Abschnitt schauen wir uns die Grundlagen der DMN an, um ihre Intention und Funktionsweise zu verstehen. Die methodische Erarbeitung eines Entscheidungsmodells folgt dann in Abschnitt 2.3.6, »DMN-Entscheidungen top-down modellieren«.

Für genauere Details empfehle ich Ihnen das Buch von Bruce Silver (vgl. (Silver, 2016)).

2.2.1 Der Zusammenhang zwischen Prozess und Entscheidungsmodell

In einem *Geschäftsprozess* werden Aufgaben beschrieben, in denen oft Entscheidungen getätigt werden. Diese Entscheidungen möchten wir nun genauer verstehen.

Zuerst möchten wir verstehen, wie die Entscheidungen sich in einer Struktur zusammensetzen und auf Basis welcher Kriterien diese getroffen werden.

Diese Struktur wird in einem grafischen *Decision Requirements Diagram* (*DRD*) beschrieben. Auf dieser Basis erfolgt die weitere Präzisierung der *Entscheidungslogik*. Diese beschreibt eine Entscheidung in einer sehr detaillierten Art und Weise, sodass die Entscheidung beispielsweise automatisiert werden kann.

Daraus lässt sich bereits erkennen, dass ein *DMN-Entscheidungsmodell* aus dem Decision Requirements Diagram und der Entscheidungslogik besteht (vgl. (OMG, 2021), S. 9). Dieser Zusammenhang ist in Abbildung 2.40 illustriert.

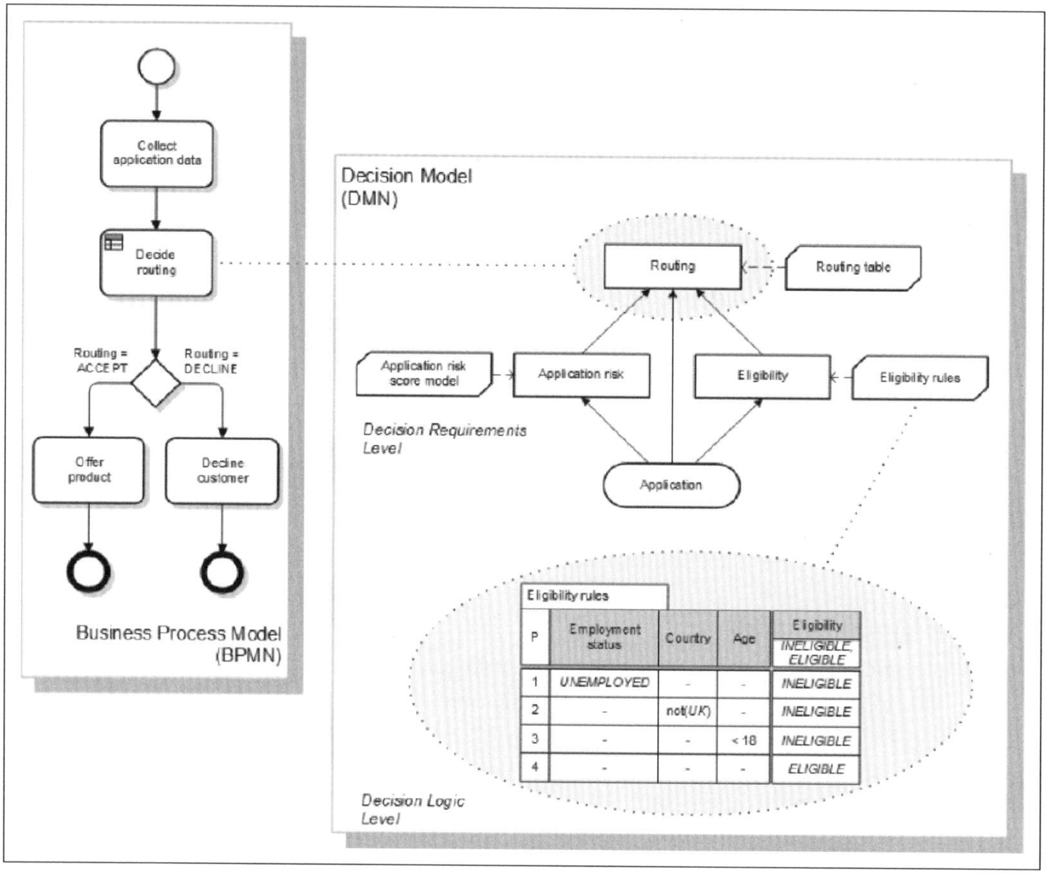

Abbildung 2.40: Zusammenhang zwischen Prozess und Entscheidungsmodell (DMN; Quelle: (OMG, 2021), S. 10)

2.2.2 Das Decision Requirements Diagram (DRD)

In einem *Decision Requirements Diagram (DRD)* werden die Entscheidungen aus einer Entscheidungsaufgabe in einem Geschäftsprozess sowie die Beziehungen zwischen den Entscheidungen und ihre Anforderungen an die Entscheidungslogik beschrieben (vgl. (OMG, 2021), S. 9).

Das DRD umfasst die folgenden Bestandteile (vgl. (OMG, 2021), S. 21):

1. **Elemente:**
   - **Decision:** Diesen Begriff haben wir oben schon definiert. Ich ergänze, dass eine Entscheidung ein oder mehrere *Business Knowledge Model(s)* referenzieren kann.

- **Business Knowledge Model (BKM):** Dieses Element stellt eine Funktion dar, die Businesswissen kapselt. Dabei kann es sich beispielsweise um eine Entscheidungstabelle oder ein analytisches Modell handeln.

  Es gibt zwei mögliche Interpretationen eines Business Knowledge Models: Die aus meiner Sicht intuitiv verständliche Bedeutung ist, dass ich damit eine Entscheidungslogik wiederverwendbar definieren kann und diese in verschiedenen Entscheidungen aufgerufen werden kann. In diesem Fall stellt die aufrufende Entscheidung eine konkrete Ausprägung (*Instanz*) der Entscheidungslogik dar. Dies lässt sich damit erklären, dass die Entscheidungslogik mit spezifischen Eingabewerten aufgerufen wird (vgl. (Silver, 2016), S. 48). Die andere Interpretation finde ich nicht eingängig, und Silver sagt auch, dass diese problematisch sei. Denn sie überfüllt das DRD mit zusätzlichen Elementen und macht es unübersichtlicher (vgl. (Silver, 2016), S. 48–49). Diese Interpretation geht laut Silver auf einen Ansatz von *Alan Fish* zurück. Dabei wird eine BKM als logische Aufteilung von Wissen verstanden, das zur Entscheidungsfindung herangezogen wird. Dabei nutzen Entscheidungen ein oder mehrere BKMs, auch wenn keine Wiederverwendung der Logik ersichtlich ist (vgl. (Silver, 2016), S. 48–49).
- **Input Data:** Hiermit werden Informationen als Eingabe (Kriterien) für eine oder mehrere Entscheidungen beschrieben.
- **Knowledge Source:** Mit diesem Begriff wird eine Autorität (Wissensträger oder Quelle) für ein BKM oder eine Entscheidung beschrieben. Dabei kann es sich beispielsweise um einzelne Personen, Richtlinien im Unternehmen oder um Gesetze handeln.
- **Decision Service:** Ein *Decision Service* beschreibt eine Gruppe von Entscheidungen, die mehrfach wiederverwendet werden können. Sie können sowohl innerhalb desselben Entscheidungsmodells als auch in anderen Entscheidungsmodellen aufgerufen werden (vgl. (OMG, 2021), S. 21 [übersetzt aus dem Englischen]).
- **Artifacts:** Bei Artefakten (*Artifacts*) handelt es sich um ergänzende, optionale Elemente: Eine *Text Annotation* bietet ergänzende Kommentare und Erklärungen für den Leser; eine *Association* verbindet eine Text Annotation mit einem DRD-Element, und eine *Group* ermöglicht informell die visuelle Gruppierung von Elementen.

2. **Beziehungen:** (vgl. (OMG, 2021), S. 21–22)

   Die genauen Verbindungsregeln der einzelnen Elemente mit den Beziehungen sind in der OMG-Spezifikation zum DMN-Standard beschrieben: (vgl. (OMG, 2021), S. 26–27):

   - **Information Requirement:** Mit dieser Beziehung werden *Input Data* oder ein *Entscheidungsergebnis* als benötigtes Eingabekriterium für eine Entscheidung beschrieben. Dabei zeigt der Pfeil auf die Entscheidung, die dieses Eingabekriterium benötigt.
   - **Knowledge Requirement:** Damit wird ein Aufruf eines BKM beschrieben.

- **Authority Requirement:** Damit wird die Abhängigkeit eines DRD-Elements von einem anderen DRD-Element beschrieben, das als Leitfaden oder Wissensquelle dient (vgl. (OMG, 2021), S. 22).

Ein Beispiel für ein DRD sehen Sie in Abbildung 2.41. In diesem Beispiel ist die oberste Entscheidung *Bruttopreis kalkulieren* zu erkennen. Auf der Basis des Ergebnisses der Entscheidung *MwSt-Satz bestimmen* und des Eingabekriteriums (*Input Data*) *Listenverkaufspreis* wird die Entscheidung durchgeführt. Die Entscheidung *Bruttopreis kalkulieren* ruft das Business Knowledge Model *Bruttopreisberechnung* auf. Die Entscheidung *MwSt-Satz bestimmen* benötigt als Input Data die *Produktgruppe*.

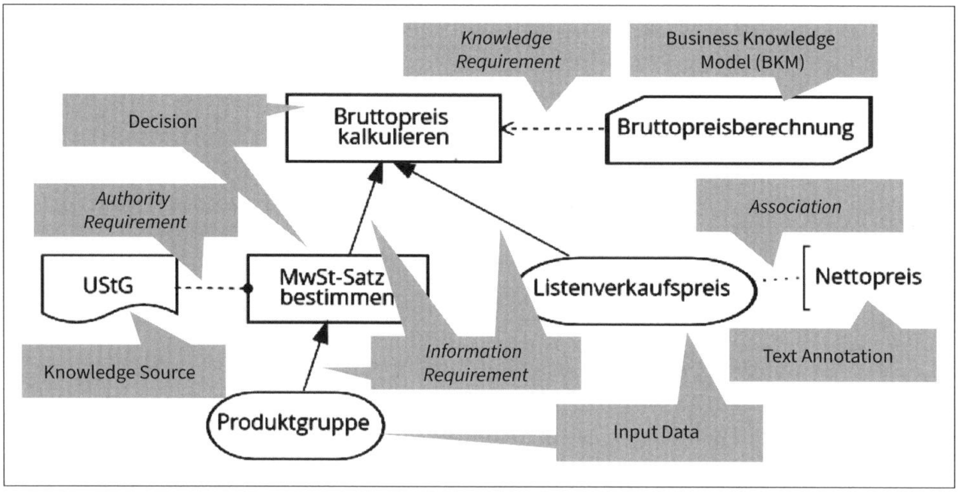

Abbildung 2.41: DRD des Beispielentscheidungsmodells »Verkaufspreis bestimmen« mit Beschriftung der DRD-Elemente

Des Weiteren ist eine *Knowledge Source* an der Entscheidung *MwSt-Satz bestimmen* vorzufinden. Diese gibt dem Leser Auskunft über die Wissensquelle für die Entscheidungslogik: das Umsatzsteuergesetz. Ferner findet sich für den Leser als ergänzender Hinweis eine Text Annotation an den Input Data *Listenverkaufspreis*. Diese Text Annotation soll dem Leser den Hinweis geben, dass es sich bei dem Listenverkaufspreis um den Nettopreis handelt.

2.2.3 Entscheidungslogik (Decision Logic)

Entscheidungslogik (Decision Logic)

Die OMG definiert den Begriff »Entscheidungslogik« wie folgt: »Die Logik, mit der Entscheidungen getroffen werden, die in DMN als Werteausdrücke von Entscheidungen und Business Knowledge Models definiert sind und als tabellenartige Ausdrücke [Ergänzung: engl. *Boxed Expressions*] visualisiert werden« ((OMG, 2021), S. 226 [übersetzt aus dem Englischen]).

Die Ableitung von der DRD-Ebene zur Entscheidungslogik-Ebene

Wie ich in Abschnitt 2.2.1, »Der Zusammenhang zwischen Prozess und Entscheidungsmodell«, beschrieben habe, gehört zu einem vollständigen Entscheidungsmodell die formale Präzisierung auf Entscheidungslogik-Ebene. Deshalb müssen die einzelnen DRD-Elemente aus Abschnitt 2.2.2 auf dieser Ebene formal präzisiert werden. Das DRD beschreibt die Anforderungen an die Entscheidungslogik (z. B. die relevanten Inputkriterien) und Beziehungen der Entscheidungen.

Die Entscheidungslogik eines Entscheidungsmodells umfasst ein oder mehrere *Werteausdrücke* (engl. *value expressions*). Die Logik wird also in Form von Werteausdrücken beschrieben. Bei einer Entscheidung muss der Wertausdruck beinhalten, wie das Entscheidungsergebnis auf Basis der definierten Inputkriterien abgeleitet wird. Bei einem Business Knowledge Model wird die Logik als eine Funktion beschrieben, die in verschiedenen Entscheidungen wiederverwendet werden kann. Hier stellt der Wertausdruck den »Körper« der Funktion dar (vgl. (OMG, 2021), S. 51).

Die DMN definiert folgende Typen von Wertausdrücken (vgl. (OMG, 2021), S. 51):

- **Literal Expression:** Die Entscheidungslogik wird textuell beschrieben. Dabei ist nicht definiert, in welcher Form dies geschehen muss. Es kann sich um eine formale Beschreibung wie in einer Programmiersprache oder um natürliche Sprache handeln. Die DMN definiert für die Ausführbarkeit die formale Sprache *FEEL* und als Standardsprache für literal Expressions *S-FEEL* (siehe unten im Unterabschnitt »Friendly Enough Expression Language (FEEL)«). Die allgemeine Struktur der Literal Expression ist Abbildung 2.42 in dargestellt.

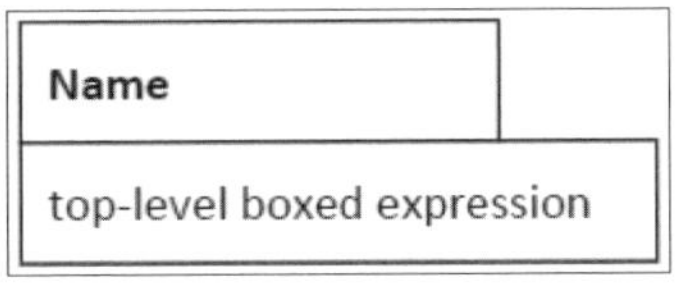

Abbildung 2.42: Boxed Literal Expression ((OMG, 2021), S. 53)

- **Entscheidungstabelle (Decision Table):** Die Entscheidungstabelle stellt eine tabellarische Repräsentation der Entscheidungslogik dar. Die Entscheidungstabelle wird weiter unten im Abschnitt »Entscheidungstabelle (Decision Table)« beschrieben.
- **Invocation:** Die *Invocation* stellt eine tabellarische Repräsentation dar. Hiermit wird der Aufruf eines Business Knowledge Models oder eines Decision Service von einer Entscheidung oder von einem anderen Business Knowledge Model beschrieben. Die allgemeine Struktur der Boxed Invocation ist in Abbildung 2.43 zu sehen.

Name	
invoked business knowledge model	
parameter 1	Binding expression 1
...	
parameter 2	Binding expression 2
parameter *n*	Binding expression *n*

Abbildung 2.43: Boxed Invocation ((OMG, 2021), S. 53)

- Weitere Typen werden durch die formale Sprache FEEL ergänzt.

Die tabellarischen Repräsentationen werden als *Boxed Expression* bezeichnet (vgl. (OMG, 2021), S. 51).

Boxed Expression

Mit dem Begriff *Boxed Expression* bezeichnet die OMG die Notation zur Zerlegung der Entscheidungslogik in kleinere Teile. Diese Teile können mit den Elementen des Decision Requirements Diagrams verbunden werden (vgl. (OMG, 2021), S. 255).

Dabei ist wichtig zu verstehen, dass Boxed Expressions *rekursiv* definiert werden. Dies bedeutet, dass Boxed Expressions andere Boxed Expressions enthalten können. Dabei entspricht die oberste Boxed Expression der Entscheidungslogik eines einzelnen Elements aus der Decision-Requirements-Ebene (vgl. (OMG, 2021), S. 53).

Eine praktische Entscheidungshilfe zur Verschachtelung verschiedener Boxed Expressions gebe ich Ihnen im Abschnitt 2.2.4, »Entscheidungshilfe für die Entscheidungslogik-Ebene: Wann verwende ich welche Boxed Expression?«.

Knowledge-Source-Elemente erfahren keine Präzisierung auf der Entscheidungslogik-Ebene. Sie dienen lediglich zur Dokumentation (vgl. (OMG, 2021), S. 50).

Des Weiteren stellt die *Variable* eine wichtige Schlüsselgröße auf Entscheidungslogik-Ebene dar. Sie dient dazu, Informationen aus Entscheidungen und Inputdaten für die Verwendung in Wertausdrücken zu speichern. Die Beziehung Information Requirement auf Decision-Requirements-Ebene stellt eine Variable dar, die im jeweiligen Wertausdruck verwendet wird. Diese ist zur Evaluation der Entscheidung erforderlich. Bei einem Business Knowledge Model repräsentieren die im DRD definierten Information Requirements die benötigten Parameter der Funktion (vgl. (OMG, 2021), S. 50).

Entscheidungstabelle (Decision Table)

Die Entscheidungstabelle stellt die Entscheidungslogik, die zu einer Entscheidung führt, in einer tabellarischen Repräsentation dar (siehe Abbildung 2.44).

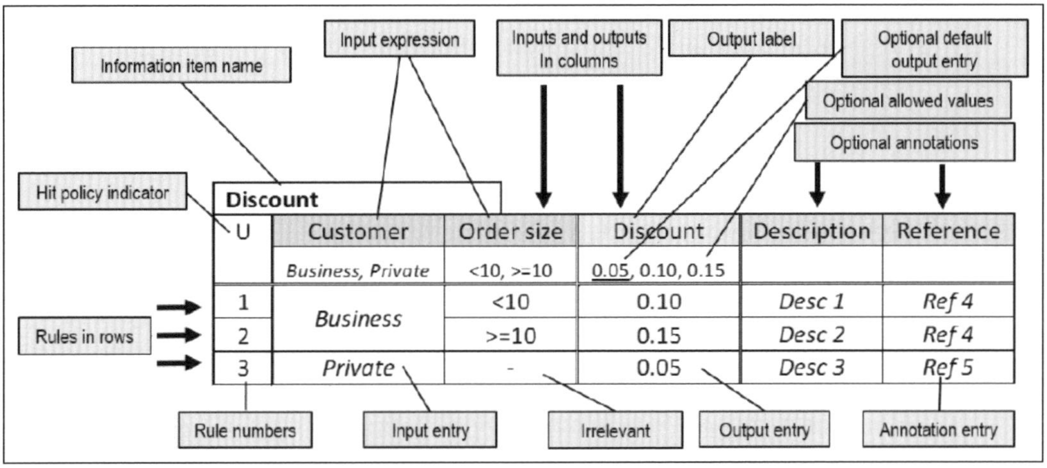

Abbildung 2.44: Aufbau einer DMN-Entscheidungstabelle anhand eines Beispiels – hier: horizontale Darstellung; die Regeln stehen in Zeilen ((OMG, 2021), S. 64)

Mithilfe von Abbildung 2.44 beschreibe ich nun den Aufbau einer DMN-Entscheidungstabelle anhand eines Beispiels. (Neben der hier gezeigten horizontalen Darstellung, in der die Regeln in Zeilen aufgeführt werden, gibt es auch weitere Darstellungsvarianten. Schlagen Sie bei Interesse in der OMG-Spezifikation zum DMN-Standard nach: (OMG, 2021), S. 63ff. Wir werden uns in diesem Buch nur mit der horizontalen Darstellung befassen.)

Die Entscheidungstabelle wird nach dem Muster **WENN (IF) ..., DANN (THEN) ...** gelesen. Die einzelnen »Input-Spalten« (genauer gesagt die *Input expressions*) werden mit **AND** verknüpft (vgl. (OMG, 2021), S. 66).

Hier sehen Sie ein Beispiel für die Regel Nummer 1 aus Abbildung 2.44 ((OMG, 2021), S. 66):

```
If Customer = "Business" and OrderSize < 10 then Discount = 0.10
```

Die Entscheidungstabelle umfasst folgende Bestandteile (vgl. (OMG, 2021), S. 64):

- **Name (»Information item name«):** Dies ist der Name der *Entscheidung* oder des *Business Knowledge Models*, für die bzw. das die Entscheidungstabelle die Entscheidungslogik darstellt.
- **Input-Spalte(n):** Vereinfacht ausgedrückt, handelt es sich hierbei um die Input-Kriterien, auf deren Basis die Entscheidung ausgewertet wird. Präziser gesagt, handelt es sich um *Input expressions*, die ausgewertet werden und mit einer »Zelle« aus der Entscheidungstabelle der zugehörigen »Input-Spalte« verglichen werden (vgl. auch (OMG, 2021), S. 229).

  Es kann *0* oder *mehr* Input-Spalten geben. Die Auflistung der insgesamt erlaubten Werte in den jeweiligen Input-Spalten ist *optional*.

  Beispiele: *»Customer«* und *»Order Size«*.

- **Output-Spalte(n):** Hierbei handelt es sich um die Ergebnisse der jeweiligen Regeln. Eine Entscheidungstabelle muss mindestens eine Ergebnisspalte aufweisen. Sie kann mehrere Ergebnisspalten beinhalten. Bei mehreren Ergebnisspalten spricht man von *Compound Outputs*, also *»zusammengesetzten Ergebnissen«* (vgl. (Silver, 2016), S. 64). Die Auflistung der insgesamt erlaubten Werte in den jeweiligen Ergebnisspalten sowie die Kennzeichnung des Standardwerts ist *optional*.

  Beispiel: Die Entscheidungstabelle in Abbildung 2.44 hat lediglich eine Ergebnisspalte: *»Discount«*.
- **Regeln in Zeilen:** In den Zeilen werden die einzelnen Regeln der Entscheidung dargestellt. Eine Entscheidungstabelle weist mindestens eine Regel auf, aber kann beliebig viele Regeln aufweisen. Die Regeln enthalten eine fortlaufende Nummer (*Rule numbers*). Zudem bedeutet das Zeichen *»- (Irrelevant)«* als »Wert« in einer Input-Spalte einer Regel, dass dieser Input für diese Regel keine Rolle spielt (vgl. (OMG, 2021), S. 71).
- **Annotation-Spalte(n):** Die Entscheidungstabelle kann keine oder beliebig viele »Annotation«-Spalten aufweisen. Diese dienen lediglich zur Beschreibung der Regel.
- **Hit Policy Indicator (Auswertungsvorschrift):** Hiermit wird spezifiziert, wie bei der Auswertung der Entscheidungstabelle im Fall von überschneidenden Regeln umgegangen wird.

  Dabei wird unterschieden, ob nur eine *einzelne Regel* (*Single Hit Policy*) oder *mehrere Regeln* (*Multiple Hit Policy*) als Ergebnis zutreffen können (vgl. (OMG, 2021), S. 72–73).
- **Single Hit Policies** (vgl. (OMG, 2021), S. 73–74):
  - **U***nique* (Standard): Die Regeln sind unabhängig voneinander (»disjunkt«). Es ist keine Überlappung möglich.
  - **A***ny*: Regeln können sich überlappen, allerdings weisen dabei alle zutreffenden Regeln dieselben Einträge in den Ergebnisspalten auf. So spielt es keine Rolle, welche Regel das Ergebnis bereitstellt, da die Ergebnisse bei den zutreffenden Regeln gleich sind.
  - **P***riority*: Beim Zutreffen mehrerer Regeln mit unterschiedlichen Ergebniswerten wird die Regel mit der höchsten Priorität das Ergebnis liefern. Die Werte in der Ergebnisspalte werden nach absteigender Priorität in einer geordneten Liste definiert. Im Fall dieses Hit Policy Indicators muss die Liste der Ergebniswerte spezifiziert werden. Denn diese definiert die Reihenfolge der Priorität (vgl. (OMG, 2021), S. 73, und (Silver, 2016), S. 97). Eine Beispiel-Entscheidungstabelle, die diesen Hit Policy Indicator verwendet, finden Sie in Abbildung 2.45.
  - **F***irst*: Beim Zutreffen mehrerer Regeln mit unterschiedlichen Ergebniswerten wird die Regel, die zuerst in der Tabelle von oben nach unten platziert ist, das Ergebnis liefern. Hierbei spielt die Reihenfolge der Regeln in der Tabelle eine wichtige Rolle: Gerade eine sehr umfangreiche Tabelle erschwert die Validierung der Tabelle und die Lesbarkeit. Deshalb ist es nicht verwunderlich, dass die OMG vor dem Einsatz dieses Hit Policy Indicators warnt (vgl. (OMG, 2021) , S. 73–74).

Applicant Risk Rating			
P	Applicant Age	Medical History	Applicant Risk Rating
			High, Medium, Low
1	>= 25	*good*	*Medium*
2	> 60	*bad*	*High*
3	-	*bad*	*Medium*
4	< 25	*good*	*Low*

1. High
2. Medium
3. Low

Abbildung 2.45: Beispiel-Entscheidungstabelle mit dem Hit Policy Indicator »Priority« (eine Ergebnisspalte; vgl. (OMG, 2021), S. 80 [leicht modifiziert])

- **Multiple Hit policies** (vgl. (OMG, 2021), S. 74):
  - **O***utput order:* Es wird eine Liste aller Ergebnisse der zutreffenden Regeln in absteigender Ausgabepriorität zurückgegeben. Wie auch beim Hit Policy Indicator *Priority* wird die Ausgabepriorität in einer geordneten Liste in absteigender Wertigkeit als *Output Values* definiert.
  - **R***ule order:* Es wird eine Liste aller Ergebnisse der zutreffenden Regeln in der Reihenfolge der Regeln zurückgegeben. Hierbei spielt die Platzierung der Regel-Reihenfolge in der Tabelle eine wichtige Rolle.
  - **C***ollect:* Es wird eine Liste aller Ergebnisse der zutreffenden Regeln in beliebiger Reihenfolge zurückgegeben. Wird der Indicator um einen Operator ergänzt, dann wird eine Aggregatsfunktion auf die Ergebnisliste angewendet. Dabei sind folgende Operatoren anwendbar:
    - + (»Summe«): Das Ergebnis der Entscheidungstabelle ist die *Summe* aller Ergebniswerte.
    - < (»min«): Das Ergebnis der Entscheidungstabelle ist der *kleinste* Wert aus der Liste der Ergebniswerte.
    - > (»max«): Das Ergebnis der Entscheidungstabelle ist der *größte* Wert aus der Liste der Ergebniswerte.
    - # (»Anzahl«): Das Ergebnis der Entscheidungstabelle ist die *Anzahl der Werte* in der Liste der Ergebniswerte.

Eine Entscheidungstabelle mit mehreren Ergebnisspalten (*Compound Outputs*) unterstützt folgende Auswertungsvorschriften: *Unique, Any, Priority, First, Output order*, *Rule order* sowie *Collect* ohne Operator (vgl. (OMG, 2021), S. 74).

Bei *Priority*- und *Output order*-Tabellen mit Compound Outputs wird für jede Ergebnisspalte die Priorität in absteigender Reihenfolge (wie oben beschrieben) definiert. Beim Zutreffen mehrerer Regeln wird nun die Gesamtpriorität ermittelt, indem die geordnete Ausgabe von links nach rechts betrachtet wird. Das bedeutet, dass die Spalten von links Vorrang vor den Spalten rechts haben. Dies betrifft horizontale Tabellen, wie sie hier nur beschrieben werden (vgl. (OMG, 2021), S. 74). Bei Interesse finden Sie Informationen zu *vertikalen Tabellen* in (OMG, 2021), S. 74. Ergebnisspalten ohne einen Wert sind auch in der Ausgabe vorhanden, werden allerdings bei der Bildung der Reihenfolge nicht beachtet (vgl. (OMG, 2021), S. 74).

Abbildung 2.46 verdeutlicht das beschriebene Prinzip. Hier finden Sie eine Entscheidungstabelle mit dem Hit Policy Indicator *Output order (O)* und mehreren Ergebnisspalten. Für den dort gezeigten Fall treffen alle vier Regeln zu, sodass die Ergebnisse von diesen vier Regeln zurückgegeben werden. Die Ausgabereihenfolge für jede der Ergebnisspalten ist anhand der jeweils geordneten Listen vorgegeben. Es ergibt sich die Ausgabereihenfolge: 2, 4, 3, 1.

- **Regel 1** kann wegen der geringen Gesamtpriorität nur als Letztes ausgegeben werden: *Routing* = »ACCEPT« → *Prio 3 & Review level* = »*NONE*« → *Prio 3*
- **Regel 2** hat die höchste Gesamtpriorität schon allein durch den Ergebniswert mit der Priorität 1 der ersten Ergebnisspalte: *Routing* = »DECLINE«.
- **Regel 3** hat von der Ergebnisspalte *Routing* den Wert »REFER« mit der *Priorität 3*. Denselben Wert für diese Ergebnisspalte hat auch **Regel 4**. Nun schauen wir uns die zweite Ergebnisspalte und die Ausgabepriorität des Wertes an. *Review level* hat den Wert »LEVEL 1« mit der *Priorität 2*. Im Gegensatz zu Regel 3 hat **Regel 4** in der zweiten Ergebnisspalte *Review level* die höhere Ausgabepriorität: »LEVEL 2«. Dementsprechend wird **Regel 4 vor Regel 3** ausgegeben.

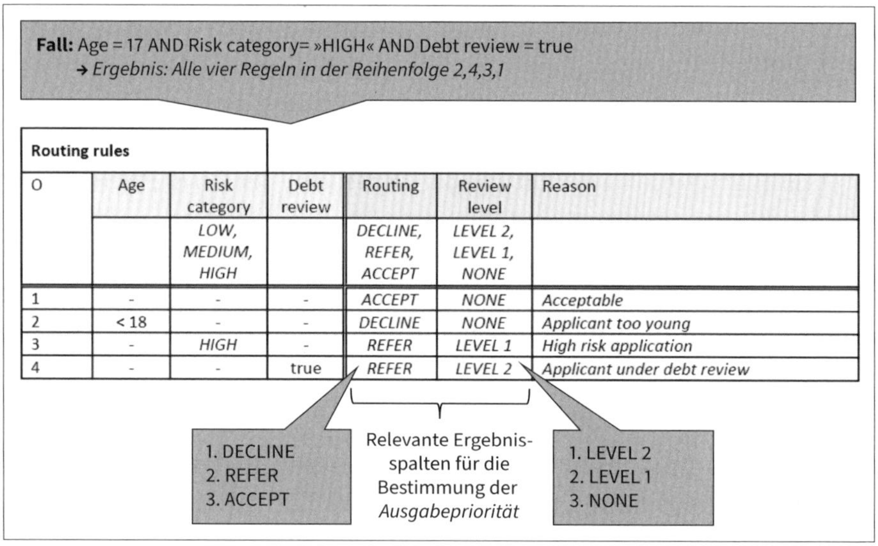

Routing rules

O	Age	Risk category	Debt review	Routing	Review level	Reason
		LOW, MEDIUM, HIGH		*DECLINE, REFER, ACCEPT*	*LEVEL 2, LEVEL 1, NONE*	
1	-	-	-	*ACCEPT*	*NONE*	*Acceptable*
2	< 18	-	-	*DECLINE*	*NONE*	*Applicant too young*
3	-	*HIGH*	-	*REFER*	*LEVEL 1*	*High risk application*
4	-	-	true	*REFER*	*LEVEL 2*	*Applicant under debt review*

Abbildung 2.46: Beispiel für eine Entscheidungstabelle mit mehreren Ergebnisspalten und dem Hit Policy Indicator »Output Order« ((OMG, 2021), S. 74 [leicht modifiziert])

Friendly Enough Expression Language (FEEL)

Die *Friendly Enough Expression Language (FEEL)* ist eine Ausdruckssprache zur formalen Beschreibung, um die Ausdrücke in der Entscheidungslogik zu beschreiben. So findet

FEEL seinen Einsatz in den *Boxed Expressions* (vgl. (OMG, 2021), S. 89). Dabei ist zu betonen, dass FEEL keine eigene Programmiersprache darstellt. Denn FEEL kann lediglich auf Variablen verweisen, um Werte zu berechnen, und nicht Variablen definieren (vgl. (Silver, 2016), S. 76). FEEL ist als einfache Sprache konzipiert worden, die auch von Fachbereichen gelesen und eingesetzt werden soll (vgl. auch (Silver, 2016), S. 76).

Neben FEEL gibt es im DMN-Standard *S-FEEL* (für »Simple«, vgl. (OMG, 2021), S. 83). Hierbei handelt es sich um eine Teilmenge von FEEL. Im Standard wird darauf hingewiesen, dass man sich eher auf FEEL konzentrieren solle als auf S-FEEL. Denn in der Praxis wird aufgrund der Ausdruckskraft, die in der Entscheidungslogik erforderlich ist, die umfangreichere Ausdruckssprache FEEL benötigt (vgl. (OMG, 2021), S. 83). Deshalb beschränke ich mich in diesem Buch auf die Vorstellung von FEEL.

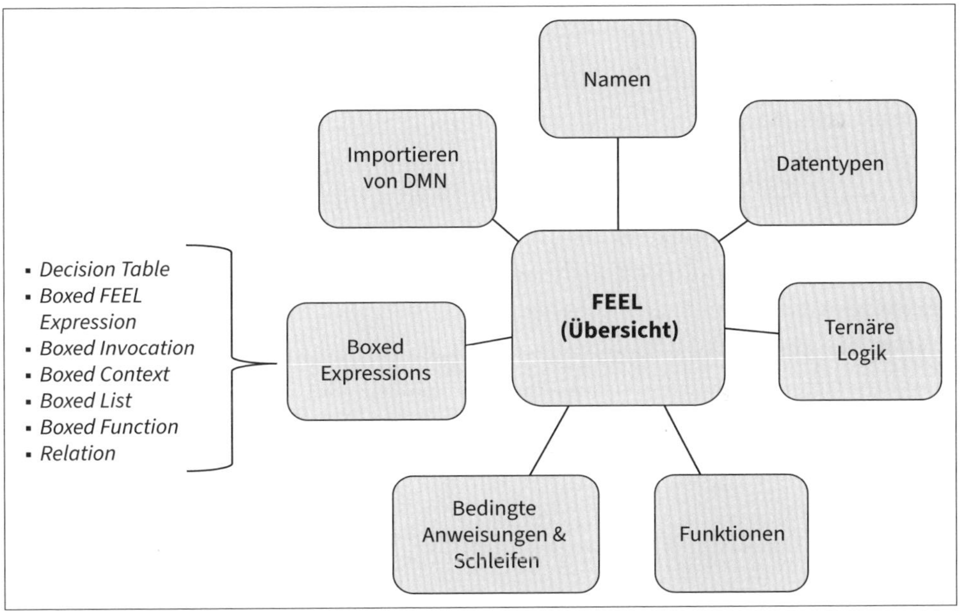

Abbildung 2.47: Übersicht über die wesentlichen FEEL-Sprachbestandteile

In diesem Abschnitt stelle ich Ihnen die wesentlichen FEEL-Sprachbestandteile vor, damit Sie einen Einblick erhalten und einen Einstieg für die Praxis zu finden (siehe Abbildung 2.47). Die genauen Grammatik-Regeln von FEEL können Sie in ((OMG, 2021), ab S. 97) nachschlagen.

Definition von Namen

Ein Name kann mit verschiedenen Zeichen beginnen, wie mit einem »?«, Groß- oder Kleinbuchstaben (A–Z bzw. a–z). Er darf allerdings nicht mit einer Ziffer sowie mit den Zeichen *, /, ‘ und + beginnen (siehe die Grammatik-Regeln 25, 26 und 28 in (OMG, 2021), S. 100–101 und S. 102–103).

Danach können ziemlich beliebige verschiedene Zeichen folgen, beispielsweise auch Leerzeichen und einzelne Ziffern 0–9 (siehe die Grammatik-Regeln 27, 29 und 61) oder/und ergänzende Zeichen wie *, /, ‘, → siehe Grammatik-Regel 25 und 30 / vgl. (OMG, 2021), S. 100–101 und S. 102–103). Leerzeichen sind in FEEL-Namen nur dann zulässig, wenn der Name aus mehreren Namensbestandteilen (*Tokens*) besteht. Das Leerzeichen trennt dabei zwei gültige Name-Tokens, gehört jedoch nicht zu einem einzelnen Token. Innerhalb eines einzelnen Namens-Tokens darf daher kein Leerzeichen vorkommen (vgl. Grammatik-Regeln 25–30 und 61 / vgl. OMG, 2021, S. 100).

Valide Namen sind demnach zum Beispiel:

»*TelefonNr*«

»*Telefon Nr.*«

»*?TelefonNr*«

Kein gültiger Name ist hingegen »1TelefonNr«, denn bei diesem Beispiel beginnt der Name mit einer Ziffer.

Zur Referenzierung auf Attribute einer Datenstruktur (z. B. innerhalb eines *Contexts*) ist die *Punktnotation* (.) zu verwenden (vgl. (OMG, 2021), S. 103), zum Beispiel so: »*Requested Product.ProductType*«. Dabei ist »*Requested Product*« ein *Boxed Context* und »*ProductType*« ein Name eines *Context Entrys* innerhalb dieses *Boxed Contexts* (vgl. »Weitere Boxed Expressions« am Ende dieses Abschnitts). Dies wird auch als *Path Expression* bezeichnet (vgl. (OMG, 2021), S. 100).

Datentypen (Übersicht)

FEEL definiert folgende Datentypen (vgl. (OMG, 2021), S. 102):

- `Number`
- `String`
- `Boolean` → `true oder false`
- `days and time duration`
- `years and months duration`
- `date`
- `time`
- `date and time`
- `list`

  Mithilfe des `filter`-Ausdrucks lässt sich eine Liste anhand einer Bedingung (eines booleschen Ausdrucks) einschränken. Das Ergebnis ist eine Liste, die die Bedingung erfüllt. Zuerst wird die Liste, gefolgt von eckigen Klammern, angegeben. In den eckigen Klammern wird die Bedingung angegeben. Das erste Element aus der Liste lässt sich mit *[1]* und das letzte Element mit *[-1]* erhalten. Mithilfe des vordefinierten Schlüssels `item` lässt sich ein Listenelement referenzieren. So wird im Beispiel für jedes einzelne

Element (*Item*) geprüft, ob dies größer als 2 ist. Alle Elemente, die diese Bedingung erfüllen, werden als Ergebnis in Form einer Liste zurückgegeben (vgl. (OMG, 2021), S. 106).

Beispiel ((OMG, 2021), S. 106): `[1, 2, 3, 4][item > 2] = [3, 4]`

- **range**

  Ranges und Range-Listen finden sich in Entscheidungstabellen (vgl. (OMG, 2021), S. 96). Mehr Informationen finden Sie auch in ((OMG, 2021), S. 107) und bei den Grammatik-Regeln 7–12 (vgl. (OMG, 2021), S. 99).

  Abbildung 2.48 zeigt anhand von Beispielen, wie unterschiedlich *Ranges* angegeben werden können. Dabei ist hervorzuheben, dass jeweils die eckige Klammer bedeutet, dass der Startwert oder der Endwert im Intervall enthalten ist. Die runde Klammer bedeutet hingegen, dass der Start- oder Endwert im Intervall *nicht* enthalten ist (vgl. (OMG, 2021), S. 107).

FEEL Expression	**Value**
5 in (<=5)	true
5 in ((5..10])	false
5 in ([5..10])	true
5 in (4, 5, 6)	true
5 in (<5, >5)	false
2012-12-31 in ((***2012-12-25..2013-02-14***))	true

Abbildung 2.48: Vergleiche von verschiedenen Ranges ((OMG, 2021), S. 96)

  Mit dem `in`-Operator lässt sich testen, ob sich eine Input Expression in einer *Liste* oder einer *Range* befindet (vgl. auch (Silver, 2016), S. 84).

- `context`
- `function`

Bei Interesse finden Sie mehr Details zu den oben genannten Datentypen in ((OMG, 2021), S. 102ff.).

Ternäre Logik

FEEL definiert eine dreiwertige Logik wie beispielsweise SQL, bestehend aus *true*, *false* und *null* (vgl. (OMG, 2021), S. 106).

Mehr Informationen zum Mapping der Logikbestandteile im Kontext der Datentypen finden Sie in (OMG, 2021), S. 104ff.

Funktionen

In FEEL können Sie sowohl *eigene Funktionen* definieren als auch auf bereits *eingebaute Funktionen* zurückgreifen. Darüber hinaus gibt es auch sogenannte *externe Funktionen*, die entweder in Java oder PMML definiert sein können (vgl. (OMG, 2021), S. 117ff.). An dieser Stelle gehe ich nur auf die ersten beiden Funktionsarten ein, da ich ansonsten den Einführungsteil überstrapazieren würde. Interessierte Leser seien auf die OMG-Spezifikation verwiesen: (OMG, 2021), S. S. 95 und S. 117ff.

Eigene Funktionen definieren Sie wie folgt (vgl. (OMG, 2021), S. 118, und die Grammatik-Regeln 55–59, S. 101):

```
function(param1,param2,…)body
```

- `param1, param2`

  Hierbei handelt es sich um *formale Parameter*. Jeder formale Parameter hat die Form `param` oder `param: type`. Ist kein Typ angegeben, wird der Typ *Any* angenommen. Unter diesem Typ lassen sich alle spezifischen Datentypen subsumieren (vgl. dazu (OMG, 2021), S. 108–110).

- `body`

  Dies ist der eigentliche »Körper« der Funktion, der einen FEEL-Ausdruck beinhaltet. Hier werden auch die formalen Parameter referenziert.

Die Funktion erhält einen *Namen*, indem sie in einem *Context* definiert wird (vgl. (OMG, 2021), S. 119). Der Context erinnert an ein JSON-Objekt, wobei die einzelnen Schlüssel-Wert-Paare als *Context Entries* bezeichnet werden. Die genaue formale Definition eines Contexts ist in den Grammatik-Regeln 57–59 nachzulesen (vgl. (OMG, 2021), S. 101).

Nachfolgend ist ein Beispiel dargestellt, in dem die beiden benutzerdefinierten Funktionsdefinitionen `isPositive` und `isNotNegative` zu sehen sind. Beide Funktionen haben jeweils einen formalen Parameter `x`, der im Körper der Funktion verwendet wird. Im unten stehenden Beispiel sehen Sie die formale Spezifizierung eines *Boxed Contexts*. Der Ergebniswert-Bereich wird durch den `result`-Namen ausgedrückt. In diesem Context ist unter dem Namen `result` der Funktionsaufruf `isNotNegative(0)` als Wertausdruck hinterlegt. Bei der Auswertung erhält `result` den Wert, den dieser Funktionsaufruf zurückgibt. Im Abschnitt »Weitere Boxed Expressions« gehe ich noch auf das Konzept des Boxed Contexts genauer ein.

Beispiel ((OMG, 2021), S. 119):

```
{
  isPositive : function(x) x > 0,
  isNotNegative : function(x) isPositive(x+ 1),
  result: isNotNegative(0)
}
```

Diesem Beispiel können Sie entnehmen, wie Sie eine Funktion *aufrufen*. Dies geschieht durch Verwendung des Funktionsnamens mit der Angabe aktueller Parameter (d. h. tatsächlicher Werte) anstelle der formalen Parameter aus der Funktionsdefinition (vgl. (OMG, 2021), S. 118). Bei parameterlosen Funktionen wird die Klammer leer gelassen wie folgt: `()`. Dies können Sie aus den Grammatik-Regeln 38–42 entnehmen (vgl. dazu (OMG, 2021), S. 100).

Ein Aufruf einer beliebigen FEEL-Funktion kann *benannte Parameter* (engl. *Named Parameters*) oder *Positionsparameter* (engl. *Positional Parameters*) verwenden. Bei benannten Parametern werden nicht angegebene Parameter an den Wert *null* gebunden. Bei Positionsparametern hingegen müssen alle Parameter angegeben werden (vgl. (OMG, 2021), S. 119).

FEEL bringt bereits einen großen Umfang an Funktionen mit, die sogenannten *eingebauten Funktionen*. Diese Funktionen decken verschiedene Einsatzgebiete ab (vgl. dazu (OMG, 2021), S. 135ff.):

- Umwandlungsfunktionen
- boolesche Funktion (Aktuell gibt es nur eine Funktion: `not(x)`.)
- Arbeiten mit Strings (Texten)
- Arbeiten mit Listen
- nummerische Funktionen
- Date/Time-Funktionen
- Zeit-Funktionen
- Range-Funktionen
- Sortierfunktion
- Arbeiten mit einem *Context*

Um nicht wertvolle Buch-Seiten nicht unnötig mit langen Funktionsdarstellungen zu verschwenden, bitte ich Sie, die genaueren Informationen zu den einzelnen Funktionen der DMN-Spezifikation zu entnehmen: (OMG, 2021), S. 135ff.

Bedingte Anweisung

Eine bedingte Anweisung lässt sich in FEEL allgemein wie folgt formulieren (vgl. (OMG, 2021), S. 100):

```
if <Bedingung (boolescher Ausdruck)>
then <Ausdruck>
else <Ausdruck>
```

Die bedingte Anweisung funktioniert wie folgt: Nach dem Schlüsselwort `if` folgt die zu prüfende Bedingung. Wenn diese Bedingung zutrifft (d. h. »wahr«/`true` ist), wird der Ausdruck hinter dem Schlüsselwort `then` ausgeführt. Sollte die Bedingung nicht zutreffen (d. h. »falsch«/`false` sein), wird der Ausdruck hinter dem Schlüsselwort `else` ausgeführt.

Zur Beschreibung einer Bedingung in Form eines *booleschen Ausdrucks* benötigen Sie *Vergleichsoperatoren* und *logische Verknüpfungsoperatoren*. Diese Operatoren können Sie der Tabelle 2.4 entnehmen.

Operator	Erklärung
>> Vergleichsoperatoren:	
<	Kleiner als
<=	Kleiner als oder gleich
=	Gleich
!=	Ungleich
>	Größer als
>=	Größer als oder gleich
>> Verknüpfungsoperatoren:	
and	UND
or	ODER

Tabelle 2.4: Logische Operatoren – Vergleichs- und Verknüpfungsoperatoren ((OMG, 2021), S. 101 [Regeln 47–49])

Beispiel ((OMG, 2021), S. 156):

```
if applicant.maritalStatus in ("M", "S") then "valid" else "not valid"
```

Ergebnis: Der Ausdruck `"valid"` (dt. »gültig«) wird zurückgegeben, wenn der Bewerber den Ehestand `"M"` oder `"S"` aufweist. Andernfalls wird `"not valid"` (dt. »nicht gültig«) zurückgegeben.

Schleifen

Im Allgemeinen lassen sich mithilfe von *Schleifen* Anweisungen wiederholen. Die Wiederholung der Anweisungen ist an eine Bedingung geknüpft. Solange die Bedingung zutrifft (d. h. »wahr«/`true` ist), werden die Anweisungen ausgeführt.

FEEL kennt nur einen Typ von Schleifen: Sie können entweder eine Liste von Elementen oder die Elemente innerhalb eines Zahlen-Wertebereichs einer Range zu durchlaufen.

Hier sei zunächst der *for-Ausdruck* genannt (vgl. (OMG, 2021), S. 100 [Grammatik-Regel 44]):

```
for name in [liste | range] return expression
```

Jedes Element aus der Liste oder im Wertebereich der Range wird durchlaufen, und das aktuelle Element wird temporär für den aktuellen Schleifendurchlauf in `name` gespeichert. Im `return`-Ausdruck kann für jeden Schleifendurchlauf mit dem aktuellen Element in `name` etwas getan werden.

Die Schleife ist beendet, wenn alle Elemente in der Liste oder im Wertebereich der Range einmal »angepackt« wurden. Das Ergebnis der Schleife ist eine Liste, die das Ergebnis der Auswertung der `expression` für jeden Schleifendurchlauf enthält (vgl. (OMG, 2021), S. 120).

Des Weiteren gibt es zwei *quantifizierte Schleifenausdrücke*, die eine Liste durchlaufen. Allerdings wird bei diesen Ausdrücken eine Bedingung getestet, die wenigstens von einem Element (`some`) oder allen Elementen (`every`) aus der Liste erfüllt werden muss. Nur wenn dies der Fall ist, wird `true` (d. h. »wahr«) zurückgegeben. Andernfalls wird `false` (d. h. »falsch«) zurückgegeben (vgl. (OMG, 2021), S. 101 [Grammatik-Regel 46], und (Silver, 2016), S. 84).

```
every name in [liste | relation] satisfies boolean expression
some name in [liste | relation] satisfies boolean expression
```

Beispiel ((OMG, 2021), S. 157):

```
some ch in credit history satisfies ch.event = "bankruptcy"
```

Mit `credit history` ist eine *Relation* (wie eine Tabelle) bezeichnet, die Zeile für Zeile durchlaufen wird. Es wird geprüft, ob ein Eintrag in der Spalte *event* mit dem Wert *»bankruptcy«* existiert. Diese Relation befindet sich in einem *Boxed Context*. Ich habe hier nur den relevanten Auszug für dieses Beispiel abgebildet. Mehr Details zu Boxed Context und Relationen finden Sie unten im Abschnitt »Weitere Boxed Expressions«.

Sie können Abbildung 2.49 entnehmen, dass in diesem Beispiel der `some`-Ausdruck `false` liefern wird, denn keine beiden Zeilen hat in der Spalte *event* den oben genannten Wert.

credit history	record date	event	weight
	date("2008-03-12")	"home mortgage"	100
	date("2011-04-01")	"foreclosure warning"	150

Abbildung 2.49: Die Relation »credit history« – Auszug aus einem exemplarischen Boxed Context ((OMG, 2021), S. 156)

Importieren eines externen DMN-Entscheidungsmodells

In einem DMN-Entscheidungsmodell haben Sie auch die Möglichkeit, auf Entscheidungen, Business Knowledge Models und Datentypen zu verweisen, die extern definiert wurden. Diese lassen sich in das DMN-Entscheidungsmodell importieren. Damit es zu keinen Namenskonflikten zwischen Namen in dem importierenden und dem importierten Entscheidungsmodell kommt, ist ein *namespace-qualifizierter Name* zu verwenden. Dabei spezifiziert der erste Teil des Namens das zu importierende Element. Die allgemeine Syntax des namespace-qualifizierten Namens sieht wie folgt aus (vgl. (Silver, 2016), S. 85–86, und (OMG, 2021), S. 103):

```
[import name].[varName].[componentName]
```

Diese Referenzierungsform für Namen haben Sie bereits oben im Abschnitt »Definition von Namen« kennengelernt. Hier wird lediglich ein Name für das importierte, extern definierte Entscheidungsmodell ergänzt.

Weitere Boxed Expressions

Einige *Boxed Expressions* haben Sie bereits kennengelernt. Die Sprache FEEL umfasst aber noch weitere (vgl. (OMG, 2021), S. 89):

Entscheidungstabelle (engl. Decision Table):

Die *Entscheidungstabelle* stellt wohl eine der bekannten Boxed Expressions dar (vgl. auch den Unterabschnitt »Entscheidungstabelle (Decision Table)« weiter oben).

Steckbrief »Entscheidungstabelle (Decision Table)«

Was es ist:

- eine tabellarische Darstellung von »Wenn-dann«-Entscheidungslogik
- Jede Zeile entspricht einer Regel. Die Tabelle besteht aus Input-Spalte und einer oder mehreren Output-Spalten. Der *Hit Policy Indicator* drückt aus, wie bei der Auswertung mit überlappenden Regeln umzugehen ist.

Beispiel:

Entscheidung »MWSt-Satz bestimmen«: siehe Abbildung 2.64

Wozu es gut ist:

Mit einer Entscheidungstabelle können Sie einfache »Wenn-dann«-Entscheidungslogik mit mehreren Regeln intuitiv für Fachanwender spezifizieren.

Boxed FEEL Expression ((OMG, 2021), S. 90)

Hierbei handelt es sich um einen beliebigen FEEL-Ausdruck, der mit den weiter oben beschriebenen FEEL-Sprachbestandteilen gebildet wird. Der FEEL-Ausdruck wird in einer *Tabellenzelle* definiert (siehe Abbildung 2.50). Die OMG empfiehlt, einen FEEL-Ausdruck möglichst einfach zu halten und kleinere Boxed Expressions zu größeren zusammenzusetzen (vgl. (OMG, 2021), S. 90).

Abbildung 2.50: Boxed FEEL Expression ((OMG, 2021), S. 90)

Steckbrief »Boxed FEEL Expression«

Was es ist:

Eine einfache Formel oder Berechnung auf Basis der FEEL-Grammatik

Beispiel:

Der Body der Boxed Function »Bruttopreisberechnung« in Abbildung 2.64 ist eine Boxed FEEL Expression.

Wozu es gut ist:

- für einfache und kleine Entscheidungslogik

Meine Faustregel: Nutzen Sie maximal drei Zeilen für einen Ausdruck.

Boxed Invocation (vgl. (OMG, 2021), S. 90–91)

Mithilfe einer *Boxed Invocation* lassen sich beliebige Funktionen aufrufen: Business Knowledge Models, eingebaute FEEL-Funktionen sowie *Boxed-Function*-Definitionen (siehe Abbildung 2.51). Dabei ist bedeutsam, dass mithilfe dieses Ausdrucks lediglich *Named Parameter* für den Aufruf verwendet werden. Funktionen mit *Positional Parametern* müssen über die textuelle Entsprechung eines Funktionsaufrufs verwendet werden. Dies gilt ebenso für *parameterlose Funktionen*, denn bei einer Boxed Invocation muss die aufgerufene Funktion *mindestens einen Parameter* besitzen (siehe Abbildung 2.52). Genauere Informationen zu Funktionen sind oben im Unterabschnitt »Funktionen« zu finden.

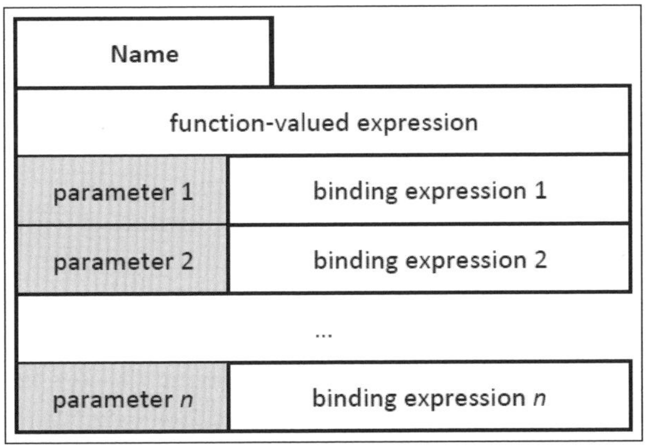

Abbildung 2.51: Allgemeine Syntax/Struktur einer Boxed Invocation ((OMG, 2021), S. 91)

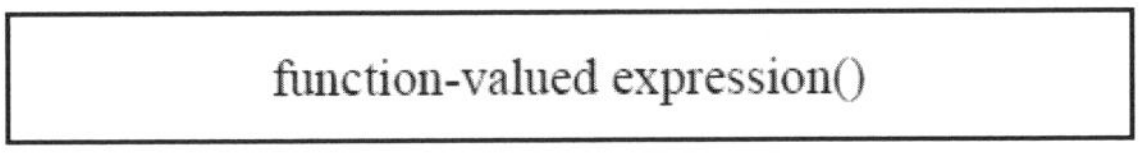

Abbildung 2.52: Eine parameterlose Funktion textuell aufrufen ((OMG, 2021), S. 91)

Steckbrief »Boxed Invocation«

Was es ist:

Eine Boxed Invocation ist ein Verfahren zum Aufrufen von beliebigen Funktionen, die durch ein Business Knowledge Model, eigene Boxed Functions sowie Decision Services definiert sind

Beispiel:

Die Entscheidung »Bruttopreis kalkulieren« in wird durch eine Boxed Invocation spezifiziert: Abbildung 2.64.

Wozu es gut ist:

Mit einer Boxed Invocation können Sie eine Funktion mit benannten Parametern aufrufen.

Boxed Context (vgl. (OMG, 2021), S. 91–94)

Hierbei handelt es sich formal um *eine Sammlung von Namen-Werte-Paaren* mit einem *optionalen Ergebniswert* (engl. *Result Value*) (siehe Abbildung 2.53). Dabei gelten für jeden *Namen* eines Paars die Regeln der FEEL-Namen (siehe oben im Unterabschnitt »Definition von Namen«). Die *Werte* und der optionale *Ergebniswert-Bereich* sind Boxed Expressions.

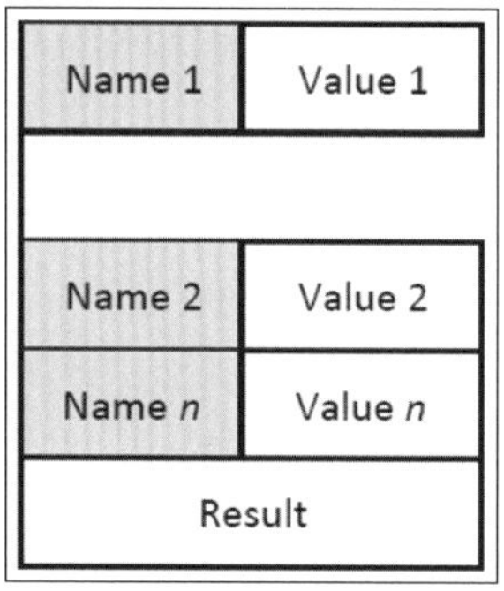

Abbildung 2.53: Allgemeine Struktur eines Boxed Contexts ((OMG, 2021), S. 91)

Jedes Namen-Werte-Paar wird auch als *Context Entry* bezeichnet. Wichtig ist, dass bei einem Context nur dann von außen auf Context Entries zugegriffen werden kann, wenn dieser Context keinen Ergebniswert-Bereich aufweist. Dann können Sie mithilfe von *qualifizierten Namen* auf die einzelnen Einträge zugreifen (vgl. dazu auch in Abschnitt 2.2 den Teil über die Entscheidungshilfe für die Entscheidungslogik-Ebene).

Steckbrief »Boxed Context«

Was es ist:

- eine Art Tabelle wie ein Wörterbuch
- Diese besteht aus einem oder mehreren Paaren (Zeilen). Ein *Paar* besteht aus einem *Namen* und dem zugehörigen *Wert* (*Expression*). Zudem gibt es eine optionale *Result Box* für die abschließende Kalkulation, deren Ergebnis sich aus einem oder mehreren vorherigen Zwischenschritten (Name-Wert-Paaren) zusammensetzt. Die jeweiligen Wert-Bereiche und die optionale Result Box stellen wiederum Boxed Expressions dar.

Beispiel:

Die Entscheidung »Bruttopreis kalkulieren« in Abbildung 2.67 ist ein Boxed Context.

Wozu es gut ist:

Meiner Erfahrung nach wird der Boxed Context für folgende Möglichkeiten verwendet, die sich auch überschneiden können:

- Um eine umfangreiche Entscheidungslogik zu einer Entscheidung in kleinere Zwischenschritte (»Schritt für Schritt«) zu zerlegen. Das Ergebnis des jeweiligen Zwischenschritts wird in den zugehörigen Namen gespeichert (Name-Wert-Paar).
- Ein Boxed Context mit abschließender Result Box kann für Kalkulationen verwendet werden.

  Ein Boxed Context ohne Result Box erzeugt eine zusammengesetzte Ergebnisdatenstruktur, auf die andere Entscheidungen von außen zugreifen können. Um den zugehörigen `Wert` (*Value*) für einen `Namen` innerhalb eines Contexts einer Entscheidung zu erhalten, formuliere ich `Entscheidungsnamen.Name` als Ausdruck in einer anderen Entscheidungslogik.

Die formale Entsprechung eines Boxed Contexts lautet wie folgt:

- **Ohne Ergebniswert-Bereich:**

  `{ "Name 1": Value 1, "Name 2": Value 2, ..., "Name n": Value n }`
- **Mit Ergebniswert-Bereich:**

  `{ "Name 1": Value 1, "Name 2": Value 2, ..., "result": Result }.result`

Der Boxed Context mit seinen *Context Entries* wird typischerweise verwendet, um umfangreichere Ausdrücke in kleinerere Ausdrücke zu zerlegen. Somit fungiert jeder Context Entry als ein Zwischenergebnis innerhalb eines umfangreichen Ausdrucks. So werden dann Boxed Contexts mit abschließendem Ergebniswert-Bereich für Kalkulationen (siehe Abbildung 2.54) und Boxed Contexts ohne Ergebniswert-Bereich zur formalen Visualisierung von exemplarischen Inputdaten von Entscheidungen verwendet.

Eligibility	
Age	Applicant. Age
Monthly Income	Applicant. Monthly. Income
Pre-Bureau Risk Category	Affordability. Pre-Bureau Risk Category
Installment Affordable	Affordability. Installment Affordable

```
if Pre-Bureau Risk Category = "DECLINE" or
   Installment Affordable = false or
   Age < 18 or
   Monthly Income < 100
then "INELIGIBLE"
else "ELIGIBLE"
```

Abbildung 2.54: Beispiel: Boxed Context mit Ergebniswert-Bereich ((OMG, 2021), S. 92)

Des Weiteren können auch Entscheidungstabellen innerhalb eines Boxed Contexts verwendet werden. So lassen sich diese beispielsweise im Ergebniswert-Bereich verwenden. Dann können mit den vorherigen Context Entries die Inputdaten für die Entscheidungstabelle berechnet werden (siehe Abbildung 2.55).

Post-Bureau Risk Category	
Existing Customer	Applicant. ExistingCustomer
Credit Score	Report. CreditScore
Application Risk Score	Affordability Model(Applicant, Product). Application Risk Score

U	Existing Customer	Application Risk Score	Credit Score	Post-Bureau Risk Category
1	true	<=120	<590	"HIGH"
2			[590..610]	"MEDIUM"
3			>610	"LOW"
4		>120	<600	"HIGH"
5			[600..625]	"MEDIUM"
6			>625	"LOW"
7	false	<=100	<580	"HIGH"
8			[580..600]	"MEDIUM"
9			>600	"LOW"
10		>100	<590	"HIGH"
11			[590..615]	"MEDIUM"
12			>615	"LOW"

Abbildung 2.55: Beispiel: Boxed Expression mit einer Entscheidungstabelle im Ergebniswert-Bereich ((OMG, 2021), S. 94)

Boxed List (vgl. (OMG, 2021) , S. 94–95)

Bei einer *Boxed List* handelt es sich um eine Liste mit einer bestimmten Anzahl von Elementen. Eine Boxed List kann entweder horizontal oder vertikal definiert werden (siehe Abbildung 2.56).

Eine Boxed List lässt sich formal auch wie folgt definieren:

```
[Item 1, Item 2, ..., Item n]
```

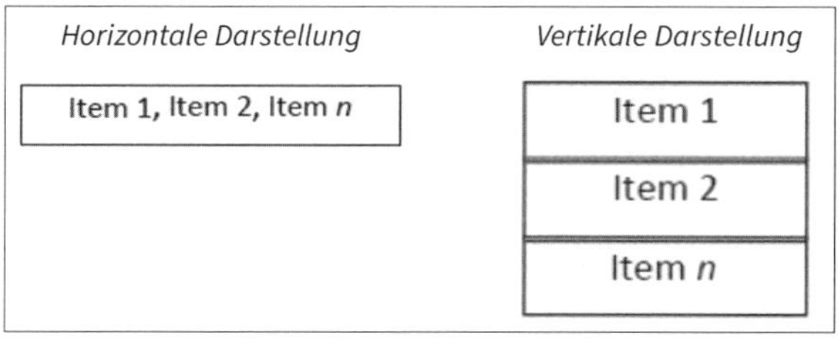

Abbildung 2.56: Allgemeine Struktur einer Boxed List: horizontale und vertikale Darstellung (vgl. (OMG, 2021), S. 95)

Steckbrief »Boxed List«

Was es ist:

Eine einfache Liste von Werten (`"Elemente"`)

Beispiel:

`[1, 2, 3]` oder `["Äpfel", "Birne", "Ananas"]`

Wozu es gut ist:

Verwenden Sie eine Boxed List, wenn Sie eine Sammlung von Werten benötigen.

Relation (vgl. (OMG, 2021), S. 95)

Eine *Relation* ist eine Tabellenstruktur. Wie bei Tabellen üblich, hat die Relation ebenfalls Spaltennamen (FEEL-Namen). Die Struktur einer Relation ist in Abbildung 2.57 zu sehen. Eine Beispiel-Relation zeigt Abbildung 2.49.

Steckbrief »Relation«

Was es ist:

Eine Tabelle mit Zeilen und Spalten, ähnlich wie in einer Tabellenkalkulation

Beispiel:

Folgende zusammenhängenden Informationen könnten für eine Relation sinnvoll sein:

Produktgruppe | *MwSt-Satz* |

Book | *0.07* |

Service | *0.19* |

Wozu es gut ist:

Zusammenhängende Daten können Sie als Tabellenstruktur in der Entscheidungslogik darstellen, um so auf diese im Rahmen der weiteren Entscheidungslogik zugreifen zu können. Sie können diese Tabellenstruktur wie »Referenzdaten« oder »Lookup-Daten« verwenden.

Name 1	Name 2	Name *n*
Value 1a	Value 2a	Value *n*a
Value 1b	Value 2b	Value *n*b
Value 1*m*	Value 2*m*	Value *nm*

Abbildung 2.57: Allgemeine Struktur einer Relation ((OMG, 2021), S. 95)

Boxed Function (vgl. (OMG, 2021), S. 95–96)

Mithilfe einer *Boxed Function* lassen sich *parametrisierte Funktionen* definieren. Formal entspricht eine parametrisierte Funktion der Bedeutung einer textuellen Funktionsdefinition (siehe oben unter »Funktionen«): `function(Parameter1, Parameter2, ...) Body)`. Die allgemeine Struktur einer Boxed Function ist in Abbildung 2.58 dargestellt.

Steckbrief »Boxed Function«

Was es ist:

Eine eigene Funktion, die Sie selbst definieren möchten

Beispiel:

1. Das BKM »Bruttopreisberechnung« habe ich (wie in Abbildung 2.64 dargestellt) mittels einer Boxed Function spezifiziert.
2. Wie Sie in Abbildung 2.67 sehen können, habe ich innerhalb der Entscheidung »Bruttopreis kalkulieren« einen Boxed Context eingesetzt. Dieser verwendet für das Name-Value-Pair mit dem Namen Bruttopreis eine Boxed Function. Die Funktion wird in der Result Box des Boxed Contexts verwendet.

Wozu es gut ist:

Verwenden Sie eine Boxed Function, wenn Sie oft die gleiche Berechnung brauchen und sie an einem Ort definieren möchten. Das Ausmaß der Wiederverwendbarkeit hängt ab vom Ort der Definition der Funktion: So können Sie die Boxed Function

- innerhalb eines Business Knowledge Models definieren. In diesem Fall können Sie die definierte Funktion beliebig wiederverwenden.
- innerhalb eines (Boxed) Contexts einer Entscheidung definieren. Dann können Sie die Funktionsdefinition jedoch lediglich innerhalb dieses Contexts nutzen.

K	(Parameter1, Parameter2, ...)
Body	

Abbildung 2.58: Allgemeine Struktur einer Boxed Function zwecks Funktionsdefinition ((OMG, 2021), S. 96)

Die *Boxed Function* besteht aus *drei Zellen* mit nachfolgend beschriebener Bedeutung:

- **Kürzel der Sprache, in der die Funktion definiert ist:** Es stehen drei Sprachen zur Verfügung: **F**_EEL,_ **J**_ava_ und **P**_MML_

  Der Bereich »K« (für »Kürzel«) kann bei FEEL-Funktionsdefinitionen, einschließlich Entscheidungstabellen, weggelassen werden.

  Weitere Informationen zu extern definierten Funktionen in Java und PMML finden Sie in ((OMG, 2021), S. 96).
- **Parameter:** keine oder mehrere kommagetrennte Namen in Klammern.
- **Body:** Das ist der »Körper« der Funktion. Dabei handelt es sich um eine *Boxed Expression*.

Ein Beispiel einer Boxed Function können Sie in Abschnitt 2.2.5 sehen: die *Bruttopreisberechnung*.

2.2.4 Entscheidungshilfe für die Entscheidungslogik-Ebene: Wann verwende ich welche Boxed Expression?

In den vorherigen Abschnitten habe ich Ihnen die einzelnen Bestandteile der DMN erklärt. Jetzt möchte ich Ihnen eine Entscheidungshilfe geben, damit Sie wissen, wann Sie welche der Boxed Expressions einsetzen können. Aus meinen Trainings und meiner eigenen Lernerfahrung weiß ich nur zu gut, dass die Entscheidung, welche Boxed Expressions verwendet werden sollen, nicht einfach ist. Deshalb zeige ich Ihnen, wie Sie, vom Decision Requirements Level ausgehend, die für Sie geeigneten Boxed Expressions nutzen können und wie Sie meiner Erfahrung nach sinnvolle Verschachtelungsmöglichkeiten von Boxed Expressions anwenden können. Ich erhebe nicht den Anspruch, sämtliche Verschachtelungsmöglichkeiten beschrieben zu haben. Ich möchte Ihnen damit lediglich eine Hilfe an die Hand geben.

Als Ausgangspunkt nutzen wir den *Decision Requirements Level*, der durch das *Decision Requirements Diagram* (DRD) grafisch repräsentiert wird. Ich schaue mir in meinem DRD das Element an, das ich nun auf Entscheidungslogik-Ebene spezifizieren möchte. Grundsätzlich spezifiziere ich lediglich die DRD-Elemente »Decision« und »Business Knowledge Model« auf Entscheidungslogik-Ebene. Deshalb frage ich mich, wie in Abbildung 2.59 verdeutlicht: Ist das DRD-Element eine Entscheidung (»Decision«) oder ein »Business Knowledge Model« (BKM)?

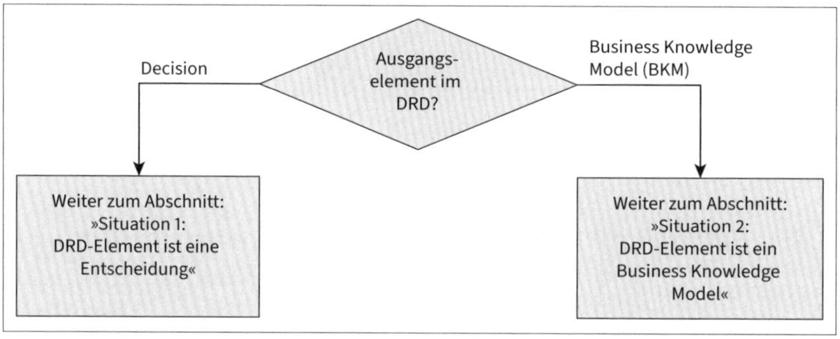

Abbildung 2.59: Entscheidungshilfe: Ausgangselement im DRD?

Situation 1: Das DRD-Element ist eine Entscheidung (»Decision«)

Für die Entscheidungslogik des DRD-Elements »Decision« kann ich die in Abbildung 2.60 gezeigten Boxed Expressions nutzen:

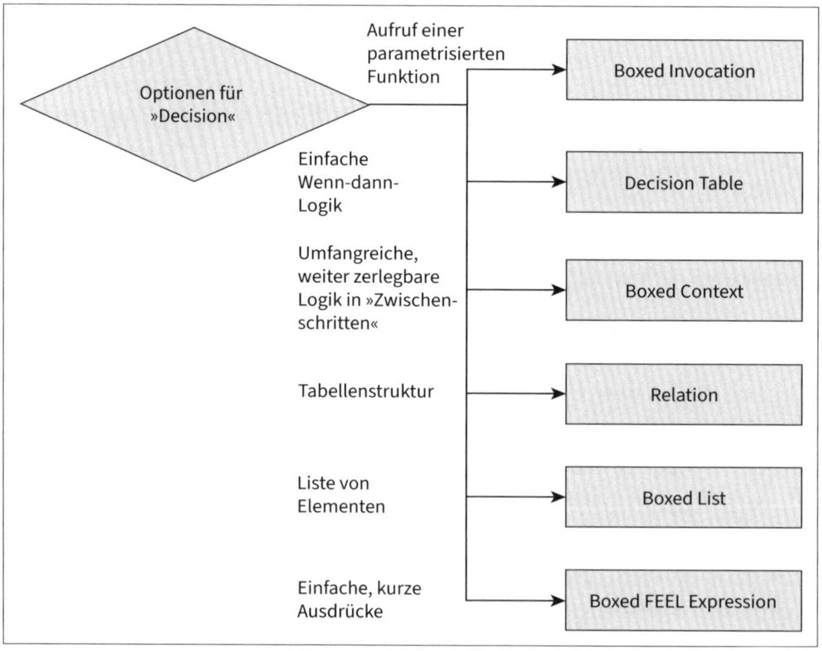

Abbildung 2.60: Entscheidungshilfe: Boxed Expressions für das DRD-Element »Decision«

Wenn ich mit der Entscheidung

- einen Aufruf einer beliebigen Funktion mit benannten Parametern spezifizieren möchte, verwende ich die Boxed Invocation. Wiederum kann ich in den Binding Expressions, also bei der Wertezuweisung an dieParameter, weitere Boxed Expressions verwenden: *Boxed Context*, *Relation*, *Decision Table*, *Boxed List* oder *Boxed FEEL Expression*. Ich erläutere Ihnen die Einsatzszenarien dieser Boxed Expressions weiter unten.
- eine einfache *Wenn-dann-Logik* spezifizieren möchte, dann nutze ich die **Decision Table**. Als weitere sinnvolle Verschachtelungsmöglichkeit sehe ich nur den formalen *Context* innerhalb des *Output Entry*. Schließlich sollte die Decision Table weiterhin lesbar und verständlich bleiben.

  Manchmal brauche ich als Ergebnis in einer Ergebnisspalte eine zusammenhängende, umfangreiche Struktur. Dann hilft mir der formale Context: `{"Name 1": Value 1, "Name2": Value 2, "result": Result}`
- eine umfangreiche Entscheidungslogik habe, die ich zur Verständlichkeit weiter Schritt für Schritt zerlegen muss, dann verwende ich den Boxed Context. Innerhalb der Context Entries kann ich als Value die in Abbildung 2.63 dargestellten Boxed Expressions nutzen. Ich erläutere Ihnen bei der genannten Abbildung auch die aus meiner Sicht sinnvollen Verschachtelungsmöglichkeiten.
- eine Tabellenstruktur für Referenzdaten in der Entscheidungslogik benötige, verwende ich die Relation.
- eine einfache Liste von Elementen definieren möchte, nutze ich die Boxed List.
- einen einfachen, kurzen Ausdruck formulieren möchte, verwende ich die Boxed FEEL Expression.

Situation 2: Das DRD-Element ist ein Business Knowledge Model (BKM)

Für die Entscheidungslogik des DRD-Elements *Business Knowledge Model* (BKM) verwende ich, wie in Abbildung 2.61 gezeigt, entweder die Boxed Function oder die Decision Table:

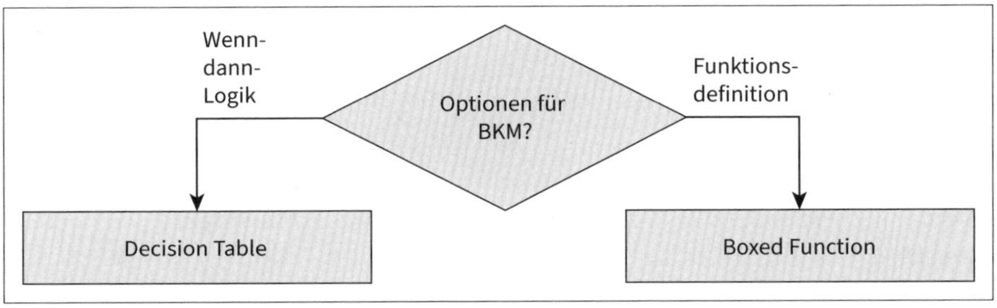

Abbildung 2.61: Entscheidungshilfe: Boxed Expressions für das DRD-Element »Business Knowledge Model« (BKM)

Wenn ich

- eine einfache *Wenn-dann-Logik* wiederverwendbar spezifizieren möchte, dann nutze ich die **Decision Table**.
- eine eigene Funktion definiere, die ich wiederverwendbar spezifizieren möchte, dann nutze ich die **Boxed Function**.

Je nach Umfang der Entscheidungslogik kann ich durch weitere Boxed Expressions innerhalb der gewählten Boxed Expression die Entscheidungslogik verschachteln, um diese verständlicher herauszuarbeiten und zu spezifizieren.

Die Decision Table lässt sich aus meiner Erfahrung nur noch verständlich mit einem formalen Context innerhalb eines Output Entry spezifizieren. Manchmal brauche ich als Ergebnis in einer Ergebnisspalte eine zusammenhängende, umfangreiche Struktur. Dann hilft mir der formale Context: `{"Name 1": Value 1, "Name2": Value 2, "result": Result}`

Die Boxed Function lässt sich meiner Erfahrung nach mit den in Abbildung 2.62 dargestellten anderen Boxed Expressions verschachteln:

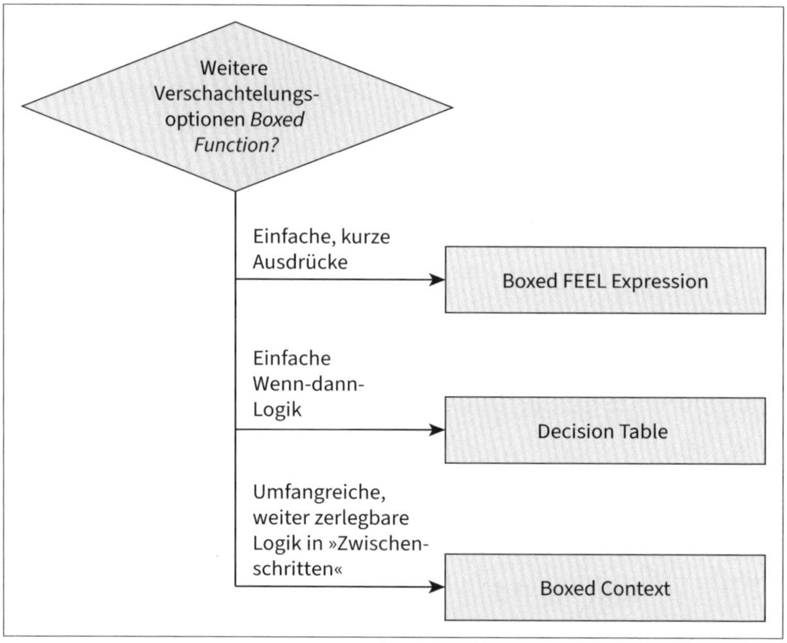

Abbildung 2.62: Entscheidungshilfe: Weitere Verschachtelungsmöglichkeiten der »Boxed Function«

Wenn ich innerhalb des Funktionskörpers (*Body*)

- einen einfachen, kurzen Ausdruck habe, nutze ich direkt die **Boxed FEEL Expression**.
- eine einfache Wenn-dann-Logik habe, kann ich die **Decision Table** nutzen.

- eine umfangreiche Entscheidungslogik habe, die ich zur Verständlichkeit weiter Schritt für Schritt zerlegen muss, dann verwende ich den Boxed Context. Innerhalb der Context Entries kann ich als Value die in Abbildung 2.63 dargestellten Boxed Expressions nutzen.

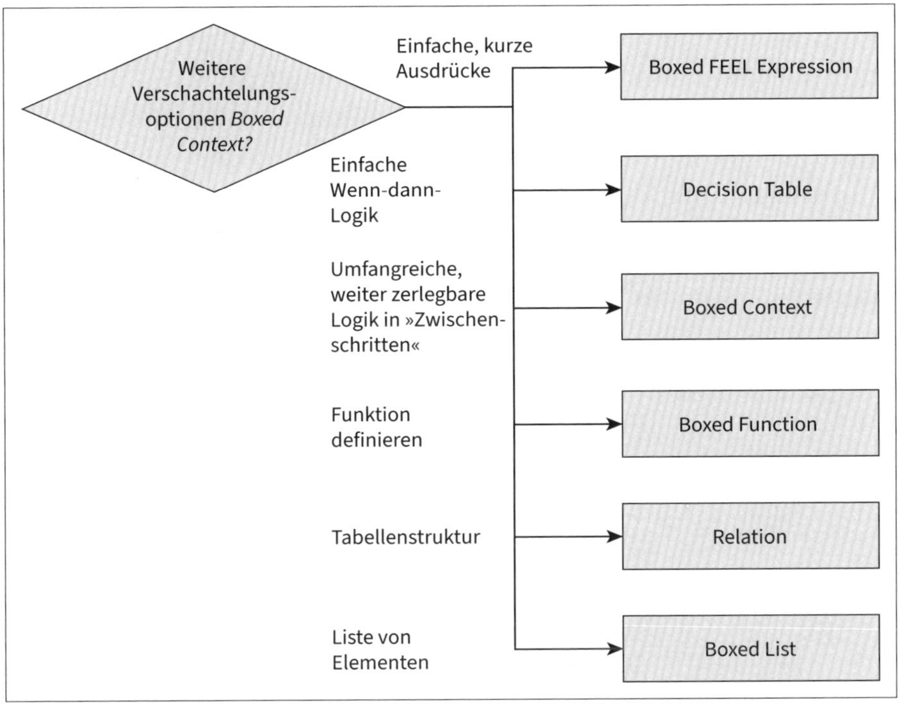

Abbildung 2.63: Entscheidungshilfe: Weitere Verschachtelungsmöglichkeiten des »Boxed Contexts«

Dann verwende ich

- eine **Boxed FEEL Expression** für einen einfachen, kurzen Ausdruck.
- eine **Decision Table** für eine einfache Wenn-dann-Logik.
- einen **Boxed Context**, um eine umfangreiche Logik für einen Zwischenschritt in weitere Schritte zu zerlegen.
- eine **Boxed Function**, um eine Funktion innerhalb des Boxed Contexts zu definieren. Diese kann ich in einem unteren Context Entry nutzen.
- eine **Relation**, um eine Tabelle zu erzeugen. Diese kann ich mit Referenzdaten für die Entscheidungslogik befüllen und anschließend auf der so erzeugten Tabellenstruktur innerhalb des Boxed Contexts dynamische Filteroperationen ausführen.
- eine **Boxed List**, um eine einfache Liste von Elementen zu definieren.

2.2.5 Beispiel: Von den Anforderungen über die Entscheidungslogik bis zur Ausführung

Das DMN-Entscheidungsmodell »Verkaufspreis ermitteln«

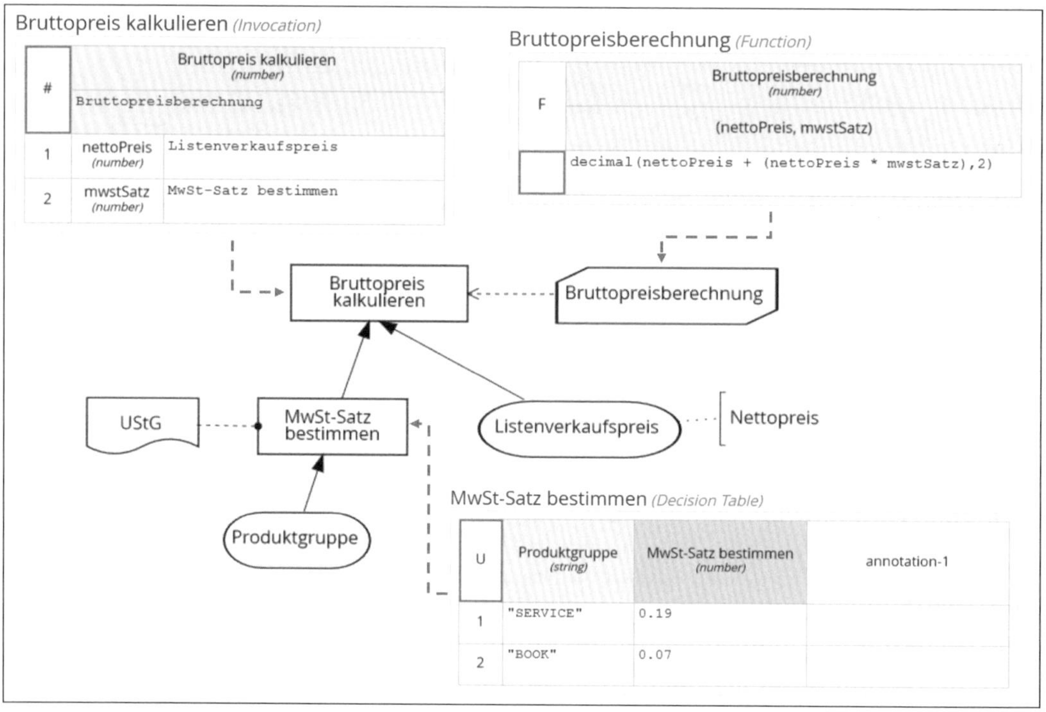

Abbildung 2.64: Beispiel für das Entscheidungsmodell »Verkaufspreis bestimmen«: DRD mit verknüpfter Entscheidungslogik (erstellt mit Business Central/jBPM [Red Hat])

In Abbildung 2.64 sehen Sie das DRD aus dem Entscheidungsmodell *Verkaufspreis bestimmen* und die Beziehungen zur Entscheidungslogik. Die Entscheidung *Bruttopreis kalkulieren* benötigt als Input-Information das Ergebnis der Entscheidung *MwST-Satz bestimmen* und die Information über den *Listenverkaufspreis.* Basierend auf diesen Informationen ruft die Entscheidung das Business Knowledge Model (BKM) *Bruttopreisberechnung* auf. Damit stellen also das Ergebnis der Entscheidung *MwST-Satz bestimmen* und die Input-Information *Listenverkaufspreis* die benötigten Parameter für den Aufruf des BKM dar. Die Input-Information *Produktgruppe* wird für die Auswertung der Entscheidung *MwSt-Satz bestimmen* benötigt.

Die formale Spezifikation der Entscheidung *Bruttopreis kalkulieren* erfolgt hier mithilfe einer *Boxed Invocation*. Damit wird der Aufruf des BKM *Bruttopreisberechnung* spezifiziert. Zuerst sehen Sie den Namen des aufzurufenden BKM (Funktion): *Bruttopreisberechnung*. Danach folgen die Zuweisung der einzelnen formalen Parameter der Funktion *Bruttopreisberechnung* in Form eines eingebetteten Boxed Contexts zu den Input-Informationen *MwSt.-Satz bestimmen* und *Listenverkaufspreis*.

Bei der Input-Information *Listenverkaufspreis (= Nettopreis)* handelt es sich um eine einfache Information auf Basis des Datentyps *Dezimalzahl*.

Die Entscheidung *MWSt-Satz bestimmen* wird auf Entscheidungslogik-Ebene durch eine Entscheidungstabelle spezifiziert. Auf Basis der Input-Information *Produktgruppe* wird der MwSt-Satz entweder *0.19* oder *0.07* zurückgeben. Bei der *Produktgruppe* handelt es sich um eine einfache Information auf Basis des Datentyps *String* (Text).

Die BKM *Bruttopreisberechnung* wird auf Entscheidungslogik-Ebene mithilfe einer *Boxed Function* spezifiziert. Anhand des »*F*« können Sie erkennen, dass die Sprache FEEL für die Logik verwendet wird. Daneben sind die erforderlichen Parameter für die Funktion definiert. Anschließend folgt der eigentliche Ausdruck zur Definition der Funktion. Hier wurde eine *Boxed FEEL Expression* verwendet. Der Ausdruck berechnet auf Basis der Parameter *nettoPreis* und *mwstSatz* den Bruttopreis. Mithilfe der FEEL-Funktion `decimal()` wird das Ergebnis des enthaltenen Ausdrucks auf zwei Kommastellen gerundet. Dies stellt den Bruttopreis dar.

Die Ausführung des DMN-Entscheidungsmodells in einem Business-Rule-Management-System

Ich zeige Ihnen nun, wie Sie mithilfe von Business-Rule-Management-Systemen DMN-Entscheidungsmodelle *ausführen* lassen können. Somit können Sie mit dem DMN-Standard verständliche Entscheidungsmodelle für den Fachbereich und die IT formal spezifizieren, die dann auch für die IT-Implementierung verwendet werden können. Wenn Sie dieses Beispiel auch mit den verwendeten Software-Produkten ausprobieren möchten, finden Sie in den Begleitmaterialien eine Anleitung dazu.

An dieser Stelle verwende ich die Community Edition des Workflow-Management-Systems *jBPM*, da dieses Produkt mit *Drools* einen aus meiner Sicht recht guten Umfang an DMN unterstützt. Zudem lässt sich grafisch ein Testszenario in einer Tabellenform definieren, in der man dann den Erfolg der Ausführung überprüfen kann. In den Zeilen finden sich die jeweiligen Szenarien. In der Spalte »*GIVEN*« werden die jeweiligen Input-Informationen eingegeben, und in den Spalten »*EXPECT*« werden zu den jeweiligen Ergebnissen die zu erwartenden Ergebniswerte angegeben (siehe Abbildung 2.65).

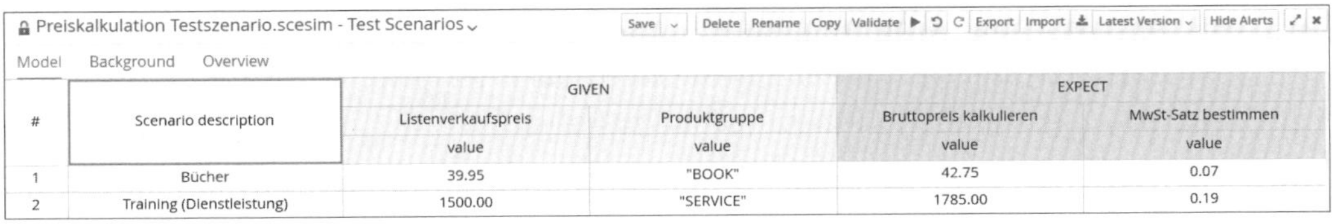

#	Scenario description	GIVEN		EXPECT	
		Listenverkaufspreis	Produktgruppe	Bruttopreis kalkulieren	MwSt-Satz bestimmen
		value	value	value	value
1	Bücher	39.95	"BOOK"	42.75	0.07
2	Training (Dienstleistung)	1500.00	"SERVICE"	1785.00	0.19

Abbildung 2.65: Entscheidungsmodell »Verkaufspreis bestimmen« – Testszenario zur Preiskalkulation mit zwei Szenarien

Das Ergebnis der Ausführung des Testszenarios finden Sie in Abbildung 2.66.

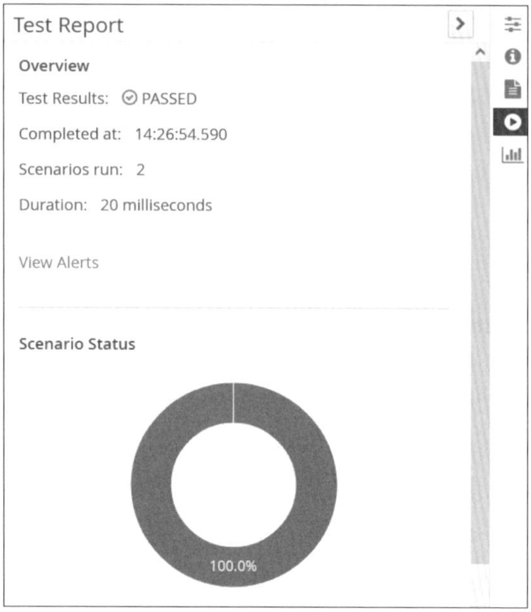

Abbildung 2.66: Testbericht zur Ausführung des Testszenarios zum Entscheidungsmodell »Verkaufspreis bestimmen« (Auszug)

Dieses Entscheidungsmodell können Sie jetzt entweder in jBPM selbst in einem Prozess aufrufen oder Sie bieten über die REST-API anderen Prozessapplikationen die Entscheidung zur Evaluierung an.

Zuletzt möchte ich Ihnen noch eine Abwandlung des obigen Entscheidungsmodells in Aktion zeigen (siehe Abbildung 2.67). Dabei habe ich das BKM *Bruttopreisberechnung* entfernt. Stattdessen habe ich die Entscheidung *Bruttopreis kalkulieren* als Boxed Context definiert. Dieser enthält die Berechnung. Der Context enthält auch die eingebettete Boxed Function, die den Bruttopreis berechnet. Anhand des veränderten Beispiels möchte ich Ihnen exemplarisch die Unterschiede zwischen den zwei Produkten *jBPM* (bzw. *Drools*) und *Camunda DMN Engine* demonstrieren. Anhand dieser kurzen und praktischen Gegenüberstellung erkennen Sie schon, dass nicht jedes Produkt die DMN aktuell umfangreich unterstützt und dass ein Unternehmen gut beraten ist, eine Produktauswahl basierend auf den eigenen Zielsetzungen, dem methodischen Verständnis der Notation und durch das Testen eines Produkts zu treffen.

Die Ausführung des Testszenarios zeigt natürlich dasselbe Ergebnis.

Nun zeige ich Ihnen, wie das Entscheidungsmodell in *Camunda* aussieht (siehe Abbildung 2.68). In Camunda können Sie auch FEEL verwenden. Allerdings gibt es nur zwei Boxed Expressions: *»Decision Table«* und *»Literal Expression«*. Den Boxed Context müssen Sie in seiner formalen, textuellen Entsprechung umsetzen. Die Funktion *»grossPrice«* (dt. *»Bruttopreis«*) definieren Sie innerhalb des Contexts.

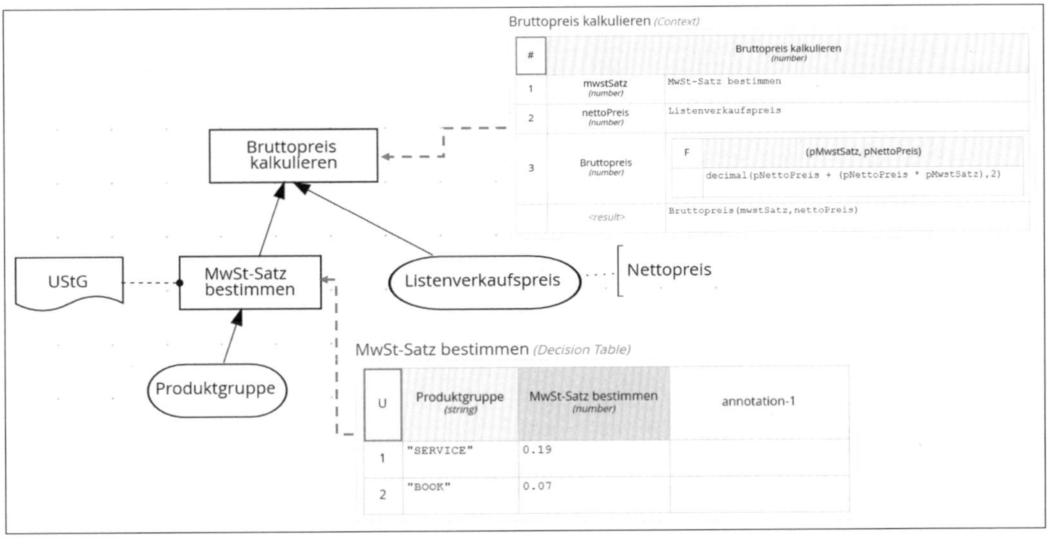

Abbildung 2.67: Entscheidungsmodell »Verkaufspreis bestimmen« – modifizierte Variante: »Bruttopreis kalkulieren« wird als »Boxed Context« präzisiert (erstellt mit Business Central/ jBPM [Red Hat]).

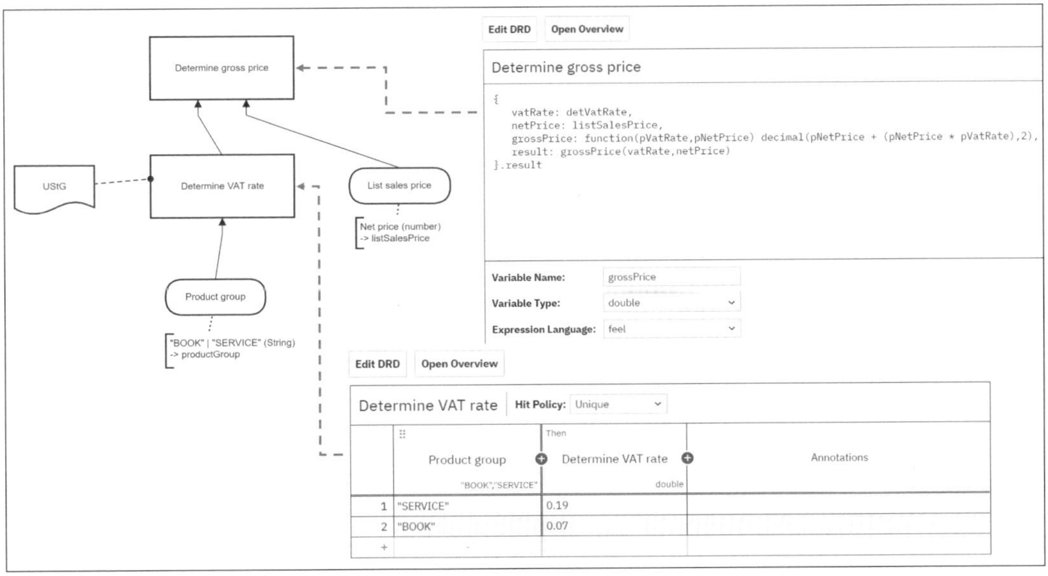

Abbildung 2.68: Entscheidungsmodell »Verkaufspreis bestimmen« – modifizierte Variante: »Bruttopreis kalkulieren« wird als »Boxed Context« präzisiert (erstellt mit Camunda Modeler für Camunda BPM Platform v7).

Die Evaluation des Entscheidungsmodells in Camunda erfolgt am besten über die REST-API von Camunda. Camunda hatte früher einen Online-DMN-Simulator im Angebot;

heute steht noch ein DMN-Testing-Plugin zur Verfügung. Beide Werkzeuge sind allerdings auf das Testen von Entscheidungstabellen beschränkt.[5] Das würde bedeuten, dass Sie die Literal Expression speziell für die Testausführung umarbeiten müssten. Dies sehe ich als umständlich für die professionelle Arbeit an. Deshalb rufe ich also die REST-API *»Evaluate Decision«* von Camunda mithilfe des REST-API-Clients *Postman* auf, um die Entscheidung *Bruttopreis kalkulieren* für die Produktgruppe *»BOOK«* und den Listenverkaufspreis *39.95* auszuführen. Das Ergebnis ist der bekannte Bruttopreis von *42.95* (siehe Abbildung 2.69).

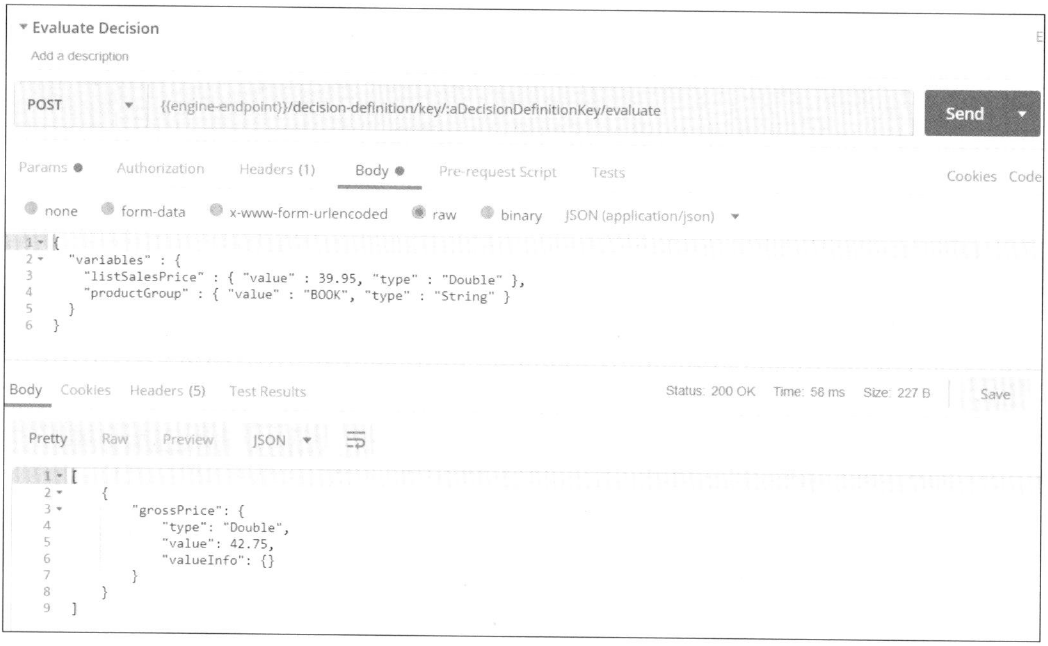

Abbildung 2.69: Ausführung des Entscheidungsmodells »Verkaufspreis bestimmen« über die REST-API von Camunda BPM – Variante »Bruttopreis kalkulieren« als Context

2.3 Best Practices

In diesem Abschnitt beschreibe ich die zentralen Best Practices (Modellierungskonventionen) zur Prozessmodellierung.

2.3.1 Einen Prozess top-down erarbeiten und beschreiben

Für die effektive und effiziente Erarbeitung und Beschreibung von Geschäftsprozessen empfiehlt es sich, *top-down* (also vom Allgemeinen zum Speziellen) vorzugehen.

5 DMN Testing Plugin: *https://github.com/bpmn-io/dmn-testing-plugin* (Stand: 14.01.2026)

Die *Top-down*-Vorgehensweise ist deshalb so effizient, weil Sie und alle anderen Stakeholder mit ihr relativ schnell mithilfe der Fachexperten einen Überblick über den gesamten Umfang des Prozesses und damit einen ersten groben Eindruck von der Komplexität des Prozesses erhalten. Abhängig von der gewählten Methodik können Sie auch eine inhaltliche Modularisierung aus dieser Perspektive vornehmen, die die fachliche Erweiterbarkeit im Rahmen der Ausarbeitung der Prozessdetails unterstützt.

Leider erarbeiten viele unerfahrene Menschen ausgehend von den Details einen Geschäftsprozess. Dies nennt sich auch *Bottom-up*-Vorgehen. Dieser Ansatz suggeriert vielen ein schnelleres Vorgehen, da sie bereits an der Erarbeitung von Details sitzen. Allerdings ist dies ein Trugschluss. Denn das Bottom-up-Vorgehen führt dazu, dass Sie nicht sehr schnell den gesamten Umfang des Prozesses verstehen. So werden Sie an einen Punkt gelangen, an dem Sie selbst tief in Detaildiskussionen einsteigen, während die diskutierten Details meist nur einen Bruchteil des Prozesses ausmachen. So dauert die Erarbeitung des gesamten Prozessumfangs extrem lange.

Auf diese Weise lässt sich auch nicht ein erster Überblick über den gesamten Umfang erhalten. Eine grobe Abschätzung der Komplexität wird damit verwehrt. Des Weiteren erhalten Sie so einen sehr flachen und unübersichtlichen Prozess. Dies erschwert auch eine fachliche Modularisierung ausgehend vom umfangreichen Detailprozess, der die Wände eines Raums einnehmen kann, wollten sie ihn auf die Tapete skizzieren. So ein Zustand lässt sich an Diskussionen zur Modularisierung erkennen, wenn einer im Team beispielsweise sagt: »Nagelt mich nicht drauf fest, ob Gateway x oder Element y noch zu diesem Modul gehört«. Wenn Sie an diesem Punkt angelangt sind, hat dies bereits nichts mehr mit einer inhaltlichen Modularisierung ausgehend vom fachlichen Prozess zu tun.

So eine Diskussion würden Sie nicht führen, wenn Sie *top-down* vorgehen. Diese Diskussion kann auch zeigen, dass die Beteiligten die Fachlogik nicht verstanden haben. Zudem wird auch die Erweiterbarkeit sehr erschwert. Wenn Sie einen inhaltlichen Aspekt ergänzen wollen, führt das dazu, dass Sie verschiedene Teile des Aspekts an verschiedenen Stellen im Prozess ergänzen müssen. Damit verteilen Sie wahllos einen inhaltlichen Aspekt auf verschiedene Bereiche des Prozesses. Dies hat zur Folge, dass die Erweiterbarkeit und Verständlichkeit erschwert oder nahezu unmöglich werden. Die Stakeholder werden über kurz oder lang Ihr Prozessmodell nicht mehr akzeptieren. Damit ist das Ziel, eine gemeinsame Sprache zur Kommunikation der Fachlogik zwischen Fachbereich und IT zu nutzen, nicht mehr erreichbar.

Um zielführend einen Prozess zu erarbeiten, müssen Sie das zugrunde liegende *Prozessebenen-Modell* kennen oder sich ein Prozessebenen-Modell definieren. Auf dieser Basis lassen sich einheitlich und transparent die einzelnen Abstraktionsebenen und deren Zielsetzung nachvollziehen. Im Kontext der Prozessberatung für Prozessautomatisierung verwende ich eine Übersichtsebene und *n* Detailebenen. In Abschnitt 6.3, »Übersicht über den fachlichen Prozess erarbeiten«, beschreibe ich, wie Sie genau für diesen Zweck einen Prozess methodisch top-down erarbeiten.

2.3.2 Prozessvarianten einheitlich handhaben

Prozessvarianten

»Prozessvarianten zu einem Prozess zeichnen sich dadurch aus, dass sie allgemein dieselben Abläufe beschreiben, allerdings sich in den zu bearbeitenden Prozessobjekten und den wegen der unterschiedlichen zu bearbeitenden Prozessobjekten resultierenden Details in der Struktur unterscheiden.«

Nehmen wir zum Beispiel den *»Auftragsabwicklungsprozess«*. Folgende Varianten könnte es dazu geben:

- **Variante I:** Aufträge werden mit normaler Priorität abgearbeitet.
- **Variante II:** Aufträge werden mit höherer Priorität abgewickelt. Bestimmte Details in der Prozessstruktur weichen von dem obigen Prozess ab.

((Schönfeld, 2017), S. 68, und vgl. (Speck & Schnetgöke, 2012), S. 217):

Eine einheitliche Strategie zum Umgang mit Prozessvarianten ermöglicht es, eine Übersicht über die Varianten zu erhalten und damit auch die Varianten begrenzen zu können. Zudem wird auch die Lesbarkeit und Verständlichkeit des Prozesses mit seinen Prozessvarianten erhöht. Weil dieses Thema so bedeutsam ist, stelle ich in diesem Abschnitt verschiedene Strategien zum Umgang mit Prozessvarianten vor. Die letztendliche Entscheidung, welche Strategie anzuwenden ist, hängt insbesondere von Ihrer Organisation und der dort verwendeten Modellierungssoftware ab.

Folgende Strategien zur Handhabung von Prozessvarianten lassen sich unterscheiden (siehe Abbildung 2.70):

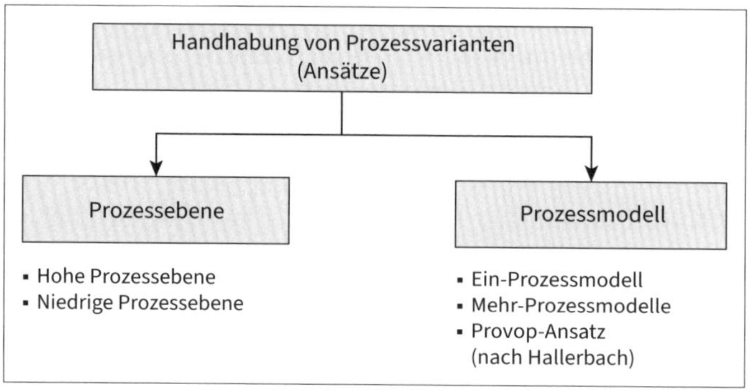

Abbildung 2.70: Strategien zur Handhabung von Prozessvarianten (Übersicht) (vgl. dazu (Speck & Schnetgöke, 2012), S. 217, und (Hallerbach, 2010), S. 51–62)

- **Fokus auf den Prozessebenen** (vgl. (Speck & Schnetgöke, 2012), S. 217):
  - **Hohe Prozessebene:** Beginnt man bereits auf einer hohen Prozessebene und damit sehr früh mit der Variantenbildung, werden die Varianten für die Stakeholder sehr früh transparent. Damit wird die Lesbarkeit erhöht. Zudem werden Redundanzen in

der Dokumentation reduziert. Andererseits wird durch diesen Ansatz der Wartungsaufwand erhöht, da sämtliche Änderungen an einer Prozessvariante über alle Ebenen hinweg angepasst werden müssen. Eventuell müssen auch andere Prozessvarianten ebenfalls angepasst werden. Dies ist sehr zeitaufwendig.

  - **Niedrige Prozessebene:** Hierbei wird erst spät und damit weiter unten im Prozessebenen-Modell mit der Variantenbildung bei einem Prozess begonnen. Der Nachteil ist, dass die spezifischen Details auf höheren Prozessebenen des Prozesses nicht transparent werden. Wird diese Information als sehr wichtig angesehen, kann dieser Nachteil nur mit einer ergänzenden Dokumentation auf höheren Prozessebenen neutralisiert werden.

- **Fokus auf dem Prozessmodell** (vgl. (Hallerbach, 2010), S. 51–62):
  - **Ein-Prozessmodell** (vgl. (Hallerbach, 2010), S. 47)**:** Bei diesem Ansatz wird der Prozess mit allen seinen Varianten in *einem* Prozessmodell dargestellt. Die Herausforderung besteht darin, dass die Prozessvarianten als solche nicht unbedingt erkennbar sind. Damit bleibt die Information über Varianten im Prozess verborgen.
  - **Mehr-Prozessmodelle** (vgl. (Hallerbach, 2010), S. 44)**:** Hier bekommt jede Prozessvariante eines Prozesses ihr eigenes Prozessmodell. Damit hat man dann für jeden Prozess mehrere Prozessmodelle. Eine Herausforderung dabei ist, die umfangreiche Anzahl an Prozessmodellen zu einem Prozess zu verwalten.
  - **Kombination aus Ein- und Mehr-Prozessmodellen (»Provop-Ansatz«)** (vgl. (Hallerbach, 2010), S. 50–51und S. 54)**:** Dieser Ansatz stellt eine Kombination aus dem Ein-Prozessmodell-Ansatz und dem Mehr-Prozessmodell-Ansatz dar. Damit sollen die Nachteile der beiden Ansätze eliminiert werden. Basierend auf einem allgemeinen Ausgangsprozess zum Prozess (*Basis-Prozess*), werden alle Varianten von diesem Prozess abgeleitet. Die jeweiligen Änderungen zum Basisprozess werden markiert. Daraus bilden sich die Varianten heraus. Die Markierungen nennt Hallerbach *Aufsetzpunkte* (vgl. (Hallerbach, 2010), S. 51). Durch Spezifizierung von sogenannten *Kontextbedingungen* kann ausgedrückt werden, wann eine Variante durchlaufen/ausgeführt wird (vgl. (Hallerbach, 2010), S. 54).

In der Praxis werden Sie beide Aspekte zusammen in Betracht ziehen müssen: sowohl die *Prozessebene*, auf der man mit der Variantenbildung anfängt, als auch die Entscheidung, ob man ein, mehrere oder eine Kombination der beiden Ansätze zu den *Prozessmodellen* anwendet. Deshalb ist der »Provop«-Ansatz nach Hallerbach (Hallerbach, 2010) aus meiner Sicht interessant. Hinsichtlich des Fokus auf Prozessebenen ist ein Kompromiss sicherlich essentiell: Beginnen Sie nicht allzu früh, aber auch nicht erst zu weit unten mit der Prozessvariantenbildung.

Die *Prozessvariantenbildung in BPMN* lässt sich aus meiner Sicht zum einen mithilfe von Call Activities modellieren, um aus einem Basisprozess unterschiedliche Prozessvariantendetails abzuleiten. Zum anderen können Varianten innerhalb eines Prozesses über *Event-based Gateways* oder *XOR-Gateways* durch entsprechende *Entscheidungen* abgezweigt werden.

2.3.3 Einheitliche Begriffe im Prozess verwenden

In einen Geschäftsprozess gehören die Begriffe der Fachexperten. Wichtig ist dabei, dass die Begriffe des Anwendungsbereichs einheitlich verwendet werden und dass jeder mit ein und demselben Begriff denselben Gegenstand verbindet. Dazu muss jeder im Projekt verstehen, welche Begriffe was bedeuten. Dies trägt zu einem gemeinsamen Verständnis bei. Dazu ist es hilfreich, ein *Prozess-Glossar* während des Projekts und darüber hinaus zu pflegen und – wenn das Prozessmodellierungs-Tool dies unterstützt – die verwendeten Begriffe mit dem Glossar zu verlinken. Sollte Ihr Prozessmodellierungs-Tool keine geeignete Unterstützung für ein Glossar haben, erstellen Sie eine Tabelle. In dieser werden die Begriffe alphabetisch geordnet.

In Abschnitt 6.7, »Glossar zur Prozessgesteuerten Anwendung pflegen«, erkläre ich Ihnen, wie Sie ein Prozess-Glossar anlegen.

2.3.4 Den fachlichen Prozess in der BPMN beschreiben

In dieser Phase werden die zentralen methodischen Konventionen beschrieben, um Präzision, Verständlichkeit, Lesbarkeit und teilweise Wiederverwendbarkeit zu erzielen.

Weitere Best Practices sind beispielsweise in (Silver, 2011) zu finden.

Struktur einer Prozessdatei (BPMN-Datei)

Die zentralen und allgemeinen Aspekte, die Einsteiger hinsichtlich der Struktur einer BPMN-Prozessdiagramm-Datei kennen sollten, sind aus meiner Sicht folgende:

- Modellieren Sie den fachlichen Prozess in einem ausgeklappten Pool, um Klarheit über die Prozessverantwortlichkeit zu erhalten. Diesem Pool geben Sie den Namen des Prozesses.
- In einer Prozessdiagramm-Datei wird immer nur ein ausgeklappter Pool detailliert beschrieben. Ergänzende Pools (Teilnehmer) können im Rahmen von Kollaborationen zugeklappt dargestellt werden. Damit werden typischerweise IT-Systeme, Organisationseinheiten oder fachliche Rollen dargestellt. Dies trägt zur besseren Wartbarkeit bei. Aus fachlicher Sicht werden wir nur fachliche Rollen akzeptieren. Denn einen Fachexperten interessiert nicht, welches konkrete System für etwas verantwortlich ist. Aufgrund der Tatsache, dass wir fachliche Prozesse modellieren, werden wir den Ansatz nach (Silver, 2011) bevorzugt befolgen und den zugeklappten Pool mit der *fachlichen Rolle* beschriften.
- Der fachliche Prozess wird in unserer westlichen Kultur von links nach rechts und von oben nach unten modelliert. Wichtig ist, dass man in der einheitlichen Leserichtung der Kultur der jeweiligen Zielgruppe modelliert. Dies unterstützt die Lesbarkeit und Verständlichkeit.

- Das Layoutformat einer Diagrammdatei ist typischerweise das Querformat, auch wenn das Hochformat selbstverständlich möglich ist. Für eine gute Lesbarkeit im Kontext der Prozesse sollte jedoch ein einheitliches Layout gewählt werden.
- Der fachliche Prozess wird vom Start bis zum Ende (Ziel) beschrieben.
- Alle alternativen Pfade und fachlichen Ausnahmepfade werden beschrieben. Wichtig ist, dass alle Pfade zu einem stabilen Ende (Endereignis) führen.
- Zur Erhöhung der Lesbarkeit und Verständlichkeit ist darauf zu achten, dass die Elemente konsistent bezeichnet werden (vgl. auch Abschnitt 2.3.3, »Einheitliche Begriffe im Prozess verwenden«).
- Fachliche Entscheidungslogik wird aus dem fachlichen Prozess ausgelagert. Damit sorgen Sie insbesondere für die Wiederverwendbarkeit und flexible Anpassbarkeit der Entscheidung (vgl. u. a. (Business Rule Group, 2006-2022) und (Freund & Rücker, 2019)).
- Die BPMN hat eine Syntax. Es ist wichtig, die Syntax einzuhalten, um Mehrdeutigkeiten und Missverständnisse zu vermeiden.
- Sequenzflüsse und andere Linien sollten sich nicht überlappen, um die Lesbarkeit zu erhöhen. Zur Vermeidung von überlappenden Sequenzflüssen lässt sich das *Link Event* verwenden, das als »Sprungmarke« dient. Dabei ist es wichtig, dass sowohl das *Throwing* und das zu ihm gehörende *Catching Link Event* dieselbe Bezeichnung erhalten.
- Bei fachlichen Ende-zu-Ende-Prozessen folgen keine zwei Benutzeraufgaben (*User Tasks*) hintereinander für dieselbe Rolle. Eine Benutzeraufgabe ist aufgabenangemessen zu gestalten. Der Benutzer würde ansonsten einmal eine Aufgabe zugewiesen bekommen und nach dem Abschicken würde er eine erneute Aufgabe erhalten (auch nicht getrennt durch ein XOR-Gateway im Rahmen von Entscheidungen). Dies ist nicht schlüssig. Fassen Sie stattdessen die beiden ursprünglichen Aufgaben zu einer Aufgabe und dort in einem Formular zusammen und gestalten Sie sie logisch mithilfe von *Reitern* oder als *Wizard* (vgl. auch (Stiehl, 2013), S. 213).

Gesamte BPMN-Modellierungspalette verwenden

Zur präzisen Beschreibung des fachlichen Prozesses mit allen seinen Details (inklusive der fachlichen Ausnahmebehandlung) verwenden Sie die gesamte Modellierungspalette der BPMN.

Die BPMN enthält für alle relevanten Aspekte kompakte Elemente. Sollten Sie sich nicht sicher sein, wie Sie etwas modellieren, empfehle ich Ihnen, die BPMN-Spezifikation zu konsultieren: vgl. (OMG, 2013).

Wiederverwendbare Prozesse – globale Prozesse

Um einen separaten Prozess wiederverwendbar zu machen, kann dieser in einem anderen Prozess mithilfe der *Call Activity* aufgerufen werden. Der separate, aufgerufene Prozess nennt sich *globaler Prozess* (vgl. (OMG, 2013), S. 183f.). Dabei ist es wichtig zu verstehen, dass der globale Prozess keine Informationen über den Aufrufer-Prozess enthält. Somit muss der Aufrufer-Prozess die benötigten Informationen an den aufzurufenden globalen Prozess übergeben.

Eingebetteter Subprozess zur Beschreibung von Wiederverwendung?
Ein *eingebetteter (embedded) Subprozess* repräsentiert einen inhaltlichen Rahmen, beispielsweise zur Beschreibung von fachlichen Ausnahmebehandlungen. Er ist in den übergeordneten Prozess integriert (also *eingebettet*) und kann deshalb nicht zur Wiederverwendbarkeit genutzt werden (vgl. (OMG, 2013), S. 173).

Handhabung von fachlichen Entscheidungen (Business Rules)

Fachliche Entscheidungen beschreiben Regeln, die eine bedeutende Auswirkung auf das Geschäft einer Organisation haben. Wenn diese transparent sind, kann eine Organisation schneller auf bestimmte Situationen reagieren und erhöht dadurch die eigene Wettbewerbsfähigkeit.

Meiner Erfahrung nach ändern sich die Regeln in einer Entscheidung häufiger als ein fachlicher Prozess. Allerdings werden durch die Darstellung der Entscheidungslogik im Prozess die Lesbarkeit sowie die Wiederverwendbarkeit der Entscheidungen erschwert. Damit steigt der Wartungsaufwand. Deshalb ist die Entscheidungslogik einer fachlichen Entscheidung aus dem Prozess auszulagern (vgl. dazu auch (Freund & Rücker, 2019), S. 144–145, und (Silver, 2018), S. 52).

Für die Beschreibung von operativen Entscheidungen lässt sich der Standard *Decision Model and Notation (DMN)* einsetzen (vgl. Abschnitt 2.2). Die semantische Verknüpfung einer Entscheidung mit dem Prozess erfolgt typischerweise mithilfe der *Geschäftsregel-Aufgabe* (engl. *Business Rule Task*; vgl. dazu (OMG, 2021), S. 223). Dabei empfehle ich Ihnen, Entscheidungen genau so zu benennen, wie Aufgaben in einem fachlichen Prozess heißen (siehe unten), um einen einheitlichen Lesestil sowie eine kurze Benennung zu erhalten. Weitere Benennungsformen sind beispielsweise in ((Decker & Debevoise, 2017), S. 11–12) zu finden.

2.3.5 Konsistente Namenskonventionen für Prozesselemente verwenden

In diesem Abschnitt empfehle ich Ihnen Namenskonventionen für bestimmte Prozesselemente, damit Sie einen gut lesbaren und verständlichen Prozess erhalten.

Der Prozessname

Als Prozessnamen empfehle ich, dasselbe Muster wie für Aufgabennamen anzuwenden (siehe unten). Einige Modellierer verwenden auch Substantive zur Bezeichnung von Prozessen. Für mich gehen durch die Verwendung von Substantiven jedoch Informationen verloren. Damit wird meiner Meinung nach etwas verschleiert. Indem Sie die gleiche Form wie für die Namen von Aufgaben wählen, erhöht sich aus meiner Sicht die Transparenz, worum es im Prozess geht.

Allerdings lassen sich beide Formen der Benennung für Prozesse verwenden.

Call Activity – Aufruf eines globalen Prozesses

Mit der *Call Activity* rufen Sie in Ihrem Prozess einen *globalen Prozess* auf (siehe oben). Damit der Leser weiß, welcher Prozess hier aufgerufen wird, erhält die Call Activity denselben Namen wie der aufzurufende Prozess.

Aufgabennamen

Mit einer *Aufgabe* wird eine durchzuführende Tätigkeit beschrieben. Um diese Tätigkeit präzise und zugleich knapp für die Stakeholder anzugeben, sollte in dem Namen der *Gegenstand* enthalten sein und das zugehörige *Verb* zur Beschreibung, was mit dem Gegenstand gemacht werden soll. Nach folgendem Muster wird der Aufgabenname benannt:

- **In Englisch:** Verb + Objekt. Zum Beispiel: *»Enter customer order«*.
- **In Deutsch:** Objekt + Verb. Zum Beispiel: *»Kundenauftrag eingeben«*.

Ereignisnamen

Ereignisse (*Events*) drücken einen Zustand aus. Dementsprechend muss die Benennung auch dem Zustand Rechnung tragen. Deshalb werden Ereignisse nach folgendem Muster benannt:

- **Auslösendes Ereignis (Throwing Event):** Hierbei wird ein erreichter Status im Prozess dokumentiert und es geht direkt weiter mit dem Prozessfluss. Deshalb: *Objekt + Aktivform (Präsens) des Verbs.* Zum Beispiel: *»Lieferung (wird) gesendet«*.
- **Empfangendes Ereignis (Catching Event):** Hier wird auf das Eintreten eines bestimmten Zustandes gewartet. Erst dann wird entweder der Prozess gestartet (*Start Event*) oder der Prozess wird fortgesetzt (*Zwischenereignis/Intermediate Event*). Deshalb: *Objekt + Passivform des Verbs (Vergangenheitsform).* Zum Beispiel: *»Lieferung (wurde) gesendet«*.

Was ist nun der Unterschied zwischen einem auslösenden Ereignis und einem empfangenden Ereignis? Im Fall des empfangenden Ereignisses muss die Bezeichnung zeigen, dass auf ein bestimmtes Ereignis (Zustand) gewartet wird.

Entscheidungsnamen

Bei Namen für Entscheidungen empfehle ich, dasselbe Muster wie beim Aufgabennamen anzuwenden (siehe oben). Dies sorgt für einen einheitlichen Lesestil und für eine kurze Benennung. Weitere Benennungsformen sind in (Decker & Debevoise, 2017), S. 11–12) zu finden.

Beschriftung für ein datenbasiertes Exclusive Gateway (XOR)/ Inclusive Gateway (OR)

Ein *datenbasiertes Exclusive Gateway (XOR)* drückt ein *»Entweder ... oder ...«* aus. Auch das *Inclusive OR* drückt ein logisches *»Oder«* aus. Beide Gateways sorgen dafür, dass auf Basis einer Art Entscheidung ein Pfad bzw. mehrere Pfade im Prozess durchlaufen werden. Aufgrund des Entscheidungscharakters hinsichtlich der Fortführung von einem Pfad oder mehrerer Pfade empfiehlt es sich, eine gekürzte Frage für die Benennung des Gateways anzugeben, die die zugrunde liegende Frage für das »Entscheidungsrouting« adressiert, zum Beispiel so: *»Kunde ist verfügbar?«*.

Die Antwort(en) stellt/stellen die unterschiedlichen ausgehenden Sequenzflüsse aus dem Gateway dar. Diese werden im Allgemeinen mit dem Ergebnis bezeichnet. Bei nur zwei ausgehenden Sequenzflüssen wird die Frage auf Ja/Nein-Antworten ausgerichtet. Dann werden die beiden ausgehenden Sequenzflüsse mit jeweils *Ja* und *Nein* beschriftet.

2.3.6 DMN-Entscheidungen top-down modellieren[6]

Ein DMN-Entscheidungsmodell ist hierarchisch aufgebaut. Man beginnt vom Allgemeinen (*Decision Requirements Level*) und arbeitet sich dann zu den Details hin vor (*Decision Logic Level*).

Beim Design eines Entscheidungsmodells sind folgende Ziele relevant:

- Ausrichtung auf die Fachlichkeit der Entscheidung
- Wiederverwendbarkeit der Entscheidungen in der Organisation, mindestens aber in einem Bereich
- Die Entscheidungslogik zu einer Entscheidung ist einzig verantwortlich für *eine* Entscheidung und kein Sammelsurium aus unterschiedlichen Entscheidungen.

Obige Design-Ziele lassen sich durch die Modellierung des Entscheidungsmodell *top-down* erreichen (also vom Allgemeinen zum Speziellen):

1. **Erarbeiten des Decision Requirements Diagrams (DRD):** In diesem Schritt verstehen Sie zunächst die fachlichen Anforderungen einer Entscheidung auf hoher Flughöhe, bezogen auf das zugrunde liegende Entscheidungsmodell (DMN-Datei). Beginnen Sie mit der zentralen Entscheidung und benennen Sie diese in der Form *Objekt + Verb (deutsch)* oder im Englischen in der Form *Verb + Objekt*. Mit dieser Benennung stellen Sie sicher, dass Sie beim Analysieren wirklich nur die relevanten Aspekte zu dieser Entscheidung hinzufügen. In der Praxis sehe ich allerdings sehr oft, dass die Entscheidung mit einem Substantiv benannt wird, z. B.: *»Auftragsprüfung«*. Diese Substantivierung

6 Ein ähnlicher Ansatz findet sich in ((Silver, 2016), S. 180). Unabhängig von Silver war mir aufgrund des hierarchischen Prinzips der DMN mit den beiden Levels eines DMN-Entscheidungsmodells intuitiv klar, dass hier nur ein Top-down-Ansatz infrage kommt. Aus der Praxis weiß ich, dass ein Top-down-Ansatz sich zur Erarbeitung eines DMN-Entscheidungsmodells bewährt hat.

hat zur Folge, dass auch im weiteren Sinne gedacht wird. Das heißt, damit werden alle möglichen Aspekte dieser Entscheidung zugeordnet, die irgendetwas mit der *»Auftragsprüfung«* zu tun haben. Damit wird diese sehr umfangreich und es sind später verschiedene fachliche Entscheidungen in einer Entscheidung enthalten.

Als Nächstes fragen Sie sich auf Basis welcher Kriterien die Entscheidung getätigt wird. Die Kriterien können entweder Input-Informationen sein oder das Ergebnis einer Entscheidung. Bei einer *Input-Information* handelt sich um ein »Datum«, das für die Entscheidung relevant ist. Es kann sich um einen primitiven Wert oder um ein Datenobjekt handeln. Wenn Sie feststellen, dass stattdessen das Ergebnis einer Entscheidung als Kriterium benötigt wird, dann modellieren Sie diese Entscheidung *als untergeordnete Entscheidung* unter der übergeordneten Entscheidung und verbinden beide miteinander. Das Ergebnis dieser unteren Entscheidung stellt demnach ein Kriterium für die obere Entscheidung dar. Dabei zeigt der Verbindungspfeil mit der durchgezogenen Linie (*Information Requirement*-Beziehung) auf die obere Entscheidung, wo das Ergebnis als Kriterium in der oberen Entscheidung benötigt wird. Natürlich benennen Sie diese Entscheidung auch wie gerade beschrieben. Zudem überlegen Sie auch für diese Entscheidung, welche Kriterien diese benötigt.

Außerdem können Sie *weitere Informationen* angeben: *Knowledge Source* und *Business Knowledge Model* (vgl. Abschnitt 2.2.2, »Das Decision Requirements Diagram (DRD)«). Ein Beispiel-DRD sehen Sie in Abbildung 2.71.

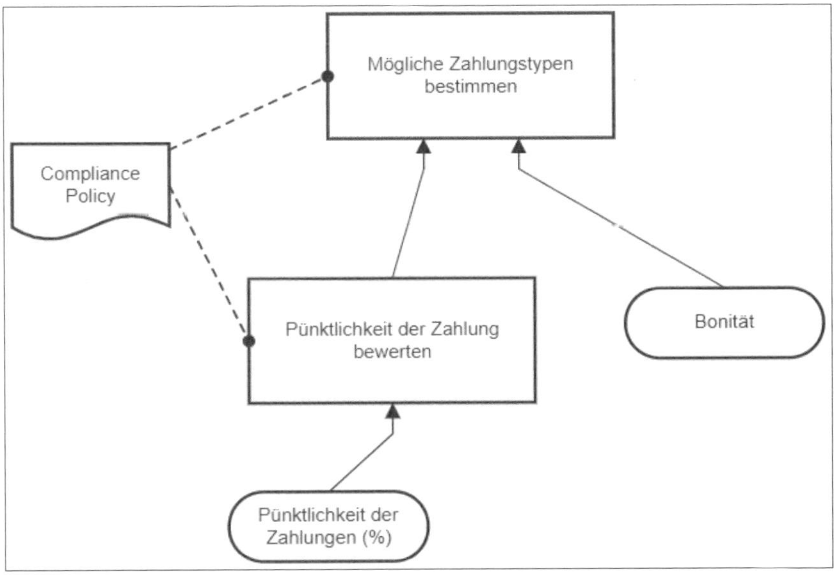

Abbildung 2.71: Beispiel-DRD zum Entscheidungsmodell »Mögliche Zahlungstypen bestimmen« (erstellt mit »Camunda Modeler«)

2. **Entscheidungslogik je Entscheidung spezifizieren:** Auf Basis der Struktur des DRDs (wie im vorherigen Schritt beschrieben) können Sie nun für jede Entscheidung die Ent-

scheidungslogik spezifizieren. Dies geschieht formal so, wie ich es in Abschnitt 2.2.3, »Entscheidungslogik (Decision Logic)«, erläutert habe. Dazu müssen Sie nochmals eine Detailebene tiefer gehen: Sie müssen konkret die einzelnen Regeln der Entscheidung auf Basis der Kriterien zur Entscheidung aus dem DRD und die jeweiligen Ergebnisse spezifizieren. Zu dem Beispiel-DRD des Entscheidungsmodells *Mögliche Zahlungstypen bestimmen* (siehe Abbildung 2.71) finden Sie in Abbildung 2.72 und Abbildung 2.73 die exemplarische Entscheidungslogik als Entscheidungstabellen.

Mögliche Zahlungstypen bestimmen | Hit Policy: Collect

	When Bonität "NEGATIV","MITTEL","HOCH"	And Bewertung Pünktlichkeit Zahlung "NEGATIV","MITTEL","HOCH"	Then Zahlungstyp "VORAUSKASSE","RECHNUNG","SEPA","PAYPAL"
1	"NEGATIV","MITTEL","HOCH"	-	"VORAUSKASSE"
2	"MITTEL","HOCH"	"MITTEL","HOCH"	"RECHNUNG"
3	"MITTEL","HOCH"	-	"PAYPAL"
4	"MITTEL","HOCH"	"MITTEL","HOCH"	"SEPA"
+			

Abbildung 2.72: Entscheidungstabelle zur Entscheidung »Mögliche Zahlungstypen bestimmen« (erstellt mit »Camunda Modeler«)

Pünktlichkeit der Zahlung bewerten | Hit Policy: Unique

	When Pünktlichkeit der Zahlung (%) integer	Then Bewertung Pünktlichkeit Zahlung string
1	[0..30]	"NEGATIV"
2	[31..70]	"MITTEL"
3	[71..100]	"HOCH"
+		

Abbildung 2.73: Entscheidungstabelle zur Entscheidung »Pünktlichkeit der Zahlung bewerten« (erstellt mit »Camunda Modeler«)

3. **Verknüpfung des Entscheidungsmodells mit dem Geschäftsprozess:** Im BPMN-Geschäftsprozess verknüpfen Sie die oberste Entscheidung (Root-Decision) des Entscheidungsmodells, indem Sie die *Geschäftsregel Aufgabe* mit der exakten Bezeichnung dieser Entscheidung beschriften. Bei der Ausführung wird das gesamte

Entscheidungsmodell herangezogen, um diese »Root-Decision« zu evaluieren. Für das Aufrufen des Entscheidungsmodells in einem BPMN-Geschäftsprozess ist primär die Geschäftsregel-Aufgabe vorgesehen (vgl. (OMG, 2021), S. 223).

Bezogen auf unser Beispiel aus Abbildung 2.71 bedeutet das, dass Sie in Ihrem Geschäftsprozess eine Geschäftsregel-Aufgabe verwenden und diese mit »Mögliche Zahlungstypen bestimmen« fachlich beschriften.

2.3.7 Decision Flows beschreiben

Nicht in jedem Fall lässt sich eine fachliche Entscheidung direkt in einem DMN-Entscheidungsmodell strukturieren. So gibt es in der Praxis sehr umfangreiche Entscheidungen, die erst einmal in detaillierte Schritte heruntergebrochen werden müssen, um Daten zu sammeln und zu filtern und erst auf dieser Basis dann die eigentlichen Entscheidungen durchzuführen. Diese Schritte lassen sich nicht in DMN umsetzen, dennoch sind sie Bestandteil der fachlichen Entscheidung. Dieser Prozess wird *Decision Flow* genannt (vgl. (Freund & Rücker, 2019), S. 164–167; vgl. auch (Silver, 2018), S. 110f.).

Diesen Decision Flow können Sie auch in BPMN beschreiben. Allerdings ist ein Decision Flow – wie auch die Entscheidungen selbst – separat vom eigentlichen Geschäftsprozess zu behandeln. Andernfalls wird der Prozess mit Entscheidungslogik vermischt, was kein guter Stil ist (vgl. auch (Freund & Rücker, 2019), S. 166, und (Business Rule Group, 2006-2022)). Stattdessen binden Sie den Decision Flow über eine *Call Activity* in den Geschäftsprozess ein. Ein Beispiel für einen Decision Flow sehen Sie in Abbildung 2.74.

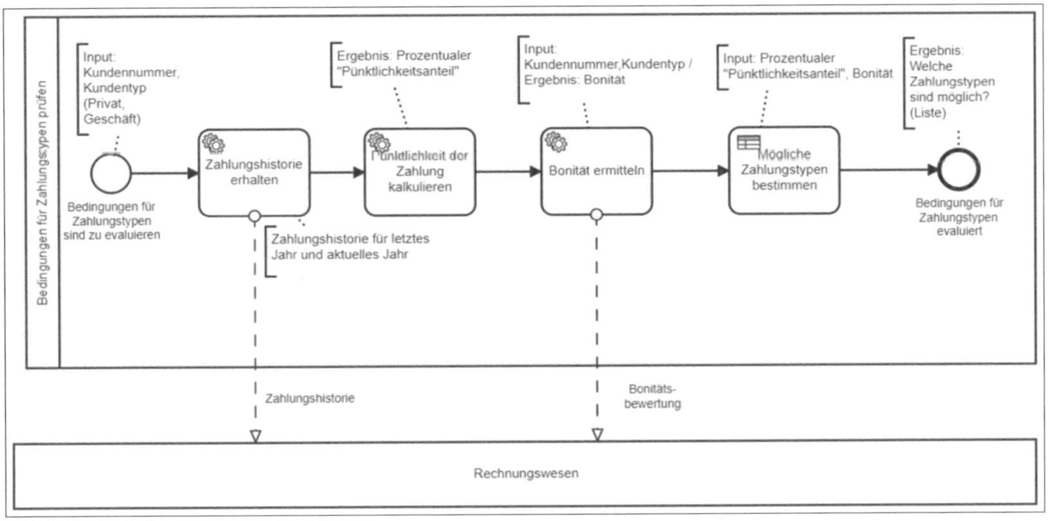

Abbildung 2.74: Beispiel-Decision-Flow in BPMN »Bedingungen für Zahlungstypen prüfen« (erstellt mit »Camunda Modeler«)

2.4 Zusammenfassung

Die zu Beginn des Kapitels formulierten Fragen können nun wie folgt beantwortet werden:

Wie verwende ich den Standard »Business Process Model and Notation« (BPMN) richtig, um fachliche Prozesse zu beschreiben?

Um Geschäftsprozesse mit dem Standard BPMN *richtig* zu beschreiben, müssen Sie den gesamten Umfang der BPMN kennen und lernen, wie sie ihn syntaktisch einsetzen. Die dafür benötigten Grundlagen sind in Abschnitt 2.1, »Prozesse mit BPMN beschreiben«, zu finden.

Zudem werden die wesentlichen Best Practices der Prozessmodellierung in Abschnitt 2.3, »Best Practices«, erläutert.

Wie beschreibe ich operative Geschäftsentscheidungen mithilfe des Standards »Decision Model and Notation« (DMN)?

In Geschäftsprozessen treten operative Entscheidungen auf. Um die Entscheidungen formal zu präzisieren, gibt es den Standard *DMN*. Die Bestandteile der DMN und ihre Anwendung habe ich in Abschnitt 2.2, »Entscheidungen mit DMN beschreiben«, erläutert.

Zudem werden wesentliche Best Practices im Kontext der Entscheidungsmodellierung in Abschnitt 2.3 erläutert.

Kapitel 3
Überblick über Prozess-implementierungsansätze

In diesem Kapitel stelle ich verschiedene Prozessimplementierungsansätze vor. Diese Erweiterung der Perspektive hilft Ihnen, die enorme Innovationskraft des in diesem Buch vorgestellten Ansatzes einzuschätzen.

Fragen, die dieses Kapitel beantwortet:

- Welche allgemeinen Prozessimplementierungsansätze lassen sich unterscheiden?
- Welche Vor- und Nachteile haben die verschiedenen Ansätze?

Ein Prozessimplementierungsansatz unterstützt das einheitliche und methodische Vorgehen bei der Implementierung von Prozessen. Deshalb stelle ich in diesem Kapitel drei gängige Prozessimplementierungsansätze vor, damit Sie die Potenziale des *Prozessgesteuerten Ansatzes* nach Volker Stiehl besser verstehen:

1. **Unterscheidung zwischen fachlichem und technischem Prozessmodell** (vgl. Abschnitt 3.1)
2. **Das Camunda BPMN-Framework** (vgl. Abschnitt 3.2)
3. **Der Prozessgesteuerte Ansatz nach Volker Stiehl** (vgl. Abschnitt 3.3)

3.1 Unterscheidung zwischen dem fachlichen und dem technischen Prozessmodell

Bei diesem Prozessimplementierungsansatz gibt es verschiedene Detaillierungsstufen. Deshalb erinnert der Ansatz sehr stark an das Wasserfallmodell. Das *fachliche Prozessmodell* zeigt den Prozess aus der Sicht des Fachbereichs. Das *technische Prozessmodell* ergänzt das fachliche Prozessmodell um die für die spezifische IT-Technologie notwendigen Beschreibungen. Daran erkennen Entwickler, wie sie den fachlichen Prozess anhand dieser Grundlage umsetzen sollen.

Außerdem werden weitere für die jeweilige Technologie relevante Informationen zum fachlichen Prozess herausgearbeitet. Das ist eine Art Übersetzung des fachlichen Prozessmodells in eine spezifische IT-Technologie. Dieser Ansatz erinnert wie gesagt stark an die traditionelle Vorgehensweise der Vergangenheit – das *Wasserfallmodell*:

- Ein Business Analyst erstellt im ersten Schritt die fachlichen Anforderungen, basierend auf einem tiefen Verständnis der Fachseite.
- Anschließend entwickelt ein technischer Experte auf dieser Basis das fachliche Lösungskonzept für den fachlichen Prozesses. Das fachliche Lösungskonzept kann von einem Business Analyst erarbeitet werden, der über Kenntnisse im Fachbereich und in der IT verfügt.
- Die Entwickler erzeugen sich entweder ein weiteres Implementierungsdokument oder sie implementieren bereits auf Basis des fachlichen Lösungskonzepts. Das fachliche Lösungskonzept ist noch relativ technologieunabhängig. Es kann allerdings spezifisch für eine bestimmte Klasse von Systemen sein, zum Beispiel für Workflow-Management-Systeme oder für ein bestimmtes ERP-System zwecks Anpassung (*Customizing*).

Beim Wasserfallmodell wird nach jedem Abschluss einer Detaillierungsstufe ein spezifisches Dokument erzeugt, das trügerischerweise einen Fortschritt des Projekts vorgaukelt: Meiner Erfahrung nach wird ein Dokument vom Management als Fortschritt wahrgenommen. Allerdings ist bis dahin noch keine Software entwickelt worden.

Ich beschreibe diesen Ansatz in Abschnitt 3.1.1, »Erläuterung des Ansatzes«. Im folgenden Abschnitt 3.1.2, »Kritische Bewertung«, beschäftige ich mich kritisch mit diesem Ansatz.

3.1.1 Erläuterung des Ansatzes

Der Ansatz ist dreistufig, um einen fachlichen Prozess mithilfe der IT zu unterstützen. Diesen Ansatz habe ich sehr oft in der einen oder anderen Ausprägung in der Praxis erlebt. Die Bezeichnungen für die Schritte des Ansatzes habe ich in Anlehnung an (Schmelzer & Sesselmann, 2013, S. 478) übernommen.

Ich habe Ihnen den Ansatz mit den drei Schritten in Abbildung 3.1 veranschaulicht. Für jeden Schritt habe ich Ihnen daneben zeitlich erläutert, welche wesentlichen Notationen und Konzepte in dieser Zeit zur Verfügung stehen. Dabei gehe ich auf die Zeit *vor* 2011 und *nach* 2011 ein. Ich verwende als Grenze die formelle Veröffentlichung des Standards BPMN 2.0.

Zuerst erarbeite ich ein **fachliches Prozessmodell**. Dabei liegt mein Fokus auf der Perspektive des Fachbereichs. Diese Perspektive beschreibt die Prozessabläufe aus fachlicher Sicht, also aus der Sicht des Fachbereichs oder von Experten in den betreffenden Prozessen. In Prozessen können verschiedene Notationen zum Einsatz kommen: Flussdiagramme, ereignisgesteuerte Prozessketten (EPK), die proprietäre *ADeONIS*-Notation, textuelle Prozessbeschreibungen oder die *Business Process Model and Notation* (*BPMN*).

Zusätzlich umfassen fachliche Prozessmodelle auch weitere relevante Informationen wie Geschäftsregeln, konzeptionelle Datenmodelle, Dokumente sowie die beteiligten Organisationseinheiten (vgl. auch (Schmelzer & Sesselmann, 2013), S. 478).

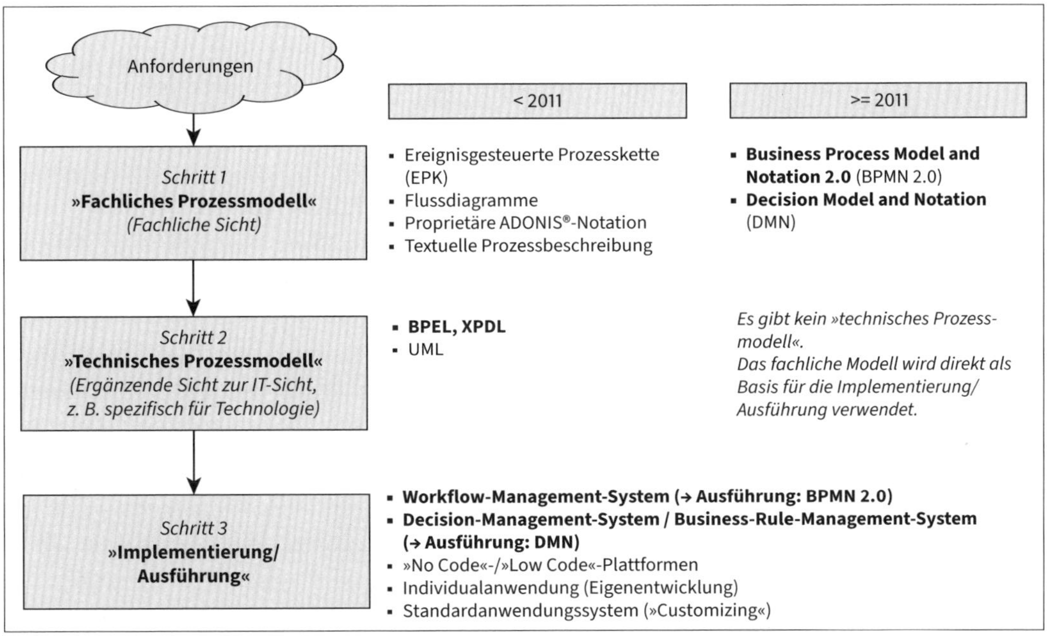

Abbildung 3.1: Die Unterscheidung fachliches/technisches Prozessmodell im Hinblick auf die zur Verfügung stehenden Notationen vor 2011 und nach 2011 [Bezeichnungen der Schritte in Anlehnung an (Schmelzer & Sesselmann, 2013), S. 478]

Anschließend erfolgt eine Übersetzung des fachlichen Prozessmodells in das **technische Prozessmodell**. Dabei handelt es sich um eine ergänzende IT-Sicht. Hier werden die zur Ausführung relevanten Detailinformationen vorgenommen. Dazu zählen unter anderem das Schnittstellenkonzept, die Umsetzung des fachlichen Datenmodells in ein technisches Datenmodell, die Konfiguration des Prozessmodells für die Ausführung und die Übertragung des fachlichen Prozessmodells in eine technische Notation (vgl. auch (Schmelzer & Sesselmann, 2013), S. 478). Softwarearchitekten und Entwickler verwenden gern die *Unified Modeling Language* (*UML*), da sie mit ihr in grafischen Modellen sehr präzise alle Sichten einer Software spezifizieren können. In der Vergangenheit war es erforderlich, die fachlichen Prozesse in eine andere Sprache oder Notation umzusetzen, da zu dieser Zeit noch keine einheitliche Notation existierte, auf der die Automatisierung von fachlichen Prozessen basieren konnte.

Im Jahr 2002 veröffentlichte dann OASIS, die *Organization for the Advancement of Structured Information Standards*, die *Business Process Execution Language (BPEL)*, während bereits 1993 die *Workflow Management Coalition (WfMC)* die *XML Process Definition Language (XPDL)* herausgegeben hatte. BPEL war ein Standard zur Automatisierung von Geschäftsprozessen. Es handelte sich bei beiden um XML-basierte Sprachen (vgl. (OASIS, 2020); vgl. (Freund & Rücker, 2019), S. 192–193).

Ich selbst habe nur BPEL einmal praktisch gesehen. Im Studium wurde mir erklärt, dass ein fachliches Prozessmodell, zum Beispiel in Form einer ereignisgesteuerten Prozesskette, für die Prozessautomatisierung in ein Workflow-Management-System übersetzt werden muss – dies geschieht speziell in der Sprache BPEL.

Dank des Standards BPMN 2.0 haben beide Sprachen nur noch geringe praktische Relevanz. Des Weiteren gibt es Workflow-Management-Systeme, die herstellerspezifische Notationen nutzen, z. B. *K2* (Nintex), die *Pega-Plattform* sowie *Microsoft Power Apps*. In diesem Fall wird wieder eine Übersetzung, beispielsweise von BPMN in die herstellerspezifische Notation, erforderlich sein. In allen Fällen ist eine ausführliche Übersetzung oder Ergänzung des fachlichen Prozessmodells erforderlich, wenn kein Workflow-Management-System basierend auf BPMN verwendet wird. Denn fachliche Prozesse können auch durch IT-Unterstützung optimiert werden, indem individuelle Anwendungen programmiert oder standardisierte Systeme angepasst werden.

Auf der Basis des technischen Prozessmodells kann nun die *Implementierung/Ausführung* in einer Software vorgenommen werden (vgl. auch (Schmelzer & Sesselmann, 2013), S. 478). Wenn ein BPMN-basiertes Workflow-Management-System mit umfangreicher BPMN-Unterstützung eingesetzt wird, ist lediglich eine rudimentäre Programmierung der fachlichen Aufgabenlogik und Konfigurationen erforderlich. Ich gehe hierbei davon aus, dass das Workflow-Management-System bereits als Infrastrukturkomponente eingeführt wurde. Andernfalls sind weitere einmalige Aufwände erforderlich, die die Einführung des Workflow-Management-Systems umfassen.

Mit *Infrastrukturkomponente* meine ich in diesem Kontext eine Umgebung, die als Basis einmal aufgebaut und dann für verschiedene fachliche Prozesse verwendet wird. Bei der Individualanwendung oder der Anpassung eines Standard-Anwendungssystems muss auf Basis des fachlichen und technischen Prozessmodells programmiert werden. Zudem sind der Vollständigkeit halber auch sogenannte No-Code- und Low-Code-Plattformen zu nennen.

3.1.2 Kritische Bewertung

Dieser Prozessimplementierungsansatz trennt einen Fachkontext in ein fachliches und ein technisches Prozessmodell. Die beiden stellen keine eigentlich getrennten Modelle dar, sondern Sichten. Erst im Rahmen eines detaillierten technischen Prozessmodells ist die Ausführung in einem System erst möglich (so der traditionelle Stand). Es ist wichtig zu verstehen, dass auch hier der Fachkontext im Vordergrund steht. Dies wird in der Praxis häufig missverstanden.

[zB]

Beispiel: Interpretationsszenario des Ansatzes in Unternehmen aus der Praxis

In diesem Kasten möchte ich Ihnen exemplarisch beschreiben, wie ich den beschriebenen Ansatz in der Praxis bisher öfter erlebt habe.

In einem Unternehmen wird eine kollaborative BPMN-basierte Modellierungsplattform genutzt, die von den jeweiligen Fachbereichen oder dem eigenen Geschäftsprozessmanagement verwendet wird. In diesem Beispiel werden Prozesse aus Fachbereich-Sicht beschrieben.

Im Unternehmen wird über die Plattformen diskutiert, anstatt von den Prozessen selbst zu sprechen. Man ist überzeugt, dass diese Prozesse die Fachlichkeit abbilden, da sie vom Fachbereich entwickelt werden. Zudem dürfen meist auch nur bestimmte Personen diese Plattform nutzen, um Prozesse anzupassen oder abzubilden. Personen, die dem IT-Bereich zugeordnet werden, dürfen diese Plattform dagegen nicht oder nur mit erhöhtem Aufwand nutzen. Das bedeutet meist einen umständlichen Genehmigungsprozess für die Plattform.

Hier werden zwar Prozesse abgebildet, diese haben aber mit der operativen Fachlichkeit nichts oder nur sehr begrenzt zu tun. Auf operativer Detailebene sind sie meist sehr vereinfacht, sodass die Akzeptanz bei den eigentlichen Fachexperten nicht vorhanden ist. Als Folge nutzen sie die Prozesse eher weniger.

Solche Prozesse sind meist leider nicht zu gebrauchen, da sie zwar mit BPMN-Elementen dargestellt werden – allerdings können die Anwender selbst weder syntaktisch richtig BPMN einsetzen noch Best Practices der Prozessmodellierung verwenden. Darüber hinaus haben diese Anwender auch keinen einheitlichen Modellierungsstil etabliert, und fachliche Prozesse wurden nicht in ausreichender Granularität in der Fachsprache abgebildet. Durch die unklaren Formulierungen wird die Lesbarkeit und Verständlichkeit erschwert.

Zumeist werden auch noch fachliche und technische Details vermischt. Das bedeutet, es lassen sich systemspezifische Informationen zu bestimmten Systemen im Prozess wiederfinden. Die eigentliche Fachlichkeit, also wie der Fachbereich den Prozess abarbeitet, ist nicht oder nur sehr begrenzt ersichtlich. Das kann so weit gehen, dass es kaum ein praktikables Verständnis davon gibt, was einen fachlichen Prozess ausmacht.

Auf dieser Basis soll dann innerhalb eines IT-Projekts die Prozessautomatisierung mit einem Workflow-Management-System nach Ansicht des Kunden erfolgen. Es soll also ein technisches Prozessmodell ausgearbeitet werden. Das sollte die Spezifikation der fachlichen Aufgabenlogik für die Entwickler umfassen und die Konfiguration des Prozessmodells.

Leider ist es an der Tagesordnung, dass weder die IT-Experten die fachliche Darstellung verstehen noch die Prozessexperten, die tagtäglich in diesen Prozessen arbeiten. So kommt es dann, dass im Projekt die Aufarbeitung des fachlichen Prozesses in BPMN von Neuem erfolgt, um ein konsistentes Modell für die Prozessautomatisierung zu erhalten. Damit wird weder eine Skalierbarkeit bei der Ende-zu-Ende-Automatisierung der fachlichen Prozesse noch die erhoffte Kommunikationseffizienz sichergestellt.

Wenn das Zusammenführen der beiden Modelle durch die kollaborative Modellierungsplattform nicht möglich ist, entstehen später zwei unterschiedliche Prozessmodelle. Das technische Prozessmodell wird für die Prozessautomatisierung im Projekt verwendet. Dies ist völlig kontraproduktiv, da der fachliche Prozess in BPMN abgebildet wird.

Natürlich wird dieses Prozessmodell im Modellierungstool des spezifischen Workflow-Management-Systems um Konfigurationen und Programmlogik zur Abbildung der fachlichen Aufgabenlogik im Prozess ergänzt. Jedoch wird in den Organisationen nicht verstanden, dass die grafische Prozessdarstellung in BPMN auf operativer Ebene den fachlichen Prozess darstellen sollte – so wird es auch aus dem Geschäftsprozessmanagement-Bereich oder von den Fachbereichen erwartet. Dies sehe ich als fatal an, da durch diese extreme Trennung die Vorteile von BPMN und eines BPMN-basierten Workflow-Management-Systems nicht zum Tragen kommen.

Lassen Sie mich nun das Pro und Kontra dieses Ansatzes gegenüberstellen.

Pro

- **Alle Stakeholder erhalten eine umfassende Übersicht über den Prozesskontext, der für sie transparent gemacht wird:** Sie können alle relevanten Informationen einsehen und verstehen. IT-Experten unterscheiden das technische Vorgangsmodell vom fachlichen Vorgangsmodell.
- **Hohe Flexibilität:** Durch die Übersetzung des fachlichen Prozessmodells ist die Verwendung jeglicher IT-Lösung möglich.
- **Herstellerunabhängiger Ansatz:** Der Ansatz ist so generisch, dass er unabhängig vom Hersteller einer konkreten IT-Technologie ist.

Kontra

- **Den IT-Experten fehlt das Verständnis des Fachkontextes:** IT-Experten verlieren den fachlichen Kontext, wenn sie technische Prozessmodelle aus fachlichen Prozessmodellen erstellen. Da das ursprüngliche fachliche Prozessmodell im technischen Modell nicht mehr erkennbar ist, fehlt ihnen die nötige Orientierung. Sie arbeiten sich tief in technische Details ein und entwickeln dabei Lösungen, die zwar technisch funktionieren, aber den fachlichen Anforderungen nicht gerecht werden. Anstatt den Bedarf des Fachbereichs zu erfüllen, entstehen schwer wartbare Systeme, die dessen Zielsetzung verfehlen.

- **Die Kluft zwischen Fachbereich und IT:** Wenn der Fachbereich und die IT unterschiedliche Prozessmodelle verwenden, wächst die Distanz zwischen ihnen. Besonders deutlich wird das, wenn jeweils andere Personen für die fachliche und die technische Sicht verantwortlich sind. Sie sprechen dann nicht mehr dieselbe Sprache, verlieren den gemeinsamen Fokus und arbeiten aneinander vorbei. Das erschwert die Zusammenarbeit und bremst die Entwicklung von Prozessapplikationen, die eigentlich schnell und zielgerichtet entstehen sollen.
- **Hoher Wartungsaufwand zwischen dem fachlichen und dem technischen Prozessmodell:** Stellen Sie sich vor, dass Sie bereits auf Basis des technischen Prozessmodells implementieren. Nun kommen neue fachliche Anforderungen herein. Zuerst passt der Business Analyst mit den Fachexperten das fachliche Prozessmodell an. Nachdem das fachliche Prozessmodell vorliegt, übernimmt entweder der Business Analyst oder eine technische Rolle die Anpassung des technischen Prozessmodells ans fachliche. Hier entstehen hohe Aufwände für die Pflege der Aktualität beider Sichten und für die Kommunikation. Diesen Aufwand wird in der Praxis im Laufe der Zeit niemand mehr leisten. So wird nur das technische Prozessmodell gepflegt, das keine Hilfe bei der Kommunikation mit den Fachexperten ist.
- **Regeln zur Methodik fehlen:** Weil bei der Entwicklung einer Methodik weder Best Practices noch kritische Erfolgsfaktoren berücksichtigt werden, fängt jede Organisation(-seinheit) bei der Entwicklung dieser Methodik von vorne an und muss diesen sehr generischen Ansatz mit Inhalt füllen. Auch dies führt zu erhöhten Aufwänden bei der Einführung. Generell sollte es nicht das Ziel einer Organisation sein, das Rad neu zu erfinden. Das Ziel eines Unternehmens sollte es sein, die für das Geschäft relevanten fachlichen Prozesse flexibel zu automatisieren, um neue Geschäftsmodelle zu ermöglichen und Wettbewerbsvorteile zu erzielen. Jeder Mitarbeiter in einer Organisation kann einen Prozess unterschiedlich interpretieren, wenn Best Practices fehlen und die Ansätze nicht einheitlich definiert sind. Die Folge ist, dass durch unterschiedliches Leben des Ansatzes unterschiedliche Resultate entstehen und somit wiederum die Wartbarkeit erschwert wird.
- **Architekturansatz fehlt:** Um die Organisation mit ihrer vorhandenen Systemlandschaft zu berücksichtigen, ist es empfehlenswert, einen flexiblen Architekturansatz zu etablieren. Dieser generische Ansatz berücksichtigt allerdings keine Architekturfragen, sodass innerhalb der Organisation Architekturwissen vorhanden sein muss.

3.1.3 Fazit

Aufgrund der vielen Nachteile können Sie bereits erkennen, dass dieser Ansatz den heutigen Herausforderungen von Unternehmen nicht mehr wirklich entspricht.

Sie können eine Trennung zwischen fachlichem und technischem Prozessmodell vermeiden, indem Sie Ihren fachlichen operativen Prozess in BPMN einheitlich darstellen und dabei die in diesem Buch beschriebenen Modellierungsprinzipien anwenden. Nun verwenden Sie ein Workflow-Management-System bzw. eine *BPMN-Process-Engine* mit sehr guter BPMN-Unterstützung, sodass der Prozess auch als Basis für die Ausführung verwendet werden kann. Somit können sich IT-Experten direkt auf Basis dieses fachlichen Prozessmodells mit dem jeweiligen Fachbereich austauschen und die ergänzenden Implementierungen vornehmen.

Unternehmen, die diesen Prozessimplementierungsansatz trotz der oben beschriebenen Nachteile verfolgen, werden nicht in den Genuss der Vorteile von BPMN und eines Workflow-Management-Systems bzw. einer BPMN-Process-Engine kommen.

Die Anwendung dieses Ansatzes sehe ich nur in folgenden Fällen begründet:

- **Wenn der fachliche Prozess nicht in einem BPMN-basierten Workflow-Management-System bzw. in einer BPMN-Process-Engine ausgeführt werden kann:** Dies ist der Fall, wenn ein Workflow-Management-System mit einer herstellerspezifischen Notation eingesetzt wird.
- **Das verwendete Workflow-Management-System deckt nur einen sehr begrenzten Umfang des BPMN-Standards ab:** In Gesprächen und durch eigene Beobachtung habe ich festgestellt, dass einige Hersteller leider immer noch der Meinung sind, dass ihr Workflow-Management-System bzw. ihre BPMN-Process-Engine sich nur auf die technische Perspektive fokussiert. Dabei berufen sich die Hersteller zumeist auf die *Process Execution Conformance* der BPMN-Spezifikation. Dementsprechend werden viele Elemente weggelassen.

  Dies hat meiner Erfahrung nach fatale Auswirkungen, da das fachliche Prozessmodell in BPMN wiederum übersetzt werden muss und viele Konzepte, die mit BPMN machbar wären, eventuell programmiert werden müssten. Sollte ein Unternehmen die vom BPMN-basierten Workflow-Management-System (bzw. von der BPMN-Process-Engine) unterstützten BPMN-Elemente für die fachlichen Prozesse einsetzen, würde darunter die Ausdruckskraft der fachlichen Prozesse leiden. Die offensichtliche Übersetzung würde eventuell vermieden werden.

  Was wäre die Konsequenz für den fachlichen Prozess? Man gleicht dies entweder durch ergänzende textuelle Beschreibungen aus oder beschreibt den fachlichen Aspekt umständlich mit den eingeschränkten BPMN-Mitteln des Workflow-Management-Systems. Damit wird allerdings die Lesbarkeit und Verständlichkeit des fachlichen Prozesses erschwert.
- **Die Implementierung erfolgt nicht mit einem Workflow-Management-System:** Wenn die Implementierung eines fachlichen Prozesses auf anderem Wege geschieht, wie zum Beispiel durch die Entwicklung einer Individualanwendung auf traditioneller reiner Quellcode-Basis oder durch das Customizing eines Standardanwendungssystems, dann wird eine Übersetzung des Fachkonzepts in die spezifische IT-Lösungssicht erforderlich (technisches Prozessmodell).

3.2 Das Camunda BPMN-Framework

Das *Camunda BPMN-Framework*, mittlerweile auch als *Camunda house* bezeichnet, wird von den Gründern Jakob Freund und Bernd Rücker in ihren Büchern vorgestellt, siehe (Freund & Rücker, 2017) und (Freund & Rücker, 2019).

Ich beschreibe den Ansatz im nächsten Abschnitt, um mich im Anschluss kritisch damit zu beschäftigen.

3.2.1 Erläuterung des Ansatzes

Das Camunda-BPMN-Framework (oder die *Camunda-Methode*) stellt eine Möglichkeit zur Prozessautomatisierung eines fachlichen operativen Geschäftsprozesses dar.

Die Bezeichnung *Camunda house* lässt sich durch die Haus-Darstellung erklären. Dabei wendet der Ansatz das Prinzip »vom Allgemeinen zum Speziellen« (engl. *top-down*) an. Ausgehend vom *strategischen Prozessmodell*, also einer Übersichtsdarstellung, werden die operativen Details erarbeitet; so entsteht das *operative Prozessmodell* (vgl. (Freund & Rücker, 2019), S. 16–17). Damit liegt der Methodik ein Zwei-Prozessebenen-Modell zugrunde. Die Methodik sieht vor, dass auf den beiden unterschiedlichen Ebenen ein unterschiedliches Ausmaß an BPMN-Elementen aus der BPMN-Modellierungspalette erlaubt ist, um die Zielsetzung der jeweiligen Detaillierungsebene zu erreichen. (vgl. (Freund & Rücker, 2019), S. 16). Allerdings schreiben Freund und Rücker, dass man auch *bottom-up*, also von den Details ausgehend, beginnen kann (vgl. (Freund & Rücker, 2019), S. 120).

Des Weiteren ist die Methodik sowohl für den Einsatz mit einem Workflow-Management-System als auch für die klassische Softwareentwicklung nutzbar (vgl. (Freund & Rücker, 2019), S. 17). Der operative Prozess wird in BPMN dargestellt.

Ebene 1: Das strategische Prozessmodell (Übersichtsebene)

Der Zweck dieser Ebene ist es, den fachlichen Prozess vom Start bis zum Ende in einer kompakten Form so darzustellen, dass der Prozess für jeden erkennbar wird. Durch dieses Vorgehen wird der Prozessumfang übersichtlich und kann als Ausgangsbasis für Optimierungen verwendet werden (vgl. (Freund & Rücker, 2019), S. 97–98).

Freund und Rücker führen folgende, wesentliche Regeln für diese Ebene ein (vgl. (Freund & Rücker, 2019), S. 98–100):

- Der Prozess passt auf eine **einzelne horizontale DIN A4-Seite**.
- Die Anzahl der zu betrachteten **Flussobjekte** wird auf **maximal 10** beschränkt, ebenso die Zahl der **Artefakte auf maximal** 8.
- Die Ebene setzt eine **stark eingeschränkte Teilmenge der BPMN-Palette** zugunsten der Verständlichkeit und Übersichtlichkeit voraus (vgl. dazu (Freund & Rücker, 2019), S. 102ff.).

- Die **BPMN-Syntax muss korrekt sein**, um die beabsichtigte Verständlichkeit zu erhalten. Allerdings wird aufgrund des hohen Abstraktionsgrads auf die korrekte Semantik verzichtet.
- Der Prozess wird **vom Start bis zum Ende** erfasst.
- Es wird lediglich der **Happy Path** (also der Normalablauf des Prozesses) beschrieben.
- Es werden lediglich die **regulären Verantwortlichkeiten** erfasst.
- Es werden **weder Schwachstellen noch Verbesserungspotenziale** erfasst. Allerdings ist später für die Automatisierung der verbesserte SOLL-Prozess entscheidend (vgl. (Freund & Rücker, 2019), S. 119).

Ich habe Ihnen zur Veranschaulichung in Abbildung 3.2 das Fallbeispiel *»Seminaranmeldung abwickeln«* in Anlehnung an das Camunda-BPMN-Framework dargestellt. Hier wird, wie vom Camunda-BPMN-Framework gefordert, nur der Standardablauf beschrieben. Zum Standardfall gehört auch, dass ein Seminarteilnehmer zunächst auf die Warteliste kommt und danach angemeldet wird. Damit fokussiert sich das Prozessmodell nur auf die inhaltlichen Aspekte und das Ergebnis, das man gerne sehen möchte (vgl. (Freund & Rücker, 2019), S. 100 und S. 106).

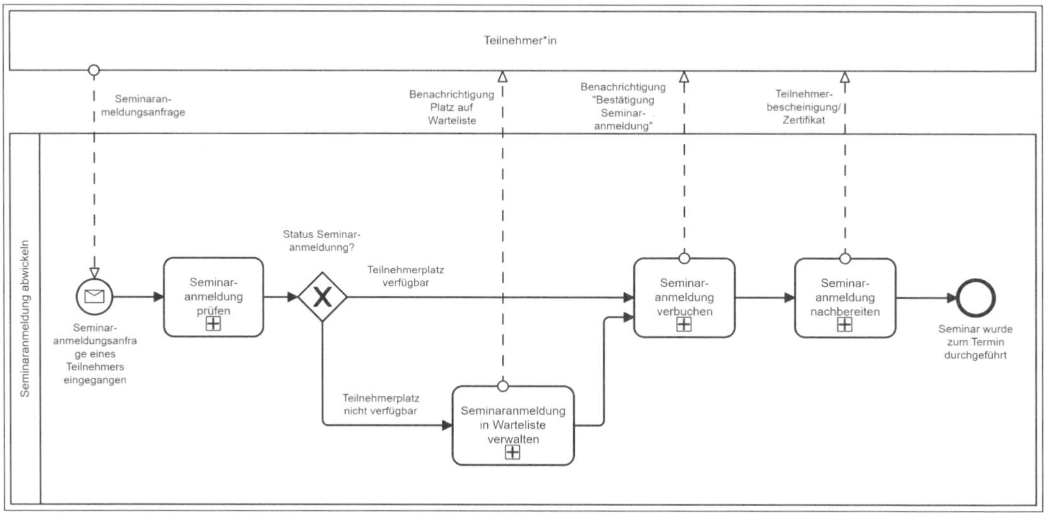

Abbildung 3.2: Das strategische Prozessmodell: »Seminaranmeldung abwickeln« in Anlehnung an das Camunda BPMN-Framework

In dieser Übersicht ist es immer noch problematisch, dass es keine umfassende Überblicksdarstellung des gesamten Prozesses gibt. Denn dieser Ansatz fokussiert sich lediglich auf den Standardablauf (den Happy Path) und damit auf das beabsichtigte Ergebnis des Prozesses. Auf diese Weise erhalten Sie aber keinen realistischen Eindruck von der Komplexität des Fachprozesses. Denn Fachprozesse sind in der Praxis sehr umfangreich. Deshalb empfehle ich hier auch den Top-down-Ansatz nach Bruce Silver, der direkt den gesamten Prozessumfang in einer Übersicht darstellt und schließlich schematisch zeigt, wie man von der Übersicht zu den Details gelangt (vgl. Kapitel 6, »PDA-Layer: Die Fachprozess-Sicht erarbeiten«).

Aufmerksame Leserinnen und Leser werden bemerken, dass ich in bestimmten Aspekten von den obigen Regeln abweiche:

- Das Camunda-BPMN-Framework erklärt, dass Subprozesse eher selten eingesetzt und stattdessen eher undefinierte Aufgaben verwendet werden sollen (vgl. (Freund & Rücker, 2019), S. 105). Dies halte ich für nicht nachvollziehbar, da Aufgaben Details beschreiben und wir uns auf strategischer Ebene (einer Übersichtsebene) befinden. Auf dieser Ebene sehe ich Details als nicht relevant an.
- Auch werden *Lanes* zur Beschreibung der Verantwortlichkeiten eingeführt (vgl. (Freund & Rücker, 2019), S. 105). Dies halte ich auf einer so hohen Flughöhe nicht immer für praktikabel. Denn auf dieser Ebene sind die Aufgaben sehr umfangreich, sodass nicht ein *embedded Subprozess* nur einer Verantwortlichkeit (*Lane*) zugewiesen werden kann.

Ebene 2: Das operative Prozessmodell (Detailebene)

Der Zweck der Detailebene ist es, den operativen Detailprozess im Hinblick auf die Zusammenarbeit zwischen menschlichen und technischen Prozessflüssen darzustellen. Der »menschliche« Prozessfluss beschreibt den fachlichen operativen Prozess aus Sicht eines menschlichen Prozessteilnehmers.

Der technische Prozessfluss zeigt denselben Prozess aus Sicht der einzusetzenden Software (vgl. (Freund & Rücker, 2019), S. 117). Dies kann ein Workflow-Management-System, aber auch eine eigens entwickelte Software sein (vgl. (Freund & Rücker, 2019), S. 127f. und S. 132f.). Im weiteren Verlauf werde ich mich mit der kurzen Beschreibung des Ansatzes für den Fall beschränken, dass ein Workflow-Management-System eingesetzt wird.

Mit diesem Ansatz soll nun ein Ende-zu-Ende-Prozess für verschiedene Perspektiven erkennbar werden:

- Prozessteilnehmer (operativer Fachexperte)
- Prozessanalyst (Business Analyst)
- Prozess-Engineer (Entwickler)

(vgl. (Freund & Rücker, 2019), S. 117–118 und S. 119)

Freund und Rücker führen folgende wesentliche Regeln für das operative Prozessmodell ein (vgl. (Freund & Rücker, 2019), S. 118–129):

- **Das Prozessdiagramm in BPMN muss syntaktisch und semantisch korrekt sein.**
- **Im Fokus befindet sich der SOLL-Prozess.**
- **Jeder fachliche Prozessteilnehmer erhält seinen eigenen Pool:** So kann jeder Prozessteilnehmer den fachlichen Prozess aus der eigenen Perspektive verfolgen, und seine

Interaktion mit dem Workflow-Management-System wird erkennbar. In diesem Bereich werden zwei Lanes eingerichtet: eine für die Arbeit im System (Workflow-Management-System) und eine für weitere Aufgaben (»Sonstige«).

- **Zudem erhält das Workflow-Management-System seinen eigenen Pool:** Freund und Rücker nennen den Pool *Workflow Engine*. In ihm wird dargestellt, wie das Workflow-Management-System den fachlichen Prozess unterstützt (vgl. (Freund & Rücker, 2019), S. 125–129):
  - Der Pool erhält je Prozessteilnehmer eine separate Lane mit der Rollenbezeichnung des Prozessteilnehmers. Hier werden die Benutzeraufgaben des jeweiligen Prozessteilnehmers beschrieben.
  - Zudem wird eine Lane für automatische Aufgaben eingeführt, die das Workflow-Management-System eigenständig ausführt. Sie wird mit *»Automatisch«* (engl. *Automatic*) benannt. Dabei handelt es sich um Schnittstellenaufrufe oder die Implementierung der fachlichen Aufgabenlogik. Hier können aber auch Teilprozesse platziert werden.
  - Der Prozess wird meist durch einen externen Prozessteilnehmer gestartet, indem er ein Formular abschickt. In diesem Fall wird das Start-Event als Message *»Start Event«* in der Lane *»Automatisch«* platziert.
  - Die Kommunikation geschieht zwischen dem Pool des fachlichen Prozessbeteiligten und dem Pool des Workflow-Management-Systems. Sie beinhaltet den Start und das Ende jeder Benutzeraufgabe Dabei bedeutet ein Message Flow ausgehend von einem Prozessteilnehmer-Pool hin zum Pool des Workflow-Management-Systems, dass eine Benutzeraufgabe beendet wird. Ausgehende Message Flows aus Sicht des Workflow-Management-System-Pools bedeuten, dass die Benutzeraufgabe gestartet wird.
- **Es sind die weiteren, relevanten Anforderungen zu erarbeiten:** z. B. Entscheidungen, Daten oder Templates (vgl. (Freund & Rücker, 2019), S. 129ff.).

Ich habe Ihnen zur Veranschaulichung das Fallbeispiel *»Seminaranmeldung abwickeln«* in Anlehnung an das Camunda-BPMN-Framework modelliert. Aufgrund seiner Größe finden Sie es in den Begleitmaterialien.

Dabei habe ich Ihnen das operative Prozessmodell in zwei Teile zerlegt, um es besser lesbar zu machen: Beim Teil »-1« liegt der Schwerpunkt auf der Kollaboration zwischen den fachlichen Rollen. Hingegen haben ich beim Teil »–2« die Verantwortlichkeit *»Workflow Engine«* ergänzt. Hier beschreibe ich die Sicht der Process Engine, die den Fachprozess orchestriert (d. h. koordiniert) sowie die Kollaboration zwischen fachlichen Rollen.

Natürlich müssten Sie auf dieser Ebene sämtliche Details des Fachprozesses darstellen (inklusive der fachlichen Ausnahmebehandlung). Ich möchte Ihnen jedoch lediglich einen Eindruck von diesem Ansatz vermitteln. Aus meiner Sicht lässt sich hier bereits erkennen, dass das operative Prozessmodell viel zu flach wird. Das hat schon bei Fachprozessen mittleren Umfangs die Auswirkung, dass das Prozessmodell eine lange Reihe von Schritten enthält. Es fehlt hier ein einheitliches Prinzip, wie man Hierarchien sinnvoll abbildet. Zudem wird aus jeder Fachperspektive in Form von separaten Pools der Fachprozess *»Seminaranmeldung abwickeln«* beschrieben. Die Kollaboration zwischen diesen Perspektiven wird über Message Flows beschrieben.

Hier habe ich ansatzweise die Vorgehensweise mit dem Camunda-BPMN-Framework an unserem Fallbeispiel illustriert. Dieser Ansatz zeigt, wie komplex der Zusammenhang zwischen dem »Human Flow« (d. h. den menschlichen, fachlichen Prozessrollen) und dem »technischen Flow« (also dem Pool *»Workflow Engine«*) ist. Die Beziehung muss aufwendig vereinheitlicht werden, und schon das Modell eines relativ einfachen Fachprozesses wird zu einem unübersichtlichen Gebilde. Stellen Sie sich nun komplexere Fachprozesse vor, und führen Sie sich vor Augen, dass im echten Leben Fachprozesse, die lediglich der Dokumentation dienen, nicht kontinuierlich gepflegt werden ... Ich empfehle, diesen Ansatz nicht zu verfolgen.

3.2.2 Kritische Bewertung

In diesem Abschnitt geht es um die kritische Bewertung des vorgestellten Implementierungsansatzes.

Der Ansatz versteht sich als Methodik zur IT-Unterstützung eines fachlichen Ende-zu-Ende-Prozesses. Dieser Prozessimplementierungsansatz macht einen Vorschlag, wie man *top-down* – also von der Übersicht zu den Details – zu einer Prozessautomatisierung kommt. Dabei beschreibt der Ansatz, wie die beiden Abstraktionsebenen *strategisches Prozessmodell* und *operatives Prozessmodell* gestaltet werden. Beim operativen Prozessmodell werden auch die Sichten eines fachlichen Prozesses der Prozessteilnehmer (Fachexperten) und der technischen Ausführung sowie die Interaktionen zwischen diesen Teilnehmern berücksichtigt.

Zudem ist hervorzuheben, dass bei der technischen Ausführung der Ansatz sowohl mit einem Workflow-Management-System als auch mit traditioneller Softwareentwicklung genutzt werden kann.

Pro

- **Berücksichtigung des vollen BPMN-Standards:** Der Ansatz fokussiert sich auf die volle Berücksichtigung des BPMN-Standards, um die fachliche Prozessablauflogik zu beschreiben. Damit wird die Kommunikationseffizienz zwischen den verschiedenen Stakeholdern gewährleistet.
- **Ende-zu-Ende-Prozesse im Fokus:** Der Ansatz verfolgt fachliche Ende-zu-Ende-Prozesse. Das heißt, ein fachlicher Prozess lässt sich vom Stakeholder (Kunden) zum Stakeholder (Kunden) beschreiben und automatisieren.

- **Technologie-unabhängiger Ansatz:** Dem Anwender wird die Wahl gelassen, ob er seinen fachlichen Prozess mithilfe eines Workflow-Management-Systems oder mittels traditioneller Softwareentwicklung automatisieren möchte. Für beide Möglichkeiten wird beschrieben, wie der Anwender vorgehen kann. Der Schwerpunkt liegt allerdings auf der IT-Unterstützung mithilfe eines Workflow-Management-Systems.
- **Tool-unabhängiger Ansatz:** Dieser Ansatz ist unabhängig von spezifischen Workflow-Management-Systemen, was ein breites Einsatzspektrum ermöglicht.
- **Ausrichtung der Prozesse auf verschiedene Stakeholder:** Der Ansatz berücksichtigt die Perspektiven der Stakeholder *Prozessteilnehmer* (Fachexperten), *Prozessanalysten* sowie *Entwickler*. Das wird möglich, weil der Prozess in separaten Pools sowohl aus den Perspektiven der einzelnen fachlichen Prozessteilnehmer als auch des Workflow-Management-Systems beschrieben wird. Die Kollaboration zwischen den Teilnehmern (Pools) zeigt, wie diese miteinander interagieren.
- **SOLL-Prozess im Vordergrund:** Der Ansatz ist auf den SOLL-Prozess ausgerichtet. Der SOLL-Prozess soll im Detail erarbeitet werden, um ihn schließlich zu automatisieren.
- **Top-down-Ansatz:** Dieser Ansatz liefert einen konkreten Vorschlag dafür, wie man von der Übersicht (*strategisches Prozessmodell*) zum Detailprozess (*operatives Prozessmodell*) kommt. Es werden auch konkrete Hilfen gegeben, wie die verschiedenen Abstraktionsebenen mit BPMN gestaltet werden können. Dies hilft dem Einsteiger bei der praktischen Anwendung.

Kontra

- **Redundanzen der fachlichen Prozessablauflogik durch verschiedene Perspektiven:** Durch die Beschreibung des fachlichen Prozesses aus den vielen verschiedenen Perspektiven der Prozessteilnehmer und des Systems wird die fachliche Prozessablauflogik redundant beschrieben. Das erhöht den Arbeitsaufwand sowohl im Rahmen der Ersterstellung als auch bei der Anpassung des Prozessmodells. Freund und Rücker akzeptieren diesen Umstand zugunsten der Trennung der verschiedenen Sichten und Verantwortlichkeiten (vgl. (Freund & Rücker, 2019), S. 128). Die redundante Fachlogik kann dazu führen, dass nur noch die Prozessdarstellung im Pool *»Workflow Engine«* angepasst wird und die Aktualisierung der Darstellung der Prozessteilnehmer vernachlässigt wird. Dann kommt es dazu, dass die Modelle nicht mehr der Realität entsprechen. Damit entstehen Inkonsistenzen und die Prozessmodelle sind wertlos.
- **Hinweis auf alternatives Bottom-up-Vorgehen:** Freund und Rücker setzen den Top-down-Ansatz in ihrem Framework um. Allerdings verweisen sie auch auf die Alternative des Bottom-up-Vorgehens. Das heißt, man würde mit der Detailmodellierung beginnen. Dies ist zu Recht keine Best Practice in der Praxis, da die Erarbeitung des fachlichen Prozesses zu lange dauert, wenn man von den Details ausgeht. Beispielsweise verzettelt man sich zu sehr in Detailfragen, ohne den gesamten Prozessumfang

auf einer hohen Flughöhe bereits verstanden zu haben. Zudem kann man ohne ein erstes Verständnis des Gesamtprozesses die Diskussionen im Rahmen von Gesprächen mit den Fachexperten nicht genau einschätzen. So kann es sein, dass diese Diskussionen sich in Details des Prozesses verlieren. Ferner gelten die Nachteile, die ich gleich noch zum Aspekt *Flache Detailprozesse* beschreibe. Daraus resultiert, dass die Erarbeitung des fachlichen Prozesses zu lange dauert und aufwendig wird.

Dieses Vorgehen erlebe ich häufiger bei Personen, denen die Praxiserfahrung fehlt und die sehr technisch veranlagt sind – sie halten das Vorgehen für effizient. Das ist aus ihrer sehr detaillierten Sicht verständlich, schließlich ist das ihre gewohnte Arbeitsweise. Leider ist diese Vorgehensweise in diesem Kontext aus eben erläuterten Gründen gerade nicht effizient.

- **Flache Detailprozesse führen zur Unübersichtlichkeit:** Der Ansatz führt aus meiner Sicht zu flachen Detailprozessen. Dies ist insofern problematisch, als dass es bereits bei mittelmäßig umfangreichen fachlichen Prozessen zu Unübersichtlichkeit und damit zu erschwerter Lesbarkeit kommen kann. Dieser Nachteil geht damit einher, dass es zu wenig Hilfestellung gibt, wie man vom strategischen zum operativen Prozessmodell gelangt. Die Ableitung wirkt eher abrupt. Dadurch wird die fachliche Modularisierung von der Übersicht zu den Details kaum berücksichtigt. Des Weiteren führt dies dazu, dass sich die Sequenzflüsse ständig mit den Lane-Grenzen kreuzen. Dies wiederum führt in den umfangreichen Detailprozessen zu noch mehr Unübersichtlichkeit.
- **Unübersichtliche Darstellung eines Fachprozesses durch Darstellung der verschiedenen Sichten und Verantwortlichkeiten des Fachprozesses:** Die Darstellung des Zusammenhangs zwischen dem »Human Flow« (d. h. den menschlichen, fachlichen Prozessrollen) und dem »technischen Flow« (dem Pool *»Workflow Engine«*) wirkt gedanklich kompliziert. Man muss sich als Analyst aufwendig Gedanken machen, um die Beziehung einheitlich darzustellen. So wird bereits das Prozessmodell eines relativ einfachen Fachprozesses zu einem unübersichtlichen Gebilde. Die daraus resultierende steigende Komplexität des Prozessmodells und die Tatsache, dass im echten Leben Fachprozesse, die lediglich zur Dokumentation dienen, nicht kontinuierlich gepflegt werden, führt zu meiner Empfehlung, diesen Ansatz nicht zu verfolgen.
- **Architekturansätze und Entwurfsmuster nicht berücksichtigt:** Der Ansatz berücksichtigt keine Architekturansätze und Entwurfsmuster. Beispielsweise wird nicht berücksichtigt, wie sich Systeme auf Basis allgemeiner Architekturansätze und Entwurfsmuster integrieren lassen. Der Fokus beschränkt sich lediglich auf den Einsatz einer *Process Engine* (das ist ein Bestandteil eines Workflow-Management-Systems) und einer *Rule Engine*. Dies führt in der Praxis leider sehr oft dazu, dass Entwickler dazu neigen, spezifische Systeme direkt in den Fachprozess einzubinden Dies hat zur Folge, dass bei Änderungen der Systeme jeder Fachprozess angepasst werden muss (enge Kopplung).

3.2.3 Fazit

Der Ansatz beschreibt, wie man in einem fachlichen Ende-zu Ende-Prozess in BPMN von der Übersicht (dem strategischen Prozessmodell) zum Detailprozess (dem operationalen Prozessmodell) gelangt. Auf jeder Abstraktionsebene sind dabei bestimmte BPMN-Elemente sinnvoll, um die Abstraktion sicherzustellen. Allerdings wird nicht klar, wie man vom strategischen Modell *methodisch* zum operativen Modell kommt.

Ergänzend zu dem Ansatz, den ich in Abschnitt 3.1, »Unterscheidung zwischen dem fachlichen und dem technischen Prozessmodell«, sehr allgemein beschreibe, und der in der Praxis sehr oft traditionell verstandenen Umsetzung dieses Prinzips, hat das Camunda-BPMN-Framework genau diesen allgemeinen Ansatz mit Leben gefüllt: Das *fachliche Prozessmodell* wird auf verschiedenen Abstraktionsebenen im *strategischen Prozessmodell* und im *operativen Prozessmodell* ersichtlich: Im *operativen Prozessmodell* erfolgt die Trennung zwischen dem *fachlichen Prozessmodell* und dem *technischen Prozessmodell* durch die Berücksichtigung der verschiedenen Perspektiven des fachlichen Prozesses. Die eine Perspektive stellt die verschiedenen Pools der fachlichen Prozessteilnehmer dar und die andere die Perspektive des Systems. Zudem wird die Sicht des Systems als eigene Perspektive in die Gesamtdarstellung des Prozessablaufs integriert und als ergänzende Sicht verstanden (technisches Prozessmodell). Die verschiedenen Perspektiven und Teilnehmer interagieren im Rahmen der *Kollaboration*, sodass hierüber der fachliche Ende-zu-Ende-Prozess nachvollziehbar wird.

Jede Sicht hat den fachlichen Prozess im Fokus und beschreibt diesen mit dem Standard BPMN, sodass die Kommunikation zwischen den Stakeholdern auf Basis einer gemeinsamen Sprache sichergestellt wird.

Leider fehlt in diesem Ansatz der Bezug zu Architekturansätzen und Entwurfsmustern (z. B. zur Integration benötigter Systeme), was in der Praxis oft dazu führt, dass die Entwickler nicht zielführende Ergebnisse liefern. Auch die durch diesen Ansatz resultierenden zu flachen Detailprozesse führen zu Problemen bei der Beschreibung (Unübersichtlichkeit) sowie bei der Erweiterbarkeit von Ende-zu-Ende-Prozessen. Denn diese sind zumeist sehr umfangreich.

Auch die unklare Darstellung eines Fachprozesses durch die verschiedenen Sichten und Verantwortlichkeiten dieses Prozesses führen zu einem unübersichtlichen Gesamtbild. Die daraus resultierende steigende Komplexität des Prozessmodells führt zu meiner Empfehlung, diesen Ansatz nicht zu verfolgen.

3.3 Der Prozessgesteuerte Ansatz

An dieser Stelle beschreibe ich den *Prozessgesteuerten Ansatz* nach Volker Stiehl mit seinen wesentlichen Prinzipien. Eine genauere Übersicht über diesen Ansatz und die *Prozessgesteuerte Architektur* finden Sie in Kapitel 4, »Die Prozessgesteuerte Architektur«.

Ich beschreibe den Ansatz in Abschnitt 3.3.1. Im darauffolgenden Abschnitt beschäftige ich mich dann kritisch mit diesem Ansatz.

3.3.1 Erläuterung des Ansatzes

Der Prozessgesteuerte Ansatz nach Volker Stiehl fokussiert sich auf die Implementierung von fachlichen Ende-zu-Ende-Prozessen mit *BPMN* und BPMN-basierten Workflow-Management-Systemen bzw. BPMN-Process-Engines. Mithilfe der BPMN wird die fachliche Prozessablauflogik sehr präzise beschrieben – das verwendete Workflow-Management-System bzw. die verwendete BPMN-Process-Engine muss also einen sehr breiten Umfang der BPMN unterstützen.

Folgende Prinzipien liegen dem Prozessgesteuerten Ansatz zugrunde (vgl. (Stiehl, et al., 2019), S. 53–54):

- **Partnerschaftliche Zusammenarbeit zwischen Fachexperten und IT:** Fach- und IT-Experten arbeiten gemeinsam den fachlichen Prozess aus. Die IT-Experten müssen dabei sein, um die Fachlogik für die Umsetzung zu verstehen. Die enge Zusammenarbeit zwischen Fachbereich und IT ermöglicht eine effizientere Arbeitsweise.
- **Prozessdenken:** Die Beteiligten müssen das Denken in fachlichen Prozessen erlernen und anwenden. Dabei ist die Berücksichtigung der Bedeutungen sowohl der BPMN-Elemente als auch der erforderlichen Details für das Workflow-Management-System bzw. die BPMN-Process-Engine entscheidend. Diese Denkweise in BPMN wird direkt als Basis für die Ausführung in einem Workflow-Management-System bzw. in der BPMN-Process-Engine verwendet. Es gibt kein anderes Prozessmodell im Workflow-Management-System, das oft in der Praxis auch als *technisches Prozessmodell* bezeichnet wird.
- **Prozessmethodik:** Fachliche Prozesse werden konsequent *top-down* erarbeitet. Damit ist die Ableitung aller Anforderungen aus dem fachlichen Prozess gemeint. Dies umfasst beispielsweise die relevanten Prozessdaten, relevante Informationen auf einem Formular einer Benutzeraufgabe sowie Anforderungen an benötigte externe Systeme. Dabei sollte möglichst mit dem SOLL-Prozess begonnen werden, ohne bisherige Organisationsgrenzen zu berücksichtigen. Auch sollten bei der Erarbeitung des fachlichen Prozesses keine spezifischen Features von Systemen im Fokus stehen. Begründen lässt sich dies damit, dass systemspezifische Features zukünftige Business-Ziele verhindern könnten. Denn dadurch würde man sich als Unternehmen auf die Grenzen eines Systems beschränken. Außerdem gehört zur Prozessmethodik auch die hierarchische Vorgehensweise vom Allgemeinen zum Speziellen zur fachlichen Modularisierung, so wie sie Bruce Silver (Silver, 2011) in seinem Buch »BPMN Method & Style« diskutiert (vgl. (Stiehl, 2013), S. 65). Sie werden diesen Ansatz in Kapitel 6, »PDA-Layer: Die Fachprozess-Sicht erarbeiten«, kennenlernen.

- **Referenzarchitektur als Blueprint:** Der Prozessgesteuerte Ansatz liefert eine Vorlage für die Architektur. Dieser berücksichtigt allgemeine Architekturprinzipien, die die Flexibilität und Anpassbarkeit der Prozesse und IT-Technologien ermöglichen.
- **Prozessentwicklung:** Nachdem der fachliche Prozess erarbeitet wurde, kann die Prozessentwicklung parallel erfolgen. Das bedeutet: Designexperten für Benutzeroberflächen, Entwickler für die Fachlogik und Integrationsexperten können parallel auf Basis der Prozessanforderungen entwickeln.

  Dies wird mit dem Architekturprinzip *Trennung nach Verantwortlichkeiten* (engl. *Separation of Concerns*) umschrieben.
- **Prozessrelevante Technologien:** Der Ansatz setzt im Kern BPMN-basierte Workflow-Management-Systeme, Business-Rule-Management-Systeme für die Entscheidungsausführung, Integrationssoftware oder -plattformen sowie Messaging-Systeme ein. Oft gibt es bereits Open-Source-Produkte, die eine niedrige Einstiegshürde bieten, sodass Unternehmen ohne große Kosten mit dem Prozessgesteuerten Ansatz beginnen können.

3.3.2 Kritische Bewertung

In diesem Abschnitt geht es um die kritische Bewertung des vorgestellten Implementierungsansatzes.

Pro

- **Herstellerunabhängiger Ansatz:** Der Ansatz ist unabhängig vom jeweiligen Hersteller des Workflow-Management-Systems. Die Systeme müssen lediglich einen sehr breiten Umfang des BPMN-Standards unterstützen.
- **Unabhängigkeit von der Komplexität fachlicher Prozesse und Unternehmensgrößen sowie Branchen:** Der Ansatz ist für jedes Unternehmen, jede Branche und jeden Grad an fachlicher Prozesskomplexität einsetzbar. Damit ist der Ansatz sehr flexibel.
- **Referenzarchitektur als Blueprint:** Die mitgelieferte Referenzarchitektur kann direkt als Basis für die eigene Entwicklung verwendet werden. Dadurch reduzieren sich die üblichen Architekturdiskussionen im Unternehmen.
- **Transparenz und Kommunikationseffizienz durch den Standard BPMN:** Der Standard BPMN steht hier im Mittelpunkt. Dank dieses Standards wird die fachliche Prozessablauflogik für die verschiedenen Stakeholder wie Fachexperten und IT-Experten (Entwickler und im Betrieb) transparent. Zudem steigert sich durch eine einheitliche Sprache für die fachliche Prozessablauflogik zwischen Fachexperten und IT-Experten die Kommunikationseffizienz.
- **Trennung zwischen Fachlogik und Systemlandschaft:** Durch die Anwendung der Methodik und der Referenzarchitektur des Prozessgesteuerten Ansatzes erhält ein Unter-

nehmen Flexibilität und Anpassbarkeit hinsichtlich der fachlichen Prozesse und der IT-Technologien (Systemlandschaft).

- **Qualität der Software:** Wir erzeugen eine qualitativ hochwertige Software. Dabei steht die Komponentenbildung im Mittelpunkt, wobei jede Komponente aus fachlicher Perspektive zugeschnitten und ihre Funktionalität klar definiert ist. Jede Komponente kann jederzeit individuell ausgetauscht werden. Dies hat wiederum den Vorteil, dass sich ein neuer Mitarbeiter in der Software ohne große Einarbeitung zurechtfindet. Dabei stellt der fachliche Prozess in BPMN die »Straßenkarte« zur Orientierung in der Software dar.
- **Nachhaltigkeit der Software:** Nachhaltige Software zeichnet sich durch ihr hohes Maß an Änderungsmöglichkeiten aus. Denn Software neigt über die Zeit dazu, nicht mehr wartbar zu sein. Zu viel unnötiger Code erschwert die Wartbarkeit, sodass sich niemand traut, den Code zu ändern. Denn alle Auswirkungen der Änderungen lassen sich nicht mehr überblicken, und niemand kann mögliche Seiteneffekte ausschließen. Damit sind wir am Punkt *Never change a running system* angekommen. Genau das kann bei Applikationen, die auf dem Prozessgesteuerten Ansatz basieren, nicht mehr passieren.

Kontra

- **Aufwand für die Implementierung der Prozessgesteuerten Architektur:** Wenn Sie den Ansatz kritisch betrachten, könnten Sie den Nachteil der Prozessgesteuerten Architektur im Aufwand zu ihrer Implementierung sehen. Der Aufwand entsteht durch die verschiedenen Architekturbestandteile, wie z. B. die Anwendung der Industrie-Best-Practices, lose Kopplung und die asynchrone Kommunikation mittels Messaging-System im Kontext der Systemintegration. Allerdings wird dieser Aufwand wieder durch die nachhaltige Entwicklung der Fachprozessanwendung gerechtfertigt (d. h. durch den Fokus auf die Erst- und die zukünftige Weiterentwicklung).

  So stellt eine langfristige Anwendungsbetreuung kontinuierliche Kosten dar. Die Werbung fokussiert sich lediglich auf die Erstimplementierung, die eine Einmalinvestition ist. Die kontinuierlichen Kosten für die langfristige Anwendungsbetreuung werden im Marketing der Softwarehersteller hingegen gern außer Acht gelassen. Ich gebe jedoch zu bedenken, dass solche Anwendungen einen Lebenszyklus von ca. 10 bis 20 Jahren haben. Zudem ist es wichtig, dass Ihre Fachprozessanwendung über die gesamte Lebenszeit erweiterbar und anpassbar bleibt. Denn diese enthält Ihre kritischen Fachprozesse, die entscheidend für Ihr Geschäft sind.

3.3.3 Fazit

Der *Prozessgesteuerte Ansatz* nach Volker Stiehl fasst die gegenwärtigen Best Practices zur Erarbeitung fachlicher Prozesse, zu einer agilen Arbeitsweise (Stichwort *partnerschaftliche Zusammenarbeit*) und mit Blick auf die Softwarearchitektur zu einem ganzheitlichen Ansatz zusammen. Mit diesem Ansatz lassen sich sowohl Prozessanwendungen entwickeln (im Kontext der Prozessimplementierung mithilfe von Workflow-Management-Systemen bzw. BPMN-Process-Engines) als auch flexible Individualanwendungen. In diesen Individualanwendungen können Softwarehersteller die fachliche Prozessablauflogik flexibel anpassen.

Im Gegensatz zu den bisher vorgestellten Ansätzen (vgl. Abschnitt 3.1, »Unterscheidung zwischen dem fachlichen und dem technischen Prozessmodell«, und Abschnitt 3.2, »Das Camunda BPMN-Framework«), die zwischen den fachlichen und technischen Sichten unterscheiden und keine ganzheitliche Methodik inklusive Architektur berücksichtigen, wird beim Prozessgesteuerten Ansatz nach Volker Stiehl eine Referenzarchitektur mitgeliefert. Im Fokus steht der fachliche Prozess aus Sicht der Fachexperten, der einheitlich in BPMN beschrieben wird und von einem BPMN-basierten Workflow-Management-System so als Basis für die Ausführung verwendet wird. Anforderungen an die Systemlandschaft werden von dem fachlichen Prozess abgeleitet. Diese Anforderungen müssen entweder von den in den Unternehmen bereits existierenden Systemen geliefert oder durch Neuentwicklung entsprechend implementiert werden.

Die Implementierung der Umsetzung der fachlichen Anforderungen an die Systeme erfolgt mit dem *Adapter*-Entwurfsmuster (Schicht *Servicevertrag-Implementierungsschicht*, vgl. Kapitel 4, »Die Prozessgesteuerte Architektur«).

Es ist keine Übersetzung in ein *technisches Prozessmodell* erforderlich, was die Umsetzung effizienter gestaltet. Der fachliche Prozess wird in der Prozessanwendung ausgeführt. Dieser Ansatz mag für viele Menschen im ersten Moment irritierend erscheinen, da sie sich über Jahrzehnte an die Systeme im Unternehmen gewöhnt haben. Allerdings ist der Ansatz enorm bedeutsam, wenn eine Organisation in Zukunft flexibel auf neue Kundenanforderungen reagieren und offen für neue Geschäftsmodelle sein möchte. Die damit entstehende Handlungsfähigkeit der IT entscheidet in Zukunft über die Wettbewerbsfähigkeit einer Organisation.

Kapitel 4
Die Prozessgesteuerte Architektur

Aus der Architektur-Perspektive lassen sich die Bestandteile des Prozessgesteuerten Ansatzes am besten erforschen.

Fragen, die dieses Kapitel beantwortet:

- Welche Prinzipien liegen der Prozessgesteuerten Architektur zugrunde?
- Welche Bestandteile umfasst die Prozessgesteuerte Architektur?

4.1 Übersicht

Die Prozessgesteuerte Architektur bringt klare Zuständigkeiten, Flexibilität, Transparenz, Qualität, Nachhaltigkeit und Effizienz. Somit kann sie in jede IT-Landschaft integriert werden, und vorhandene Funktionalitäten können wiederverwendet werden. Das heißt, ein Ziel der Prozessgesteuerten Architektur ist es, die Wiederverwendbarkeit der Funktionalität – der Fachprozesse oder des Fachprozesses – zu erreichen und nicht etwa die Wiederverwendbarkeit von Schnittstellen.

Der Fokus liegt auf der konsequenten Umsetzung der Geschäftsstrategie des Unternehmens und damit auf den fachlichen Prozessen, die zur Erreichung genau dieser Geschäftsstrategie beitragen. Alle systemspezifischen Details werden dazu in eine separate Schicht ausgelagert: in die *Servicevertrag-Implementierungsschicht*.

Wichtig ist: Der *Fachprozess bleibt in seiner Struktur möglichst unverändert*, also so, wie die Fachexperten ihn geschaffen haben, und auch die Kontrolle bleibt in der Verantwortung der Fachexperten (vgl. (Stiehl, 2013), S. 68–87). Dies hat folgende Vorteile: Die Fachexperten übernehmen Verantwortung für ihre fachlichen Prozesse, und damit erhöht sich auch die Akzeptanz der zukünftigen IT-Lösung.

Welche zentralen Architekturprinzipien und Entwurfsmuster liegen der Prozessgesteuerten Architektur zugrunde?

- **Separation of Concerns:** Dadurch werden Verantwortlichkeiten in einer Applikation getrennt. Einerseits werden die Verantwortlichkeiten der Fachlogik durch die PDA-Schicht und die externen systemspezifischen Details durch die Servicevertrag-Implementierungsschicht getrennt. Andererseits werden Persistenz, Services, Entscheidungen, Benutzeroberflächen, Prozesse, Integration, Eventing etc. voneinander getrennt. Dies ermöglicht maximale parallele Entwicklung, sobald der Fachprozess mit dem Fachexperten erarbeitet wurde.

- **Lose Kopplung:** Bei einer hohen *losen Kopplung* adressiert dieses Prinzip die Interaktionsfähigkeit von Systemen, ohne dass diese spezifische Details über die anderen Systeme kennen müssen. Die lose Kopplung erhöht zudem die Robustheit des Gesamtsystems und ist die Basis für Skalierbarkeit. Gleichzeitig erhöht sie die Flexibilität (leichte Austauschbarkeit einzelner Komponenten) und die Fehlertoleranz. Das Prinzip der losen Kopplung ist aufgrund seiner vielen Vorteile also ein wesentlicher Bestandteil der Prozessgesteuerten Architektur. Dies wird über die Servicevertrag-Implementierungsschicht zu den externen Systemen (Backend-Schicht) umgesetzt. Bei einer Änderung der Systemlandschaft muss lediglich in dieser Schicht die Verbindung zum konkreten System ausgetauscht werden. Die *Prozessgesteuerte Anwendung* bleibt davon unberührt.
- **Adapter-Entwurfsmuster:** Dieses Muster hilft uns, wenn uns die fachlichen Anforderungen aus der *Prozessgesteuerten Anwendungsschicht* vorliegen und wir diese Anforderungen auf die systemspezifische Schnittstelle eines externen Systems abbilden müssen (vgl. auch (Starke, 2020), S. 131–132). Dadurch lässt sich in hohem Maße eine *lose Kopplung* zu Systemen erzielen.

Um das Ziel zu erreichen, besteht die *Prozessgesteuerte Architektur* aus drei Schichten (siehe Abbildung 4.1):

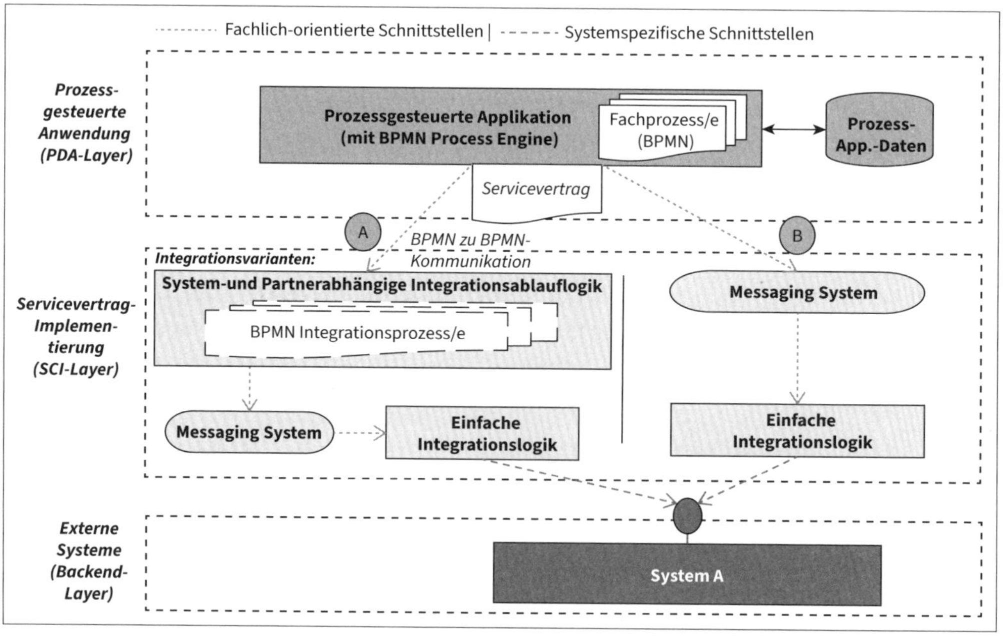

Abbildung 4.1: Die Prozessgesteuerte Architektur (in Anlehnung an (Stiehl, et al., 2019), S. 43)

1. aus der *Prozessgesteuerten Anwendung*, engl. *Process-driven Application (PDA)* (vgl. Abschnitt 4.2, »Die Schicht »Prozessgesteuerte Anwendung««).

   Ein wichtiges Konzept ist der *Servicevertrag*, engl. *Service Contract (SC)* (vgl. Abschnitt 4.3, »Der Servicevertrag«). Er ist Bestandteil der Prozessgesteuerten Anwendung.
2. aus der *Servicevertrag-Implementierungsschicht*, engl. Service Contract Implementation Layer (SCIL; vgl. Abschnitt 4.4, »Die Servicevertrag-Implementierungsschicht«)
3. aus der *Backend-Schicht*, engl. *Backend Layer*. Diese Ebene ist in den meisten Unternehmen vorhanden und wird durch die eigenen Anwendungssysteme oder Microservices repräsentiert. In ihnen liegen die Informationen und Funktionalitäten vor, auf denen die prozessgesteuerte Anwendung operiert. Der Backend Layer ist keine besondere Schicht im Rahmen dieser Architektur, sodass auf ihn nicht weiter eingehen werde.

Entwickler und Architekten sollten verstehen, welche Deployment-Einheiten physisch entstehen. Dies beschriebe ich in Abschnitt 4.5, »Die physische Verteilungssicht«.

Zur Umsetzung der Prozessgesteuerten Architektur sind folgende Aspekte erforderlich:

- **Fundierte Anwendungskenntnisse der Business Process Model and Notation (BPMN) und der Best Practices**, um die Prozessablauflogik zu beschreiben (vgl. Kapitel 2, »Einführung in die Prozessmodellierung mit BPMN 2.0.2 und DMN 1.3«)
- **Ein BPMN-basiertes Workflow-Management-System**, das sich in die Prozessgesteuerte Anwendung einbetten lässt. Dieses System stellt die Grundlage für die Ausführung der BPMN-basierten fachlichen Prozesse dar. Dabei ist es zentral, dass das Workflow-Management-System idealerweise sämtliche Elemente der BPMN-Palette zwecks der Modellierung von fachlichen Prozessen und der Integrationsprozesse unterstützt (vgl. Kapitel 1, »Einführung«).
- **Ein Decision-Management-System**[1] zur Verwaltung und Implementierung von Entscheidungen. Ich empfehle, die *Decision Model and Notation (DMN)* als unabhängigen Standard zur Beschreibung von Entscheidungen zu verwenden (vgl. Kapitel 1 und Kapitel 2).
- **Eine Integrationssoftware bzw. ein Integrationsframework**, das allgemeine *Integrationspatterns* unterstützt, wie im Buch von (Hohpe & Woolf, 2004) beschrieben. Darüber lassen sich die externen Systeme im Unternehmen zentral anbinden.
- **Ein Messaging-System** zur Realisierung der losen Kopplung zu Anwendungssystemen und zur asynchronen (also zeitlich versetzten) Kommunikation.

---

1 Einige kennen diese Art von Systemen vermutlich noch unter dem Begriff *Geschäftsregel-Management-Systeme* (engl. *Business Rule Management Systems*). Heute spricht man von *Decision Management Systems*. Es geht um fachliche Entscheidungen, die ausgeführt werden. Geschäftsregeln sind Bestandteil einer Entscheidung.

4.2 Die Schicht »Prozessgesteuerte Anwendung«

Die Schicht *Prozessgesteuerte Anwendung (PDA)* beinhaltet die *Fachprozesse* der Anwendung, also ihre fachliche Prozessablauflogik zu einer bestimmten *Domäne*. Eine Domäne ist ein fachliches Anwendungsgebiet (vgl. auch (Evans, 2004), S. 512). Anders ausgedrückt, handelt es sich bei den »Fachprozessen« in der Prozessgesteuerten Anwendung um system- und partnerunabhängige fachliche Ablauflogik.

Dabei kann eine Prozessgesteuerte Anwendung einen oder auch mehrere fachliche Prozesse umfassen. Die fachlichen Prozesse werden mithilfe der Fachexperten in BPMN beschrieben. Genau so, wie diese Prozesse grafisch und in syntaktisch korrekter sowie methodisch angewendeter BPMN beschrieben vorliegen, werden sie von dem BPMN-basierten Workflow-Management-System ausgeführt. Mehr zur richtigen Anwendung von BPMN finden Sie in Abschnitt 2.1, »Prozesse mit BPMN beschreiben«.

Zum Beispiel können zur Domäne *Human Resources* folgende fachliche Prozesse gehören: *Urlaub beantragen*, *Dienstreise beantragen*, *neue Mitarbeiter einstellen* etc.

Zudem hat jede prozessgesteuerte Anwendung genau eine Datenbank, in der die zur Anwendung gehörenden fachlichen Daten gespeichert werden.

Prozessgesteuerte Anwendung (Process-driven Application, PDA):

Eine PDA zeichnet sich dadurch aus, dass sie einen oder mehrere fachliche Prozesse unterstützt. Dabei handelt es sich um Ende-zu-Ende ausgerichtete fachliche Prozesse, die für das Unternehmen Wettbewerbsvorteile erzielen. Die im Unternehmen bereits vorhandenen Daten und Funktionalitäten in Anwendungssystemen werden wiederverwendet (vgl. (Stiehl, 2013), S. 24).

Eine PDA weist folgende Eigenschaften auf (vgl. (Stiehl, 2013), S. 24–29):

- Bei einer PDA liegt der Fokus der fachlichen Prozesse auf der Differenzierung von Mitbewerbern und auf der Erzielung von Wettbewerbsvorteilen. Es ist nicht das Ziel, Standardprozesse zu implementieren.
- Existierende Funktionalitäten werden wiederverwendet.
- Es werden keine Änderungen an den anzubindenden Anwendungssystemen vorgenommen.
- Eine PDA ist stets lose an die Anwendungssysteme gekoppelt, an die sie angebunden wird. Eine PDA arbeitet nur auf den Daten, die sie fachlichen benötigt. Das Datenmodell wird auf Basis der fachlichen Anforderungen ermittelt. Es sind keine systemspezifischen Daten enthalten.
- Im Rahmen einer PDA werden auch Benutzeraufgaben koordiniert. Zur Interaktion von Benutzern mit der PDA werden rollenspezifische Benutzeroberflächen genutzt (z. B. Weboberflächen).

Die fachlichen Prozesse der PDA werden mithilfe der BPMN in einem Detaillierungsgrad beschrieben, der ausreicht, um sie von einem BPMN-basierten Workflow-Management-System ausführen lassen zu können. Die zur PDA gehörende Funktionalität wird intern von der Anwendung implementiert. Bei der Implementierung ist die *komponentenbasierte Implementierung* von wesentlicher Bedeutung (vgl. dazu Kapitel 8, »Die Prozessgesteuerte Architektur implementieren«). Natürlich lassen sich auch Skripte (*Script Task*) im Rahmen der Prozessausführung durch das Workflow-Management-System verwenden (vgl. dazu Abschnitt 2.1.5, »Die Aufgabentypen«). Zudem lassen sich auch die zur Prozessgesteuerten Anwendung gehörenden Regeln in Geschäftsregel-Management-Systemen zur internen Implementierung zählen, sofern diese nicht global (zentral) bereitgestellt werden.

Checkliste: Was gehört zur PDA- oder zur Servicevertrag-Implementierungs-Schicht?

Die Frage, in welcher Schicht eine Anforderung einzuordnen ist, ist abhängig davon, **wer** die Anforderung oder Ablauflogik anfragt:

1. **Fall: Die Fachexperten:** Wenn die Anforderung oder Ablauflogik von den Fachexperten kommt, dann ist diese Anforderung oder Ablauflogik Teil des Fachprozesses und damit des PDA-Layers.

   Beispiel: Im Rahmen des Beschaffungsprozesses wollen die Fachexperten die Bestellanfragen zu einem Produkt zunächst bis zu einem bestimmten Zeitpunkt sammeln, um erst dann die Bestellung konsolidiert an den Lieferanten abzuschicken. Damit wollen die Fachexperten einen Rabatt für die große Bestellmenge zu den jeweiligen Produkten erhalten.

2. **Fall: Ein System oder ein externer Partner:** Wenn die Anforderung oder Ablauflogik von einem System oder einem externen Partner verlangt wird, dann ist diese Anforderung oder Ablauflogik Bestandteil der Servicevertrag-Implementierungsschicht (SCI-Layer).

   Beispiel: Im Rahmen des Beschaffungsprozesses erwartet der Lieferant, dass Ihr Unternehmen (als sein Kunde) zum Ende des Tages eine Sammelbestellung zu den erforderlichen Produkten schickt. Das heißt, er wünscht keine Einzelbestellungen, die aus verschiedenen Abteilungen Ihres Unternehmens über den Tag verteilt eintreffen.

Wir beleuchten die Erarbeitung der fachlichen Prozesse sowie des Servicevertrags auf Basis der fachlichen Prozesse in Kapitel 6, »PDA-Layer: Die Fachprozess-Sicht erarbeiten«, und anschließend die Implementierung in Kapitel 8, »Die Prozessgesteuerte Architektur implementieren«.

4.3 Der Servicevertrag

Externe Systeme oder globale Services haben niemals direkten Kontakt zur Prozessgesteuerten Anwendung (PDA; vgl. (Stiehl, 2021), S. 13).

Auf Basis der fachlichen Anforderungen des Prozesses werden die Anforderungen an die externen Systeme und globalen Services definiert. Diese Anforderungen an die Außenwelt werden im Servicevertrag festgehalten (vgl. (Stiehl, 2013), S. 105). Wichtig ist, dass die erforderlichen Daten im *Servicevertrag* auf dem fachlichen Datenmodell der PDA basieren (vgl. (Stiehl, 2013), S. 105–106).

Dies bedeutet, dass keine systemspezifischen Daten Einzug in die Beschreibung der fachlichen Prozesse der PDA finden (vgl. (Stiehl, 2013), S. 105–106). Um die Form, in der der Servicevertrag beschrieben wird, geht es in Kapitel 6, »PDA-Layer: Die Fachprozess-Sicht erarbeiten«.

Bei dem Servicevertrag handelt es sich um ein konzeptionelles Konstrukt. Der Servicevertrag der PDA ist von der IT über die Servicevertrag-Implementierungsschicht von den externen Systemen (Backend-Schicht) bereitzustellen (vgl. Abschnitt 4.4, »Die Servicevertrag-Implementierungsschicht«). Zu beachten ist allerdings, dass bei den Services des Servicevertrags nicht primär die Wiederverwendbarkeit im Fokus steht (vgl. (Stiehl, 2013), S. 106).

Im folgenden Kasten fasse ich die zentralen Merkmale des Servicevertrags einer prozessgesteuerten Anwendung zusammen (vgl. (Stiehl, 2013), S. 359):

Der Servicevertrag (Service Contract, SC)

- Der Servicevertrag wird auf Basis der fachlichen Anforderungen der *Prozessgesteuerten Anwendung (PDA)* ermittelt.
- Er beinhaltet die relevanten Felder aus Perspektive der prozessgesteuerten Anwendung (PDA). Dabei basieren die Definitionen der Felder auf dem fachlichen Datenmodell der PDA.
- Die Schnittstellen des Servicevertrags haben nicht den Anspruch auf Wiederverwendbarkeit, sondern liefern fachliche Anforderungen. Dabei repräsentieren die Schnittstellen die bidirektionalen fachlichen Anforderungen der PDA – d. h. *was die PDA braucht* und *was die PDA zur Verfügung stellt.*

Zwischen den einzelnen Schichten der Prozessgesteuerten Architektur gelten im Kontext des Servicevertrags folgende Beziehungen (vgl. (Stiehl, 2013), S. 106, und siehe Abbildung 4.2):

1. *Eine prozessgesteuerte Anwendung besitzt maximal einen Servicevertrag*. Sie kann aber auch keinen Servicevertrag besitzen, wenn die Prozessgesteuerte Anwendung keine vorhandene Funktionalität verwendet (1:1).

2. *Ein Servicevertrag umfasst mindestens einen Service* (1:*n*).
3. *Ein Service umfasst mindestens eine Schnittstellenoperation* (1:*n*).
4. Abhängig von der Systemlandschaft *kann ein Servicevertrag einer PDA mehrere Implementierungen besitzen*. Dies ist davon abhängig, ob ein und dieselbe PDA in unterschiedlichen Systemlandschaften eingesetzt werden soll.

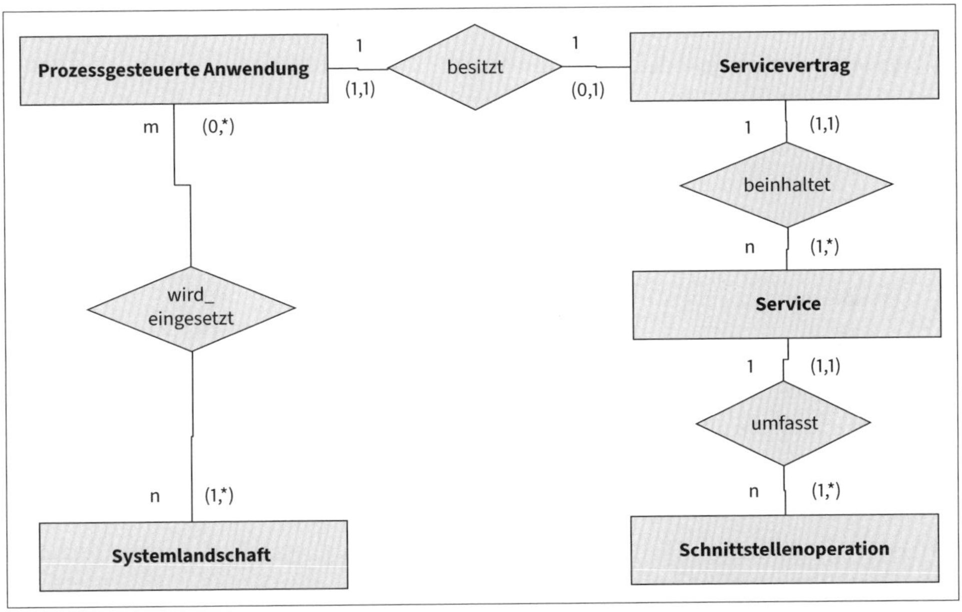

Abbildung 4.2: Beziehungen der Schichten/Konzepte der Prozessgesteuerten Architektur

4.4 Die Servicevertrag-Implementierungsschicht

Nachdem die Prozessgesteuerte Anwendung erarbeitet wurde, ist aus fachlicher Perspektive ein Bedarf an Informationen aus einem oder mehreren in der Systemlandschaft vorhandenen Anwendungssystemen entstanden. Des Weiteren kann die Anforderung auch von einem externen Partnersystem erbracht werden. Diese fachliche Schnittstellenanforderung wird im Servicevertrag der Prozessgesteuerten Anwendung festgehalten (vgl. Abschnitt 4.3, »Der Servicevertrag«).

Theoretisch können Sie die benötigten Anwendungssysteme aus einer Systemlandschaft auch direkt in die Prozessgesteuerte Anwendung einbinden. Viele Hersteller von Workflow-Management-Systemen werben mit ihrer umfangreichen Unterstützung von spezifischen System-Konnektoren und der Einfachheit der Anbindung. Leider fallen viele Menschen in Unternehmen auf diese Werbung herein und verwenden direkt diese Konnektoren aus ihren Fachprozessen heraus. Damit ist zwar die Erstimplementierung schnell umgesetzt, doch zukünftige Wartungen und Weiterentwicklungen der Anwendung[2] werden erschwert, und das Unternehmen wird in seiner Agilität und Flexibilität deutlich gebremst oder sogar blockiert.

Denn stellen wir uns vor, 1000 Anwendungen nutzen einen ChatGPT-Konnektor, um bestimmte Erkenntnisse im Rahmen der Anwendung zu verarbeiten. Sie nutzen dieselben technischen Schnittstellen. Nun stellen wir uns vor, dass der Anbieter das Lizenzmodell anpasst und die Preise enorm erhöht. Also entscheidet sich das Unternehmen, diesen Service gegen einen anderen auszutauschen. Daraufhin beginnt die IT mit dem umfangreichen Migrationsprojekt des bisherigen *ChatGPT*-Service auf den anderen Service. Während dieses ohnehin schon umfangreichen Migrationsprojektes muss die IT natürlich noch ihren anderen Anforderungen gerecht werden. So muss sie

- die Anpassungen vorhandener fachlicher Prozesse an geänderte Rahmenbedingungen durchführen und
- sich um die Neuentwicklung fachlicher Prozesse zur Verbesserung der Wettbewerbsfähigkeit kümmern.

Die Konsequenz ist, dass die IT während des Migrationsprojekts nicht handlungsfähig ist. Denn die meisten Ressourcen stecken ja im umfangreichen Migrationsprojekt. Dazu gehört auch, dass die oben beschriebenen technischen Schnittstellen zum bisherigen *ChatGPT*-Service in den 1000 Anwendungen gegen die technische Schnittstelle zum neuen entsprechenden Service ausgetauscht werden müssen.

Man kann diese Geschichte noch weiterspinnen: Dies alles verschlingt enorme Ressourcen, nur um das Unternehmen weiterhin betriebsfähig zu halten. Auf neue Anforderungen kann das Unternehmen in einer solchen Phase ohnehin nicht mehr eingehen. Dementsprechend sollte nachvollziehbar sein, dass die direkte Anbindung von Systemen aus BPMN-basierten Fachprozessen kontraproduktiv ist: Sie erschweren die Wartung, behindern die Flexibilität bei der Anpassbarkeit der Prozesse, wenn fachliche Änderungen eintreten, und schränken zusätzlich die Handlungsfähigkeit der IT ein.

Zu allem Übel kommt hinzu, dass durch eine solche Vorgehensweise auch die komplexen Schnittstellen des Zielsystems in den Fachprozess eingebracht werden, was eine Menge Mapping-Aufgaben zur Folge hat. Das ist nicht die Aufgabe eines Fachprozesses, und die Lesbarkeit sowie Verständlichkeit des Fachprozesses werden für die Prozessbeteiligten erschwert.

Nachfolgend fasse ich die Merkmale der Servicevertrag-Implementierungsschicht in einem Kasten zusammen (vgl. (Stiehl, 2013), S. 109 und S. 111):

2 Anmerkung: In diesem Fall ist die Anwendung keine »Prozessgesteuerte Anwendung«, da sie nicht deren Prinzipien folgt.

Die Servicevertrag-Implementierungsschicht (engl. Service Contract Implementation Layer, SCIL)

Die Servicevertrag-Implementierungsschicht übernimmt die Implementierung des Servicevertrags in einer konkreten Systemlandschaft. Dies umfasst die Integrationsprozesse zu den jeweiligen Anwendungssystemen.

Die SCI-Schicht ist technologieabhängig; sie übernimmt insbesondere das Mapping und die Transformation des fachlichen Datenmodells von der prozessgesteuerten Anwendung auf die jeweiligen systemspezifischen Protokolle, Datentypen und -strukturen der Anwendungssysteme.

Die SCI-Schicht übernimmt die nachfolgenden Aufgaben gemäß *VETRO-Pattern* (vgl. auch (Juluri , 2018)):

- V*alidate*: Die erhaltene Nachricht wird validiert, ob sie den vereinbarten »Vertrag« oder die vereinbarte Struktur erfüllt.
- E*nrich*: Gegebenenfalls werden Informationen in der Nachricht für den externen Service bzw. das externe System ergänzt.
- T*ransform*: Die Nachricht wird vom Quellformat in das Datenformat des Ziel-Systems bzw. Ziels-Service umgewandelt.
- R*oute:* Es erfolgt die Weiterleitung der transformierten Daten an den externen Service bzw. an das externe System.
- O*perate:* Dies umfasst die transaktional gesicherte physische Übertragung über gegebenenfalls systemspezifische Konnektoren in die jeweiligen Zielsysteme.

Die Servicevertrag-Implementierungsschicht umfasst sämtliche systemspezifischen Aspekte wie Mapping und Transformation vom fachlichen Datenmodell der Prozessgesteuerten Anwendung zum systemspezifischen Datenmodell des Anwendungssystems. Ein Anwendungssystem wird immer über die Servicevertrag-Implementierungsschicht an die Prozessgesteuerte Anwendung angebunden. Dies gilt für beide Richtungen – also auch, wenn ein bereits existierendes IT-System (z. B. ein Chatbot) einen fachlichen Prozess innerhalb der Prozessgesteuerten Anwendung anstößt oder fortsetzt.

Um sie zu implementieren, kennt die Prozessgesteuerte Architektur zwei *Integrationsvarianten*. Diese sollen nachfolgend kurz vorgestellt werden (siehe Abbildung 4.1):

1. **System- und partnerabhängige Integrationsablauflogik (optional):** Dieser Bestandteil der Integration ist *optional*. Er ist nur erforderlich, wenn mindestens zwei Systemaufrufe betroffen sind. Dabei spielt es keine Rolle, ob die beiden Aufrufe an dasselbe System oder an unterschiedliche Systeme geschickt werden.

   In Integrationsszenarien, in denen die Integrationsablauflogik sowohl mit BPMN als auch mit der Integrationssoftware realisiert wird, ist die BPMN-basierte Variante zu bevorzugen. Denn mittels BPMN schaffen Sie Transparenz, was Ihre Integrationsablauflogik betrifft. Wir verzichten nur aus Performancegründen auf diesen BPMN-basierten

Integrationsprozess, wenn das WfMS die Masse der Nachrichten nicht verarbeiten kann. In diesem Fall wird auch die Integrationskomponente verwendet.

Wenn zur Umsetzung einer fachlichen Schnittstellenoperation lediglich ein externer Systemaufruf notwendig ist, greifen Sie auf die *einfache Integrationslogik* zurück (siehe den nächsten Punkt).

2. **Einfache Integrationslogik:** Diese Integrationsvariante ist immer vorhanden und verpflichtend als Bestandteil der Implementierung der Servicevertrag-Implementierungsschicht. Sie übernimmt die Integrationsaufgaben gemäß VETRO-Pattern (siehe die Infobox »Die Servicevertrag-Implementierungsschicht« oben). Somit kann die einfache Integrationslogik als alleinige Integrationsvariante oder als eine weitere Variante zusammen mit der *system- und partnerabhängigen Integrationsablauflogik* bestehen.

Auf die Details dieser beiden Integrationsvarianten gehe ich näher in Abschnitt 6.6.2, »Vorhandene Funktionalität aus der Systemlandschaft anfordern«, und in Kapitel 7, »SCI-Layer: Die Integrationssicht beschreiben«, ein. Die Implementierung selbst wird in Kapitel 8, »Die Prozessgesteuerte Architektur implementieren«, beschrieben.

4.5 Die physische Verteilungssicht

In der physischen Verteilungssicht spreche ich von *Deployment-Einheiten*. Wie diese letztendlich physisch aufgesetzt werden, spielt keine Rolle: So können alle Komponenten physisch auf einem Server oder auf unterschiedlichen Servern deployt werden. Meistens werden sie beispielsweise in eigenen *Containern* (z. B. mit Docker) aufgesetzt.

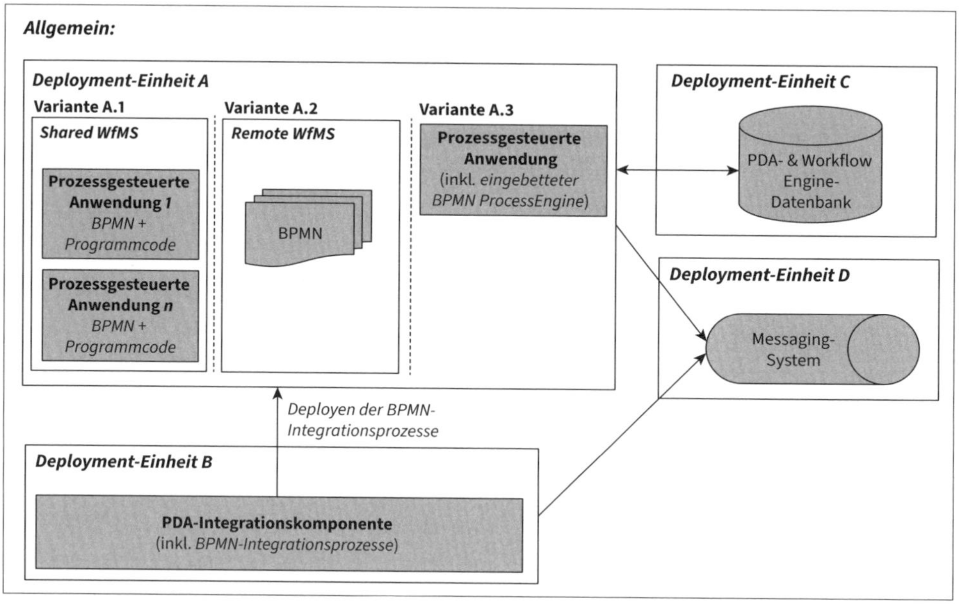

Abbildung 4.3: Die allgemeine Deployment-Sicht der Prozessgesteuerten Architektur

In den folgenden Abschnitten erläutere ich, wie sich die einzelnen Einheiten der Prozessgesteuerten Architektur physisch bereitstellen lassen (siehe dazu auch Abbildung 4.3).

4.5.1 Deployment-Einheit A »Prozessgesteuerte Anwendung«

Bei der Prozessgesteuerten Anwendung gibt es **verschiedene Varianten**, abhängig von der Art und Weise, wie das Workflow-Management-System im Verbund mit der Prozessgesteuerten Anwendung verwendet wird:

1. **Variante A.1: Shared Workflow-Management-System**

   Bei dieser Variante haben Sie ein zentrales Workflow-Management-System für unterschiedliche prozessgesteuerte Anwendungen. Das Workflow-Management-System wird wie ein Applikationsserver eingesetzt. Dabei kann es sich um einen Cloud- oder einen On-Premises-Applikationsserver handeln. Die einzelnen Prozessgesteuerten Anwendungen mit jeweils BPMN und zusätzlichem Programmiercode (z. B. für Datenhaltung, eigene zur Prozessgesteuerten Anwendung gehörende fachliche Komponenten – jedoch keine programmierte Prozessablauflogik) werden in dem *Shared Workflow-Management-System* deployt. Es ist entscheidend, dass die Ablauflogik der Prozesse durch das zentrale Workflow-Management-System zur Verfügung gestellt wird. Darum muss sich der Programmierer nicht mehr kümmern. Hier lassen sich in den BPMN-Service-Tasks die fachlichen Komponenten injizieren (vgl. Kapitel 8, »Die Prozessgesteuerte Architektur implementieren«).

2. **Variante A.2: Remote Workflow-Management-System**

   Bei der Variante mit einem *Remote Workflow-Management-System* lässt sich kein zusätzlicher Programmcode zum Aufruf der Geschäftslogik mit deployen (d. h. beispielsweise, innerhalb einer BPMN-Service-Task kann keine Anwendungslogik aufgerufen werden). Es kann lediglich der fachliche Prozess in BPMN deployt werden. Die zugehörige Implementierung der Fachlogik, z. B. zu einer BPMN-Service-Task, erfolgt außerhalb des Workflow-Management-Systems (WfMS). Dabei geht der PDA-Ansatz davon aus, dass jedes WfMS seinen eigenen Mechanismus bereitstellt, um die Prozessaufgabe außerhalb zu implementieren und die Interaktion mit dem Workflow-Management-System zu ermöglichen (wie beispielsweise bei *5Minds ProcessCube* oder der *Camunda*-BPM-Plattform mit den *External Task Clients* für die verschiedenen Programmiersprachen). Dabei wird in einer separaten physischen Komponente zur Prozessgesteuerten Anwendung für die Implementierung der fachlichen Aufgabenlogik die Geschäftslogik als separate Klasse implementiert. Diese Geschäftslogik-Klasse rufen Sie mit dem jeweiligen Mechanismus des Workflow-Management-Systems (WfMS) auf, um mit dem WfMS zu interagieren: zum Beispiel für das Abrufen der Prozessvariablen und für die Mitteilung, dass die Aufgaben erledigt sind (siehe Abbildung 4.4, *Fall A »neue Funktionalität«*). In dem Fall, dass Sie eine vorhandene Funktionalität wiederverwenden können (siehe Abbildung 4.4, *Fall B »Wiederverwendung existierender Funktionalität«*), würde ich hier die Informationen gemäß Servicevertrag an ein Messaging-

System senden und damit über die SCI-Schicht kommunizieren. Die genaue Implementierung erläutere ich in Kapitel 8, »Die Prozessgesteuerte Architektur implementieren«. Abbildung 4.4 veranschaulicht die einzelnen physischen Einheiten für den Fall eines Remote Workflow-Management-Systems.

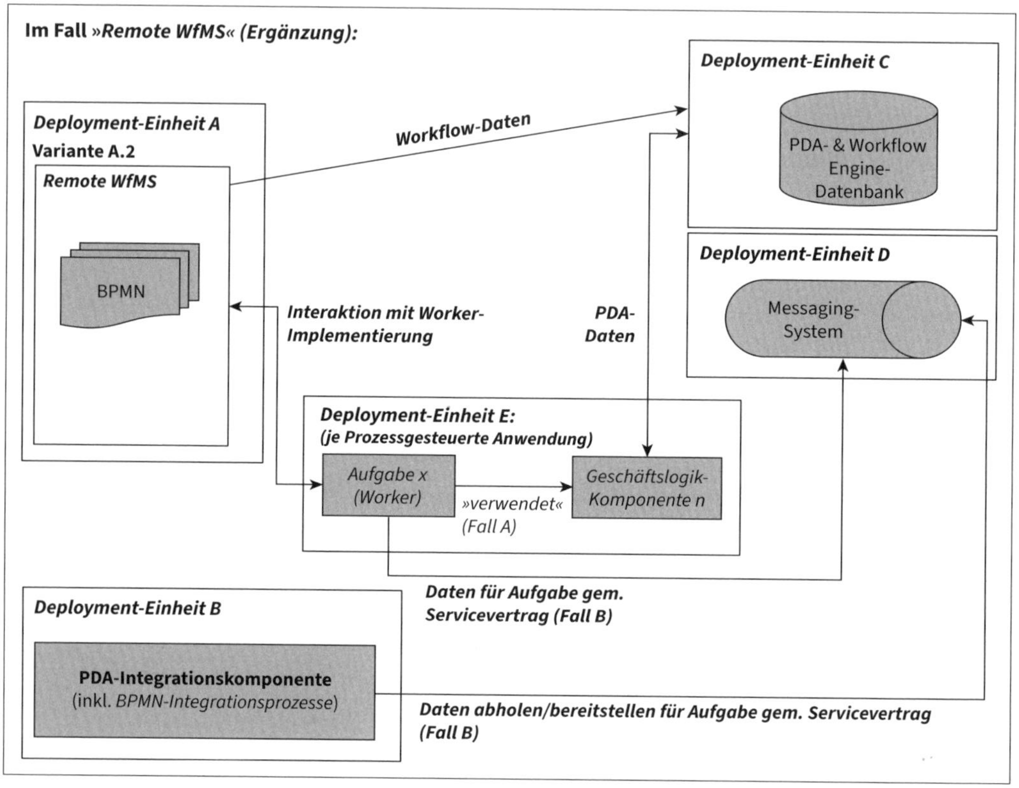

Abbildung 4.4: Die spezifische Deployment-Sicht der Prozessgesteuerten Architektur bei Verwendung eines Remote Workflow-Management-Systems

3. **Variante A.3: Eingebettete Process Engine**

   Hierbei ist die Process Engine in die Prozessgesteuerte Anwendung »eingebettet«. Mit »eingebettet« meine ich, dass die Process Engine wie eine Bibliothek eingebunden wird. Das bedeutet, für jede prozessgesteuerte Anwendung haben Sie eine eigene Process Engine. Damit haben Sie (ähnlich wie mit einem Microservice) eine kleine eigene deploybare Einheit: Die Anwendung und die Process Engine stellen zusammen eine physische Einheit dar.

4.5.2 Deployment-Einheit B: PDA-Integrationskomponente

Bei dieser Einheit handelt es sich um eine eigene Komponente für die Integration. Hier kann alles eingesetzt werden, was die Integration der PDA mit der »Außenwelt« gemäß Servicevertrag ermöglicht.

Dabei werden mithilfe dieser Integrationskomponente die zwei Integrationsvarianten abgebildet (vgl. Abschnitt 4.4, »Die Servicevertrag-Implementierungsschicht«):

1. system- und partnerabhängige Integrationsablauflogik
2. einfache Integrationslogik

Im Fall der *system- und partnerabhängigen Integrationsablauflogik* gehört der BPMN-Integrationsprozess zu dieser Integrationskomponente. Damit aber der fachliche Prozess in BPMN innerhalb des Workflow-Management-Systems der prozessgesteuerten Anwendung mit dem BPMN-basierten Integrationsprozess kommunizieren kann, muss dieser im selben Workflow-Management-System wie der fachliche Prozess deployt werden. Dazu wird aus der Integrationskomponente heraus zum Deployment des BPMN-Integrationsprozesses an das Workflow-Management-System der prozessgesteuerten Anwendung ein Schnittstellenaufruf realisiert, um den BPMN-Integrationsprozess in das Workflow-Management-System der PDA zu deployen.

In diesem Fall nutzen wir die BPMN-zu-BPMN-Kommunikation eines BPMN-basierten Workflow-Management-Systems (WfMS). Wenn Prozesse per BPMN Message Events oder BPMN-Sende- und Empfangsaufgaben kommunizieren, ist es einfach, innerhalb des WfMS die Kommunikation zwischen Prozessen umzusetzen. Da beide Prozesse unter der Kontrolle ein und desselben Workflow-Management-Systems stehen, muss der Hersteller dieses Systems die transaktional gesicherte Abwicklung beider Operationen (senden, empfangen) sicherstellen. Tritt bei der Kommunikation ein Fehler auf, muss der Zustand *vor* dem Versand der Nachricht wiederhergestellt und eine Fehlernachricht an den Betrieb generiert werden. Der Hersteller muss also eine sogenannte *Transaktionsklammer* für die betroffenen Prozesse einhalten.

Was bedeutet das konkret? Aus dem einen Prozess muss der Sende-Schritt sauber abgearbeitet werden, und der andere Prozess muss die Information korrekt empfangen. Das sind zwei zusammengehörige Aktionen, die gemeinsam erfüllt sein müssen (siehe Abbildung 4.5):

- 1. Aktion: Die *Senden*-Information kommt aus Prozess A und
- 2. Aktion: Prozess B muss die Information am Startereignis *empfangen* sowie den Prozess instanziieren.

Wenn innerhalb der Aktion 1 bei Prozess A ein Fehler auftritt, darf Prozess B den Prozess nicht instanziieren. Der Prozess A muss bei einem Fehler anhalten und einen Fehler melden. Wenn der Fehler behoben wird, muss die Aktion 1 neu gestartet werden. Mit anderen Worten: Entweder gelingt dieser Schritt ganz oder gar nicht.

Wenn man den Fach- und den Integrationsprozess physisch auf unterschiedlichen WfMS ablaufen lassen würde, müsste die korrekte Ausführung beider Aktionen überflüssigerweise durch den PDA-Entwickler sichergestellt werden. Das ist zusätzlicher Aufwand, den wir uns durch den Einsatz eines WfMS sparen können.

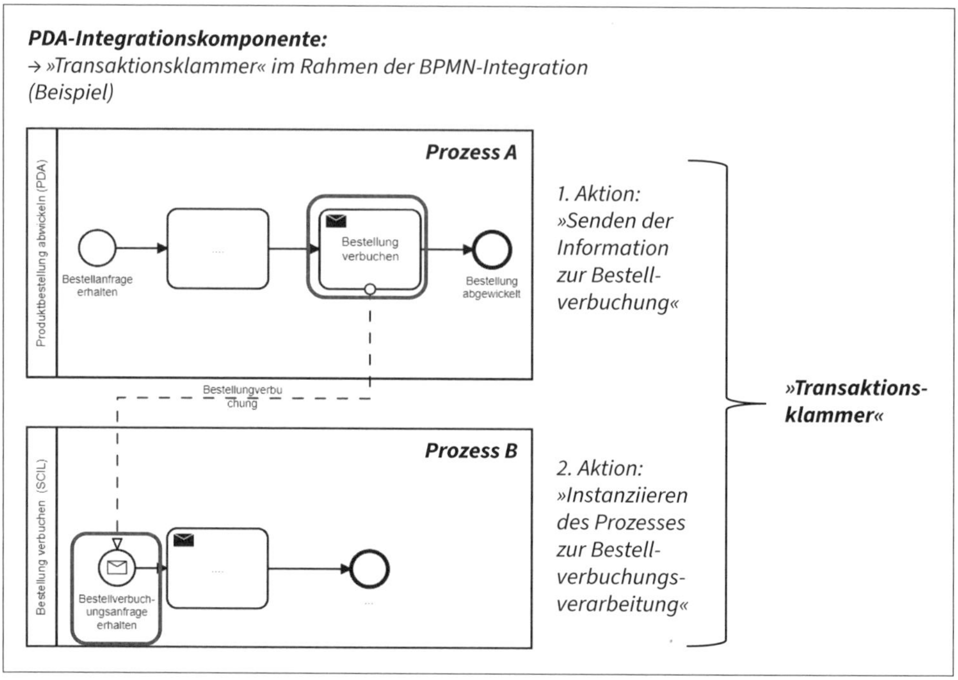

Abbildung 4.5: Bedeutung der »Transaktionsklammer« im Rahmen der BPMN-Integration (Beispiel)

Bei der system- und partnerabhängigen Integrationsablauflogik ist der Einsatz des BPMN-basierten Integrationsprozesses die bevorzugte Variante. Wir verzichten nur aus Performancegründen auf diesen BPMN-basierten Integrationsprozess – wenn also das WfMS die Masse der Nachrichten nicht mehr verarbeiten kann. In diesem Fall wird auch für diese Integrationsablauflogik die Integrationskomponente verwendet. Beim Einsatz des BPMN-basierten Integrationsprozesses liegt der Vorteil auf der Hand: Man erhält Transparenz über die Integrationsablauflogik, da diese mit BPMN grafisch ersichtlich wird. Für die »letzte Meile« der Integration ist stets die Integrationskomponente einzusetzen, da es sich bei ihr um Spezialsoftware handelt, die für derartige Integrationsaufgaben optimiert wurde.

Optional können auch die jeweiligen *BPMN-Prozessdefinitionen für die Integration* mit ihrem ergänzenden Implementierungscode von den zugehörigen einfachen Integrationslogiken der PDA-Integrationskomponente physisch durch separate Komponenten getrennt werden. Bei der Trennung in separate Komponenten meine ich nicht unbedingt die Aufteilung auf zwei physische Rechner. Stattdessen kann es wichtig sein, die umfangreiche Implementierung der Integrationsablauflogik innerhalb des BPMN-Integrationsprozesses von der einfachen Integrationslogik innerhalb der Integrationskomponente physisch zu trennen. Die Integrationskomponente übernimmt weiterhin die Integrationsaufgaben nach dem VETRO-Pattern (vgl. Abschnitt 4.4, »Die Servicevertrag-Implementierungsschicht«). Ob die separaten Komponenten nun auf zwei unterschiedlichen Rechnern oder nur virtualisiert in zwei verschiedenen Containern deployt werden, ist unerheblich. Dabei handelt es sich bei dieser Trennung um einen *Tradeoff*: Einerseits lässt sich durch diese Trennung das Prinzip des *Separation of Concerns* konsistent umsetzen (vgl. Abschnitt 4.1, »Übersicht«), andererseits werden dadurch weitere kleinteilige Komponenten erzeugt.

Meiner Meinung nach ist diese weitere Zerlegung nur dann sinnvoll, wenn der BPMN-Integrationsprozess umfangreichere Integrationslogik umfasst, beispielsweise im Rahmen von Kompensationen bei mehreren angebundenen Systemen. Das bedeutet. Wenn es möglich sein soll, dass eine Änderung durch die Prozessgesteuerte Anwendung in einem externen System auch rückgängig gemacht werden kann (z. B. eine Bestellung wurde in einem externen System verbucht und diese soll storniert werden können), dann muss für diesen Fall weitere Logik und eine spezifische Datenbank zur Vorhaltung der Information vorgesehen werden. Diese muss die Zuordnung der konkreten PDA-Prozessinstanzen zu den externen Systemen speichern, in denen eine Änderung vorgenommen worden ist (vgl. dazu (Stiehl, 2013), S. 118 und S. 125). Auf dieser Basis kann im Fall einer fachlichen Ausnahme oder eines Fehlers (z. B. Stornierung einer Bestellung) die Wiederherstellung der Zustände vor der Verbuchung in den jeweiligen Anwendungssystemen angestoßen werden.

4.5.3 Deployment-Einheit C »PDA- und Workflow-Engine-Datenbank«

Diese Deployment-Einheit umfasst den separat betriebenen Datenbankserver, der aufgrund dieser Trennung unabhängig skaliert werden kann. Der Datenbankserver umfasst die separaten Datenschemata für die prozessgesteuerte Anwendung und die *BPMN-Process-Engine* (also die Workflow-Engine). Dieser eine Datenbankserver kann auch die verschiedenen Datenschemata verschiedener prozessgesteuerter Anwendungen aufnehmen. Alternativ kann es erforderlich sein, dass die Daten der Prozessgesteuerten Anwendung und der BPMN-Process-Engine jeweils auf physisch getrennten Datenbanksystemen laufen.

4.5.4 Deployment-Einheit D »Messaging-System«

Hiermit ist das Messaging-System zur Realisierung der losen Kopplung und der asynchronen Kommunikation zwischen der Prozessgesteuerten Anwendung und der PDA-Integrationskomponente gemeint.

4.6 Zusammenfassung

Die zu Beginn des Kapitels formulierten Fragen können nun wie folgt beantwortet werden:

Welche Prinzipien liegen der Prozessgesteuerten Architektur zugrunde?

- Oberstes Ziel: Die Prozessgesteuerte Architektur bringt klare Zuständigkeiten, Flexibilität, Transparenz, Qualität, Nachhaltigkeit und Effizienz. Dabei ist ein Ziel die Wiederverwendbarkeit der Funktionalität, nicht die Wiederverwendbarkeit von (technischen) Systemschnittstellen. Damit steht die Ausrichtung auf die Erreichung der Geschäftsziele des Unternehmens im Fokus.
- Der Fachprozess bleibt in der Struktur, in der die Fachexperten ihn definiert haben. Dies sichert Wiedererkennung, Akzeptanz und eine gemeinsame Kommunikationsbasis im Hinblick auf die fachliche Prozessablauflogik zwischen Fachexperten und IT.
- Die fachlichen Prozesse (d. h. die fachliche Ablauflogik) werden mithilfe des BPMN-Standards so präzise beschrieben, dass sie von einem Workflow-Management-System ausgeführt werden können.
- Entscheidungen werden über ein Decision-Management-System verwaltet und ausgeführt.
- Zur Integration in die existierende Anwendungslandschaft empfiehlt sich eine Kombination aus Messaging und spezialisierter Integrationssoftware. Das Messaging-System entkoppelt die Prozessgesteuerte Anwendung von der Systemlandschaft und ermöglicht eine asynchrone Kommunikation. Die spezialisierte Integrationssoftware ermöglicht uneingeschränkte Kommunikation in heterogenen Systemumgebungen und befreit das Workflow-Management-System von derartigen überflüssigen Erweiterungen, z. B. von spezifischen Konnektoren zu den Anwendungssystemen.
- Die Prozessarchitektur basiert auf den folgenden zentralen Prinzipen und Entwurfsmustern: *Separation of Concerns*, lose Kopplung zu den Anwendungssystemen sowie Nutzung das Adapter-Entwurfsmusters.
- Fachprozesse kommunizieren nie direkt mit Anwendungssystemen. Diese Forderung gilt für beide Richtungen: sowohl vom Fachprozess zum Anwendungssystem als auch vom Anwendungssystem zum Fachprozess.

Welche Bestandteile umfasst die Prozessgesteuerte Architektur?

Die Prozessgesteuerte Architektur besteht aus den folgenden Bestandteilen und Konzepten (vgl. Abbildung 4.1):

1. **Prozessgesteuerte Anwendung** (vgl. Abschnitt 4.2): Hier wird der Fachprozess der Anwendung in BPMN beschrieben. Dabei liegt der Fokus auf der reinen Prozessablauflogik der Fachexperten. Demnach wird auf systemspezifische Informationen der Anwendungssysteme verzichtet.

2. **Servicevertrag** (vgl. Abschnitt 4.3): Fachliche Prozesse innerhalb der Prozessgesteuerten Anwendung haben niemals direkten Kontakt zu den Systemen und umgekehrt. Aus den fachlichen Anforderungen des Fachprozesses werden die zu erbringenden Anforderungen an die Anwendungssysteme formuliert.

   Der Servicevertrag zu einer prozessgesteuerten Anwendung muss von der Systemlandschaft erfüllt werden, um die Geschäftsziele des Unternehmens zu erreichen.
3. **Servicevertrag-Implementierungsschicht** (vgl. Abschnitt 4.4): Diese Schicht implementiert den Servicevertrag der prozessgesteuerten Anwendung in einer konkreten Systemlandschaft des Unternehmens. Sie ist hochgradig technologieabhängig und umfasst die Integrationsprozesse zwischen Prozessgesteuerter Anwendung und der Backend-Schicht.
4. **Backend-Schicht**: Diese Schicht beinhaltet die Anwendungssysteme aus der Systemlandschaft des Unternehmens. Sie stellt keine besondere Schicht im Rahmen dieser Architektur dar, sodass ich nicht weiter auf sie eingegangen bin.
5. **Physische Verteilungsschicht**: Abschließend bin ich in Abschnitt 4.5 auf die physische Verteilungsschicht eingegangen und habe beschrieben, wie die einzelnen Artefakte der prozessgesteuerten Architektur physisch bereitgestellt werden.

Kapitel 5
Prozesse erheben

Die Prozesse sind zumeist in den Köpfen der verschiedenen Prozessteilnehmer zu finden. Nun gilt es, die einzelnen Informationen aus den Köpfen zu »externalisieren« und wie ein Puzzle zu einem Prozess zusammenzusetzen.

Frage(n), die dieses Kapitel beantwortet:

- Wie lassen sich fachliche Prozesse in einem Prozesserhebungsworkshop mit den Fachexperten erarbeiten?

Damit fachliche, operative Prozesse automatisiert werden können, müssen sie erst einmal transparent vorliegen. Dies gilt sowohl für IST-Prozesse, die zumeist nicht aktuell dokumentiert sind, und ganz besonders für zukünftige Prozesse (SOLL-Prozesse). Dabei ist es wichtig, zu verstehen, dass fachliche Prozesse verschiedene »Silos« überspannen (z. B. Abteilungen, Organisationen), sodass in die Erhebung Wissen aus den unterschiedlichsten Bereichen einfließen muss. Manchmal erlebe ich, dass die Prozesserhebung durch eine *schriftliche Befragung* einzelner Prozessbeteiligter erfolgt. Das Problem ist, dass Sie nicht wissen, an welcher Stelle im Fachprozess sich der jeweilige Beteiligte befindet. Aus den einzelnen Ergebnissen der schriftlichen Befragungen müssen Sie den fachlichen Prozess mühsam rekonstruieren. Der Auswertungsaufwand hängt auch von der Begabung der Befragten ab, die Aufgaben und Prozessinformationen schriftlich verständlich aufzubereiten, sowie von der Vollständigkeit und Genauigkeit der schriftlichen Aufarbeitung. Zudem spielen die persönliche Motivation und die persönliche Zeit der Prozessbeteiligten eine wichtige Rolle.

Eine weitere aktuelle Herangehensweise ist, die Prozessdetails aus vorhandenen IT-Systemen zu extrahieren. Ein Ansatz dafür ist das *Process Mining*, das Sie in Abschnitt 1.1.2, »Geschäftsprozessautomatisierung und die relevanten Technologien für den Prozessgesteuerten Ansatz«, kennengelernt haben. Damit bekommen Sie allerdings nur die *Ist-Situation* des Prozesses heraus und erhalten auch nur Fragmente des fachlichen Prozesses, da viele Aufgaben eines fachlichen Prozesses außerhalb von IT-Systemen ablaufen. Darüber hinaus erfordert es eine genaue Prüfung, um festzustellen, welche Aspekte fachlich bedeutsam sind und welche lediglich als Anpassung für die frühere Implementierung in diesem System dienten und somit als Workaround fungierten. Deshalb erweist sich dieser Ansatz als nicht unbedingt zielgerichtet.

Weder die schriftliche Befragung noch das Process Mining sind also effektiv und effizient, da Sie damit den relevanten fachlichen Prozess nicht zielführend erarbeiten.

Fachliche Prozesse müssen zusammen mit Vertretern der jeweiligen Prozessbeteiligten an einem Tisch erarbeitet werden, um die Akzeptanz des Ergebnisses sicherzustellen und ständige Fragen im Nachgang zu vermeiden. Zudem wird damit auch der Auswertungsaufwand der Prozesserhebungssitzung reduziert. Für diese kollaborative Gruppensituation empfiehlt es sich, die Prozesserarbeitung bzw. -erhebung in Form eines Workshops durchzuführen. Dieser *Prozesserhebungsworkshop* kann durchaus aus verschiedenen zielführenden Sitzungen bestehen. Dabei hängt der Erfolg eines Workshops – außer von der Auswahl der richtigen Teilnehmer (Prozessbeteiligten) – auch von den Erfahrungen, den Moderationsfähigkeiten und der Methodik des Moderators ab. Damit Sie einen Prozesserhebungsworkshop erfolgreich durchführen können, gebe ich Ihnen in diesem Kapitel eine grundlegende Anleitung mit praktischen Kniffen. Hier setze ich voraus, dass Sie bereits in grundlegenden Moderationstechniken geschult sind. Ansonsten finden Sie beispielsweise in (Lipp & Will, 2001) eine Einführung in die Moderation von Workshops.

Dieses Kapitel habe ich zur besseren Verständlichkeit inhaltlich wie folgt gegliedert:

1. In Abschnitt 5.1, »Ausgangssituation des Prozesserhebungsworkshops«, beschreibe ich Ihnen die Ausgangssituation, von der aus Sie den fachlichen Prozess im Prozesserhebungsworkshop erarbeiten.
2. In Abschnitt 5.2, »Prozesserhebungsworkshops«, beschreibe ich, wie Sie einen Prozesserhebungsworkshop mit den allgemeinen Phasen *Vorbereitung*, *Durchführung* und *Nachbereitung* durchführen.

5.1 Ausgangssituation des Prozesserhebungsworkshops

Solch ein Erhebungsworkshop kann in verschiedene, zielführende Workshop-Sitzungen unterteilt werden. Dabei werde ich einen Schwerpunkt auf *Remote-Workshops* legen, die in der heutigen Arbeitswelt immer mehr an Verbreitung gewinnen. Sie können meine Hinweise aber auch gut für Präsenzveranstaltungen verwenden.

[i]

Info: Workshop

Unter einem *Workshop* verstehe ich ein spezifisches Arbeitstreffen zu einem bestimmten Thema. Das Arbeitstreffen findet außerhalb des normalen Arbeitsgeschehens und nicht regelmäßig statt. Dieses spezifische Arbeitstreffen hat immer ein Ziel, und es entsteht ein Ergebnis. An dem Thema arbeitet eine Gruppe von Personen innerhalb eines bestimmten Zeitrahmens, die auch für das Ergebnis gemeinsam verantwortlich ist. Ein Moderator fördert den Arbeitsprozess der Gruppe mit Moderationstechniken (vgl. Lipp & Will, 2001, S. 14 und S. 16).

Um ein längeres, spezifisches Arbeitstreffen zu einem bestimmten Thema auch in klar abgetrennten Einheiten über mehrere Termine zielführend aufzuteilen, lässt sich dieses Arbeitstreffen in *Workshop-Sitzungen* untergliedern. Dabei ist wichtig, dass die Unterteilung so erfolgt, dass in jeder Sitzung ein bestimmtes Ziel mithilfe einer bestimmten Methode erreicht werden kann (vgl. (Schönfeld, 2017), S. 98, und (Unterauer, 2015), S. 164).

Die Ausgangssituation für den Prozesserhebungsworkshop ist der fachliche Prozess, der erarbeitet werden soll, nachdem er identifiziert worden ist. Das heißt, wir haben einen Fokus auf die Prozessautomatisierung oder die Arbeitsanleitung für die Prozessbeteiligten. Für andere Detailebenen, wie das Ableiten und die Identifikation von Geschäftsprozessen von der Geschäftsstrategie, ist methodisch ein anderer Fokus bei den zu ermittelnden Informationen nötig, den ich hier nicht darstelle. Das würde den Rahmen dieses Buches sprengen.

Zudem werden wir den fachlichen *SOLL-Prozess* erarbeiten, ohne auf aktuelle Systeme einzugehen, um flexibel für die Zukunft zu sein. Für manchen operativen Prozessbeteiligten ist es nicht einfach, von der aktuellen Situation zur zukünftigen Arbeitsweise zu kommen. Auch dafür werde ich Ihnen eine Brücke bauen. Dabei kann Ihnen die *Claim Analysis* helfen. Bitte bedenken Sie dabei, dass Sie mit unterschiedlichen Menschen arbeiten. Das bedeutet: Wenn dieses Werkzeug Ihnen immer noch nicht hilft, dann müssen Sie zumindest die IST-Situation grob erarbeiten und die Stärken und Schwächen mit den Teilnehmern ableiten, damit Sie die abgeleiteten Aspekte als Anforderungen in die SOLL-Situation übernehmen können.

5.2 Prozesserhebungsworkshops

In diesem Abschnitt leite ich Sie an, wie Sie einen Prozesserhebungsworkshop vorbereiten, durchführen und nachbereiten.

5.2.1 Einen Prozesserhebungsworkshop vorbereiten

Ich empfehle, den Prozesserhebungsworkshop wie folgt vorzubereiten:

1. **Jemanden für die Moderation auswählen:** Der Moderator oder die Moderatorin ist für den Erfolg des Workshops entscheidend. Der Moderator verfügt über Kenntnisse im Umgang mit Gruppen, beherrscht Moderationstechniken und verfügt über Wissen aus dem Geschäftsprozessmanagement. Ein Moderator sorgt für eine zielführende Gruppendiskussion mithilfe von Moderationstechniken. Er ist neutral dem Thema gegenüber und diskutiert nicht inhaltlich mit. Denn die Teilnehmer sind die Experten und müssen einen Konsens über ihr gemeinsames Ergebnis erreichen. Wenn der Moderator sich inhaltlich einbringt, ist die Gefahr sehr groß, dass das Ergebnis nicht von den Teil-

nehmern getragen wird. Interessierten Lesern empfehle ich zum Thema »Moderation« das Buch »Das große Workshop-Buch« (Lipp & Will, 2001).

2. **Auswählen, wer am Workshop teilnimmt (Wissensträger und Prozessbeteiligte):** Die Prozessbeteiligten des fachlichen Prozesses stellen die Teilnehmer des Workshops dar. Diese müssen bereit sein, gemeinsam ein Ergebnis erzielen zu wollen. Dabei muss jede Rolle im Prozess durch eine Person vertreten sein, um den fachlichen Prozess im Konsens erarbeiten zu können. Damit jeder sein Wissen aktiv beitragen kann und niemand sich »versteckt«, ist eine relativ kleine Gruppe vorzuziehen. Dafür empfehle ich nicht mehr als 10 Personen. Je kleiner die Gruppe ist, desto einfacher wird es, zu interagieren, und die Teilnehmenden trauen sich auch eher, frei zu reden. Hier sollte der *Prozessverantwortliche* dabei sein, der für die operative Ausgestaltung der Prozessziele verantwortlich ist. So können Sie sichergehen, dass das Ergebnis auch im Unternehmen akzeptiert wird. Zudem sollten auch Vertreter des *Entwicklungsteams* teilnehmen, um zu verstehen, was der fachliche Prozess für die Implementierung bedeutet.
3. Der **Moderator** verschafft sich einen **inhaltlichen Überblick** über den fachlichen Prozess, plant den Workshop mit den geeigneten Methoden und Tools und macht sich mit den persönlichen Erwartungen und Zielen der Teilnehmer vertraut (z. B. mithilfe einer Erwartungsumfrage).
4. Wenn der Workshop in Präsenz stattfindet, muss ein **geeigneter Raum reserviert** und sichergestellt werden, dass dieser die benötigte Größe und Ausstattung aufweist. Denn Sie brauchen Platz, um die Diskussion des fachlichen Prozesses gut sichtbar zu dokumentieren.
5. **Laden Sie die Teilnehmer spätestens vier Wochen vor dem Workshop** per E-Mail ein, und beschreiben Sie schriftlich kurz das Ziel, eine grobe Agenda und die eventuell vorzubereitenden Aufgaben der Teilnehmer. Natürlich geben Sie auch die Örtlichkeit und den Termin bekannt.
6. **Die Materialien vorbereiten:** Der Moderator bereitet die benötigten Materialien vor, wie eine Übersicht über die Regeln im Workshop, eine Beschreibung der Arbeitsmethoden sowie die benötigten Moderationsmaterialien.

5.2.2 Einen Prozesserhebungsworkshop durchführen

Den Prozesserhebungsworkshop beginnen Sie mit der *Orientierungsphase*. Dabei begrüßen Sie die Teilnehmer, stellen sich (sofern erforderlich), das Ziel des Workshops und die Agenda vor. Anschließend initiieren Sie eine Vorstellungsrunde, in der jeder die Gelegenheit hat, sich und seine Erwartungshaltung zu präsentieren. So wissen alle, mit wem sie es zu tun haben, und die Kommunikation wird signifikant erleichtert. Danach erläutern Sie die Arbeitsregeln für die Sitzung und stellen sicher, dass diese jederzeit sichtbar sind und von den Teilnehmern eingesehen werden können (siehe den folgenden Kasten). Die Methodik erläutern Sie so weit, wie die Teilnehmer sie zur Durchführung des Workshops zum gegenwärtigen Zeitpunkt benötigen. Ansonsten werden die Erläuterungen als zu theoretisch und langatmig wahrgenommen.

[i]

Info: Allgemeine Arbeitsregeln für Prozesserhebungsworkshops

Folgendes erscheint mir essenziell:

1. Der Beitrag eines jeden Teilnehmenden wird als *gleichwertig* und *wertschätzend* aufgenommen.
2. Die Teilnehmenden teilen ihr Wissen bereitwillig und dokumentieren es sichtbar für alle Beteiligten.
3. Für das Ergebnis des Workshops sind die Teilnehmenden *gemeinsam* verantwortlich.
4. Es wird der fachliche *SOLL-Prozess* (d. h. der zukünftige Prozess) definiert.
5. Der fachliche, operative Prozess wird *Ende-zu-Ende* definiert, d. h. vom Kunden *(Anfang)* bis zum Kunden *(Ende)*.
6. Der rein fachliche Prozess *ohne systemspezifische Features* wird erarbeitet. Das heißt, es wird der Prozess in der Denkweise und Sprache der Prozessbeteiligten erarbeitet. Die Teilnehmer können sich dabei vorstellen, dass der Prozess als Arbeitsanleitung für ihre zukünftige Arbeitsweise dienen soll.

(In Anlehnung an: (Freund & Rücker, 2019), S. 98–100; (Gappmaier & Gappmaier, 2010), S. 34; (Stiehl, et al., 2019), S. 53–54; (Unterauer, 2015), S. 15)

Anschließend können Sie inhaltlich langsam einsteigen, um das Verständnis für den Rahmen des fachlichen SOLL-Prozesses zu entwickeln. Dazu lassen Sie den Prozessverantwortlichen die *Prozessziele* und die *Anforderungen sowie Erwartungen der Kunden* an das Produkt des Prozesses erläutern. Der Prozessverantwortliche muss vorab natürlich wissen, dass er diesen Input vorbereiten muss. Dann entsteht eine kurze Fragerunde, indem die anderen Teilnehmer dem Prozessverantwortlichen weitere Fragen stellen können. Das Ziel ist es, dass die anderen Teilnehmer die zukünftige Ausrichtung des fachlichen Prozesses verstehen.

[zB]

Beispiel: Fallbeispiel »Seminarverwaltung« – Prozess »Seminaranmeldung abwickeln«: Erwartungen an den SOLL-Prozess

Hier finden Sie die fundamentalen Anforderungen und Erwartungen an den zukünftigen Prozess des Prozessverantwortlichen. Um diese als Prozessziele zu formulieren, muss das Trainingsunternehmen diese Aspekte noch präzisieren:

1. **Personalkosten senken durch Prozesseffizienz:** Insbesondere soll der Einsatz von Sachbearbeitern reduziert werden, und die Administrationsaufwände für Trainer und Kunden sollen durch Self-Services geringgehalten werden.

2. **Hohe Kundenzufriedenheit durch Prozessqualität erreichen:** Dies bedeutet: Die Erwartungen der Kunden an die Interaktion mit dem Trainingsunternehmen und die Erwartungen des Trainingsunternehmens müssen in Einklang gebracht werden. Dabei müssen sich Prozesse flexibel anpassen lassen. Die Erwartungen der Kunden werden in regelmäßigen Kundenbefragungen evaluiert und in der Folge werden die fachlichen Prozesse angepasst.
3. **Kunden zur Interaktion mit dem Trainingsunternehmen einen einfachen Zugang bereitstellen:** Was dies für die typischen Kunden (»Personas«) bedeutet, wird im Rahmen von Kundenbefragungen ermittelt.
4. **Individuelle Kundenanfragen innerhalb von 5 Tagen beantworten:** Gegebenenfalls müssen Zwischenstandsmeldungen an die Kunden versendet werden.

Damit die operativen Prozessbeteiligten eine bessere Vorstellung von den Ansprüchen des zukünftigen Prozesses erhalten, hilft es mir, eine *Anspruchsanalyse* (engl. *Claim Analysis*, eine Art *Stärken-/Schwächenanalyse*) auf Basis des Inputs des Prozessverantwortlichen und der bisherigen Erfahrungen der Prozessbeteiligten durchzuführen. So erhalten Sie als Moderator eine bessere Vorstellung von den inhaltlichen Punkten, die weiterhin relevant sind, und solchen, die zukünftig umgestaltet werden müssen. Lassen Sie dabei die Teilnehmer ihre Ansichten zu den einzelnen Kategorien »Pro«, »Kontra« und »Design-Potenziale« formulieren, und gehen Sie diese anschließend gemeinsam durch. Jeder inhaltliche Aspekt wird auf ein eigenes Post-it geschrieben. Dabei können Sie Tabelle 5.1 als Template verwenden. Diese Methode habe ich damals im Studium im Rahmen von *Interaction-Design* kennengelernt. Sie hat sich in meiner Praxis als sehr einfach und wirkungsvoll zugleich herausgestellt.

Pro	*Was läuft gut und soll auch zukünftig beibehalten werden?*
Kontra	*Was ist verbesserungswürdig?*
Design-Potenziale	*Welche Potenziale ergeben sich auch durch das Zusammenspiel bei der Umsetzung in Technologien (z. B. »Bestimmte Entscheidungsregeln auf Basis von künstlicher Intelligenz durchführen«, ...)?* – Hier dürfen Sie gerne Ihren Gedanken freien Lauf lassen und kreativ sein.

Tabelle 5.1: Template für eine »Claim Analysis«

[zB]

Beispiel: Fallbeispiel »Seminarverwaltung« – Prozess »Seminaranmeldung abwickeln«: Claim Analysis (bezogen auf die IST-Situation)

Pro (Was läuft gut und sollte beibehalten werden?)

- Automatische Bereitstellung der gepflegten Seminarinformationen in dem Onlineshop

- Personalbereitstellung (HR), Rechnungswesen und Customer-Relationship-Management-Prozesse: Dafür sollen weiterhin die Funktionalitäten der etablierten Systeme verwendet werden.

Kontra (Was ist verbesserungswürdig?)

- Die Interaktion zwischen dem Trainingsunternehmen und seinen Kunden im Rahmen der Seminaranmeldung erfordert einen viel zu hohen manuellen Aufwand durch Sachbearbeiter*innen.
- Die aktuelle Trainingssoftware ist nicht flexibel genug: Fachprozesse können derzeit nicht wirklich angepasst werden. Eine regelmäßige Anpassbarkeit der fachlichen Prozesse erfordert auch eine Flexibilität in der Anwendung.

Design-Potenziale

- Den Prozessgesteuerten Ansatz nach Volker Stiehl nutzen, um die fachlichen Prozesse flexibel, transparent, nachhaltig, effizient und qualitativ hochwertig in Form einer oder mehrerer Prozessgesteuerter Anwendungen zu implementieren.
- Die bereits vorhandene Funktionalität in den fachlichen Prozessen wiederverwenden (Adapter-Muster).
- Sachbearbeiter*innen und Trainer*innen bei regelbasierten und strukturierten Logiken durch Einsatz der Anwendung entlasten. Dazu muss die entsprechende Logik identifiziert und detailliert definiert werden.
- Die Akteure im Prozess (wie Kunden/Trainer*innen) automatisch je nach Bedarf im Rahmen des Prozessablaufs einbinden und über relevante Ereignisse informieren.

Im nächsten Schritt geht es darum, Prozessdetails zu erarbeiten. Dazu wenden Sie den *Top-down-Ansatz nach Bruce Silver* an, auf den ich in Kapitel 6 noch genauer eingehen werde:

1. Prozessumfang bestimmen

Verwenden Sie die Fragen zum Start und Inhalt des Prozesses sowie zu möglichen Szenarien für das Ende als Vorlage für die Diskussion. Sorgen Sie dafür, dass das Ergebnis sichtbar dokumentiert wird und jeder das Gleiche darunter versteht. Eventuell auftretende Begriffe werden ebenfalls mit ihrer Definition, relevanten Synonymen sowie ihrem Kontext für jeden sichtbar dokumentiert. Zudem sollten auch relevante Konzepte zum Verständnis des Prozessumfangs visualisiert werden. Dies hilft bei der weiteren Diskussion der Details und hilft jedem Teilnehmer zu verstehen, welche Bedeutung sein einzelnes Ergebnis im Prozess hat.

Achten Sie als Moderator darauf, dass die Teilnehmer die *Rahmenbedingungen zur SOLL-Situation* und die Ergebnisse der *Anspruchsanalyse* berücksichtigen. Sollten Sie merken, dass Sie dies vernachlässigen, fragen Sie nach, inwiefern damit die Rahmenbedingungen der SOLL-Situation abgedeckt werden.

[zB]

Beispiel: Fallbeispiel »Seminarverwaltung« – Prozess »Seminaranmeldung abwickeln«: Prozessumfang definieren (SOLL-Situation)

- **Start (Auslöser/Voraussetzungen des Prozesses)**

  Die Seminaranmeldungsanfrage eines Teilnehmers ist eingegangen.

- **Was bestimmt, wann der Prozess beendet ist?**

  Der Prozess umfasst die Verwaltung der Seminaranmeldung eines Teilnehmers zu einem bestimmten Termin und Seminarort. In diesem Kontext kann der Teilnehmer am Seminar teilgenommen haben oder das Seminar wurde storniert. Die Stornierung der Seminaranmeldung kann entweder durch den Teilnehmer oder durch das Trainingsunternehmen erfolgen.

- **Wofür steht jede Instanz (konkrete Ausprägung) des Prozesses?**

  Jede Prozessinstanz steht für eine Seminaranmeldung eines Teilnehmers zu einem bestimmten Termin eines bestimmten Seminars.

- **Welche unterscheidbaren Endzustände sind zu berücksichtigen?**

  - Das Seminar wurde zum Termin durchgeführt.
  - Die Seminaranmeldung wurde storniert.
  - Die Seminaranmeldung ist nicht zustande gekommen.

2. Erarbeiten der groben Aktivitäten

Nachdem der Prozessumfang für jeden im Workshop klar ist, geht es im Weiteren darum, die groben Aktivitäten zu erarbeiten. Hierbei sind – neben dem Prozessumfang – auch die zu erarbeitenden Aspekte aus der *Anspruchsanalyse* zu berücksichtigen.

Beginnen Sie damit, dass jeder den fachlichen Prozess aus seiner Sicht vom Anfang bis zum Ende und in Bezug auf den vereinbarten Prozessumfang von links nach rechts beschreibt. Dazu nimmt sich jeder einen freien Bereich auf der virtuellen Wand und schreibt jede Detailaufgabe auf ein separates Post-it, und zwar in der Form *Objekt* + *Verb* (im Englischen *Verb* + *Objekt*): Zum Beispiel »Auftrag anlegen« (engl. »Create Order«).

Wichtig für Verständnisfragen ist, dass jeder seine Post-its mit seinem Namen kennzeichnet. (Ansonsten entstehen später längere Diskussionen, wer welches Post-it verfasst hat.) Diese Phase wird einige Zeit in Anspruch nehmen. Das Ende merkt man oft daran, dass die Teilnehmer aufhören zu schreiben. Je nach Prozess plane ich initial ca. 45 Minuten Zeit ein. Nach dieser Phase ist Zeit für eine kurze Pause (in Anlehnung an: (Brandolini, 2021), S. 75/78–79 und S. 106).

Nun sind eine Vielzahl an Aufgaben-Post-its von individuellen Prozessen entstanden (siehe Abbildung 5.1). Diese Prozesse spiegeln die Sichtweise der einzelnen Prozessbeteiligten wider, die den Prozess von Anfang bis Ende formuliert haben.

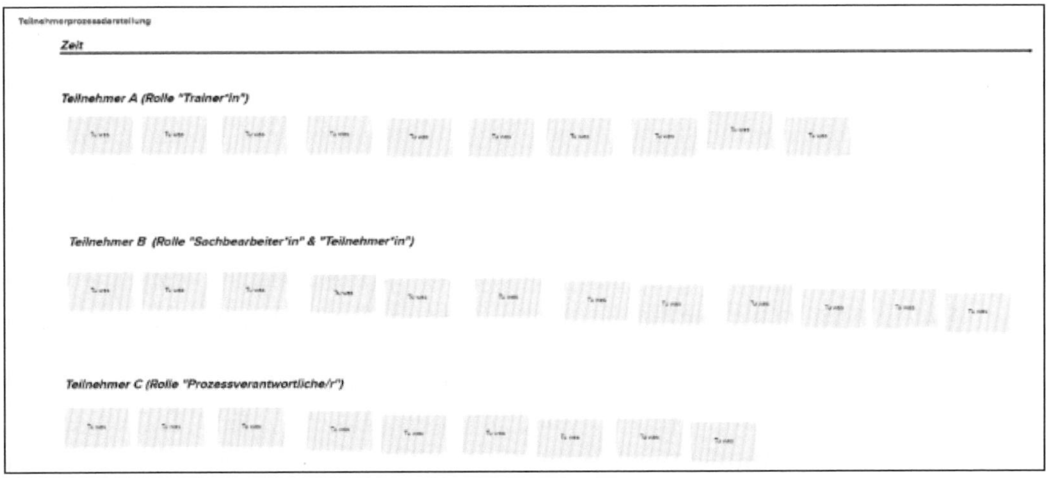

*Abbildung 5.1: Fallbeispiel »Seminaranmeldung abwickeln« – die Prozesssichten der verschiedenen Teilnehmer*innen (angedeutet/Mural Board)*

Weil jeder am Prozess Beteiligte nur diejenigen Aufgaben beschreibt, die aus seiner rollenspezifischen Sicht relevant sind, ist es ganz natürlich, dass Lücken in der Sicht der fachlichen Prozesse der Teilnehmer entstehen. Zudem werden die einzelnen Teilnehmer unterschiedliche Begriffe für dieselben Aufgaben verwenden. Deshalb gilt es auch hier, die Begriffe herauszuarbeiten und diese mit Synonymen und Bedeutung in einem Glossar festzuhalten (siehe Abbildung 5.2).

Glossar

Begriff	Kontext	Definition	Synonym/e	Verwandte/r Begriff/e	Beispiel/e
Kunde		-> siehe *"Teilnehmer*in"*			
Seminar		Ein *Seminar* ist eine Verstaltung mit dem Zweck ein bestimmtes Wissen und bestimmte Kompetenzen an seine *Teilnehmer*in*nen zu vermitteln. Ein Seminar kann an unterschiedlichen Seminarterminen stattfinden. An jedem Seminartermin hängt ein bestimmter Veranstaltungsort.	Training;		Prozessgesteuerter Ansatz für Prozessberater*innen; Prozessgesteuerter Ansatz für Entwickler*innen
Teilnehmer*in		Ein/e *Teilnehmer*in* ist eine natürlich Person, die an einem *Seminar* teilnimmt.	Kunde;		Max Mustermann; Paula Hansen
Training		-> siehe "*Seminar*"			

Abbildung 5.2: Fallbeispiel »Seminaranmeldung abwickeln« – Glossar (Auszug/Mural Board)

Es ist wichtig, dass die Konzepte und Aufgaben jeweils mit einheitlichen Begriffen bezeichnet werden, um ein klares Verständnis im Team und bei den anderen Stakeholdern zu erzeugen.

Bevor Sie mit dieser inhaltlichen Aufarbeitung der Details beginnen, führen Sie eine kurze Phase mit den Teilnehmern durch, um inhaltliche *Themenüberschriften* über die einzelnen Prozessdarstellungen der Teilnehmer hinweg zu extrahieren (in Anlehnung an: (Brandolini, 2021), S. 85). Benennen Sie diese auch nach der Konvention für Aufgaben. Achten Sie darauf, dass Sie nicht mehr als 10 dieser groben Aufgaben formulieren. Diese schreiben Sie auf breitere Post-its in einer anderen Farbe (bevorzugt Gelb) als die bisherigen Aufgaben. Sie dienen der Gruppe als eine Art »Überschrift« für die erarbeiteten Details der Teilnehmer. Verwenden Sie für die Identifizierung der groben Aufgaben und Themen eine separate Moderationswand (in Anlehnung an: (Brandolini, 2021), S. 85).

Wenn die Themen bzw. groben Aufgaben identifiziert worden sind, sortieren Sie diese grob in der zeitlichen und logischen Reihenfolge (in Anlehnung an: (Brandolini, 2021), S. 85). Die genaue Reihenfolge festzulegen, ist nicht immer möglich, da einige grobe Aufgaben in verschiedenen Situationen des Prozesses verwendet werden (z. B. im Fall von Ausnahmebehandlung). Versuchen Sie deshalb, die Reihenfolge vom Anfang bis zum Ende des Prozesses wenigstens so weit wie möglich darzustellen. Eine Beispielstrategie könnte sein, thematisch mit dem Szenario des Erfolgsfalls (*Happy Path*) zu beginnen und schließlich die restlichen groben Aufgaben den anderen Prozessszenarien zuzuordnen, wie beispielsweise verschiedene Ausnahmesituationen. Anschließend platzieren Sie die Themenüberschriften (groben Aufgaben) als Überschriften über die gemeinsam genutzte virtuelle Moderationswand von links nach rechts (in Anlehnung an: (Brandolini, 2021), S. 85). Das Ergebnis im Kontext unserer Fallstudie finden Sie in Abbildung 5.3 dargestellt.

Im nächsten Schritt müssen Sie die verschiedenen Prozesssichten der einzelnen Teilnehmer den Themenüberschriften (groben Aufgaben) zuordnen und gemäß der Reihenfolge im Prozess von links nach rechts auf der Moderationswand strukturieren, sodass am Ende eine Gesamtsicht des Prozesses entsteht (vgl. dazu (Brandolini, 2021), S. 106). Dazu folgt innerhalb einer Diskussion die Zuordnung der Detailaufgaben aus den verschiedenen Prozesssichten der Teilnehmer unter diese groben Aufgaben. Die Diskussion wird auch die Verständlichkeit von Begriffen und Konzepten sowie die Identifizierung von mehrfach dargestellten Aufgaben beinhalten (vgl. auch (Brandolini, 2021), S. 78).

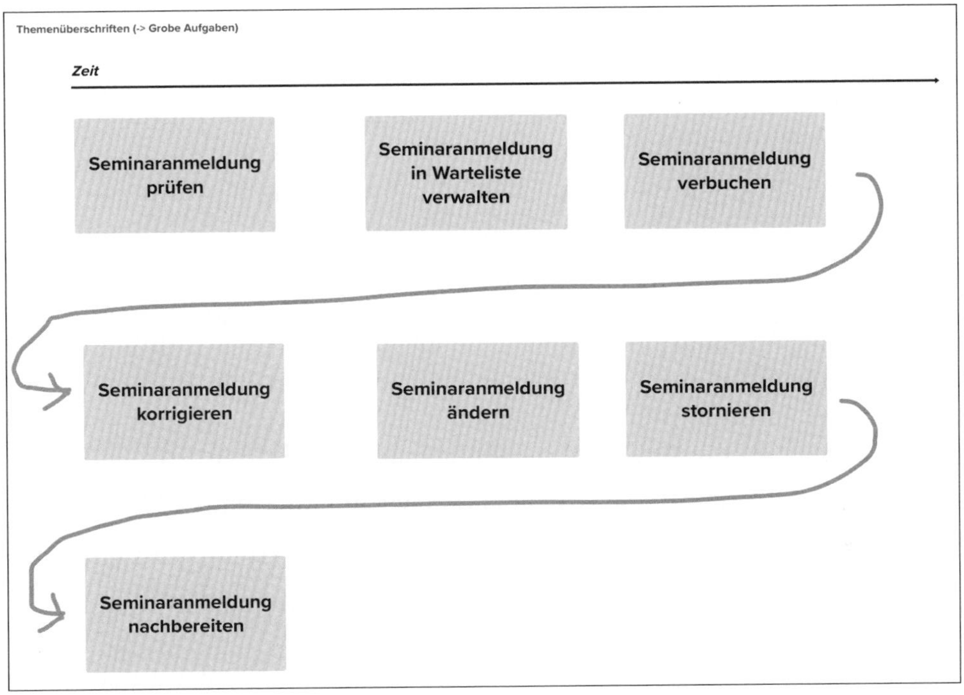

Abbildung 5.3: Fallbeispiel »Seminaranmeldung abwickeln« – Themenüberschriften (»grobe Aufgaben«), sortiert in der zeitlichen Reihenfolge (Mural Board)

Nach der Zuordnung der Detailaufgaben zu den Themenüberschriften beginnt die Diskussion des Prozesses vom Anfang bis zum Ende auf Basis der bisher erarbeiteten Detailaufgaben. Dazu wird jemand aus der Teilnehmerschaft als *Erzähler* ausgewählt. Er versucht nun, die Story des Prozesses laut zu erzählen. Wenn dem Erzähler etwas unlogisch, inkonsistent oder unvollständig erscheint, wird er in der Regel innehalten oder eine Frage stellen. Die an diesen Stellen in der Gruppe erarbeiteten Ergänzungen werden unmittelbar festgehalten. Jeder Teilnehmer darf den aktuellen Erzähler mit Ergänzungen oder Fragen unterbrechen. Es ist sinnvoll, den Erzähler öfters zu wechseln. So könnten bei den Themenüberschriften die jeweiligen Prozessbeteiligten aus den eigenen Verantwortungsbereichen die Story erzählen und ergänzen. Dabei ist es stets wichtig, dass der Moderator dafür sorgt, dass die Ergänzungen und offenen Fragen für jeden sichtbar an den jeweiligen Stellen festgehalten werden. Offene Fragen sind dabei in einer anderen Farbe einheitlich auf einem Post-it darzustellen (vgl. (Brandolini, 2021), S. 93–94). Das dokumentierte Ergebnis der Diskussion im Kontext der Fallstudie ist in Abbildung 5.4 im Detail dargestellt.

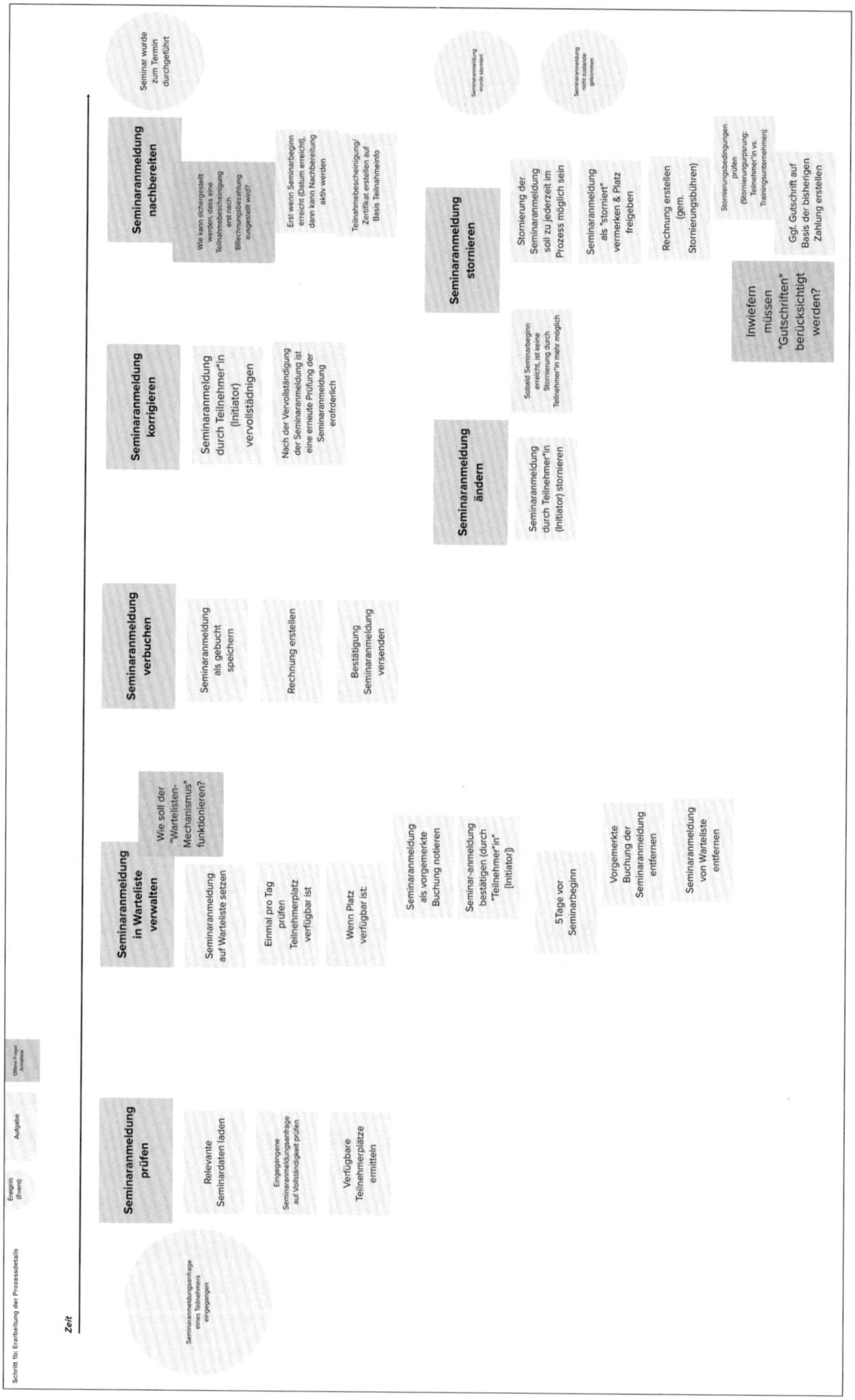

Abbildung 5.4: Fallbeispiel »Seminaranmeldung abwickeln« – die zugeordneten Inhalte zu den Themenüberschriften in zeitlicher Reihenfolge nach Diskussion der Workshopteilnehmer (Mural Board)

Nach der Diskussion des gesamten fachlichen Prozesses können Sie mit den Teilnehmern eine inhaltliche Kurzbeschreibung der groben Aufgaben festhalten und ihre jeweiligen Endereignisse definieren. Dies machen Sie für jede der groben Aufgaben. Anschließend nehmen Sie sie sich der Reihe nach vor und definieren für jedes Endereignis der groben Aufgabe die nächste Top-Level-Aufgabe (»grobe Aufgabe«) oder das nächste Top-Level-Endereignis gemäß des Prozessumfangs. Dies halte ich in einer Tabelle fest (siehe Abbildung 5.5). Dieses Vorgehen entspricht dem Top-down-Ansatz von Bruce Silver, den Sie in Abschnitt 6.3, »Übersicht über den fachlichen Prozess erarbeiten«, noch detaillierter kennenlernen werden.

Seminaranmeldung prüfen

Hier wird die Seminaranmeldung auf ihre Gültigkeit geprüft. Dies umfasst, dass alle erforderlichen Daten für die Anmeldung vorhanden sind und auch das Prüfen der Verfügbarkeit des Teilnehmerplatzes.

Endereignisse	Nächster Top Level Aktivität/Endereignis
Teilnehmerplatz verfügbar	Seminaranmeldung verbuchen
Teilnehmerplatz nicht verfügbar	Seminaranmeldung in Warteliste verwalten
Unvollständige Seminaranmeldung vorhanden	Seminaranmeldung korrigieren

Abbildung 5.5: Fallbeispiel »Seminaranmeldung abwickeln« – Auszug aus der Aktivitätenliste (Mural Board)

Damit haben Sie den Grundstein für die weitere Ausarbeitung des fachlichen operativen Prozesses gelegt.

3. Den Top-Level-Prozess in BPMN definieren

Unabhängig von der Gruppe können Sie als BPM-Experte und Moderator auf Basis der vorangegangenen Schritte den fachlichen Prozess in BPMN auf Top-Level-Ebene beschreiben. Dazu verwenden Sie die Regeln, die ich in Abschnitt 6.3, »Übersicht über den fachlichen Prozess erarbeiten«, noch vorstelle. Zur Modellierung verwenden Sie eine im

Unternehmen gängige BPMN-Modellierungssoftware. Achten Sie darauf, dass Sie mit dieser Software auch im Team zusammenarbeiten können: Zum Beispiel sollten Kommentierungen durch die Teammitglieder möglich sein. Das Ergebnis des Top-Level-Prozesses im Kontext unserer Fallstudie sehen Sie im Anhang, »Ausgewählte Artefakte zur PDA »Seminarverwaltung««.

Zudem können Sie auf Basis der bisherigen Diskussionen eine Übersicht der zu erarbeitenden Prozessszenarien für die nächste Workshop-Session vorbereiten. Diese Prozessszenarien dienen als Vorbereitung für die weitere Detailerarbeitung der relevanten Informationen und für die Implementierung in Form von einzelnen Iterationen. Mit *Prozessszenarien* meine ich typische Situationen im Prozess, die jeweils *vom Anfang bis zum Ende* durchgegangen werden. Das bedeutet: Sie durchdenken für die jeweilige Situation den betroffenen Pfad von Anfang bis Ende. Nur so können Sie die fachlichen Auswirkungen verstehen und konkret definieren. Typische Prozessszenarien sind:

- der Erfolgs- oder Normalablauf des Prozesses (*Happy Path*),
- verschiedene Alternativabläufe, beispielsweise die Korrektursituation bei unvollständigen Daten, sowie
- verschiedene fachliche Ausnahmesituationen.

Die Prozessszenarien stellen Sie den Teilnehmern vor. Vereinbaren Sie mit den Teilnehmern die Inhalte der Szenarien und die Reihenfolge der Szenarien für die Diskussion der Prozessdetails. Es ist sinnvoll, mit dem Happy Path zu beginnen und dann die weiteren Szenarien zu ergänzen. Die Reihenfolge ergibt sich typischerweise aus der Priorität des Geschäftswerts für das Unternehmen.

[zB]

Beispiel: Fallbeispiel »Seminarverwaltung« – Prozess »Seminaranmeldung abwickeln«: initiale Prozessszenarien

Auf Basis des diskutierten Top-Level-Prozesses können nachfolgende Prozessszenarien identifiziert werden:

1. **Normalablauf (Happy Path):** Es ist eine vollständige Seminaranmeldung vorhanden, ein Teilnehmerplatz ist verfügbar und das Seminar wurde zum geplanten Termin durchgeführt.
2. **Stornierung durch Teilnehmer:** Es ist eine vollständige Seminaranmeldung vorhanden, ein Teilnehmerplatz ist verfügbar und das Seminar wurde durch den Teilnehmer storniert.
3. **Stornierung durch Trainingsunternehmen:** Es ist eine vollständige Seminaranmeldung vorhanden, ein Teilnehmerplatz ist verfügbar und das Seminar wurde durch das Trainingsunternehmen storniert.
4. **Teilnehmerplatz nicht verfügbar (Warteliste) I:** Die Seminaranmeldung kommt nach Akzeptierung durch den Teilnehmer zustande.

5. **Teilnehmerplatz nicht verfügbar (Warteliste) II:** Die Seminaranmeldung kommt nicht zustande.
6. **Unvollständige Seminaranmeldung eingereicht:** Eine Korrektur der Seminaranmeldung ist erforderlich. Ansonsten erfolgt die Anmeldung entsprechend den oben genannten Gegebenheiten.

4. Details des fachlichen Prozesses ausgehend vom Top-Level-Prozess ergänzen

Sie beginnen jedes Prozessszenario vom Anfang des Prozesses bis zum Ende des Prozesses und präzisieren die Inhalte der groben Aufgaben (*embedded Subprozesse*). Dabei diskutieren und dokumentieren Sie für jedes Prozessszenario folgende Detailinformationen (auf die ich im nächsten Kapitel noch genauer eingehe):

- Die **Prozessdetails** in den jeweiligen **embedded Subprozessen** (groben Aufgaben) des Prozessszenarios sind nach den Regeln des Top-down-Ansatzes nach Bruce Silver zu modellieren.
- Spezifizieren Sie fachliche **Entscheidungsmodelle** in *Decision Model and Notation (DMN)* für jede Entscheidungsaufgabe im Prozess.
- Definieren und ergänzen Sie das **fachliche Datenmodell**.
- **Benutzeraufgaben:** Halten Sie die fachlichen Informationen, die ein Benutzer in der Benutzeroberfläche benötigt, um seine jeweilige Aufgabe auszuführen, sowie die Rolle des Benutzers, dem diese Aufgabe zugewiesen wird, fest.
- **Funktionalität definieren:** Wenn die Funktionalität von der »Außenwelt« (Systemlandschaft) übernommen wird, ist eine fachliche Schnittstellenanforderung aus Prozesssicht zu definieren (*Servicevertrag*). Im Prozess wird dies über einen *Message Flow* zu der externen fachlichen Rolle (*Pool*), die die Funktionalität sicherstellt, dargestellt. Die Schnittstellenoperation ist zu spezifizieren.

  Eine neue und interne Funktionalität ist ebenfalls mittels Anwendungsfallbeschreibung zu definieren.
- Pflegen Sie das **Glossar** fortlaufend, indem Sie für jeden relevanten Begriff den jeweiligen Kontext, die Definition sowie gegebenenfalls passende Synonyme erfassen.
- Ergänzen Sie bei Bedarf den Prozess um weitere Nachrichtenflüsse. Diese verdeutlichen die Interaktion zwischen dem Prozess und weiteren **externen Teilnehmern** (fachlichen Rollen).

Zum Abschluss des Workshops oder der jeweiligen Workshop-Sessions werden die festgehaltenen offenen Fragen und Punkte mit Verantwortlichkeiten versehen, und es wird festgehalten, bis wann diese geklärt sein sollten. Zudem wird das erarbeitete Ergebnis kurz zusammengefasst. Auch kann ein Ausblick auf die nächste Sitzung gegeben werden, oder es wird festgelegt, wie mit diesem Ergebnis nun weiter zu verfahren ist. Hierdurch werden die Teilnehmer motiviert, denn sie sehen, wie das Ergebnis ihrer Bemühungen künftig genutzt wird und welchen Mehrwert ihre Arbeit hat.

5.2.3 Nachbereitung des Prozesserhebungsworkshops

Die entwickelten Arbeitsergebnisse des Workshops oder der jeweiligen Workshop-Session dokumentieren Sie als Fotos und PDF-Dokumente. Diese Ergebnisdokumentation versenden Sie an die Teilnehmer. Auch die vereinbarten Aufgaben der Teilnehmer mit Ziel-Termin und Verantwortlichkeiten sind in dieser E-Mail enthalten.

Als Moderator oder Verantwortlicher dieser Initiative halten Sie die zu erledigenden Aufgaben nach und stellen sicher, dass die offenen Fragen zeitnah angegangen und geklärt werden, wenn die Teilnehmer selbst nicht weiterkommen.

Ist das Ergebnis bereits für ein Szenario des fachlichen Prozesses von Anfang bis Ende besprochen worden, können die Entwickler mit der Umsetzung beginnen. Zu einem Szenario gehören die oben erklärten relevanten Informationen.

5.3 Zusammenfassung

Am Anfang des Kapitels stand die Frage: Wie lassen sich fachliche Prozesse in einem Prozesserhebungsworkshop mit den Fachexperten erarbeiten?

Diese Frage lässt sich wie folgt beantworten: Der Prozesserhebungsworkshop wird mit Ausrichtung auf den fachlichen SOLL-Prozess durchgeführt, ohne aktuelle Systeme einzubeziehen.

Ich habe Ihnen in diesem Kapitel detailliert gezeigt, welche Vorbereitungen zur Durchführung des Prozesserhebungsworkshops zu treffen sind, wie Sie den Workshop methodisch führen und wie Sie die Aufgaben zur Nachbereitung des Workshops organisieren.

Kapitel 6

PDA-Layer: Die Fachprozess-Sicht erarbeiten

Der fachliche Prozess ist der »Diamant« des Unternehmens (nach Volker Stiehl). Auf Basis der Fachlogik lassen sich alle weiteren Fragestellungen erarbeiten. Dazu bedarf es eines methodischen Vorgehens.

Fragen, die dieses Kapitel beantwortet:

- Welche Informationen sind für die Automatisierung eines fachlichen Prozesses relevant?
- Wie erarbeite ich die fachlichen Prozesse des PDA-Layers?

6.1 Übersicht über die Methodik

Der PDA-Layer stellt die Prozessgesteuerte Anwendung dar: die *Process-driven Application*. Eine Prozessgesteuerte Anwendung besteht aus einem oder mehreren fachlichen Prozessen. Diese *Fachprozesse* werden aus Sicht der Fachexperten mit dem Standard BPMN grafisch beschrieben und möglichst in der Form, in der sie von den Fachexperten definiert worden sind, auch beibehalten. Diese fachlichen Prozesse in BPMN werden innerhalb der Prozessgesteuerten Anwendung mittels eines Workflow-Management-Systems ausgeführt (vgl. dazu Kapitel 4, »Die Prozessgesteuerte Architektur«).

Die fachlichen Prozesse erarbeiten Sie mit Fach- und IT-Experten partnerschaftlich und in enger Zusammenarbeit. Dazu ist die agile Vorgehensweise empfehlenswert: z. B. *Scrum* auf Teamebene. Ich gebe Ihnen im nächsten Abschnitt auch Tipps, wie Sie die fachlichen Prozesse mithilfe von Scrum iterativ erarbeiten können. Dabei fokussieren Sie sich möglichst auf den SOLL-Zustand des fachlichen Prozesses, um sich nicht weiter mit aktuellen Hindernissen in der Organisation befassen zu müssen. Wie Sie den fachlichen Prozess in der Gruppe erarbeiten, habe ich in Kapitel 5, »Prozesse erheben«, bereits beschrieben. Schlagen Sie also gerne dort noch einmal nach. Zusätzlich benötigen Sie eine Methode, wie Sie Ihre fachlichen Prozesse vom Allgemeinen zum Speziellen (engl. *Top-down*) erarbeiten.[1] So erhalten Sie sehr schnell einen Überblick über die fachlichen Prozesse und

1 Warum Sie den Top-down-Ansatz bevorzugen sollten, erkläre ich ausführlich in Abschnitt 2.3.1, »Einen Prozess top-down erarbeiten und beschreiben«.

können strukturiert und effizient die Details ausarbeiten. Diese Methodik stelle ich Ihnen in Abschnitt 6.3, »Übersicht über den fachlichen Prozess erarbeiten«, und in Abschnitt 6.4, »Die weiteren Details des fachlichen Prozesses erarbeiten«, vor.

Wichtig ist auch das fachliche Datenmodell der Prozessgesteuerten Anwendung, das Sie in Abschnitt 6.5 kennenlernen. In ihm halten Sie die relevanten Informationen der Daten fest, mit denen in den fachlichen Prozessen der Prozessgesteuerten Anwendung gearbeitet wird. Dieses Datenmodell nutzen Sie als Basis für die weitere Kommunikation: Sie beziehen sich darauf, wenn Sie die fachliche Schnittstellenanforderung an bereits vorhandene Funktionalität (die *Systemlandschaft*) definieren, und natürlich auch im Rahmen der späteren Implementierung. Neben der Funktionalität und den Daten, die in der Systemlandschaft bereits existieren, gibt es auch neue Funktionalität. Diese neue Funktionalität gehört zu dieser prozessgesteuerten Anwendung – diese Anwendung ist also auch für die Bereitstellung der neuen Funktionalität nach außen verantwortlich.

Bereits vorhandene Funktionalität in der Systemlandschaft können wir im fachlichen Prozess gezielt wiederverwenden. Dazu lassen Sie die Fachexperten diskutieren, welche Informationen für die vorhandene Funktionalität zwischen dem fachlichen Prozess und der »Außenwelt« der Prozessgesteuerten Anwendung ausgetauscht werden müssen.

[zB]

Beispiel: Fallbeispiel – Aufgabe »Teilnahmebescheinigung/Zertifikat erstellen«: neue Funktionalität vs. vorhandene Funktionalität

In unserem Fallbeispiel gibt es im Fachprozess *»Seminaranmeldung abwickeln«* die Aufgabe *»Teilnahmebescheinigung/Zertifikat« erstellen.*

Nehmen wir an, dass die Fachexperten für diese Aufgabe bisher einen speziellen Service verwendet haben, über den Seminarzertifikate für die Teilnehmer erstellt, über einen Link veröffentlicht und somit von anderen eingesehen sowie verifiziert werden können. In diesem Fall existiert diese Funktionalität bereits in der Umgebung des Unternehmens (der Systemlandschaft). Somit kann die Funktionalität wiederverwendet werden.

Nehmen wir nun an, dass die Funktionalität für die Realisierung dieser Aufgabe bisher noch nicht vorhanden ist. Dann müsste sie als neue Funktionalität implementiert werden. Diese neue (interne) Funktionalität gehört dann zur Prozessgesteuerten Anwendung. Das bedeutet: Diese neue Prozessgesteuerte Anwendung ist auch für die Bereitstellung der neuen Funktionalität nach außen, also für andere Anwendungssysteme, verantwortlich.

Dies halten Sie für jede vorhandene Funktionalität in einer fachlichen Schnittstellenanforderung fest. Alle fachlichen Schnittstellenanforderungen gehören zum *Servicevertrag* der Prozessgesteuerten Anwendung (vgl. Abschnitt 4.3, »Der Servicevertrag«). Auf die Funktionalität für die Prozessgesteuerte Anwendung gehe ich in Abschnitt 6.6 ein.

Während die Fach- und IT-Experten die fachlichen Prozesse diskutieren, werden Sie feststellen, dass immer neue Begriffe aus dem Anwendungsgebiet auftreten. Damit Sie diese Begriffe einheitlich verwenden, dokumentieren Sie sie. Dazu verwenden Sie ein *Glossar*. Damit schaffen Sie die Basis dafür, Fachvokabular transparent zu machen und Missverständnisse in der Kommunikation zu vermeiden. Wie Sie ein Glossar erstellen, zeige ich Ihnen zum Abschluss dieses Kapitels in Abschnitt 6.7.

Neben den fachlichen Anforderungen sind auch die *nichtfunktionalen Anforderungen* (auch *Qualitätsanforderungen* genannt) für die Prozessgesteuerte Anwendung relevant. Diese Art von Anforderungen beziehen sich auf die Rahmenbedingungen (Qualität) der Prozessgesteuerten Anwendung. Je nach Anforderung sind entsprechende Aufwände im Rahmen der Implementierung zu berücksichtigen. Denn wie auch in (Starke, 2020, S. 40) erklärt wird, führt die alleinige Betrachtung der funktionalen Anforderung (also hier die Funktionalität der Prozessgesteuerten Anwendung) nicht automatisch zu qualitativen Anwendungen. Die relevanten nichtfunktionalen Anforderungen sollten Sie mit dem Auftraggeber diskutieren. Damit im Projekt keine Missverständnisse auftreten, sollten Sie diese präzise beschreiben. Dies schließt auch die Klärung der Frage ein, wie die jeweilige Anforderung gemessen werden kann. Dazu empfiehlt es sich, eine *Metrik* zu nutzen oder die nichtfunktionalen Anforderungen in Form von *Qualitätsszenarien* zu beschreiben (vgl. dazu (Starke, 2020), S. 39ff.). Durch die prozessgesteuerte Architektur werden bereits viele nichtfunktionale Anforderungen abgedeckt. Sie werden in den allgemeinen Anforderungen an einen Prozessimplementierungsansatz in Abschnitt 1.3.4, »Anforderungen an einen Implementierungsansatz für Unternehmensanwendungen im 21. Jahrhundert«, beschrieben. Natürlich können auch weitere nichtfunktionale Anforderungen an eine Prozessgesteuerte Anwendung relevant sein. Um den Rahmen dieses Buches aber nicht zu sprengen, verweise ich Sie bei Interesse auf das Buch von *Gernot Starke, »Effektive Softwarearchitekturen«:* (Starke, 2020).

[«]

Hinweis: Umgang mit mehreren fachlichen Prozessen in einer Prozessgesteuerten Anwendung

In den nachfolgenden Abschnitten spreche ich wegen der besseren Verständlichkeit in der Einzahl vom *fachlichen Prozess* und gehe damit von *einem* fachlichen Prozess in *einer* Prozessgesteuerten Anwendung aus. Allerdings wissen Sie bereits, dass eine Prozessgesteuerte Anwendung in der Regel aus mehreren fachlichen Prozessen besteht. Dann empfiehlt es sich, für jeden fachlichen Prozess in der Prozessgesteuerten Anwendung wie folgt vorzugehen:

1. Die Übersicht über jeden fachlichen Prozess erarbeiten (wie in Abschnitt 6.3 gezeigt wird)
2. Die Details für jeden fachlichen Prozess erarbeiten (wie in Abschnitt 6.4)

3. Es existiert ein einziges fachliches Datenmodell für die Prozessgesteuerte Anwendung. Zur besseren Lesbarkeit und Zuordnung können Sie je fachlichem Prozess einen relevanten Ausschnitt mit den zugehörigen Datenstrukturen und -beziehungen darstellen. Wenn Sie sich für dieses Vorgehen entscheiden und gegen nur eine Sicht des gesamten Datenmodells mit sämtlichen Datenstrukturen und -beziehungen für alle fachlichen Prozesse der Prozessgesteuerten Anwendung, dann achten Sie bitte unbedingt auf die einheitliche Benennung von denselben Gegenständen im Datenmodell. Ansonsten kommt es zu Missverständnissen. Wie Sie ein Datenmodell erstellen, erfahren Sie in Abschnitt 6.5.
4. Die Funktionalität zur Realisierung der einzelnen Aufgaben (neu vs. bereits vorhanden) wird für jeden fachlichen Prozess diskutiert. In dem Fall, dass bereits vorhandene Funktionalität durch die Systemlandschaft wiederverwendet werden kann, gehören die definierten fachlichen Schnittstellenanforderungen zum selben Servicevertrag wie die anderen fachlichen Prozesse dieser Prozessgesteuerten Anwendung (vgl. Abschnitt 6.6, »Die Funktionalität der Prozessgesteuerten Anwendung definieren«).
5. Das Glossar pflegen Sie für die Prozessgesteuerte Anwendung in ihrer Gesamtheit. Manchmal hilft aber auch eine Unterteilung der Begriffe nach den jeweiligen fachlichen Prozessen. Dies hilft, den Kontext der Begriffe besser zu verstehen. So sollten Sie zum Beispiel für die Fachprozesse *»Seminaranmeldung abwickeln«* und *»Seminar planen«* getrennte Abschnitte im Glossar führen. Aber natürlich können Sie auch ein Glossar ohne Unterteilung nach fachlichen Prozessen erstellen (vgl. Abschnitt 6.7, »Glossar zur Prozessgesteuerten Anwendung pflegen«).

6.2 Partnerschaftliche Zusammenarbeit zwischen Fach- und IT-Experten mithilfe der agilen Vorgehensweise

Im Folgenden liegt der Fokus auf der Erarbeitung des Fachprozesses (also des *fachlichen Prozesses*) bzw. der Fachprozesse der Prozessgesteuerten Anwendung. Dies muss in enger, partnerschaftlicher Zusammenarbeit zwischen den Vertretern der Fachexperten des Fachprozesses und den IT-Experten geschehen. So wird die verbindliche Mitwirkung der Fachexperten sichergestellt und die fachliche Qualität der Geschäftslogik gewährleistet. In Kapitel 5, »Prozesse erheben«, haben wir uns bereits damit beschäftigt, dass Fachprozesse in Form von Prozesserhebungsworkshops effizient erarbeitet werden. Somit haben wir bereits etwas genauer angeschaut, wie Sie einen Fachprozess methodisch und effizient erarbeiten. In diesem Abschnitt befassen wir uns mit der gesamten Vorgehensweise, wie Sie zur Prozessgesteuerten Anwendung kommen.

6.2.1 Agile Vorgehensweise und produktorientiertes Denken

Die *agile Vorgehensweise* spielt eine zentrale Rolle. Für die Zusammenarbeit auf Teamebene nutze ich hier exemplarisch *Scrum*. Um die agile Vorgehensweise richtig zu verstehen, ist es ratsam, das *Agile Manifest*[2] zu verinnerlichen. Zentral ist, dass es um die Erstellung einer funktionierenden Software (also um ein digitales Produkt) geht und weniger darum, Dokumente zu erzeugen, wie es in den traditionellen Wasserfallmodellen der Fall ist. Die Aussicht, Dokumente zu erstellen, löst bei vielen Managern ein Gefühl der Sicherheit aus, da sie als Resultat etwas Geschriebenes in den Händen haben. Dieses Gefühl ist jedoch trügerisch. Denn es bedarf eines enormen Zeiteinsatzes der Projektbeteiligten, um die jeweiligen Dokumente zu erstellen und zu pflegen. Das Ziel eines Softwareprojekts ist aber die Erstellung innovativer Software und nicht die Bereitstellung umfangreicher Dokumente.

Zudem muss das Team interdisziplinär aufgestellt sein und somit alle Fähigkeiten besitzen, um das digitale Produkt der Prozessgesteuerten Anwendung mit seinen Fachprozessen zu erzeugen. Einen Teamaufbau stelle ich Ihnen weiter unten in Abschnitt 6.2.3, »Das Scrum-Team«, vor. Leider kann ich immer noch sehr oft in den Projekten beobachten, dass funktionale Teams gebildet werden. Diese Teams umfassen lediglich die Expertise für einen Funktionsbereich und bestehen z. B. aus einem Business Analyst, einem Backend-Entwickler, einem Frontend-Entwickler und einem Datenbankadministrator. Dies ist meiner Erfahrung nach nicht effektiv und effizient, da so Abhängigkeiten zu anderen Funktionsbereichen entstehen: Die einzelnen funktionalen Teams müssen auf freie Experten aus den anderen funktionalen Teams warten. Die Folge ist, dass die eigentlichen Produkte nicht effizient vorangetrieben werden. Das lässt den Schluss zu, dass in vielen Unternehmen immer noch nicht verstanden wird, worum es bei der agilen Vorgehensweise geht: nämlich um das *produktorientierte Denken*. Doch was ist der Unterschied zum herkömmlichen projektorientierten Denken?

Hinweis: Produktorientiertes vs. projektorientiertes Denken

Beim *produktorientierten Denken* geht es um das Produkt. Es wird ein interdisziplinäres Team mit entsprechenden Entscheidungsbefugnissen und Ressourcen ausgestattet, um das digitale Produkt kontinuierlich im Rahmen des Produktlebenszyklus unabhängig von anderen Produkten weiterzuentwickeln und zu betreiben. Wenn Sie richtig agil vorgehen, erfordert dies ein produktorientiertes Denken.

Dagegen steht das *projektorientierte Denken*, wie es im traditionellen Projektmanagement gelebt wird. Dabei wird das Tun in Bezug auf den vereinbarten Projektumfang nur bis zum Abschluss des Projekts ausgerichtet. Der Abschluss umfasst typischerweise die Übergabe der erstellten Software oder die Übergabe der Anpassung

2 Das Agile Manifest finden Sie unter *https://agilemanifesto.org/iso/de/manifesto.html* (13.08.2023).

der Software an den Betrieb. Dann ist das Projekt zu Ende. Bei neuen Anforderungen müsste dann wieder ein neues Projekt mit den entsprechenden Ressourcen und eigenem Budget initialisiert werden.

Das Team müsste sich eventuell in die Software einarbeiten, wenn die Mitglieder bisher an dieser Software nicht mitgewirkt haben. Dies hat zur Folge, dass die Anpassungen der Software nicht schnell genug erfolgen, um sich als Unternehmen von den Mitbewerbern zu abzuheben und Wettbewerbsvorteile zu erzielen.

6.2.2 Exkurs: Scrum

Ich werde Scrum hier nur grob beschreiben, für den Fall, dass Sie es noch nicht kennen. Wenn Sie mehr über Scrum erfahren möchten, empfehle ich Ihnen, den Scrum-Leitfaden zu lesen: (Schwaber & Sutherland, 2020). Die folgenden Erläuterungen stammen aus diesem Leitfaden.

Bei Scrum wird in *Iterationen* gearbeitet, d. h. in sich wiederholenden Arbeitsphasen (*Sprints*). Jeder *Sprint* (jede Arbeitsphase) umfasst eine Dauer zwischen einer und vier Wochen. In dieser Zeit werden Anforderungen in Form von *User Stories* umgesetzt. Zu Beginn eines Sprints werden in einer Planungssitzung des Teams die nächsten Anforderungen gemäß ihrer Priorität mit dem *Product Owner* diskutiert und vereinbart. Ein Sprint verfolgt ein Sprint-Ziel, das das Team im Rahmen der Planung definiert. Das Team überführt die in einem Sprint durchzuführenden Anforderungen aus dem *Product Backlog* in sein *Sprint Backlog*. Am Ende eines Sprints resultiert daraus ein *Inkrement* oder mehrere Inkremente.

Ein Inkrement ist dabei ein *Artefakt* (d. h. eine funktionierende Softwarekomponente), die auf das Produktziel ausgerichtet ist. Ein Inkrement erfüllt stets eine vom Team festgelegte sogenannte *Definition of Done*. Dabei handelt es sich um eine Liste von Punkten, die das Team einhalten muss, um die Qualität eines Inkrements zu erreichen. Nur wenn diese Punkte erfüllt sind, ist ein Inkrement fertig.

Alle Ideen für neue Anforderungen oder Verbesserungen o. Ä. werden vom Product Owner während der gesamten Produktlaufzeit im Produkt-Backlog (also der Liste der Anforderungen für das Produkt) verwaltet. Der Product Owner priorisiert auch in Abstimmung mit dem Kunden des Produkts die Anforderungen für die nächsten Sprints. Um die Kommunikation effektiv und effizient zu halten, gibt es vorgegebene Kommunikationsevents:

- Im *Sprint Planning* wird der Umfang des nächsten Sprints diskutiert und vereinbart. Es ist der Beginn eines neuen Sprints.
- Im *Daily* reflektieren die *Developer* (*Scrum-Rolle*) täglich den Fortschritt des Sprint-Ziels und sprechen über mögliche Hindernisse. Natürlich werden sich die Developer auch an weiteren Terminen zu bestimmten Themen treffen.

- Als vorletztes Kommunikationsevent eines Sprints stellt das Scrum-Team im Rahmen des *Sprint Reviews* seine Ergebnisse den wichtigen Stakeholdern vor. Hier erhält das Team wertvolle Rückmeldungen für Anpassungen.
- Mit der *Sprint Retrospective* als letztem Kommunikationsereignis eines Sprints wird ein Sprint abgeschlossen. Hier reflektieren die Mitglieder des Scrum-Teams, wie sie in ihrer Arbeitsweise effektiver werden und die Qualität ihrer Ergebnisse weiter erhöhen können.

6.2.3 Das Scrum-Team

Das Scrum-Team besteht aus folgenden Rollen: Product Owner, Scrum Master und Developer. Es ist interdisziplinär (engl. *cross-functional*), d. h., die Teammitglieder haben alle erforderlichen Fähigkeiten, um die Werte für jeden Sprint liefern zu können. Das Team organisiert sich selbst und besteht aus höchstens 10 Mitgliedern (vgl. (Schwaber & Sutherland, 2020), S. 5).

Die einzelnen Rollen des Scrum-Teams sind wie folgt definiert (vgl. (Schwaber & Sutherland, 2020), S. 5–7):

1. Der *Product Owner* ist eine Person. Diese ist ergebnisverantwortlich für die Maximierung des Produktwertes. Zudem ist sie auch für die Entwicklung und Kommunikation eines Produktziels sowie für die fortlaufende Pflege und Priorisierung des *Product Backlogs* verantwortlich. Im PDA-Kontext kann der Product Owner eine Person sein, die die Prozessverantwortlichen als Kunden der betroffenen fachlichen Prozesse in der Prozessgesteuerten Anwendung vertritt oder – bei nur einem fachlichen Prozess – der Prozessverantwortliche selbst. Wichtig ist, dass auch der Product Owner den Prozessgesteuerten Ansatz versteht.
2. Der *Scrum Master* ist verantwortlich dafür, dass Scrum sowohl im Team als auch in der Organisation richtig verstanden wird. Er unterstützt bei der Umsetzung der Scrum-Methodik. Auch der Scrum Master muss den Prozessgesteuerten Ansatz verstehen, um den Rest des Teams dabei zu unterstützen, den Prozessgesteuerten Ansatz innerhalb von Scrum anzuwenden.
3. Die *Developer* sind diejenigen Team-Mitglieder, die in den Sprints die Arbeit zur Erzeugung der Inkremente erledigen. Es werden die jeweiligen Vertreter der Prozessrollen für den aktuell zu implementierenden Fachprozess benötigt. Sie brauchen ausreichend Kapazität, um den Fachprozess zu erarbeiten und um Abstimmungen für Prozessdetails herbeizuführen.

   Im PDA-Kontext haben die Developer folgende Aufgaben:

   - Anwendung des Prozessgesteuerten Ansatzes nach Volker Stiehl
   - Analyse und Erhebung der Fachprozesse in Prozesserhebungsworkshops mit den Fachexperten (vgl. dazu Kapitel 5, »Prozesse erheben«). Dazu benötigt das Team Moderations- und Kommunikationsfähigkeiten.

- Entwicklung der Prozessgesteuerten Anwendung. Dazu gehören neben der Entwicklung der Fachkomponenten auch die Konfigurationen der Fachprozesse in der Process Engine (vgl. dazu Abschnitt 8.3, »BPMN-Prozessdefinitionen konfigurieren«, Abschnitt 8.4, »Funktionalität implementieren«, und Abschnitt 8.6, »Datenbank aufsetzen«).
- Entwicklung der Benutzeroberfläche für die Prozessgesteuerte Anwendung (vgl. dazu Abschnitt 8.5, »Benutzeroberfläche für Benutzeraufgaben entwickeln«)
- Testen der Prozessgesteuerten Anwendung (inklusive Anwendung der Testautomatisierung)
- Betrieb der Prozessgesteuerten Anwendung (inklusive Deployment der Prozessgesteuerten Anwendung mittels CI/CD-Pipeline, Support, Bugfixing)

Um das Team entsprechend der Vorgaben klein zu halten und so effizienter zu arbeiten, ist es sinnvoll, Personen mit mehreren Fähigkeiten im Team zu haben. Ich spreche hier bewusst nicht von Rollen, sondern von Fähigkeiten. Es kann also durchaus jemand, der bisher die Business-Analysten-Rolle innehatte, die Prozessgesteuerte Anwendung mit entwickeln oder testen. Umfasst die Prozessgesteuerte Anwendung mehrere fachliche Prozesse, sind immer nur diejenigen Fachexperten in den jeweiligen Sprints Teil des Teams, die gerade für den jeweils zu bearbeitenden fachlichen Prozess relevant sind.

Den *Software-Architekten* sehe ich bei vielen parallelen Prozessgesteuerten Anwendungen, also bei digitalen Produkten, nicht als Teil eines Scrum-Teams. Wegen seiner übergreifenden Funktion verstehe ich diese Rolle als Querschnittsfunktion. So kann eine zentrale Rolle die verschiedenen Teams beraten und Themen für die Architektur zentral aufnehmen. Wenn hingegen je Team ein Software-Architekt vertreten ist, muss es wieder einen übergreifenden, führenden Architekten geben. Die Architekten im Team und diese zentrale Instanz müssen sich dann koordinieren. Dies betrachte ich nicht als Effizienzsteigerung, und deshalb empfehle ich dies auch nicht.

6.2.4 Fachprozesse in Scrum erarbeiten und implementieren

Innerhalb der Sprints wird ein betreffender Fachprozess in der Prozessgesteuerten Anwendung erarbeitet und implementiert. Sobald im ersten Sprint eine Übersicht über den Fachprozess erarbeitet wurde und die initialen Prozessszenarien des Fachprozesses klar sind, können Sie in den weiteren Sprints mit den jeweiligen Prozessszenarien weitermachen. Dabei ist es entscheidend, zu wissen, dass ein Prozessszenario komplett vom Anfang bis zum Ende eines Fachprozesses allen Beteiligten im Team klar sein muss, bevor der Fachprozess einen Geschäftswert erbringen kann. Eine Grundregel des Prozessgesteuerten Ansatzes lautet: *Es wird keine Zeile »Code« geschrieben, bevor der Fachprozess nicht von den relevanten fachlichen Stakeholdern bestätigt wurde.* Wie das effizient funktioniert, erläutere ich in Kapitel 5, »Prozesse erheben«.

Ist das Prozessszenario für alle Teambeteiligten hinreichend detailliert, fachlich und transparent, kann es direkt implementiert werden. Manchmal ist selbst ein Prozessszenario zu groß für einen Sprint von vier Wochen. Dann lässt sich dieses Prozessszenario in kleinere fachlich relevante Einheiten aufteilen und auf verschiedene Sprints verteilen. Dies geschieht in enger Abstimmung mit dem Product Owner. Die Qualität eines Inkrements eines Sprints (d. h. das implementierte Prozessszenario) ist vom Scrum-Team durch die *Definition of Done* festgelegt worden. Diese Definition of Done muss die Prinzipien der Prozessgesteuerten Architektur enthalten. Natürlich kann das Team auch weitere Qualitätsanforderungen an ein Inkrement definieren. Das ist in Scrum auch so üblich.

Zudem können nun andere abhängige Teams (die »Außenwelt« der Prozessgesteuerten Anwendung) ihre Arbeit parallel aufnehmen. So wird die Integrationsablauflogik in der Integrationskomponente für die Integration der jeweiligen externen Systeme, Services oder anderen Prozessgesteuerten Anwendungen parallel implementiert. Auch können andere externe Teams mit zentralen Eingangskanälen (z. B. Chatbot, zentraler Formularserver) mit der UI-Implementierung für eine Benutzeraufgabe beauftragt werden. Diese parallelen Arbeiten und die damit einhergehende Effizienzsteigerung in der Anwendungsentwicklung sind dank des *Servicevertrags* der Prozessgesteuerten Anwendung möglich (vgl. Abschnitt 4.3, »Der Servicevertrag«.). Hier wird im Team aus fachlicher Sicht definiert, was von der vorhandenen Funktionalität in der Systemlandschaft benötigt und übergeben wird und somit zu liefern ist.

In Tabelle 6.1 gebe ich Ihnen zusammenfassend eine allgemeine Übersicht über die Sprints.

Erster Sprint einer Prozessgesteuerten Anwendung oder eines neuen Fachprozesses in einer Prozessgesteuerten Anwendung	**Weitere Sprints**
– Dauer: 1–2 Wochen – Erarbeiten des Prozessumfangs in einer Übersicht (Top-down-Ansatz nach Bruce Silver) – Ergebnis: BPMN-Top-Level-Prozess und Identifizierung der initialen Prozessszenarien	– Dauer: ca. 2–4 Wochen – Für jeden Sprint wird ein Prozessszenario von Anfang bis Ende erarbeitet und implementiert. Bei großem fachlichen Umfang wird das Prozessszenario gemeinsam mit dem Product Owner auf mehrere Sprints verteilt. – Ergebnis: Implementiertes Prozessszenario gemäß »Definition of Done«

Tabelle 6.1: Übersicht über die allgemeine Charakteristik der Sprints im PDA-Kontext

6.3 Übersicht über den fachlichen Prozess erarbeiten

Ich beschreibe hier den Top-down-Ansatz nach Bruce Silver (vgl. (Silver, 2011), S.60–67), da dieser aus meiner Sicht ein einfaches Schema bietet und der Übergang zwischen Übersichtsebene zur Detailebene fließend erfolgt. Erfahrungsgemäß ist dieser Ansatz für Einsteiger einfacher zu verstehen als andere Ansätze (z. B. der Top-down-Ansatz im Rahmen des *Camunda*-BPMN-Frameworks, vgl. dazu Abschnitt 3.2, »Das Camunda BPMN-Framework«). Zudem ist im Schema enthalten, wie Sie von der Übersicht methodisch nahtlos zu den Details des Fachprozesses gelangen.

Mit der Übersichtsdarstellung in Abbildung 6.1 zeige ich Ihnen die Schritte des Top-down-Ansatzes nach Bruce Silver. Sie werden in diesem Abschnitt die Schritte 1 bis 3 kennenlernen. Auf die übrigen Schritte 4 bis 5 werde ich in Abschnitt 6.4, »Die weiteren Details des fachlichen Prozesses erarbeiten«, eingehen.

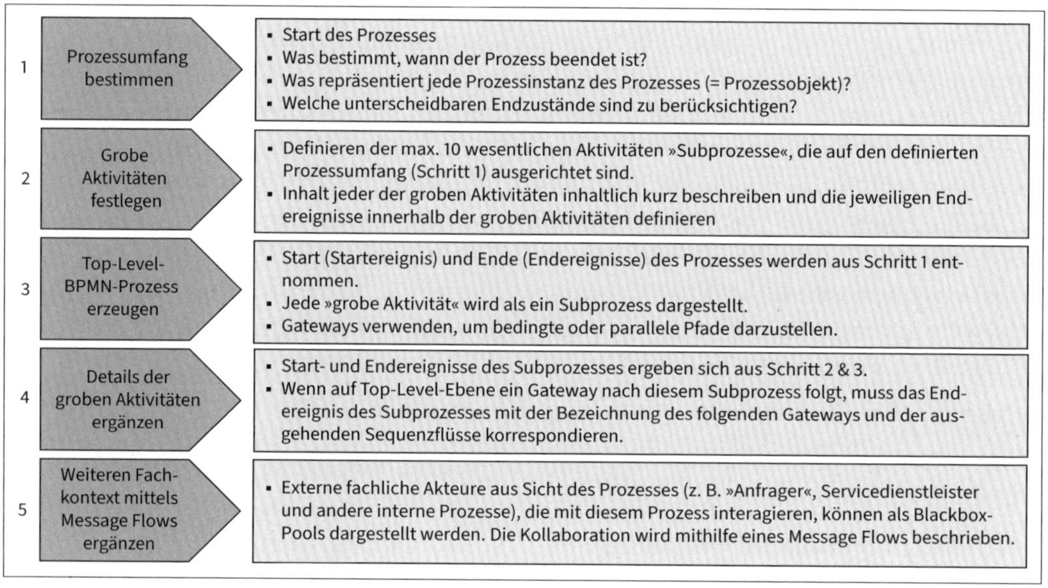

Abbildung 6.1: Übersicht über den Top-down-Ansatz nach Bruce Silver (vgl. (Silver, 2011), S. 58–67)

6.3.1 Schritt 1: Den Prozessumfang bestimmen

Zunächst verschaffen Sie sich eine Übersicht über den fachlichen (SOLL-)Prozess. Dazu erarbeiten Sie den Prozessumfang gemeinsam mit den Vertretern der Fachexperten.

Um den Prozessumfang zu bestimmen, müssen Sie folgende Fragen zum Fachprozess beantworten (vgl. (Silver, 2011), S. 58 und 67):

1. **Start des Prozesses: Warum beginnt der Prozess (Auslöser)? / Was ist die Voraussetzung, damit der Prozess beginnen kann?** Sie formulieren die Antwort auf die Fragen in derselben Form wie bei einem Startereignis.
2. **Was bestimmt, wann der Prozess beendet ist?** Diese Frage bezieht sich darauf, was der Fachprozess beinhaltet und was er gegebenenfalls nicht beinhaltet.

3. **Was repräsentiert jede Prozessinstanz des Prozesses (d. h. jede konkrete Ausprägung des Prozesses)?** Diese Frage bezieht sich auf den Gegenstand des Fachprozesses (das *Prozessobjekt*).
4. **Welche unterscheidbaren Endzustände sind zu berücksichtigen?**

Es kann sein, dass Sie in einem späteren Schritt nochmals kleinere Aspekte verändern oder ergänzen. Dies ist häufig bei den Endzuständen und den Fragen 2 und 3 der Fall. Das liegt daran, dass Sie mit den Fachexperten in den weiteren Schritten tiefer in die Inhalte des Fachprozesses eintauchen. Dabei kommen Aspekte auf, die zu Beginn der Diskussion auf diesem hohen Abstraktionslevel noch nicht beachtet wurden. Betrachten Sie deshalb bitte die Schritte des Ansatzes als nicht zu streng linearen Prozess. Das bedeutet aber nicht, dass Sie den Schritt 1 nicht ernst nehmen sollten. Denn auf dieser Basis erfolgen die weiteren Detaildiskussionen. Dieser Schritt gibt einen inhaltlichen Rahmen für den Fachprozess vor. Alle Beteiligten vereinbaren, was der Fachprozess beinhaltet.

Wie der Prozessumfang im Rahmen unseres Fallbeispiels definiert ist, finden Sie in Abschnitt 5.2, »Prozesserhebungsworkshops«.

6.3.2 Schritt 2: Grobe Aktivitäten des Prozesses festlegen

Basierend auf dem definierten Prozessumfang des Fachprozesses (Start des Prozesses, Prozessobjekt und Endzustände) können Sie nun die groben Aktivitäten des Fachprozesses mit den Fachexperten festlegen. Die »groben Aktivitäten« werden später in der BPMN durch (eingebettete) zugeklappte Subprozesse repräsentiert.

Beachten Sie dabei bitte folgende Regeln (vgl. (Silver, 2011), S. 59–60 und S. 67):

1. Sie beschreiben auf dieser Ebene (Top-Level) den Fachprozess in maximal 10 groben Aktivitäten.
2. Beschreiben Sie kurz den Inhalt für jede grobe Aktivität. Damit drücken Sie den Zweck der Aktivität aus. Dies ist nicht nur im Rahmen der weiteren Detaildiskussion wichtig, sondern auch später bei Erweiterungen des Fachprozesses. Dann ist direkt für die Modellierer und Entwickler ersichtlich, welche fachlichen Aspekte zu welchen der »groben Aktivitäten« gehören.
3. Denken Sie auch über mögliche Endzustände je grober Aktivität nach.

Die Liste der groben Aktivitäten für unser Fallbeispiel entnehmen Sie bitte Abschnitt 5.2.

6.3.3 Schritt 3: Den Top-Level-BPMN-Prozess erzeugen

Nun erstellen Sie auf Basis der Schritte 1 und 2 den Top-Level-BPMN-Prozess. Gehen Sie bitte dabei wie folgt vor (vgl. (Silver, 2011), S. 60–61 und S. 67):

1. Als Startereignis für den Prozess verwenden Sie das definierte Startereignis aus Schritt 1.
2. Übernehmen Sie als Endereignisse direkt die definierten möglichen Endzustände aus Schritt 1 (siehe Frage 4).
3. Die groben Aktivitäten aus Schritt 2 übernehmen Sie als zugeklappte Subprozesse. In den meisten Fällen sind es eingebettete Subprozesse. Manchmal kann es auch eine Call Activity sein, wenn die »grobe Aktivität« auch als globaler Prozess in anderen Fachprozessen oder Pfaden desselben Fachprozesses verwendet wird.
4. Ordnen Sie die logische Reihenfolge der groben Aktivitäten (Subprozesse) an. Verwenden Sie dabei Gateways, um bedingte oder parallele Pfade kenntlich zu machen. Dass Sie ein Gateway nach einer groben Aktivität benötigen, erkennen Sie beispielsweise daran, dass Sie mehrere Endereignisse in der groben Aktivität definiert haben. Die Verwendung eines bestimmten Gateways hängt letztlich von den fachlichen Anforderungen ab, die Sie gemeinsam mit den Fachexperten besprechen.

   Verwenden Sie im Top-Level-BPMN-Prozess ein Gateway wie folgt:

   - **Bedingtes Gateway (XOR, OR):** In diesem Fall wird ein bedingtes Gateway nach der bedingungsverursachenden groben Aktivität definiert. Mit dem Gateway wird das Eintreten eines Endzustands in der vorherigen groben Aktivität getestet. Wenn nur zwei Endzustände und damit zwei ausgehende Sequenzflüsse aus dem Gateway existieren, wird die Beschriftung des Gateways mit einem der Endzustände als Frage formuliert, und die jeweiligen ausgehenden Sequenzflüsse werden mit *Ja* und *Nein* beschriftet. Bei mehr als zwei Endereignissen muss das Gateway mit einer übergreifenden Entscheidungsfrage versehen werden. Die ausgehenden Sequenzflüsse repräsentieren die möglichen Prozesspfade zur Handhabung des jeweiligen Endzustands. (vgl. (Silver, 2011), S. 60). Zudem weist Silver zu Recht daraufhin, dass man auf dieser Ebene zur Zusammenführung von alternativen Pfaden nicht unbedingt ein Gateway benötigt. Dies bedeutet, dass verschiedene alternative Pfade direkt in eine nachfolgende Aktivität münden (vgl. (Silver, 2011), S. 60). Damit die Übersicht besser lesbar wird, können Sie auf ein zusammenführendes Gateway im Top-Level-Prozess verzichten.
   - **Paralleles Gateway (AND):** Zur Beschreibung eines parallelen Pfades nach einer groben Aktivität verwenden Sie ein paralleles Gateway (AND) oder vereinfacht zwei ausgehende Sequenzflüsse aus der groben Aktivität. Wenn eine nachfolgende Aktivität allerdings erst starten darf, nachdem zwei oder mehr parallele Aktivitäten abgeschlossen sind, müssen Sie zur Zusammenführung ein paralleles Gateway verwenden (vgl. (Silver, 2011), S. 60).

Den Top-Level-BPMN-Prozess für unser Fallbeispiel finden Sie im Anhang, »Ausgewählte Artefakte zur PDA ›Seminarverwaltung‹«.

6.4 Die weiteren Details des fachlichen Prozesses erarbeiten

Auf Basis des Top-Level-Prozesses aus dem letzten Abschnitt erarbeiten Sie nun für jedes Prozessszenario (also für jeden Prozesspfad von Anfang bis Ende) die Prozessdetails innerhalb der »groben Aktivitäten«.

Mit den folgenden Schritten 4 und 5 der insgesamt fünf Schritte (siehe Abbildung 6.1) beziehe ich mich auf den Top-down-Ansatz nach Bruce Silver.

6.4.1 Schritt 4: Details der groben Aktivitäten ergänzen

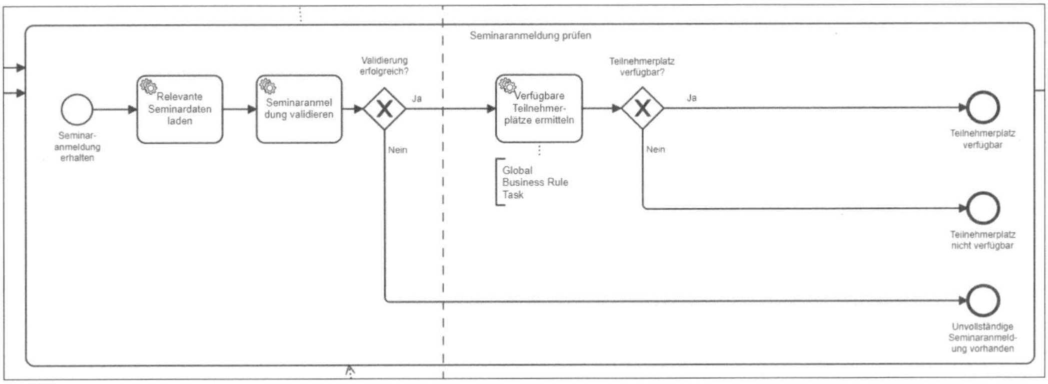

Abbildung 6.2: Fallbeispiel – Fachprozess »Seminaranmeldung abwickeln« – grobe Aktivität »Seminaranmeldung prüfen« (Ergebnis)

Für das aktuelle Prozessszenario ergänzen Sie nun die jeweiligen Details der fachlichen Prozessablauflogik in den jeweils aufgeklappten eingebetteten Subprozessen des Top-Level-BPMN-Prozessmodells. Das Endergebnis einer aufgeklappten groben Aktivität *»Seminaranmeldung prüfen«* aus dem Fallbeispiel sehen Sie in Abbildung 6.2.

Beachten Sie dabei die folgenden Regeln für die aufgeklappten Subprozesse (vgl. (Silver, 2011), S. 62):

1. Der Subprozess hat ein undefiniertes Startereignis (Blanko-Startereignis).
2. Als Endereignisse des Subprozesses (»grobe Aktivität«) verwenden Sie die bereits in Schritt 2 identifizierten Endereignisse für diesen Subprozess (vgl. Abschnitt 6.3, »Übersicht über den fachlichen Prozess erarbeiten«).
3. Eine Aktivität in diesem aufgeklappten Subprozess kann auch ein (eingebetteter) Subprozess sein. Bitte beachten Sie, dass es sich dabei um eine weitere Detailebene handelt.

Hinweis: Inwiefern macht eine Begrenzung der Ebenen Sinn?

Volker Stiehl und ich diskutierten im Zusammenhang weiterer Detaillierungsebenen, wie tief ein fachlicher Prozess detailliert werden kann. Hintergrund sind die meist sehr eingeschränkten Detaillierungsebenen in traditionellen Prozessebenen-Modellen. In Abschnitt 1.2.1, »Geschäftsprozess vs. Fachprozess«, haben Sie bereits erfahren, dass man sich traditionell beispielsweise auf fünf Prozessebenen zur Detaillierung eines Geschäftsprozesses beschränkt. Für die Prozessautomatisierung und damit im Kontext der Prozessgesteuerten Anwendung befinden wir uns auf der untersten Detailebene.

Ich gebe Ihnen nachfolgend aus meinem Gedächtnisprotokoll unsere Diskussion wieder:

L. Schönfeld: Um den Top-down-Ansatz nach Bruce Silver in einem traditionellen GPM-Prozessebenen-Modell einzuordnen, dürfte man nicht tiefer gehen als die eine weitere Detailebene, ausgehend von der Top-Level-Ebene zur Detailebene. Das hätte zur Folge, dass diese Detailebene bereits sehr umfangreich werden kann. Wie denkst du darüber?

V. Stiehl: Die fachliche Prozessablauflogik auf operativer Ebene kann sehr umfangreich werden. Deshalb ist eine Beschränkung auf eine gewisse Anzahl operativer Ebenen, wie sie in der Vergangenheit vorgenommen wurde, nicht sinnvoll. Die von dir beschriebene Beschränkung trägt dazu bei, dass die fachliche Prozessablauflogik nicht mehr gut lesbar ist. Deshalb ist es aus meiner Sicht wichtig, die traditionelle Denkweise aufzubrechen und weitere operative Ebenen zu erlauben. In realen Projekten wurden fachliche Prozesse bis auf Ebene 7, 8 oder sogar noch tiefer detailliert. Es ist also durchaus keine Seltenheit. Grundsätzlich gilt, dass es so viele Ebenen gibt, wie es die Komplexität des Szenarios verlangt.

L. Schönfeld: Das ist für mich nachvollziehbar. Nun hat jede Prozessebene im GPM-Prozessebenen-Modell einer Organisation eine bestimmte Bedeutung. So werden auch Kriterien festgelegt, wie eine bestimmte Ebene definiert wird, wie diese dargestellt wird, welche Elemente verwendet werden. Damit soll in der Organisation nachvollziehbar werden, wie einheitlich eine Prozessebene definiert wird. Wie würdest du die Kriterien für Detailebenen auf operativer Ebene beschreiben? – Wir verwenden natürlich weiterhin die BPMN, und alle Elemente sind auf operativer Ebene zugelassen.

V. Stiehl: Ich mache eine Detailebene anhand der Anzahl der Aufgaben fest. Je Detailebene empfehle ich maximal 10 bis 15 Aufgaben. Damit erhält man eine übersichtliche Detailebene, sodass man einen umfangreichen fachlichen Prozess auch in der Zukunft noch einfach lesen und warten kann. Damit steht mehr die allgemeine Verständlichkeit des Prozessmodells im Vordergrund als irgendwelche organisatorischen Kriterien.

L. Schönfeld: Dieses Kriterium finde ich nachvollziehbar. Es ist gut messbar und ist aus meiner Sicht auch für Einsteiger gut anwendbar. Die Konsequenz ist, dass wir die GPM-Prozessebenen-Modelle künftig auf operativer Ebene flexibler anwenden und die Detaillierungstiefe nicht mehr zu stark einschränken.

4. Wenn Sie einen bisher zugeklappten Subprozess nun gedanklich aufklappen und die Prozessdetails in einem separaten Prozessmodell (Prozessdatei) beschreiben möchten, verwenden Sie im übergeordneten Prozessmodell eine Call Activity. So können Sie den ausgelagerten Subprozess aufrufen. In diesem ausgelagerten Subprozess können Sie einen oder keinen Pool verwenden. Wenn Sie einen Pool verwenden, dann hat dieser dieselbe Pool-Beschriftung wie der übergeordnete Prozess. Dieses ausgelagerte Prozessmodell ist in diesem Fall lediglich eine Detaillierungsebene tiefer und zumeist kein globaler Prozess.
5. In der Detailprozessdarstellung können Sie *Lanes* verwenden. Lanes sind unabhängig von der Prozessebene.

   Neben den Details der fachlichen Prozessablauflogik, die Sie mittels *BPMN* grafisch beschreiben, müssen Sie sich gemeinsam mit Ihren Fachexperten Gedanken zu weiteren Detailinformationen machen. Sie müssen

   - **fachliche Entscheidungsmodelle in DMN** für jede Entscheidungsaufgabe im Prozess spezifizieren. Wie Sie ein Entscheidungsmodell in DMN aufarbeiten, beschreibe ich in Abschnitt 2.2, »Entscheidungen mit DMN beschreiben«.
   - **das fachliche Datenmodell** zum fachlichen Prozess bzw. zu der Prozessgesteuerten Anwendung definieren und ergänzen. Wie Sie ein fachliches Datenmodell erstellen, erläutere ich im nächsten Abschnitt.
   - **Benutzeraufgaben definieren:** Halten Sie relevante fachliche Informationen zu den jeweiligen Aufgaben für die Benutzer fest und ebenso die Rolle des Benutzers, der diese Aufgabe zugewiesen bekommt. Wenn Sie keine Frontend-Lösung nutzen, in der Sie direkt das Formular grafisch erstellen können, dann können Sie ein Wireframe-Tool, wie beispielsweise *Pencil*[3], *Balsamiq*[4] sowie *Microsoft PowerPoint*, oder auch eine abfotografierte, papierbasierte Bleistift-Skizze nutzen. Es sollte daraus klar hervorgehen, dass es nicht um das Design der Benutzeroberfläche geht, sondern lediglich um die relevanten Informationen für die jeweilige Benutzeraufgabe.
   - **Funktionalität definieren:** Sie definieren, ob eine Funktionalität zur Prozessgesteuerten Anwendung gehört und damit neu ist oder ob die Funktionalität bereits in der »Außenwelt« (der Systemlandschaft) vorhanden ist und somit wiederverwendet werden kann. In Abschnitt 6.6 erläutere ich Ihnen, wie Sie die Funktionalität definieren.
   - **ein Glossar für die relevanten Begriffe erstellen und pflegen:** In einem Glossar halten Sie die Begriffe des Anwendungskontextes der relevanten fachlichen Prozesse der Prozessgesteuerten Anwendung fest. Wichtig ist, dass Sie die Begriffe in Ihrer Kommunikation im Team und auch innerhalb der Prozessgesteuerten Anwendung einheitlich verwenden.

Einen Auszug aus der Fallstudie für die beschriebenen Prozessdetails finden Sie im Anhang abgedruckt.

3 *https://pencil.evolus.vn/*
4 *https://balsamiq.com/*

6.4.2 Schritt 5: Weiteren Fachkontext mittels Message Flows ergänzen

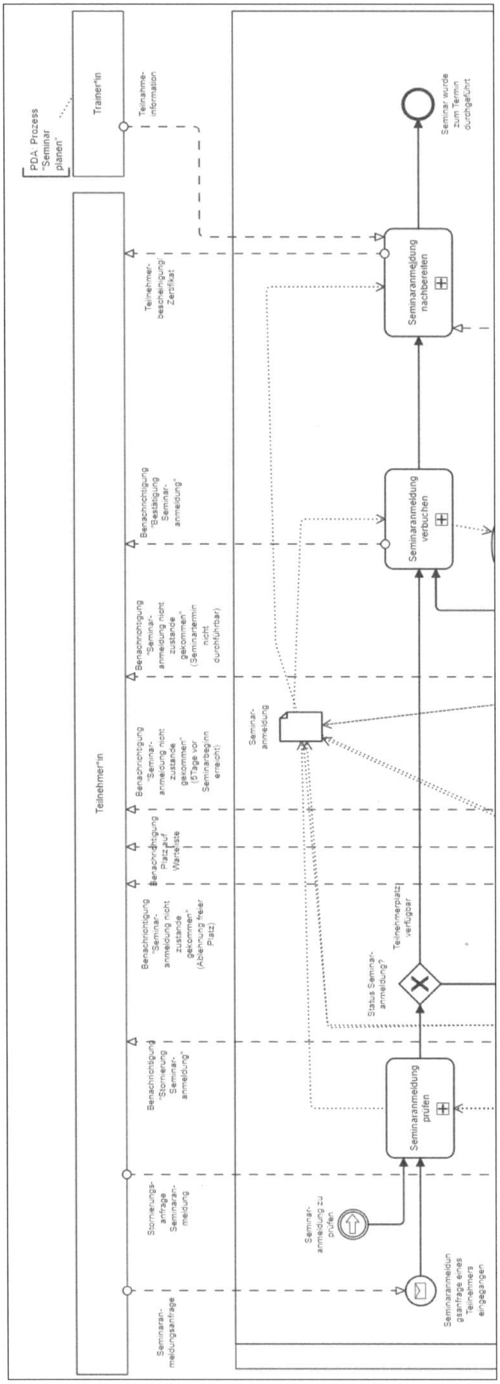

Abbildung 6.3: Fallbeispiel – Fachprozess »Seminaranmeldung abwickeln« (Auszug): ergänzte Message Flows

Relevante externe Teilnehmer, die mit dem Fachprozess interagieren, drücken Sie mithilfe eines Blackbox-Pools, d. h. eines zugeklappten Pools, aus. Diesen beschriften Sie mit der fachlichen Rolle des externen Teilnehmers. Die Interaktion zwischen diesen externen Teilnehmern und dem Fachprozess beschreiben Sie über einen Message Flow, den Sie auch entsprechend beschriften (siehe Abbildung 6.3). Die verbundenen Message Flows auf Top-Level-Ebene mit ihren zugeklappten Subprozessen (»groben Aktivitäten«) werden auf Detailebene mit derselben Beschriftung wiederholt (vgl. (Silver, 2011), S. 67).

Hinweis: Modellierung des Übergangs vom Top-Level zum Detail-Level mit eingebetteten Subprozessen

Manche Modellierungstools von Workflow-Management-Systemen sehen keine einfache Handhabung zwischen dem Top-Level-Prozess und ausgeklappten Subprozessen vor (Detailebene). Ich stelle mir unter einer *einfachen Handhabung* vor, dass sich ein eigenes Prozessmodell mithilfe eines eingebetteten Subprozesses auch wie ein eingebetteter Subprozess zu dem aufgerufenen Prozess und nicht wie ein externer Prozess verhält. Es wird somit klar erkennbar, dass der eingebettete Subprozess Details zu diesem Prozess beinhaltet und nicht wiederverwendbar ist.

Leider wird so etwas meist nicht unterstützt. Meist müssen Sie die Details des Subprozesses (der »groben Aktivität«) in ein separates Prozessmodell auslagern und dieses separate Prozessmodell dann im Hinblick auf die Implementierung der Ausführung des Fachprozesses als *Call Activity* im Top-Level-Prozess aufrufen. Damit würden Sie für jeden Subprozess (»grobe Aktivität«) eine Call Activity verwenden. Allerdings hat eine Call Activity die Aufgabe, globale (d. h. wiederverwendbare) Prozesse aufzurufen (vgl. auch Abschnitt 2.1.7, »Subprozesse«). Es wird dann schwierig sein, echte wiederverwendbare Prozesse von dieser Notlösung zu unterscheiden. Bei sehr umfangreichen Fachprozessen werden Sie diesen Weg zugunsten der Übersichtlichkeit in den jeweiligen Ebenen des Fachprozesses wohl oder übel einschlagen müssen. Bei weniger umfangreichen Fachprozessen empfehle ich als Notlösung folgende Vorgehensweise:

1. Sie haben ein separates Top-Level-BPMN-Prozessmodell mit zugeklappten Subprozessen (»groben Aktivitäten«), wie es im letzten Abschnitt beschrieben wurde.
2. Kopieren Sie das Top-Level-BPMN-Prozessmodell und arbeiten Sie mit der kopierten Version weiter. Sie klappen in dieser Version die eingebetteten Subprozesse auf und ergänzen die Details so, wie in Schritt 4 und Schritt 5 beschrieben.

Das separate Top-Level-BPMN-Prozessmodell mit den zugeklappten Subprozessen dient lediglich zur Kommunikation mit den Stakeholdern auf Übersichtsebene. Natürlich müssen Sie es aktuell halten. Allerdings sehe ich diesen Aufwand als sehr gering an, wenn Sie ihn mit dem Gewinn an Übersichtlichkeit und Kommunikationseffizienz vergleichen. Im Top-Level-BPMN-Prozess sind nur wenige Informationen vorhanden, während die Version des Top-Level-BPMN-Prozessmodells mit den ausgeklappten Subprozessen auch die Details des Fachprozesses enthält, auf deren Basis später die Implementierung erfolgt. Der *Vorteil* ist, dass der gesamte Fachprozess in einem Prozessmodell vorhanden ist. Der *Nachteil* ist, dass die Übersichtlichkeit auf der Detailebene verloren geht. Deshalb sehe ich diese Notlösung auch nur bei einfacheren Fachprozessen als sinnvoll an, das heißt, wenn die eingebetteten Subprozesse (»groben Aktivitäten«) weniger als 15 Aufgaben enthalten.

6.5 Das fachliche Datenmodell der Prozessgesteuerten Anwendung definieren

Das fachliche Datenmodell der Prozessgesteuerten Anwendung umfasst die aus Sicht der Fachexperten relevanten Informationen, die in dem fachlichen Prozess verarbeitet werden. Systemspezifische Informationen haben hier keinen Platz. Das fachliche Datenmodell dient

- als Basis für die Kommunikation zwischen Fachexperten und Entwicklern über die benötigten Daten,
- zur späteren Implementierung der Prozessgesteuerten Anwendung sowie
- zur Definition des *Servicevertrags*.

Für die Beschreibung des fachlichen Datenmodells gibt es verschiedene Möglichkeiten: Die aus meiner Sicht gängigsten Methoden sind das *Entity-Relationship-Diagram (ERD)* und das *UML-Klassendiagramm* (hier: »Domänenklassendiagramm«)[5]. Ich werde an dieser Stelle – wegen der einfacheren Erlernbarkeit – das ERD in der Chen-Notation vorstellen. Dabei gehe ich lediglich auf die gebräuchlichsten Konzepte ein.

Das ERD stellt grafisch die Beziehungen zwischen den *Entitäten* dar. Aufgrund der Übersichtlichkeit im grafischen ERD verzichte ich auf die Darstellung aller Attribute einer Entität oder gegebenenfalls Beziehungsmenge. Stattdessen wird das ERD um eine tabellarische *Attributliste* ergänzt.

6.5.1 Die Entität (Entity)

Eine Entität (engl. *Entity*) ist ein Gegenstand (»Objekt«) aus dem Anwendungsbereich des fachlichen Prozesses und damit der Prozessgesteuerten Anwendung. Zur Definition des Begriffs ist es wichtig zu verstehen, dass eine Entität folgende Merkmale aufweist (vgl. (Datadidact, 2006), S. 28):

5 Wenn Sie Interesse an der Darstellung des fachlichen Datenmodells in der Form eines UML-Klassendiagramms (Domänenklassendiagramms) haben, empfehle ich Ihnen beispielsweise das Buch von *Mario Winter:* »Methodische objektorientierte Softwareentwicklung« (Winter, 2005).

- Entitäten werden über ein eindeutiges Schlüsselattribut identifiziert.
- Entitäten haben Attribute, d. h. Eigenschaften einer Entität. In der Tabellenwelt entsprechen diese den Spalten.
- Zwischen Entitäten gibt es Beziehungen.

Eine Entität wird grafisch als Rechteck im ERD visualisiert. Das Rechteck beschriften Sie mit dem Namen der Entität als Substantiv (siehe Abbildung 6.4).

Abbildung 6.4: Die Entität »Seminaranmeldung« repräsentiert das Prozessobjekt des fachlichen Prozesses »Seminaranmeldung abwickeln«

Bei einem fachlichen Prozess ist die erste Entität immer das *Prozessobjekt* des fachlichen Prozesses. Bei dem Prozessobjekt handelt es sich um den Gegenstand, der im fachlichen Prozess verarbeitet wird. Ausgehend von dieser Entität lassen sich dann weitere Entitäten finden, indem Sie Ihre Informationen zu Gegenständen aus dem Anwendungsbereich clustern, zum Beispiel die Teilnehmer (siehe Abbildung 6.5).

Abbildung 6.5: Exemplarische Entität »Teilnehmer« zum fachlichen Prozess »Seminaranmeldung abwickeln«

6.5.2 Die Beziehung zwischen Entitäten (Relationship)

Beziehungen zwischen Entitäten beschreiben, welche Informationen einer Entität durch ihre Verknüpfung mit einer anderen zugänglich werden. Damit wird die Speicherung von redundanten Informationen in unterschiedlichen Entitäten vermieden. So verweisen mehrere Datensätze (Zeilen) der Entität A auf denselben Datensatz der Entität B, wodurch eine Beziehung zwischen Entität A und Entität B hergestellt werden kann.

Beziehungen werden grafisch als Raute im ERD visualisiert (siehe Abbildung 6.6). In der Raute wird ein Verb zur Beschreibung dieser Beziehung verwendet. Passen Sie auf, dass Sie im Eifer des Gefechts nicht mehrere Beziehungen mit denselben Verben beschreiben. Denn dann wird es schwierig, die Bedeutung der verschiedenen Beziehungen zu verstehen.

Abbildung 6.6: Die Beziehung »gehört zu« beschreibt die Beziehung der Entitäten »Seminaranmeldung« und »Teilnehmer«.

Zur Beschreibung der Arten von Beziehungen zwischen Entitäten gibt es drei grobe Beziehungstypen (vgl. (Datadidact, 2006), S. 21):

1. **1:n-Beziehung:** Hier existieren zu *jedem* Datensatz der Entität A *mehrere* Datensätze oder *genau ein* Datensatz oder *kein* Datensatz der Entität B.

   Beispiel: Teilnehmer 1:n Seminaranmeldung (siehe Abbildung 6.7 und die zugehörige Erläuterung)

2. **1:1-Beziehung:** Hier existiert zu *jedem* Datensatz der Entität A *genau ein* oder *kein* Datensatz der Entität B.

   Beispiel: Seminartermin 1:1 Veranstaltungsort, d. h., zu jedem bestimmten Seminartermin (Beginn Datum/Uhrzeit sowie Ende Datum/Uhrzeit) eines bestimmten Seminars gibt es immer nur einen Veranstaltungsort.

3. **m:n-Beziehung:** Hier existieren zu *jedem* Datensatz der Entität A *kein*, *ein* oder *mehrere* Datensätze der Entität B und umgekehrt auch. Also handelt es sich hierbei um eine 1:n-Beziehung von Entität A zu Entität B sowie von Entität B zu Entität A. Hier kann die Beziehungsmenge auch ergänzende fachliche Attribute aufweisen. Später wird bei der Implementierung daraus eine physische Tabelle abgeleitet, wenn Sie ein relationales Datenbanksystem nutzen.

   Beispiel: Seminaranmeldung m:n Seminartermin (Warteliste), d. h., eine Seminaranmeldung kann bei einem, keinen oder mehreren Seminarterminen eines bestimmten Seminars warten, und umgekehrt können bei einem Seminartermin eine, keine oder mehrere Seminaranmeldungen warten.

Um den geeigneten Typ einer Beziehung zwischen Entitäten identifizieren, empfehle ich, dass Sie erst aus der Richtung von Entität A zu Entität B den Beziehungstyp prüfen und dann in umgekehrter Richtung von Entität B zu Entität A. Dann stellt sich schnell heraus, ob der erste Gedanke zum Beziehungstyp wirklich richtig ist. Lesen Sie sich dazu obige Merksätze für die Beziehungstypen laut vor, und setzen Sie anstelle der Platzhalter »Entität A« und »Entität B« die jeweils entsprechenden Namen der Entitäten ein.

Optional können die Beziehungen zwischen Entitäten – ergänzend zu den groben Beziehungstypen – verfeinert werden. Dazu lassen sich sogenannte *Kardinalitätsrestriktionen* angeben (vgl. (Datadidact, 2006), S. 30). Diese werden jeweils in eckigen Klammern in der Form *[min,max]* angegeben (vgl. (Datadidact, 2006), S. 30).

In Abbildung 6.7 können Sie die Beschreibung der Beziehung zwischen den Entitäten »Seminaranmeldung« und »Teilnehmer« erkennen:

- **Richtung Teilnehmer→Seminaranmeldung:** Ein Teilnehmer kann sich zu einem oder mehreren Seminaren anmelden. Präzisiert habe ich das »n«: Ein Teilnehmer muss sich immer mindestens zu einem Seminar angemeldet haben, bevor wir die Teilnehmerdaten speichern. Allerdings kann sich ein Teilnehmer zu beliebig vielen Seminaren anmelden: *.

- **Richtung Seminaranmeldung→Teilnehmer:** Umgekehrt gehört eine bestimmte Seminaranmeldung immer nur zu genau einem Teilnehmer. Präzisiert habe ich mit der »1« des Beziehungstyps, dass eine Seminaranmeldung mindestens und höchstens zu einem Teilnehmer gehören darf: »[1,1]«.

Abbildung 6.7: Die Beziehung zwischen den Entitäten »Seminaranmeldung« und »Teilnehmer«: Beziehungstypen und Kardinalitätsrestriktionen

6.5.3 Die ergänzende Attributliste

In einer ergänzenden tabellarischen Attributliste zum ERD werden die Attribute zu den Entitäten und Beziehungsmengen beschrieben:

Entitäts-/Beziehungsmenge	Attribut	Datentyp	Verpflichtend (Ja/Nein)?	Format-restriktionen
Seminaranmeldung	anmNr [PK]	String	Ja	Primärschlüssel (PK = Primary Key); UUID
	anmeldeDatum	Date	Ja	Format: YYYY-MM-DD (ISO 8601)
	...	...	...	...

Tabelle 6.2: Ergänzende Attributliste zum ERD [Auszug] (in Anlehnung an: (Datadidact, 2006), S. 30)

6.6 Die Funktionalität der Prozessgesteuerten Anwendung definieren

Neben Benutzeraufgaben gibt es in einem fachlichen Prozess auch Aufgaben, die Funktionalität beinhalten. Wir nehmen exemplarisch die Aufgabe *»Teilnahmebescheinigung/ Zertifikat erstellen«* aus unserem fachlichen Prozess *»Seminaranmeldung abwickeln«* (siehe Abbildung 6.8).

Abbildung 6.8: Beispielfunktionalität – Aufgabe »Teilnahmebescheinigung/Zertifikat erstellen«

Diese Aufgabe habe ich in Abbildung 6.8 bewusst untypisiert dargestellt, da ich Ihnen anhand dieses Beispiels den Gedankengang verdeutlichen möchte.

Dabei stellen wir uns die zentrale Frage aus Sicht des fachlichen Prozesses (siehe Abbildung 6.9): **Wie wird die Funktionalität innerhalb der Aufgabe aus Sicht des Fachprozesses realisiert?**

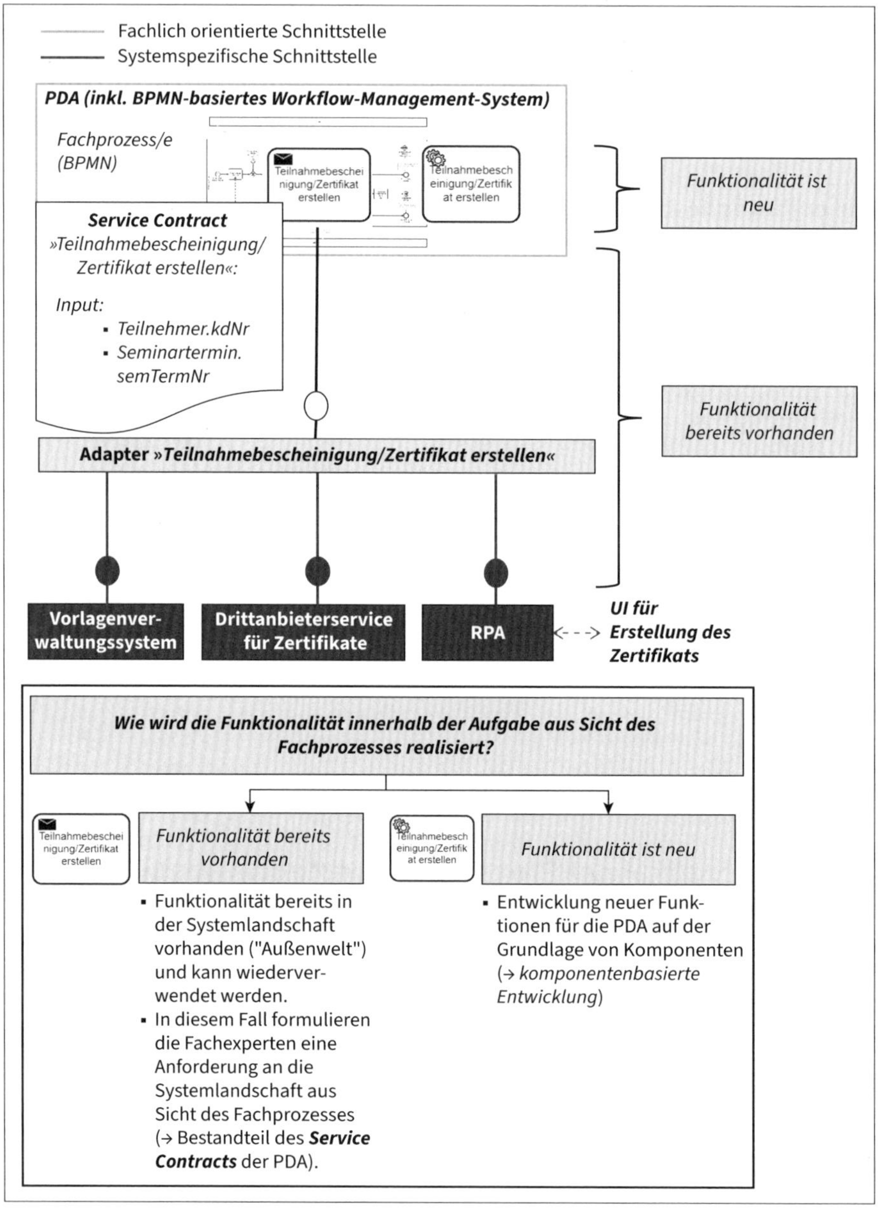

Abbildung 6.9: Realisierung von Funktionalität innerhalb einer PDA (Übersicht)

Auf diese Frage gibt es zwei Antwortoptionen (siehe Abbildung 6.9):

1. **Option I: Neue Funktionalität**

   Die hier enthaltene Funktionalität gab es noch nicht, sodass sie neu ist und speziell für diese Prozessgesteuerte Anwendung implementiert werden muss. Damit gehört diese neue Funktionalität genau zu der Prozessgesteuerten Anwendung, für die sie entwickelt wurde. Nennen wir diese Prozessgesteuerte Anwendung »A«. Die PDA A ist also führend für diese Funktionalität und damit auch für die damit verbundenen Daten. Die BPMN-basierten Fachprozesse der PDA A können die komponentenbasierte Funktion über eine REST-Schnittstelle direkt aus der Service-Aufgabe heraus aufrufen. Ein Servicevertrag und eine Servicevertrag-Implementierungsschicht sind dafür nicht erforderlich!

2. **Option II: Die Funktionalität ist bereits vorhanden**

   Die betreffende Funktionalität ist bereits in der Systemlandschaft der Organisation vorhanden und kann somit wiederverwendet werden.

   Nun stellen wir uns vor, eine weitere PDA, wir bezeichnen sie mit »B«, benötigt ebenfalls die von PDA A bereitgestellte Funktion. Aus Sicht von Anwendung B ist die Funktionalität wie eine externe Funktion der Außenwelt zu betrachten. Also ist für Anwendung B sowohl eine Servicevertrag-Definition als auch eine Servicevertrag-Implementierungsschicht zwingend erforderlich.

   Wichtig dabei ist, dass die Funktionalität einen Integrationsprozess von einem oder mehreren Systemaufrufen (auch unterschiedlicher Systeme oder Services) umfassen kann. Dieser Integrationsprozess wird über den in Abbildung 6.9 dargestellten Adapter umgesetzt. Somit spielt es keine Rolle, wie diese vorhandene Funktionalität umgesetzt wird, und die IT sowie das Unternehmen gewinnen Flexibilität. Extern bereitgestellte Funktionalität wird nicht immer mit nur einem Systemaufruf erledigt – oft ist eine komplexere Integrationslogik erforderlich. Das Thema »Integrationssicht« beschreibe ich später noch in Abschnitt 6.6.2, »Vorhandene Funktionalität aus der Systemlandschaft anfordern«.

   Zurück zu unserer exemplarischen Funktionalität *»Teilnahmebescheinigung/Zertifikat erstellen«*: Sie fragen Ihre Fachexperten, ob die Funktionalität über ein vorhandenes System bzw. vorhandene Systeme realisiert ist und damit bereits existiert bzw. wie sie dies bisher gehandhabt haben. Daraus können Sie dann bereits ableiten, ob Sie diese Funktionalität neu implementieren müssen. In diesem Fall wissen die Fachexperten, dass sie die Teilnahmebescheinigung/das Zertifikat über einen externen Partnerservice (Website) erstellen und dort die Zertifikate auch verwaltet werden. Somit lässt sich diese extern bereitgestellte Funktionalität von der Außenwelt der Prozessgesteuerten Anwendung wiederverwenden. Wie Sie in diesem Fall vorgehen, beschreibe ich in Abschnitt 6.6.2, »Vorhandene Funktionalität aus der Systemlandschaft anfordern«.

6.6.1 Die interne Funktionalität der Prozessgesteuerten Anwendung spezifizieren

Wenn es die erforderliche Funktionalität noch nicht gab, diese also neu ist, muss sie speziell für diese Prozessgesteuerte Anwendung implementiert werden. Damit gehört diese neue Funktionalität zu dieser Prozessgesteuerten Anwendung. Sollten Sie diese Funktionalität auch für andere Prozessgesteuerte Anwendungen benötigen, können Sie sie wiederverwenden. In diesem Fall behandeln Sie diese Prozessgesteuerte Anwendung mit der benötigten Funktionalität als Außenwelt aus Sicht der anderen Prozessgesteuerten Anwendung. Dies ist zu diesem Zeitpunkt aber nicht wichtig, da Sie noch nicht wissen können, welche Funktionalitäten Sie in Zukunft einmal benötigen werden.

Aufgaben mit neu zu implementierender Funktionalität werden mit der *Service Task* im fachlichen Prozess beschrieben (siehe Abbildung 6.10). Die Funktionalität gehört zur Prozessgesteuerten Anwendung und wird *synchron* aufgerufen. Dies entspricht der Bedeutung der *Service Task* (vgl. Abschnitt 2.1.5, »Die Aufgabentypen«).

Abbildung 6.10: Beispiel »Seminaranmeldung validieren«: zur Prozessgesteuerten Anwendung gehörende Funktionalität

Wenn die Funktionalität neu ist, müssen Sie im Gespräch mit den Fachexperten die funktionalen und nichtfunktionalen Anforderungen für den fachlichen Prozess ermitteln. Um den Rahmen dieses Buchs nicht zu sprengen, werde ich hier nicht auf nichtfunktionale Anforderungen eingehen. In Abschnitt 4.1, »Übersicht«, habe ich Ihnen einen groben Abriss gegeben.

Wenn es darum geht, die fachlichen Anforderungen einer Funktionalität zu besprechen, finde ich die *Anwendungsfallbeschreibung* in der Praxis sehr hilfreich. Denn damit lässt sich die Funktionalität mithilfe der Fachexperten nach einem Schema standardisiert und strukturiert festhalten. In Tabelle 6.3 habe ich eine allgemeine Schablone für eine Anwendungsfallbeschreibung zusammengestellt. Die allgemeine Struktur der Schablone habe ich in meinem Studium gelernt, und sie hat sich für mich in der Praxis bewährt.

Use-Case	Name des Anwendungsfalls (Funktionalität)
Akteure (engl. Actors)	Alle beteiligten Akteure/Rollen, die an der Funktionalität beteiligt sind. Die Akteure werden unten in der Anwendungsfallbeschreibung benannt.

Tabelle 6.3: Allgemeine Schablone einer Anwendungsfallbeschreibung

Vorbedingung (engl. Precondition)	Voraussetzung/Vorbedingung des Anwendungsfalls. Diese Voraussetzung prüft das System. Erst wenn diese Voraussetzung erfüllt ist, wird das System die Funktionalität auch ausführen.
Normalablauf (engl. Main Flow)	Hier wird der Normalablauf des Anwendungsfalls beschrieben. Der Normalablauf führt zum Erfolg des Anwendungsfalls. 1. … 2. … 3. …
Alternativablauf <1-n> (engl. Alternative Flow)	Für jeden Alternativablauf zu einem bestimmten Schritt des Normalablaufs wird ein eigener Bereich bzw. eine eigene Zeile geschrieben. Ein Alternativablauf führt zum Erfolg des Anwendungsfalls. 1.a. → Typische Formulierungen: »Wenn …, dann …« oder »Im Fall …« Hier ist angedeutet, dass dieser Alternativablauf sich auf Schritt 1 des Normalablaufs bezieht.
Nachbedingung (engl. Postcondition)	Hier wird die Nachbedingung des erfolgreichen Anwendungsfalls definiert.
Ausnahmeablauf <(1-n)> (engl. Exceptional Flow)	Ein Ausnahmeablauf beschreibt den Fall, dass eine Störung in einem bestimmten Schritt des Normalablaufs auftritt. In diesem Fall kann der Anwendungsfall nicht mehr erfolgreich sein. Deshalb hat jeder Ausnahmeablauf auch seine eigene Nachbedingung. Jeder Ausnahmeablauf hat solch einen eigenen Bereich. 1.b. → Typische Formulierungen: »Wenn …, dann …« oder »Im Fall …« Hier ist angedeutet, dass dieser Ausnahmeablauf sich auf Schritt 1 des Normalablaufs bezieht. Aufgrund der Tatsache, dass Schritt 1 auch einen Alternativablauf hat, zeige ich mit der durchlaufenden Nummerierung in Kleinbuchstaben an, dass dieser Schritt verschiedene Alternativ- bzw. Ausnahmeabläufe hat.
Nachbedingung <(1-n)> (engl. Postcondition)	Nachbedingung (Ergebnis) zum Ausnahmeablauf <(1–n)>

Tabelle 6.3: Allgemeine Schablone einer Anwendungsfallbeschreibung (Forts.)

Die Funktionalität zur Aufgabe *»Seminaranmeldung validieren«* finden Sie in Tabelle 6.4 exemplarisch beschrieben.

Use-Case	Seminaranmeldung validieren
Akteure (engl. Actors)	Teilnehmer
Vorbedingung (engl. Precondition)	Bestimmte Seminaranmeldung vorhanden
Normalablauf (engl. Main Flow)	1. Die PDA prüft, ob die zur Anmeldung eines bestimmten Seminars erforderlichen Informationen durch den Teilnehmer angegeben wurden: Seminaranmeldung: – Teilnehmer.kdNr → optional – Teilnehmer.anrede → optional – Teilnehmer.name → verpflichtend – Teilnehmer.vorname → verpflichtend – Teilnehmer.email → verpflichtend – Teilnehmer.gebDatum → verpflichtend – Teilnehmer.Adresse: (Rechnungsadresse) – .unternehmensName → optional – .strasse → verpflichtend – .plz → verpflichtend – .ort → verpflichtend – .Seminartermin: (Auswahl des Seminartermins des Seminars) – .semTermNr → verpflichtend 2. Die PDA prüft, ob der ausgewählte Seminartermin, ausgehend vom Anmeldedatum, in der Zukunft liegt.
Nachbedingung (engl. Postcondition)	Seminaranmeldung ist gültig.
Ausnahmeablauf 1 (engl. Exceptional Flow)	1.a. → Wenn die erforderlichen Informationen zur Seminaranmeldung nicht vorhanden sind, dann wird diese Funktionalität der Prozessgesteuerten Anwendung das Ergebnis der nicht erfolgreichen Validierung zurückgeben.
Nachbedingung 1 (engl. Postcondition)	Seminaranmeldung ist ungültig.
Ausnahmeablauf 2 (engl. Exceptional Flow)	2.a. → Wenn der Teilnehmer einen Seminartermin in der Vergangenheit ausgewählt hat, dann wird diese Funktionalität der Prozessgesteuerten Anwendung das Ergebnis der nicht erfolgreichen Validierung zurückgeben.

Tabelle 6.4: Anwendungsfallbeschreibung (Beispiel): »Seminaranmeldung validieren«

Nachbedingung 2 (engl. Postcondition)	Seminaranmeldung ist ungültig.

Tabelle 6.4: Anwendungsfallbeschreibung (Beispiel): »Seminaranmeldung validieren« (Forts.)

[«]

Hinweis: User-Story anstelle von Use-Case verwenden?

In der agilen Welt wird neue Funktionalität in der Regel mithilfe von User-Stories beschrieben. Wenn Sie dieses Format verwenden, sollten Sie daran denken, die einzelnen inhaltlichen Aspekte des Normalablaufs, der Alternativabläufe sowie der Ausnahmen aus der Use-Case-Schablone als Akzeptanzkriterien in die User-Story aufzunehmen. Meiner Erfahrung nach hat sich die Use-Case-Schablone insbesondere für Quereinsteiger bewährt, da sie ihnen dabei hilft, alle relevanten inhaltlichen Aspekte einer Funktionalität zu berücksichtigen. Deshalb habe ich hier die Verwendung der Use-Case-Schablone vorgeschlagen.

Die Beispiel-Funktionalität *»Seminaranmeldung validieren«* aus Tabelle 6.4 formuliere ich nun wie folgt als User-Story:

User-Story »Seminaranmeldung validieren«

Als Teilnehmer möchte ich, dass meine Seminaranmeldung automatisch validiert wird, damit ich sicherstellen kann, dass alle erforderlichen Angaben vollständig sind und der gewählte Termin gültig ist.

Akzeptanzkriterien:

1. Die Anwendung prüft, ob alle verpflichtenden Angaben vorhanden sind:

   Name, Vorname, E-Mail-Adresse, Geburtsdatum

   Rechnungsadresse: Straße, PLZ, Ort

   Ausgewählter Seminartermin
2. Wenn eine verpflichtende Information fehlt, wird die Anmeldung als ungültig zurückgewiesen.
3. Optionale Angaben können ergänzt werden:

   Kundennummer, Anrede, Unternehmensname
4. Die PDA prüft, ob der gewählte Seminartermin – bezogen auf das Anmeldedatum – in der Zukunft liegt.

   Wenn der Teilnehmer einen Termin in der Vergangenheit auswählt, wird die Anmeldung als ungültig zurückgewiesen.
5. Als Ergebnis wird die Information zurückgegeben, dass die Seminaranmeldung gültig oder ungültig ist.

Auf Basis dieser Erarbeitung der Funktionalität, des Fachprozesses und des fachlichen Datenmodells werden die Entwickler die Funktionalität *komponentenbasiert* entwickeln. Auf die Entwicklung gehe ich in Kapitel 8, »Die Prozessgesteuerte Architektur implementieren«, ein.

6.6.2 Vorhandene Funktionalität aus der Systemlandschaft anfordern

Wenn die betreffende Funktionalität in der Systemlandschaft bereits vorhanden ist, kann sie wiederverwendet werden. Die Systemlandschaft stellt aus Sicht der Prozessgesteuerten Anwendung mit ihren Fachprozessen die *Außenwelt* dar.

Zur Beschreibung einer vorhandenen Funktionalität in einem Fachprozess verwenden wir die entsprechenden Message-Events oder Message-Aufgabentypen:

- *Send Task* (alternativ: *Throwing Message Event*) für das Anfordern einer vorhandenen Funktionalität
- *Receive Task* (alternativ: *Catching Message Event*) für das Empfangen einer Antwort einer vorhandenen Funktionalität

Mithilfe dieser Elemente wird in der BPMN ausgedrückt, dass die Prozessgesteuerte Anwendung *asynchron* mit der vorhandenen Funktionalität in der Außenwelt kommuniziert. Die asynchrone Kommunikation ist erforderlich, weil wir uns in einer verteilten Systemlandschaft befinden. Die Prozessgesteuerte Anwendung kann schließlich nicht wissen, wann eine andere Komponente erreichbar ist. Somit stellt die asynchrone Kommunikation ein robustes Gesamtzusammenspiel zwischen der Prozessgesteuerten Anwendung und der Außenwelt sicher (vgl. auch Abschnitt 2.1.5, »Die Aufgabentypen«).

Empfehlung: Farbliche Hervorhebung bei Verwendung von Send/Receive Task zur Realisierung des Servicevertrags über SCIL

Wenn Sie BPMN-Send/Receive-Tasks oder die korrespondierenden Message-Events in einem Fachprozess zur Realisierung von vorhandener Funktionalität einsetzen, und damit zur Kommunikation mit dem SCIL-Integrationsprozess, dann ist es für die Leser des Fachprozesses hilfreich, auch diese Tasks mit einer gesonderten Farbe einheitlich einzufärben (z. B. in Orange oder Grün), um den Servicevertrag kenntlich zu machen.

Wenn Sie allerdings im Fachprozess BPMN-Send/Receive-Tasks oder die korrespondierenden Message-Events für die Kollaboration mit anderen BPMN-Fachprozessen modellieren, dann verwenden wir keine farbliche Hervorhebung. Der Vorteil liegt auf der Hand: Für den Leser des BPMN-Fachprozesses wird auf einen Blick ersichtlich, wo Funktionalität zu Aufgaben bereits vorhanden ist und wo eine Interaktion mit der Außenwelt erforderlich ist.

Hinweis: Call Activity als Alternative zur Verwendung von Send Task und Receive Task

Wenn Sie in direkter Abfolge eine *Send Task* zum Anfordern einer vorhandenen Funktionalität nutzen und direkt mittels *Receive Task* auf die Antwort der vorhandenen Funktionalität im Fachprozess (PDA-Layer) warten wollen, dann können Sie auch alternativ zur Verwendung der Send Task und der Receive Task eine Call Activity zum Aufrufen des BPMN-Integrationsprozesses (SCIL) nutzen (siehe Abbildung 6.11).

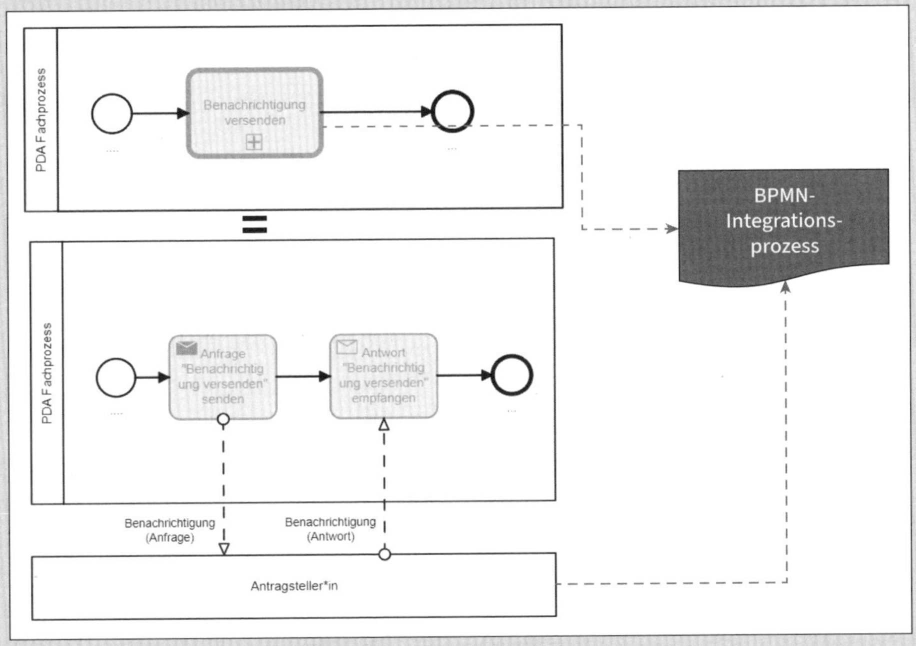

Abbildung 6.11: Beispiel zur alternativen Verwendung einer Call Activity im Fachprozess (PDA-Layer) zum Aufruf eines BPMN-Integrationsprozesses (SCIL)

Der Einsatz der Call Activity, um den SCIL einzubeziehen, ist nur dann sinnvoll, wenn Sie im SCIL einen BPMN-Integrationsprozess aufrufen. Sollten Sie keinen BPMN-Integrationsprozess nutzen, um zu beschreiben, wie die vorhandene Funktionalität im SCIL realisiert ist, dann können Sie die Kollaboration mit der Außenwelt lediglich über Send Task und Receive Task (bzw. die entsprechenden BPMN-Message-Events) beschreiben.

Damit für den Leser des BPMN-Fachprozesses die Call Activity im Kontext der Realisierung einer vorhandenen Funktionalität (SCIL) direkt ersichtlich wird, verwenden wir in diesem Fall eine einheitliche Farbe, die wir auch zur Kenntlichmachung des Servicevertrags verwenden, z. B. Orange oder Grün. Somit wird für die Fachexperten auf einen Blick erkennbar, dass der aufzurufende Prozess (hier: der Integrationsprozess) eine Ebene tiefer in der Verantwortung der Integrationsexperten liegt. Die Call Activity erhält denselben fachlichen Namen wie der BPMN-Integrationsprozess. Sie ruft diesen Prozess auf, der definiert, wie die zugrunde liegende Funktionalität realisiert wird. Zum Beispiel: Die vorhandene Funktionalität wird im Fachprozess durch die Fachexperten *»Benachrichtigung versenden«* genannt, dann heißt der BPMN-Integrationsprozess auch *»Benachrichtigung versenden«*. Die Call Activity zum Aufruf des BPMN-Integrationsprozess bekommt dieselbe Bezeichnung, da sie diesen aufruft.

Beim Einsatz der Call Activity achten Sie bitte unbedingt darauf, dass der aufgerufene BPMN-Integrationsprozess zur Laufzeit ausgetauscht werden kann. Das bedeutet, der aufgerufene Integrationsprozess darf nicht mit einer spezifischen Version im Fachprozess über die Call Acitivity aufgerufen werden. Sonst müssten wir bei einer Änderung des Integrationslogik auch den Fachprozess (Prozessgesteuerte Anwendung) neu deployen. Dies ist nicht erwünscht, um die Unabhängigkeit der beiden Schichten zu erhalten. Denn die BPMN-Modelle der Fachprozesse sind auch organisatorisch, z. B. durch separate Ordner, von den BPMN-Modellen der Integrationsprozesse strikt getrennt. Die jeweiligen Domänen sind zu unterschiedlich und werden jeweils von den dafür zuständigen Experten gepflegt: Fachexperten pflegen Fachprozesse, und Integrationsexperten pflegen die Integrationsprozesse.

Fazit: Alle drei essenziellen Aspekte, auf die der Prozessgesteuerte Ansatz bei der Zusammenarbeit zwischen Fach- und Integrationsprozessen Wert legt (unabhängige Austauschbarkeit, eindeutige Trennung zwischen Fach- und Integrationsprozessen, der Fachprozess bleibt so, wie er von der Fachabteilung ursprünglich geplant wurde), werden auch bei Verwendung der Call Activity erfüllt.

Anschließend erarbeiten Sie zusammen mit Ihren Fachexperten die fachlichen Anforderungen aus dem Fachprozess, die sie an die vorhandene Funktionalität stellen und dokumentieren diese je Send Task und Receive Task bzw. Throwing Message Event und Catching Message Event. Dabei gehen Sie wie folgt vor:

1. Im Fachprozess visualisieren Sie die Anforderung an die Außenwelt über einen Message Flow mit dem externen Teilnehmer (d. h. dem zugeklappten Pool). Der externe Teilnehmer bekommt die Bezeichnung einer fachlichen Rolle. Den Message Flow bezeichnen Sie entsprechend der Message, also in diesem Fall mit dem Namen, den auch die Anforderung hat (siehe Abbildung 6.12).
2. Im Message Flow (Eigenschaftsfenster im Modellierungstool – Feld **BPMN Element documentation**) dokumentieren Sie die fachliche Anforderung. Dabei beschreiben Sie das Ziel der Anforderung (vorhandene Funktionalität) und die Übergabeattribute (Inputs), die Sie an die Außenwelt übergeben oder umgekehrt von der Außenwelt bekommen (siehe Abbildung 6.13).

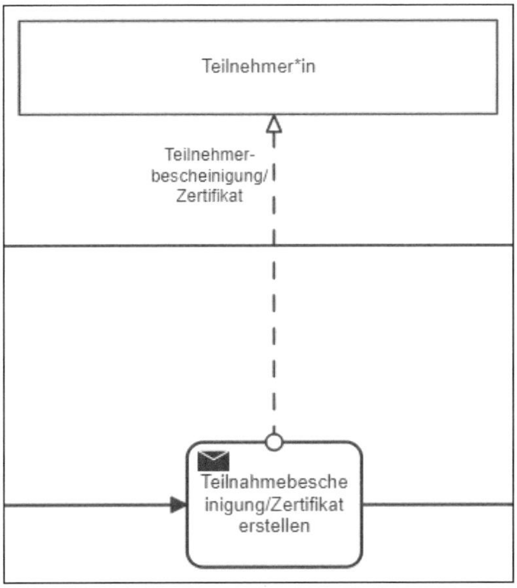

Abbildung 6.12: Fallbeispiel: Vorhandene Funktionalität in der Außenwelt der PDA anfordern – hier: »Anfrage ›Teilnahmebescheinigung/Zertifikat erstellen‹ versenden«

Abbildung 6.13: Fallbeispiel: Vorhandene Funktionalität in der Außenwelt der PDA anfordern – hier: die fachliche Schnittstellenoperation »Anfrage ›Teilnahmebescheinigung/Zertifikat erstellen‹ versenden« spezifizieren

In diesem Fall sind dies immer Inputs, abhängig von der Richtung der Pfeilspitze der Message Flows. Alternativ können Sie bezüglich der Übergabeattribute zwischen Prozessgesteuerter Anwendung und Außenwelt auch zwischen *Inputs* und *Outputs* unterscheiden:

- **Inputs:** Fachliche Datenattribute werden von der Außenwelt an die Prozessgesteuerte Anwendung übergeben.
- **Outputs:** Fachliche Datenattribute werden von der Prozessgesteuerten Anwendung an die Außenwelt übergeben.

Unabhängig davon, für welche Denkweise Sie sich entscheiden, gilt: Stellen Sie unbedingt sicher, dass Sie für eine Prozessgesteuerte Anwendung bezüglich Übergabeattributen eine einheitliche Denkweise verwenden. Die Einheitlichkeit trägt zum besseren Verständnis bei.

Bei den Übergabeattributen (Input/Outputs) verwenden Sie die Attribute aus dem fachlichen Datenmodell. Es handelt sich je Anforderung um eine fachliche Schnittstellenoperation, die Bestandteil des *Servicevertrags* der Prozessgesteuerten Anwendung ist. Wie Sie bereits in Abschnitt 4.3, »Der Servicevertrag«, gelernt haben, muss die IT-Systemlandschaft den Servicevertrag erbringen, um den Geschäftswert für das Unternehmen zu liefern.

Damit spielt es keine Rolle, welche konkreten Systeme die vorhandene Funktionalität bereitstellen. So kann die IT unabhängig Systeme oder Services austauschen. Sie muss lediglich den Servicevertrag erfüllen. Wichtig ist auch zu verstehen, dass zur Bereitstellung der vorhandenen Funktionalität durchaus ein oder mehrere Systeme benötigt werden. Ich erlebe in der Praxis oft die irrtümliche Vorstellung, dass jede individuelle Schnittstellenintegration von genau einem System zu erbringen ist. Diese Denkweise ist wieder systemspezifisch und es wird nicht in Funktionalitäten gedacht. Der Vorteil, wenn die IT in Funktionalitäten denkt, ist, dass die IT flexibler bezüglich eingesetzter Systeme und Services wird. Es spielt letztendlich keine Rolle, welche Systeme und technischen Services die vom Unternehmen bzw. den Fachbereichen benötigte vorhandene Funktionalität liefern.

Als Nächstes möchte ich mich den verschiedenen Fällen für das Anfordern der vorhandenen Funktionalität widmen. Dabei sind folgende Fälle zu unterscheiden:

1. Der Fachprozess benötigt *keine* Rückmeldung von der Außenwelt.
2. Der Fachprozess benötigt *eine* Rückmeldung von der Außenwelt.
3. Die Benutzeraufgabe (UI) benötigt lesend Informationen aus der Systemlandschaft.

In den Beschreibungen verweise ich auf *Messaging-Systeme* und eine *Integrationskomponente*. Das Messaging-System wird zur Realisierung der asynchronen Kommunikation im Rahmen der Systemintegration eingesetzt. Auf diese Komponenten gehe ich in Kapitel 7, »SCI-Layer: Die Integrationssicht beschreiben«, ein.

Genauere Hinweise zur Implementierung der genannten Fälle finden Sie in Kapitel 8, »Die Prozessgesteuerte Architektur implementieren«.

Fall 1: Der Fachprozess benötigt keine Rückmeldung von der Außenwelt

Anhand von Abbildung 6.14 erläutere ich Ihnen das Prinzip für den Fall »Der Fachprozess benötigt keine Rückmeldung von der Außenwelt«. Gewöhnlich verwende ich für fachlich orientierte Schnittstellen die Farbe Orange und für systemspezifische Schnittstellen die Farbe Blau. Hier sind sie aufgrund der schwarz-weißen Darstellung weiß mit dünner Umrandung und Grau. Dieses Prinzip verwende ich auch für die anderen zwei Fälle.

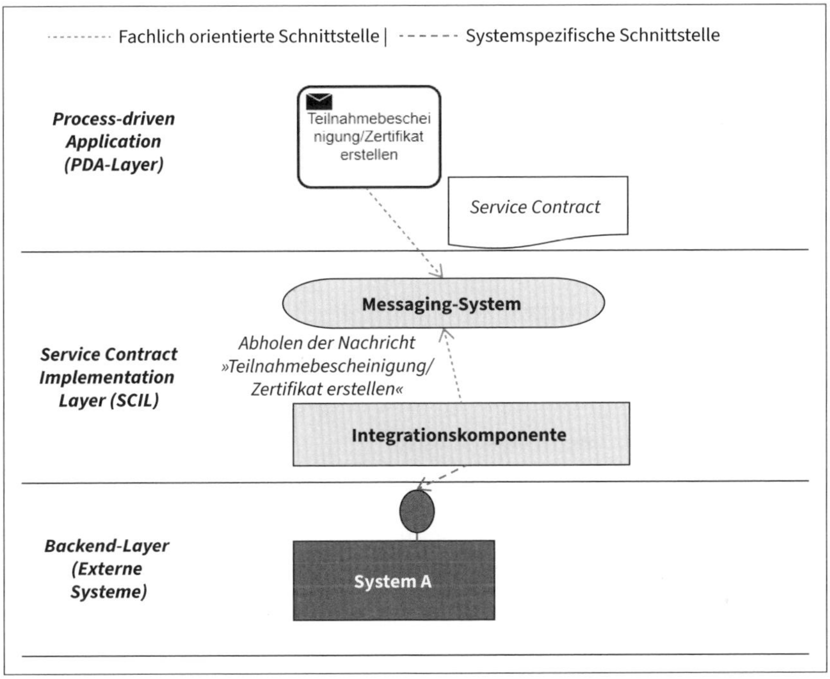

Abbildung 6.14: Vorhandene Funktionalität wiederverwenden – Fall 1: Der Fachprozess benötigt keine Rückmeldung von der Außenwelt.

In diesem Fall sendet die *Prozessgesteuerte Anwendung* (der Fachprozess) die benötigten Informationen für die vorhandene Funktionalität an die Außenwelt (siehe Abbildung 6.14). Diese Informationen sind Bestandteil des *Servicevertrags* der Prozessgesteuerten Anwendung. Es sind die aus Sicht der Fachexperten erforderlichen Informationen für die vorhandene Funktionalität. Die Informationen sind auf Basis des fachlichen Prozessdatenmodells an die Außenwelt formuliert. Hier werden keine systemspezifischen Attribute benannt.

Indem Sie noch die *Servicevertrags-Implementierungsschicht* (SCIL) einbeziehen, wird die benötigte Funktionalität durch die Systemlandschaft (Außenwelt) geliefert.

Im *Backend Layer* sind die benötigten Systeme oder Services für die vorhandene Funktionalität dargestellt. In diesem Beispiel ist zur Skizzierung des Prinzips lediglich ein System dargestellt. Tatsächlich können auch mehrere Systeme an der Erbringung der vorhandenen Funktionalität beteiligt sein.

Fall 2: Der Fachprozess benötigt eine Rückmeldung von der Außenwelt
In dem Fall, dass der Fachprozess eine Rückmeldung von der Außenwelt braucht, sendet die Prozessgesteuerte Anwendung (der Fachprozess) die benötigten Informationen für die vorhandene Funktionalität an die Außenwelt. Zudem erfordert der Fachprozess auch eine fachliche Rückmeldung in Bezug auf die Erledigung der vorhandenen Funktionalität (siehe Abbildung 6.15).

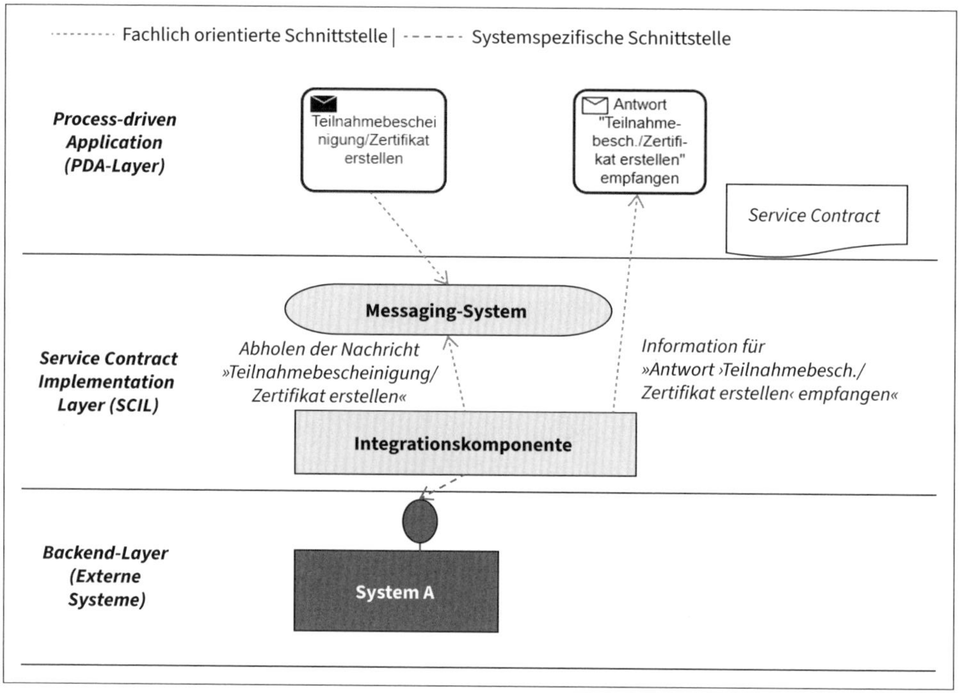

Abbildung 6.15: Vorhandene Funktionalität wiederverwenden – Fall 2: Der Fachprozess benötigt eine Rückmeldung von der Außenwelt.

Zwischen der Prozessgesteuerten Anwendung und der Außenwelt (Systemlandschaft) werden fachliche Informationen aus Sicht der Fachexperten und damit aus Sicht des fachlichen Prozessdatenmodells übergeben. Diese fachlichen Informationen für die benötigte Funktionalität sind Bestandteil des Servicevertrags der Prozessgesteuerten Anwendung. Diese stellen aus Sicht der Fachexperten die erforderlichen Informationen für die vorhandene Funktionalität dar. An dieser Stelle werden keine systemspezifischen Attribute benannt.

Indem Sie die Servicevertrags-Implementierungsschicht (SCIL) miteinbeziehen, wird die benötigte Funktionalität durch die Systemlandschaft (Außenwelt) geliefert, und über sie erfolgt auch die Rückmeldung an die Prozessgesteuerte Anwendung (Fachprozess). Für die Rückmeldung an die Prozessgesteuerte Anwendung bzw. an die Prozessinstanz innerhalb des von der Prozessgesteuerten Anwendung verwendeten Workflow-Management-

Systems ruft die Integrationskomponente eine spezifische Schnittstelle des verwendeten Workflow-Management-Systems auf. Denn jedes Workflow-Management-System hat eine spezifische Schnittstelle, um die Information für eine *Receive Task* bzw. ein *Catching Message Event* zu liefern. Allerdings sind die Daten gemäß Servicevertrag zu übergeben und damit auf Basis des fachlichen Prozessdatenmodells. Deshalb ist der Pfeil als *fachlich orientierte Schnittstelle* gekennzeichnet. Denn der Schwerpunkt liegt auf den übergebenen Daten.

Im Backend Layer sind die benötigten Systeme oder Services für die vorhandene Funktionalität dargestellt. In diesem Beispiel ist zur Skizzierung des Prinzips lediglich ein System dargestellt.

Fall 3: Die Benutzeraufgabe (UI) benötigt lesend Informationen aus der Systemlandschaft

In dem Fall, dass eine Benutzeraufgabe (UI) der Prozessgesteuerten Anwendung (des Fachprozesses) lesend Informationen aus der Außenwelt. (siehe Abbildung 6.16) benötigt, greift die Benutzeroberfläche (UI), also das Frontend der PDA, direkt auf eine synchrone Schnittstelle zu: zumeist via REST-API. Diese Schnittstelle ist gemäß dem Servicevertrag der Prozessgesteuerten Anforderung definiert. Sie wird durch die Integrationskomponente realisiert.

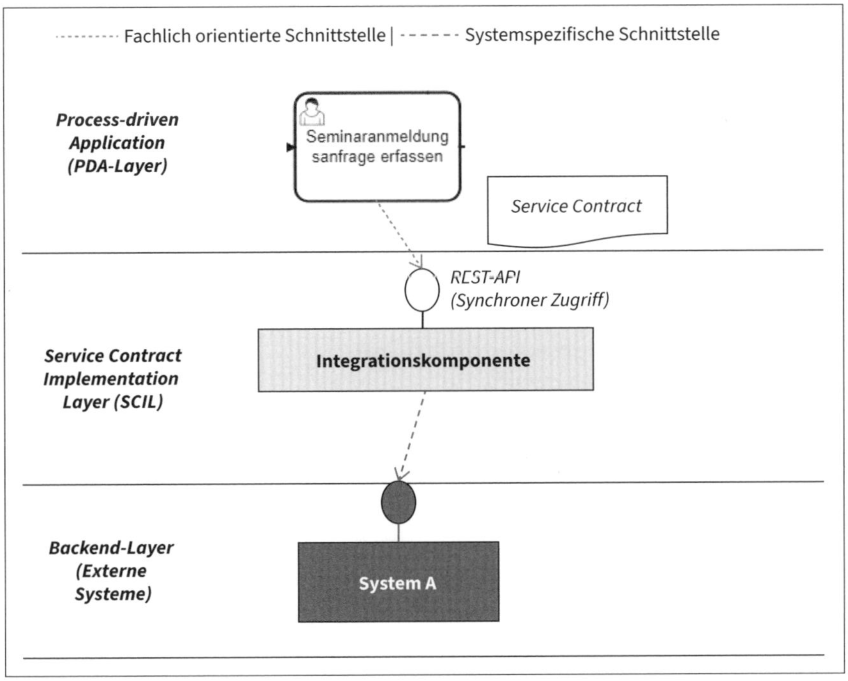

Abbildung 6.16: Vorhandene Funktionalität wiederverwenden – Fall 3: Die Benutzeraufgabe benötigt lesend Informationen aus der Systemlandschaft (Außenwelt).

Die *synchrone Kommunikation* stellt eine Ausnahme dar. Benutzer erwarten nun einmal eine angemessene, schnelle Antwortzeit. Andernfalls akzeptieren sie die Anwendung nicht. Die Nutzerakzeptanz wird also in diesem Fall höher gewichtet als Robustheit und Fehlertoleranz.

Im *Backend Layer* sind die benötigten Systeme oder Services für die vorhandene Funktionalität dargestellt. In diesem Beispiel ist zur Skizzierung des Prinzips lediglich ein System dargestellt. Tatsächlich können auch mehrere Systeme an der Erbringung der vorhandenen Funktionalität beteiligt sein. In diesem Fall sind allerdings längere Antwortzeiten durch Synchronisation der Antworten zu berücksichtigen. Ob dieses Konzept dann in der Praxis trägt, muss der reale Einsatz zeigen. Andernfalls kommt man um Datenreplikation nicht herum.

6.7 Glossar zur Prozessgesteuerten Anwendung pflegen

Zum gemeinsamen Verständnis und zur einheitlichen Verwendung der Begriffe des Anwendungsbereichs (*Domäne*) der Prozessgesteuerten Anwendung empfiehlt es sich, diese Begriffe in einem Glossar festzuhalten. So können Missverständnisse in der Kommunikation des Teams vermieden werden. Es ist wichtig, dass Sie das Glossar gleich bei Projektbeginn anlegen und fortlaufend pflegen. So kommen auch im späteren Verlauf der Prozessdiskussion neue Begriffe dazu oder es stellt sich heraus, dass die Sprache sich verändert hat, sodass bisherige Begriffe nicht mehr die Hauptbegriffe sind, die primär verwendet werden.

Eine Schablone für ein Glossar sieht wie folgt aus:

Begriff	Kontext	Definition	Synonym(e)	Verwandte Begriffe	Beispiel(e)
Kunde		→ siehe »*Teilnehmer*«			
Seminar		Ein *Seminar* ist eine Veranstaltung mit dem Zweck, ein bestimmtes Wissen und bestimmte Kompetenzen an seine → *Teilnehmer* zu vermitteln. Ein Seminar kann an unterschiedlichen Seminarterminen stattfinden. An jedem Seminartermin hängt ein bestimmter Veranstaltungsort.	Training		Prozessgesteuerter Ansatz für Prozessberater; Prozessgesteuerter Ansatz für Entwickler

Tabelle 6.5: Schablone für das Glossar (in Anlehnung an: (Winter, 2005), S. 190–191) mit Beispielbegriffen aus dem Fallbeispiel

Begriff	Kontext	Definition	Synonym(e)	Verwandte Begriffe	Beispiel(e)
Teil-nehmer		Ein *Teilnehmer* ist eine natürliche Person, die an einem → *Seminar* teilnimmt.	Kunde		Max Muster-mann; Paula Hansen
Training		→ siehe »*Seminar*«			
...	...	...	...	...	...

Tabelle 6.5: Schablone für das Glossar (in Anlehnung an: (Winter, 2005), S. 190–191) mit Beispielbegriffen aus dem Fallbeispiel (Forts.)

Jeder Begriff wird in einer separaten Zeile im Glossar erfasst. Dabei sind folgende Spalten relevant (siehe Tabelle 6.5):

1. **Begriff:** Dies ist der Begriff, der vom Team verwendet wird.
2. **Kontext:** Hier können Sie den Kontext (also den Anwendungsbereich) des Begriffs benennen. Manche Begriffe werden in verschiedenen Anwendungsbereichen verwendet und können dort jeweils eine unterschiedliche Bedeutung haben. Dann ist zur Unterscheidbarkeit und um Missverständnisse zu vermeiden, die Benennung des Kontextes enorm wichtig. Andernfalls werden Sie langwierige Diskussionen im Team erleben.
3. **Definition:** Hier beschreiben Sie aussagekräftig die Bedeutung des Begriffs. Es lassen sich allgemein zwei Typen von Definitionen unterscheiden (vgl. (Schacher & Grässle, 2006), S. 81, und (Schönfeld, 2017), S. 61):
   - **Extensionale Definition:** Hier erklären Sie den Begriff unter Nennung der Unterbegriffe in der Begriffshierarchie. Alle genannten Begriffe befinden sich im Glossar. Sie verweisen auf die Unterbegriffe in der Definition dieses Begriffs.
   - **Intensionale Definition:** Den Begriff erklären Sie durch die Benennung des Begriffs und die Beschreibung der differenzierenden Merkmale. Diese Art der Definition ist aussagekräftiger, da der Begriff durch die differenzierenden Merkmale beschrieben wird und nicht allein durch die Auflistung der Unterbegriffe.
4. **Synonym(e):** Hier können Sie weitere gebräuchliche Begriffe nennen, die dieselbe Bedeutung haben. Diese Begriffe sollten ebenfalls der Verständlichkeit halber separat in jeweils einer Zeile im Glossar aufgeführt werden. Allerdings wird bei diesem Begriff lediglich auf den eigentlichen Hauptbegriff verwiesen: *siehe <Begriff>*.
5. **Verwandte Begriffe:** Hier können Sie weitere Begriffe aus dem Glossar auflisten, die in einer gedanklichen Beziehung gesehen werden (Assoziation). Das bedeutet: Wenn das Team den Hauptbegriff sieht, dann sieht es auch, welche anderen Begriffe im Glossar mit diesem Begriff assoziiert werden. Dabei ist zu beachten, dass Assoziationen von Erfahrung und Hintergrund der jeweiligen Teammitglieder abhängen.

6. **Beispiel(e):** Hier können Sie eine oder mehrere konkrete Ausprägungen (Beispiele) für den Begriff aus dem Anwendungsbereich auflisten.

6.8 Zusammenfassung

Die zu Beginn des Kapitels formulierten Fragen können nun wie folgt beantwortet werden:

Welche Informationen sind für die Automatisierung eines fachlichen Prozesses relevant?

Es sind grundsätzlich dieselben Informationen vom fachlichen Prozess relevant, die auch die operativen Prozessbeteiligten zum Verständnis benötigen. Dabei handelt es sich um folgende Informationen:

- **den** *fachlichen Prozess* **vom Allgemeinen (Übersicht) zum Detail hierarchisch definieren:** Wir verwenden den Top-down-Ansatz nach Bruce Silver (vgl. Abschnitt 6.3, »Übersicht über den fachlichen Prozess erarbeiten«, und Abschnitt 6.4, »Die weiteren Details des fachlichen Prozesses erarbeiten«).
- *fachliche Entscheidungen* **in Form von DMN-Entscheidungsmodellen spezifizieren** (vgl. Abschnitt 6.4).
- **ein** *fachliches Datenmodell* **zum fachlichen Prozess bzw. zur Prozessgesteuerten Anwendung definieren** (vgl. Abschnitt 6.4 und Abschnitt 6.5, »Das fachliche Datenmodell der Prozessgesteuerten Anwendung definieren«).
- **relevante Informationen zu den Benutzeraufgaben:** Dokumentieren Sie die relevanten fachlichen Informationen zu den Benutzeraufgaben mithilfe von UI-Skizzen oder Wireframes, und halten Sie fest, welche Benutzerrolle für die jeweilige Aufgabe verantwortlich ist. (vgl. Abschnitt 6.4).
- **Funktionalität definieren:** Sie definieren, ob eine Funktionalität zur Prozessgesteuerten Anwendung gehört und damit neu ist oder ob die Funktionalität bereits in der Außenwelt (Systemlandschaft) vorhanden ist und somit wiederverwendet werden kann (vgl. Abschnitt 6.4 und Abschnitt 6.6, »Die Funktionalität der Prozessgesteuerten Anwendung definieren«).
- **Glossar für die relevanten Begriffe erstellen und pflegen:** (vgl. Abschnitt 6.4 und Abschnitt 6.7, »Glossar zur Prozessgesteuerten Anwendung pflegen«).

Wie erarbeite ich die fachlichen Prozesse des PDA-Layers?

Die Fachexperten, je ein Vertreter pro beteiligter Rolle, und die an der Implementierung beteiligten IT-Experten erarbeiten den SOLL-Fachprozess gemeinsam in enger Zusammenarbeit. Die Zusammenarbeit erfolgt nach der agilen Vorgehensweise (z. B. mit Scrum, vgl. Abschnitt 6.2, »Partnerschaftliche Zusammenarbeit zwischen Fach- und IT-Experten mithilfe der agilen Vorgehensweise«).

Der Fachprozess wird »Top-down« in BPMN innerhalb von Prozesserhebungsworkshops von den Vertretern der Fachexperten definiert (vgl. Abschnitt 6.3, »Übersicht über den fachlichen Prozess erarbeiten«, und Abschnitt 6.4, »Die weiteren Details des fachlichen Prozesses erarbeiten«). Die Verantwortung für den Fachprozess liegt bei den Fachexperten. Die IT ist vor allem dabei, um den Fachprozess zu verstehen, sodass sie später den Fachprozess implementieren kann.

Dieser grafische Fachprozess in BPMN wird nahezu unverändert von einem BPMN-basierten Workflow-Management-System ausgeführt. Im Rahmen der gemeinsamen Definition des Fachprozesses werden auch weitere Detailinformationen definiert (vgl. den vorigen Abschnitt »Welche Informationen sind für die Automatisierung eines fachlichen Prozesses relevant?«).

Wenn hinter einer Aufgabe eine Funktionalität steht, dann stellen sich die Fachexperten folgende Frage: »Wie wird die Funktionalität innerhalb der Aufgabe realisiert?« Es gibt zwei Optionen:

1. **Neue Funktionalität:** Diese Funktionalität in der Aufgabe ist bisher nicht vorhanden und damit neu. Somit muss sie neu implementiert werden. Sie gehört zu dieser Prozessgesteuerten Anwendung (vgl. Abschnitt 6.6.1, »Die interne Funktionalität der Prozessgesteuerten Anwendung spezifizieren«.)
2. **Vorhandene Funktionalität aus der Systemlandschaft wiederverwenden:** Diese Funktionalität in der Aufgabe gibt es bereits in der Systemlandschaft (d. h. in der »Außenwelt« der Prozessgesteuerten Anwendung). Die Fachexperten definieren die fachlichen Schnittstellenanforderungen im Rahmen des Servicevertrags der Prozessgesteuerten Anwendung. Die Systemlandschaft muss diese Anforderungen bereitstellen (vgl. dazu auch Abschnitt 6.6.2, »Vorhandene Funktionalität aus der Systemlandschaft anfordern«).

Kapitel 7

SCI-Layer: Die Integrationssicht beschreiben

Ausgehend vom Fachprozess bildet die Servicevertrag-Implementierungsschicht das »Fenster zur Außenwelt« und erschließt die vorhandenen Funktionalitäten.

Fragen, die dieses Kapitel beantwortet:

- Wie werden Funktionalitäten, die in der Systemlandschaft bestehen, zur Umsetzung von Aufgaben im Fachprozess des PDA-Layers wiederverwendet?
- Wie lässt sich die Integrationsablauflogik spezifizieren?

7.1 Überblick über die Servicevertrag-Implementierungsschicht

Die Servicevertrag-Implementierungsschicht (engl. *Service Contract Implementation Layer*, SCIL) implementiert den Servicevertrag der Prozessgesteuerten Anwendung in einer bestimmten Systemlandschaft.

Damit stellt der Servicevertrag die Ausgangsbasis der Prozessgesteuerten Anwendung dar. So wird die Funktionalität, die in der Systemlandschaft bereits vorhanden ist, von der Prozessgesteuerten Anwendung wiederverwendet. Ich möchte daran erinnern, dass es hier nicht darum geht, einzelne systemspezifische Schnittstellen wiederzuverwenden, sondern vorhandene Funktionalität. Die Unterschiede sind maßgeblich: Eine vorhandene Funktionalität stellt einen Mehrwert für das Unternehmen dar und wird von einem oder mehreren Systemen oder Services der Systemlandschaft realisiert.

[zB]

Beispiel: Systemspezifische Schnittstelle vs. vorhandene Funktionalität

In unserem Fachprozess gibt es folgende Anforderung: *Meldet sich ein Teilnehmer zu einem Seminar an, erhält er nach erfolgreicher Buchung eine Bestätigung per Mail.*

Nun wurde im Rahmen der Prozessdefinition festgestellt, dass in der Systemlandschaft bereits eine Benachrichtigungsfunktionalität vorhanden ist, die von einem kommerziellen E-Mail-Service realisiert wird.

Für die Mails lassen sich vorgefertigte Templates im E-Mail-Service hinterlegen, und ein *Decision Service* namens *»KorrespondenzDecisionService«* ermittelt jeweils das richtige Template.

Beide Services haben Schnittstellen, die von den Herstellern der Services definiert wurden. Diese Schnittstellen befinden sich also außerhalb der Domäne unserer prozessgesteuerten Anwendung in der Systemlandschaft des Unternehmens.

Jede fachliche Schnittstellenoperation im Servicevertrag der Prozessgesteuerten Anwendung fordert eine vorhandene Funktionalität an, die von der Systemlandschaft zu erbringen ist. Dabei beschreibt die fachliche Schnittstellenoperation aus Sicht der Prozessgesteuerten Anwendung – und damit der Fachexperten – was erforderlich ist, um die vorhandene Funktionalität zu nutzen, oder was an die Prozessgesteuerte Anwendung zurückgeliefert werden muss. Die hier beschriebenen *Übergabeparameter* beziehen sich auf das fachliche Datenmodell der Prozessgesteuerten Anwendung. Demnach wird klar, dass diese Daten mit dem konkreten Übergabeparameter für die jeweiligen Systeme aus der Systemlandschaft nicht übereinstimmen. An dieser Stelle wird eine Integration zwischen Prozessgesteuerter Anwendung und der Außenwelt – eben der Systemlandschaft – erforderlich.

Zwischen der Außenwelt der Prozessgesteuerten Anwendung (PDA) und der PDA werden die benötigten Daten für die vorhandene Funktionalität gemäß Datenmodell der PDA ausgetauscht. Dabei sind zwei Optionen zu unterscheiden (siehe Abbildung 7.1 und Abbildung 7.2):

1. **System- und partnerabhängige Integrationsablauflogik:** Bei mindestens zwei Systemaufrufen, die durchaus auch dasselbe System betreffen können, ist eine umfangreiche Integrationsablauflogik gegeben, die in der Abbildung als *System- und partnerabhängige Integrationsablauflogik* bezeichnet ist. Aufgrund der besseren Transparenz empfiehlt sich deren Umsetzung ebenfalls in BPMN und die Ausführung in derselben BPMN-basierten Process Engine, die schon für die Prozesse der PDA genutzt wird. In diesem Fall erfolgt eine Kommunikation zwischen zwei BPMN-Prozessen: *Fachprozess (PDA)* und *Integrationsprozess (SCIL)*. Ich erläutere diesen Teil ausführlich in Abschnitt 7.2, »Die umfangreiche Integrationsablauflogik mithilfe von BPMN beschreiben und umsetzen«.
2. **Einfache Integrationslogik (verpflichtend):** Die Integration in einzelne Systeme oder Services erfolgt immer mithilfe einer *Integrationsplattform*. Ich erläutere diesen Teil ausführlich in Abschnitt 7.3, »Die einfache Integrationslogik umsetzen«. Diese Integrationsvariante ist immer vorhanden und verpflichtend als Bestandteil der Implementierung der Servicevertrag-Implementierungsschicht. Sie übernimmt die Integrationsaufgaben gemäß dem *VETRO*-Pattern. Somit kann die einfache Integrationslogik als alleinige Integrationsvariante oder als eine weitere Variante zusammen mit der System- und partnerabhängigen Integrationsablauflogik bestehen.

Wir setzen immer ein *Messaging-System* als Nachrichtenpuffer zur Kommunikation zwischen PDA und Außenwelt ein. Dies sorgt für eine hohe Robustheit der gesamten Architektur und somit der Prozessgesteuerten Anwendung. Schließlich können wir nicht garantieren, dass zu jeder Zeit beispielsweise auf die einzelnen Systeme in der Außenwelt oder die Integrationsplattform zugegriffen werden kann. Schließlich agieren Prozessgesteuerte Anwendungen auf Basis einer extrem verteilten Systemlandschaft. Das Messaging-System ist fester Bestandteil der Integration.

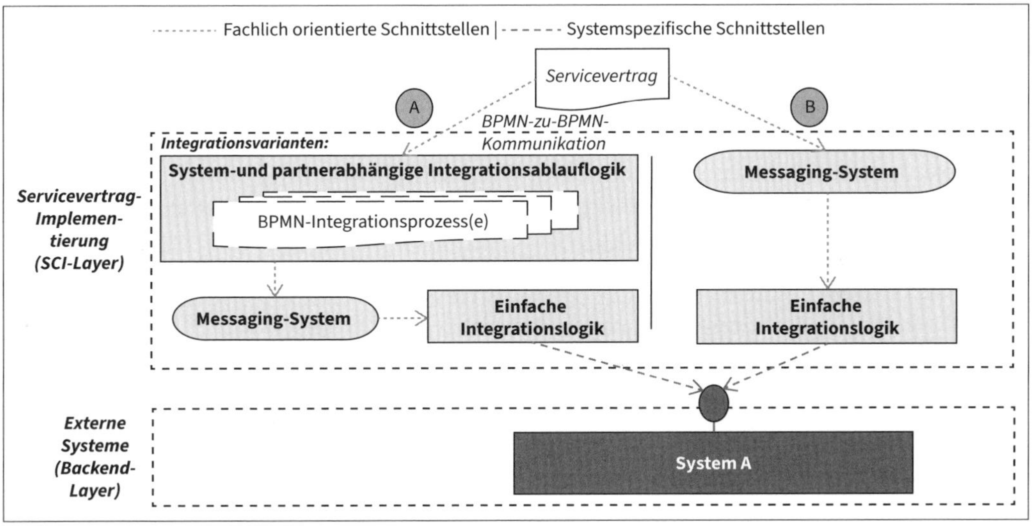

Abbildung 7.1: Die Servicevertrag-Implementierungsschicht (SCIL) im Detail – von PDA zur Außenwelt

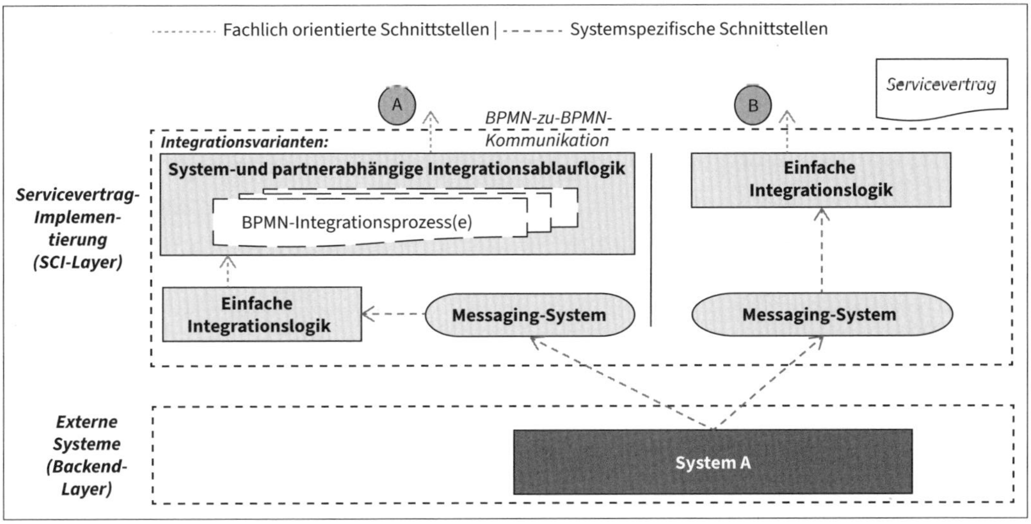

Abbildung 7.2: Die Servicevertrag-Implementierungsschicht (SCIL) im Detail – von der Außenwelt zur PDA

7.2 Die umfangreiche Integrationsablauflogik mithilfe von BPMN beschreiben und umsetzen

Bei umfangreicher Integrationsablauflogik, die aus mindestens zwei Aufrufen besteht, ist diese Variante entscheidend. Zur besseren Transparenz der Integrationsablauflogik empfiehlt der Prozessgesteuerte Ansatz, den Integrationsprozess in BPMN zu beschreiben. Dieser Integrationsprozess gehört logisch zur SCIL, kann aber aufgrund der einfacheren BPMN-zu-BPMN-Kommunikation zwischen Fachprozess (PDA) und Integrationsprozess (SCIL) in derselben BPMN-basierten Process-Engine ausgeführt werden wie die PDA (vgl. dazu Abschnitt 4.5.2, »Deployment-Einheit B: PDA-Integrationskomponente«, und Kapitel 8, »Die Prozessgesteuerte Architektur implementieren«). Alternativ zur Ausführung der Integrationsablauflogik in einer BPMN-Process-Engine kann auch die Integrationsplattform für diese umfangreiche Integrationsablauflogik verwendet werden, wenn die Performance eine wichtige Rolle spielt. Damit geht allerdings bezüglich der Integrationsablauflogik Transparenz verloren.

[»]

Hinweis: Wie können Sie die umfangreiche Integrationsablauflogik einheitlich und strukturiert beschreiben?

Für die einheitliche und strukturierte Beschreibung der umfangreichen Integrationsablauflogik nutzen Sie bevorzugt die BPMN. So können Sie die Integrationsablauflogik in dieser Form auch durch das Workflow-Management-System der PDA ausführen. Auch wenn Sie die umfangreiche Integrationsablauflogik nicht in einem Workflow-Management-System ausführen wollen, empfehle ich Ihnen, BPMN zu nutzen. Zur Modellierung bestimmter Integrationsentwurfsmuster in BPMN empfehle ich Ihnen das Buch von *Volker Stiehl: Prozessgesteuerte Anwendungen entwickeln und ausführen mit BPMN:* (Stiehl, 2013), *S. 216ff.*

- **Vorteil:** Sie haben eine Sprache, um Prozesse zu beschreiben, und müssen sich nicht verschiedene Notationen aneignen. Zudem verhilft Ihnen die Nutzung von BPMN als grafische Notation zu einer besseren Klarheit als eine textuelle Beschreibung. Auch hier gilt das Motto: »Ein Bild sagt mehr als tausend Worte«. ☺
- **Nachteil:** Aus dem klassischen VETRO-Pattern werden dann *Validate*, *Enrich* und *Route* in die BPMN verlagert (vgl. Abschnitt 4.4, »Die Servicevertrag-Implementierungsschicht«). Die Systeme werden explizit in dem BPMN-Modell genannt, wenn auch niemals direkt aufgerufen. Kommt für einen derart modellierten Integrationsprozess ein System hinzu bzw. verschwindet ein System, müssen zwangsläufig die BPMN-Modelle angepasst werden. Dessen muss man sich bewusst sein.

Wie funktioniert nun die Arbeitsweise mit der umfangreichen Integrationsablauflogik? Zuerst beschreibe ich die Richtung der Integration von der Prozessgesteuerten Anwendung zur Außenwelt (siehe Abbildung 7.1, [A]), weiter unten gehe ich dann auf die umgekehrte Richtung ein (siehe Abbildung 7.2, [A]).

7.2.1 Von der Prozessgesteuerten Anwendung zur Außenwelt (Systemlandschaft)

Ich beginne nun mit der Beschreibung der Integration, ausgehend von der Prozessgesteuerten Anwendung zur Außenwelt. Zusammenfassend finden Sie das Prinzip in Abbildung 7.3 skizziert.

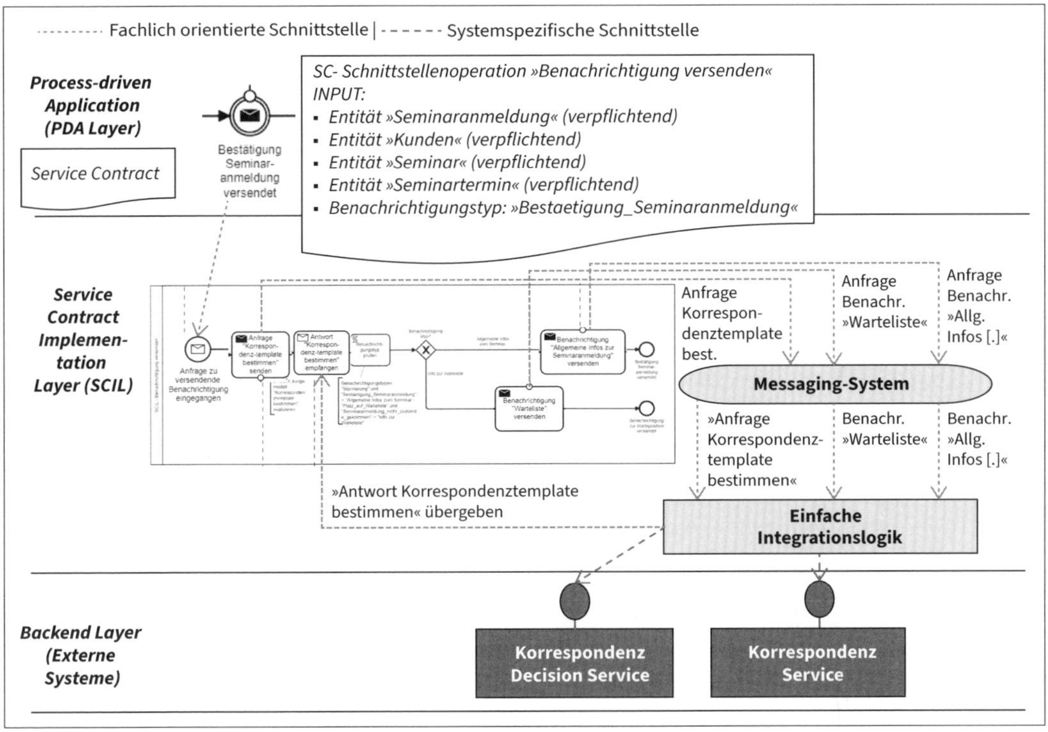

Abbildung 7.3: Fallbeispiel »Seminaranmeldung«: BPMN-Integrationsprozess »Benachrichtigung versenden« (SCIL) – von der PDA zur »Außenwelt«

Auf Basis einer fachlichen Schnittstellenoperation im Servicevertrag der Prozessgesteuerten Anwendung (PDA) stellen Sie fest, dass Sie zur Erbringung der vorhandenen Funktionalität *mindestens zwei Systemaufrufe* benötigen. Bei den zwei Systemaufrufen kann es sich auch um zwei verschiedene Aufrufe desselben Systems oder Service handeln. Für jede fachliche Schnittstellenoperation des Servicevertrags der PDA gibt es einen eigenen Integrationsprozess in BPMN.

Sie beschreiben diese umfangreiche Integrationsablauflogik mithilfe von BPMN (vgl. das Fallbeispiel im Anhang, »Ausgewählte Artefakte zur PDA Seminarverwaltung«). Dabei ist es wichtig zu wissen, dass diese nun systemspezifische Details enthält. Zugunsten der Transparenz der Integrationsablauflogik ist es hilfreich, wenn Sie die Details der Integration in die jeweils spezifischen Systeme klar benennen. Allerdings arbeitet dieser Integrationsprozess immer noch mit den **fachlichen Daten**, die gemäß Servicevertrag der PDA übermittelt wurden. Dies liegt darin begründet, dass die Informationen zwischen PDA und SCIL den Servicevertrag repräsentieren. Das bedeutet: Auch der Integrationsprozess verwendet noch keine systemspezifischen Daten aus den jeweiligen Systemen der Systemlandschaft.

Für die Aufrufe an die jeweiligen Systeme liefert die PDA jedoch nur die Daten gemäß Servicevertrag ab. Wie Sie schon bei der Diskussion des Servicevertrages in Abschnitt 4.3, »Der Servicevertrag«, und in Abschnitt 6.6.2, »Vorhandene Funktionalität aus der Systemlandschaft anfordern«, gelernt haben, sind das lediglich die Daten, die aus Sicht der PDA sinnvoll sind, nicht aus Sicht der Backend-Systeme! Dabei *kann* es sich um exakt diejenigen Daten handeln, die die jeweiligen Systeme benötigen – muss es aber nicht. In der Regel werden es weniger Daten sein, und im SCIL müssen die erhaltenen Daten zusätzlich angereichert werden (*Enrich* aus dem VETRO-Pattern). Auf alle Fälle werden die gegebenenfalls angereicherten fachlichen Daten im Anschluss an diesen Vorgang an das *Messaging-System* übertragen.

Daraufhin holt die Integrationsplattform bzw. das Integrationsframework diese fachlichen Daten ab und übernimmt die Transformation in die Datenstruktur des Zielsystems sowie die Weiterleitung an das Zielsystem (vgl. auch Abschnitt 7.3, »Die einfache Integrationslogik umsetzen«). Damit werden erst auf der »letzten Meile« die konkreten Aufrufe der Systeme im Rahmen der Integrationsplattform bzw. des -frameworks vorgenommen. So trifft man auch erst an diesem Punkt auf die proprietären Datenformate und -strukturen der jeweiligen Backend-Systeme.

Diese unangenehme und oft fehlerträchtige Aufgabe findet durch diesen Ansatz zum spätestmöglichen Zeitpunkt statt und wird von Integrationsprofis durchgeführt. Dies hat den Vorteil, dass beim Austausch der Systeme nur an dieser Stelle eine Veränderung der konkreten Systemaufrufe für die zu erbringende Funktionalität erforderlich wird. Dies reduziert Wartungskosten erheblich.

Wenn der Fachprozess einer Prozessgesteuerten Anwendung gemäß Servicevertrag eine Rückmeldung vom BPMN-Integrationsprozess benötigt (etwa dargestellt durch eine *Receive Task*), erfolgt diese Rückmeldung über eine BPMN-Message. Die Rückmeldung wird dabei an die entsprechende Prozessinstanz des Fachprozesses übermittelt.

Auch hier werden lediglich Daten gemäß Servicevertrag der Prozessgesteuerten Anwendung übermittelt. Dieser Fall wird im abgebildeten Beispiel (Abbildung 7.3) nicht benötigt, da der Fachprozess nur aus einem *Message Throw Event* besteht. Allerdings benötigt der BPMN-Integrationsprozess eine Rückmeldung aus dem Backend, wie an der *Receive Task* zu erkennen ist: »Antwort Korrespondenztemplate bestimmen«. Das Prinzip der Rückmeldung erfolgt analog wie beschrieben in dem Fall, dass die Prozessgesteuerte Anwendung eine Rückmeldung vom SCIL-Integrationsprozess benötigt.

7.2.2 Von der Außenwelt (Systemlandschaft) zur Prozessgesteuerten Anwendung

Hier schauen wir uns an, wie Sie aus Richtung der Systemlandschaft an die Prozessgesteuerte Anwendung herantreten. Dabei steht im Vordergrund, wie diese Integration über den BPMN-Integrationsprozess funktioniert.

Das jeweilige System im Backend liefert seine Daten in seinem spezifischen Datenformat an das Messaging-System zur Zwischenspeicherung.

Daraufhin holt sich die Integrationsplattform bzw. das Integrationsframework (vgl. dazu Abschnitt 7.3, »Die einfache Integrationslogik umsetzen«) die systemspezifischen Daten aus dem Messaging-System, reichert diese gegebenenfalls an, transformiert das systemspezifische Datenformat in das Format gemäß der fachlichen Schnittstellenoperation des Servicevertrags der Prozessgesteuerten Anwendung und überträgt dieses Format an den BPMN-Integrationsprozess in demselben BPMN-Workflow-Management-System wie die Fachprozesse der Prozessgesteuerten Anwendung. Zur Implementierung des BPMN-basierten Integrationsprozesses stehen jetzt zwei Optionen zur Verfügung:

- **Option I:** Eine neue Instanz unseres Integrationsprozesses wird durch ein Message-Startereignis instanziiert.
- **Option II:** Eine bereits bestehende Instanz unseres Integrationsprozesses wird fortgesetzt. Dies erfolgt entweder über eine *Receive Task* (siehe Abbildung 7.3) oder über ein *Message Catch Event*.

In dem Fall, dass der Fachprozess der Prozessgesteuerten Anwendung eine Rückmeldung vom BPMN-Integrationsprozess gemäß Servicevertrag erfordert, gibt der BPMN-Integrationsprozess über eine BPMN-Message eine Rückmeldung an die Prozessinstanz des Fachprozesses der Prozessgesteuerten Anwendung. Auch hier werden lediglich Daten gemäß dem Servicevertrag der Prozessgesteuerten Anwendung übermittelt.

7.3 Die einfache Integrationslogik umsetzen

In diesem Abschnitt erläutere ich Ihnen, wie Sie eine einfache Integrationslogik umsetzen können. Dabei betrachte ich zwei zentrale Sichtweisen:

1. von der Prozessgesteuerten Anwendung zur Außenwelt (d. h. Systemlandschaft)
2. von der Außenwelt zur Prozessgesteuerten Anwendung

Hinweis: Wie können Sie die einfache Integrationslogik einheitlich und strukturiert beschreiben?

Wenn Sie die einfache Integrationslogik strukturiert und einheitlich beschreiben und damit dokumentieren möchten, empfehle ich Ihnen, die textuelle Schablone für Anwendungsfallbeschreibungen zu nutzen (vgl. Abschnitt 6.6.1, »Die interne Funktionalität der Prozessgesteuerten Anwendung spezifizieren«).

Sie beschreiben in den einzelnen Schritten die Integrationsaufgaben. Machen Sie hier bitte die Aufgaben einer Integration gemäß *VETRO-Pattern* deutlich, damit die einzelnen Stakeholder (z. B. Softwarearchitekt, Integrationsexperten, Entwickler) leichter verstehen können, worum es geht.

7.3.1 Von der Prozessgesteuerten Anwendung zur Außenwelt (Systemlandschaft)

Die Prozessgesteuerte Anwendung sendet die fachlichen Daten gemäß Servicevertrag an das Messaging-System, um die angeforderte Funktionalität bereitzustellen.

Die Integrationsplattform oder das Integrationsframework holt diese fachlichen Daten ab und führt auf dieser Basis die Integrationsaufgaben nach dem *VETRO-Pattern* durch, um die angeforderte vorhandene Funktionalität durch die Systemlandschaft zu erbringen (vgl. Abschnitt 4.4, »Die Servicevertrag-Implementierungsschicht«, und siehe dazu Abbildung 7.1 [B]).

7.3.2 Von der Außenwelt (Systemlandschaft) zur Prozessgesteuerten Anwendung

Bisher habe ich beschrieben, wie die Prozessgesteuerte Anwendung vorhandene Funktionalitäten aus der Systemlandschaft (also der Außenwelt) aktiv anfordert. Doch wie startet ein Prozess, wenn ein externes System den Impuls an die Prozessgesteuerte Anwendung gibt? In diesem Fall sendet das externe System eine Nachricht im zuvor vereinbarten Format an das Messaging-System – und stößt auf diese Weise die Prozessgesteuerte Anwendung an.

[»]

Hinweis: Was tun Sie, wenn ein Backend-System seine Daten in kein Messaging-System senden kann? (Ergänzung von Volker Stiehl)

Oft können externe Systeme tatsächlich keine Informationen in ein Messaging-System schreiben. Dann stellt sich die Frage: Was machen wir jetzt? Gerade sehr alte Systeme beherrschen aber zumindest eine der folgenden beiden Optionen:

- **Option 1:** eine Datei in einem Filesystem, auf einem FTP-Server oder in einem Dokumentenmanagementsystem (DMS) ablegen
- **Option 2:** Ergebnisse in einer dedizierten Tabelle innerhalb einer Datenbank ablegen

In allen Fällen ist das Prinzip der Verarbeitung gleich und noch einfacher, da wir uns das Messaging-System sparen: Die einfache Integration holt sich per Konnektor (File-,

FTP-, DMS- oder DB-Konnektor) beispielsweise durch Polling die Daten aus der Datenquelle, wandelt die Daten sofort aus dem proprietären in das fachliche Datentypsystem der PDA um und leitet diese dann an den integrationszentrischen oder fachzentrischen Prozess weiter. Cool, gell? 😉

Anschließend holt die Integrationsplattform diese systemspezifischen Daten aus dem Messaging-System und überführt sie in die fachliche Datenstruktur gemäß dem Servicevertrag der Prozessgesteuerten Anwendung. Diese Datenstruktur auf Basis des Servicevertrags der betreffenden Prozessgesteuerten Anwendung wird dann an die Prozessgesteuerte Anwendung übergeben. Die Übergabe an Fachprozesse der Prozessgesteuerten Anwendung erfolgt wie üblich über die von jeder BPMN-basierten Process-Engine bereitgestellten Aufrufschnittstelle. In den meisten Fällen wird REST für die Kommunikation mit der Process-Engine genutzt und ermöglicht entweder den Start einer neuen oder die Fortsetzung einer bereits laufenden Prozessinstanz. In BPMN nutzen wir zum Start von Prozessen das *Message Start Event* und zu deren Fortsetzung des *Intermediate Message Catch Event* oder die *Receive Task*.

In Abbildung 7.2 [B] verdeutliche ich das Prinzip.

7.4 Möglicher Ansatz zur Entwicklung der Integrationsablauflogik

In diesem Abschnitt beschreibe ich eine potenzielle Herangehensweise zur Erarbeitung und Entwicklung der Integrationsablauflogik.

Die Ausgangsbasis für die Integration sind der Servicevertrag der betreffenden Prozessgesteuerten Anwendung mit ihren fachlichen Schnittstellenoperationen sowie das fachliche Datenmodell zur Anwendung.

Nun kann der *Product Owner* mit seinen Kontakten zu den Stakeholdern die Koordination mit den Verantwortlichen der betreffenden Systeme unterstützen.

Sind die organisatorischen Aspekte bezüglich Integration in die jeweiligen Systeme mit den Systemverantwortlichen geklärt, kann der *PDA-Entwickler* oder ein *Integrationsexperte* die Integrationsablauflogik in der Integrationsplattform implementieren.

Im Fall einer system- und partnerabhängigen Integrationsablauflogik wird diese – basierend auf der fachlichen Schnittstellenoperation (Servicevertrag) – von einem *PDAEntwickler* oder dem *Product Owner* als BPMN-Integrationsprozess beschrieben. Anschließend werden für die Umsetzung der Integrationsablauflogik die Details an den *Integrationsexperten* oder *PDA-Entwickler* kommuniziert. Die umfangreiche Integrationsablauflogik, die in BPMN beschrieben wurde, kann auch von dem zugehörigen Workflow-Management-System der Prozessgesteuerten Anwendung ausgeführt werden. So wird ein Teil der Integration vom Workflow-Management-System bzw. von der BPMN-Process-Engine vorgenommen.

Aufgrund der Tatsache, dass Integration aber selbst eine eigenständige hochspezialisierte Domäne ist, kann die umfangreiche Integrationsablauflogik auch vollständig von der Integrationsplattform übernommen werden. Wie dies in der konkreten Umsetzung aussieht, erläutere ich in Abschnitt 8.4.2, »Vorhandene Funktionalität aus der Systemlandschaft implementieren«.

Der *Softwarearchitekt* oder der *Systemarchitekt* als übergreifende Querschnittsdiziplin unterstützt und berät bei der Umsetzung der relevanten nicht-funktionalen Anforderungen und stellt die Einhaltung der Architekturprinzipien sicher.

7.5 Zusammenfassung

Die zu Beginn des Kapitels formulierten Fragen können nun wie folgt beantwortet werden:

Wie werden bestehende Funktionalitäten der Systemlandschaft zur Umsetzung von Aufgaben im Fachprozess des PDA-Layers wiederverwendet?

Der *Servicevertrag* der Prozessgesteuerten Anwendung (PDA) definiert die Anforderungen an die vorhandenen Funktionalitäten in der Systemlandschaft. Dabei stellt jede dieser *fachlichen Schnittstellenoperationen* eine Anforderung an die vorhandene Funktionalität in der Systemlandschaft dar. Die Realisierung des Servicevertrags der PDA in einer konkreten Systemlandschaft übernimmt die *Servicevertrag-Implementierungsschicht (SCIL)*. Sie ist also für die Integration der PDA mit der Systemlandschaft verantwortlich. Dafür unterscheidet die SCIL zwei Integrationsvarianten (vgl. Abschnitt 7.1 »Überblick über die Servicevertrag-Implementierungsschicht«):

1. **System- und partnerabhängige Integrationsablauflogik:** Bei umfangreicher Integrationsablauflogik, die aus mindestens zwei Aufrufen besteht, ist diese Variante entscheidend. Zur besseren Transparenz der Integrationsablauflogik empfiehlt der Prozessgesteuerte Ansatz, den Integrationsprozess in BPMN zu beschreiben. Dieser Integrationsprozess gehört logisch zur SCIL, kann aber aufgrund der einfacheren BPMN-zu-BPMN-Kommunikation zwischen Fachprozess (PDA) und Integrationsprozess (SCIL) im selben Workflow-Management-System bzw. in derselben BPMN-Process-Engine ausgeführt werden wie die PDA. Alternativ zur Ausführung der Integrationsablauflogik in einem Workflow-Management-System wird die Integrationsplattform für diese umfangreiche Integrationsablauflogik verwendet, wenn die *Performance* eine wichtige Rolle spielt. Damit geht allerdings die Transparenz bezüglich der Integrationsablauflogik verloren.

   Die detaillierte Erläuterung zu dieser Variante finden Sie in Abschnitt 7.2, »Die umfangreiche Integrationsablauflogik mithilfe von BPMN beschreiben und umsetzen«.

2. **Einfache Integrationslogik:** In jedem Fall haben Sie eine einfache Integrationslogik, nämlich wenn Sie auf der »letzten Meile« die jeweiligen Systeme aufrufen. Wenn Sie nur einen Systemaufruf haben, benötigen Sie *keine* umfangreiche Integrationsablauflogik. Dann gehen Sie nur so vor, wie in Abschnitt 7.3, »Die einfache Integrationslogik umsetzen«, erläutert.

Wie lässt sich die Integrationsablauflogik spezifizieren?

Bei der einfachen Integrationsablauflogik kann die textuelle Schablone einer Anwendungsfallbeschreibung hilfreich sein (vgl. Abschnitt 7.3, »Die einfache Integrationslogik umsetzen«), und bei einer umfangreichen System- und Partnerabhängigen Integrationsablauflogik hilft die Beschreibung des Integrationsprozesses mittels BPMN. Dieser Integrationsprozess in BPMN kann auch von dem zugehörigen Workflow-Management-System bzw. von der BPMN-Process-Engine der Prozessgesteuerten Anwendung ausgeführt werden (vgl. Abschnitt 7.2, »Die umfangreiche Integrationsablauflogik mithilfe von BPMN beschreiben und umsetzen«).

Kapitel 8
Die Prozessgesteuerte Architektur implementieren

Jetzt werden die Ärmel hochgekrempelt, und wir implementieren die Prozessgesteuerte Architektur. In diesem Kapitel entsteht das digitale Produkt: die Prozessgesteuerte Anwendung.

Fragen, die dieses Kapitel beantwortet:

- Wie wird die Prozessgesteuerte Anwendung (PDA) implementiert?
- Wie wird der Servicevertrag einer PDA implementiert?

8.1 Überblick

In diesem Kapitel beschreibe ich, wie die Prozessgesteuerte Architektur implementiert wird. Dabei gehe ich auf die Bestandteile dieser Architektur ein und nehme an, dass Sie bereits als Entwickler oder Architekt mit professionellen Unternehmensanwendungen vertraut sind. Wichtige, aber nicht spezifisch zur Prozessgesteuerten Architektur gehörende Themen, wie z. B. Unit-Tests und Testautomatisierung, lasse ich im Folgenden außen vor, um den Rahmen dieses Buches nicht zu sprengen. Wenn Sie sich dafür interessieren, verweise ich Sie auf die Website einer *Clean-Code*-Initiative[1], die die wichtigen Prinzipien der qualitativen Softwareentwicklung aufführt.

Wenn Sie das Buch von vorn bis hinten gelesen haben oder bereits in mehreren Kapiteln weiter vorn »geschmökert« haben, haben Sie sich bereits ein Verständnis von den Bestandteilen und der Vorgehensweise des Prozessgesteuerten Ansatzes erarbeitet. Dabei haben Sie einen Überblick über den Prozessgesteuerten Ansatz und die Prozessgesteuerte Architektur in Kapitel 3, »Überblick über Prozessimplementierungsansätze«, und in Kapitel 4, »Die Prozessgesteuerte Architektur«, vorgefunden. Wichtige Voraussetzungen sind, dass Sie Fachprozesse mit der BPMN und Entscheidungen mit der DMN modellieren oder zumindest lesen können. Auch sind Sie mit den zugehörigen Best Practices vertraut. Diese Grundlagen habe ich in Kapitel 2, »Einführung in die Prozessmodellierung mit BPMN 2.0.2 und DMN 1.3«, erläutert. Der Umfang Ihrer BPMN- und DMN-Fähigkeiten wird

1 *https://clean-code-developer.de/* (Stand: 16.12.2025)

von Ihren Tätigkeiten in Ihrer Rolle abhängen. Beispielsweise werden Sie, wenn Sie ausschließlich mit der Entwicklung befasst sind, Fachprozesse in BPMN lesen und verstehen, aber eventuell nicht modellieren müssen.

Ich sehe es als hilfreich an, wenn ein professioneller Entwickler im 21. Jahrhundert in Fachprozessen denken und die BPMN dazu adäquat einsetzen kann. Die DMN müssen Sie vollständig, d. h. mit ihren beiden Ebenen, anwenden können. Denn Sie werden ein vollständiges Entscheidungsmodell, inklusive der Entscheidungslogik in FEEL, umsetzen müssen und eventuell auch im Rahmen von Integrationen Entscheidungsmodelle definieren und implementieren.

Durch die Anwendung des Top-down-Ansatzes hat das Team für die Prozessgesteuerte Anwendung bereits einen gesamten Fachprozess oder den Prozessumfang sowie einen Prozesspfad von Anfang bis Ende eines Fachprozesses (»Prozessszenario«) in enger Zusammenarbeit mit den ausgewählten Fachexperten erarbeitet. Als IT-Experte sind Sie Teil des Teams, das die Fachlogik verstehen sowie aktiv Verständnisfragen stellen soll. Später übernehmen Sie, wenn Sie in der Entwicklung tätig sind, die Implementierung der Prozessgesteuerten Anwendung und/oder die Integration der bereits vorhandenen Funktionalität.

Des Weiteren kann es sein, dass Sie auch methodisch die Prozesserhebung als Moderator begleiten. Das notwendige Fundament dafür habe ich in Kapitel 5, »Prozesse erheben«, und in Kapitel 6, »PDA-Layer: Die Fachprozess-Sicht erarbeiten«, gelegt. Als Integrationsexperte oder -expertin werden Sie gemäß dem *Servicevertrag* der Prozessgesteuerten Anwendung sicherstellen, dass die benötigte vorhandene Funktionalität aus der Systemlandschaft der Prozessgesteuerten Anwendung genutzt werden kann. Das konzeptionelle Rüstzeug dazu habe ich Ihnen in Kapitel 7, »SCI-Layer: Die Integrationssicht beschreiben«, gegeben.

Nun können Sie als Entwickler mit Ihrem Team auf Basis der vorangegangenen methodischen und strukturierten Ergebnisse des Fachprozesses den gesamten Fachprozess oder einen bestimmten Prozesspfad von Anfang bis Ende implementieren. Dabei können die Entwickler der verschiedenen Gewerke unabhängig arbeiten, dank der konsequenten Anwendung des Architekturprinzips *Separation of Concerns* (dt. »Trennung von Verantwortlichkeiten«) und der Prozessgesteuerten Architektur. Dies umfasst folgende Tätigkeiten:

1. **BPMN-Prozessdefinitionen** der Fachprozesse und gegebenenfalls der BPMN-Integrationsprozesse im verwendeten Workflow-Management-System bzw. in der BPMN-Process-Engine sowie Konfiguration der DMN-Entscheidungsmodelle im verwendeten Decision-Management-System bzw. in der DMN-Decision-Engine.

   Dabei spielt auch der Einsatz der richtigen BPMN-Process-Engine bzw. des Workflow-Management-Systems eine entscheidende Rolle. Deshalb gehe ich auf die Auswahl des richtigen Workflow-Management-Systems bzw. der BPMN-Process-Engine in Abschnitt 8.2, »Die Auswahl der richtigen BPMN-Process-Engine«, ein.

2. **Funktionalität implementieren:** Dabei unterscheiden wir zwischen Funktionalität, die direkt zur Prozessgesteuerten Anwendung gehört (»interne Funktionalität«), und Funktionalität, die in der Systemlandschaft vorhanden ist (vgl. Abschnitt 8.4, »Funktionalität implementieren«).

[«]

Hinweis: Funktionalität implementieren für Remote-Workflow Management-Systeme

Wegen der immer mehr zunehmenden Bedeutung von *Remote*-Workflow-Management-Systemen (den Begriff habe ich in Kapitel 4, »Die Prozessgesteuerte Architektur«, definiert) werde ich kurz die Art und Weise der typischen Implementierung der Funktionalität beschreiben.

Bei den wichtigsten Remote-Workflow-Management-System-Produkten finden wir das proprietäre *External Task Pattern* vor, um die Funktionalität für eine Aufgabe außerhalb des Workflow-Management-Systems zu implementieren. Das Pattern wurde ursprünglich von *Camunda* für das eigene Workflow-Management-System eingeführt. Nun lässt sich beobachten, dass weitere Softwarehersteller dieses Prinzip kopiert haben.

Beim External Task Pattern bekommt die Funktionalität der Aufgabe eine Bezeichnung (*Topic*). Unter dieser Bezeichnung wird die Aufgabe im Rahmen der Prozessausführung in eine interne Liste des Workflow-Management-Systems eingefügt. Nun holt ein externer Client (*Worker*) die Aufgabe mit den Prozessvariablen ab, führt die definierte Geschäftslogik für diese Aufgabenart aus und meldet dann den Status der Aufgabe an das Workflow-Management-System zurück: erfolgreich abgeschlossen oder fehlerhaft.

Im Rahmen der Statusmitteilung zum Abschluss der Aufgabe können auch Prozessvariablen mit Daten für die weitere Bearbeitung im Rahmen der Prozessausführung mitgegeben werden. Die Prozessausführung wartet so lange, bis die Aufgabe erfolgreich oder mit einem Fehlerzustand abgeschlossen wurde. Erst wenn die Aufgabe abgeschlossen wurde, kann die Prozessausführung gemäß der Prozessdefinition fortgesetzt werden.

Ich werde in Abschnitt 8.4, »Funktionalität implementieren«, genauer auf diesen Aspekt eingehen.

3. **Benutzeroberflächen für die Benutzeraufgaben implementieren** (vgl. Abschnitt 8.5, »Benutzeroberfläche für Benutzeraufgaben entwickeln«): Jede PDA hat eine eigene Benutzeroberfläche, die sich aus den fachlichen Anforderungen der jeweiligen Fachprozesse ergibt.
4. **Datenbank(en) aufsetzen** (vgl. Abschnitt 8.6, »Datenbank aufsetzen«): Jede PDA hat eine eigene Datenbank auf Basis des fachlichen Datenschemas, das sich aus den Fachprozessen ergibt.

8.2 Die Auswahl der richtigen BPMN-Process-Engine

Auf dem Softwaremarkt gibt es diverse BPMN-Process-Engines. Leider musste ich feststellen, dass nur eine begrenzte Auswahl von ihnen die nachhaltige Softwareentwicklung mit der BPMN unterstützt. Wie ich zu diesem Schluss komme, möchte ich Ihnen in diesem Abschnitt wie folgt transparent erläutern:

1. Zunächst stelle ich Ihnen die Kriterien für die richtige Auswahl einer BPMN-Process-Engine für den Prozessgesteuerten Ansatz vor.
2. Danach möchte ich Ihnen ausgewählte Process-Engines kurz anhand dieser Kriterien vorstellen. Diese Process-Engines habe ich in den letzten Jahren in meiner Praxis vorgefunden.

Mit diesem Abschnitt möchte ich Ihnen ein Hilfsmittel für die richtige Auswahl einer BPMN-Process-Engine an die Hand geben. Die knappe Diskussion soll Ihnen auch bei der Einschätzung des Nutzens von weiteren BPMN-Process-Engines helfen.

Ich stelle hier keine detaillierten Produktvergleiche an und führe auch keinen repräsentativen Marktvergleich durch.

Welche BPMN-Process-Engine setze ich im Buch ein?

Grundsätzlich brauchen Sie eine Process-Engine, die den BPMN-Standard möglichst weitgehend unterstützt, idealerweise vollständig. Allerdings ist das aktuell Wunschdenken. Die meisten BPMN-Process-Engines unterstützen meiner Erfahrung nach nur einen sehr rudimentären BPMN-Umfang, da die Softwarehersteller meines Erachtens nicht den Nutzen der BPMN für ihre Kunden verstehen. Solche Process-Engines sind für flexible, effiziente, nachhaltige, transparente und qualitative Fachprozessanwendungen und damit für den Prozessgesteuerten Ansatz nach Volker Stiehl nicht zweckmäßig.

Für dieses Buch habe ich als Process-Engine das Produkt *SpiffWorkflow* von *Sartography* verwendet. Es ist eine leichtgewichtige BPMN-Process-Engine. Das Produkt war zu dem Zeitpunkt, als ich dieses Buch geschrieben habe, vom Lizenzmodell her mindestens für den Einstieg (Ausprobieren) kostenlos nutzbar.[2]

Wenn Sie bereits eine BPMN-Process-Engine im Einsatz haben, können Sie natürlich auch dieses Produkt einsetzen.

Sie können dieses Buch mit jeder Process-Engine nutzen, wenn es die BPMN umfangreich – idealerweise vollständig – abdeckt. Auf dem Markt gibt es ja einige BPMN-Process-Engines. Ich selbst habe in einigen Kundenprojekten auch die Produkte von *Camunda* eingesetzt. Camunda Version 7 kann auch als Remote-WfMS verwendet werden, und Camunda Version 8 *muss* als Remote-WfMS eingesetzt werden. Bei der

2 *https://github.com/sartography/SpiffWorkflow* (Stand: 16.12.2025)

Architekturentscheidung sollten Sie beachten, dass Camunda für Camunda Plattform Version 7 keinen vollständigen Support mehr anbietet und nur noch in Minor-Releases Feature-Verbesserungen umsetzt. Bis 2030 werden lediglich Sicherheitspatches und Support im Rahmen der Enterprise Edition gewährt (vgl. (Camunda, 2024)). Inwiefern die aus der Community heraus angekündigte Weiterentwicklung der Camunda Plattform v7 wirklich in die Tat umgesetzt wird, bleibt abzuwarten. Der Softwarehersteller *CIB* hat im Juni 2024 angekündigt, Camunda 7 unter dem Namen *CIB seven* weiterzuentwickeln (vgl. (CIB, 2024)). Im Juni 2025 hat *CIB seven* die Version 2.0 veröffentlicht. Ebenfalls existiert *Operaton*. Auf die weitere Entwicklung bin ich gespannt.

Unabhängig davon, welche BPMN-Process-Engine Sie nutzen, gilt: Ein Vorteil der Prozessgesteuerten Architektur ist, dass Sie die Migrationsaufwände und andere Anpassungsaufwände gering halten, falls Sie die BPMN-Process-Engine später einmal wechseln sollten.

8.2.1 Wesentliche Kriterien, die Sie an eine BPMN-Process-Engine für eine Prozessgesteuerte Anwendung stellen sollten

Folgende Kriterien sind für eine Process-Engine innerhalb einer Prozessgesteuerten Anwendung bedeutsam:

1. **Umfang der BPMN-Unterstützung:** Die Geschäftsprozesse sollen mithilfe des Standards BPMN sowohl für Fachexperten als auch für die IT-Experten verständlich beschrieben werden können und von der Process-Engine ausgeführt werden. Dazu muss die Process-Engine idealerweise die gesamte Breite der BPMN-Palette unterstützen. Alle BPMN-Elemente sind gleich wichtig, um Geschäftsprozesse detailliert und kompakt aus fachlicher Sicht zu beschreiben und so ausführbar zu machen. Denn nur, wenn die gesamte Breite der BPMN-Palette unterstützt wird, kann auch ein echtes Business-/IT-Alignment (oder neudeutsch »BizDev«) entstehen.
2. **Konfiguration von BPMN-Messages ohne Programmierung:** Um eine Kollaboration zwischen verschiedenen BPMN-Prozessen mittels Message Flows zu realisieren, ist eine niederschwellige Konfiguration der BPMN-Messages erforderlich. Diese sollte ohne Verwendung von Quellcode realisierbar sein, um die Umsetzung der Message Flows einfach zu halten. So können auch Teammitglieder mit rudimentären Programmierkenntnissen bei der Umsetzung der PDA mithelfen. Die eigentlichen Entwickler können dann die Entwicklungsaufgaben durchführen. So können Ressourcen optimal genutzt werden.

   Wir benötigen BPMN-Messages an verschiedenen Stellen in der Prozessgesteuerten Anwendung, z. B. zwischen verschiedenen Fachprozessen oder zwischen einem Fachprozess und dem BPMN-Integrationsprozess (SCIL).

3. **Anbindung von neuer und vorhandener Funktionalität mittels HTTP-Konnektor:** Unsere leichtgewichtige BPMN-Process-Engine braucht im Wesentlichen einen Konnektor, um HTTP-API-Aufrufe durchzuführen. Diesen Konnektor benötigen wir, um unsere zur PDA gehörende Funktionalität direkt synchron aus dem Prozess aufzurufen. Auch bei Wiederverwendung von externer Funktionalität können wir mithilfe dieses Konnektors die Übergabedaten gemäß PDA-Servicevertrag direkt über die HTTP-API an das Messaging-System übergeben.
4. **Datenstruktur in das gängige Datenaustauschformat JSON überführen:** Die Datenstruktur der Prozessdaten beim *Data Object* sollte in dem gängigen Datenaustauschformat JSON vorliegen. So lässt sich die Datenstruktur einfach von Menschen lesen und mithilfe von gängigen Programmiersprachen ohne umfangreiche Konvertierung der Struktur in ein gängiges Format weiterverarbeiten. Denn JSON ist ein verbreitetes Datenaustauschformat und wird von den heutigen Programmiersprachen zuverlässig unterstützt.

   Dieses Kriterium ist wichtig, da anhand der Daten im Geschäftsprozess der Weiterfluss gesteuert wird. Ein Geschäftsprozess arbeitet auf Basis von Daten und erzeugt Daten. Da der Umgang mit Daten so zentral ist, unterstützt der einfache Umgang mit den Daten eine effiziente Entwicklung und Wartung der Prozessgesteuerten Anwendung. Auch hier setze ich als Entwickler mit JSON auf einen etablierten Standard.
5. **User Tasks Forms für mitgelieferte Tasklist:** Oft liefert der Hersteller einer BPMN-Process-Engine auch eine *Tasklist* mit. Über diese Tasklist können die menschlichen Akteure mit den ausgeführten Geschäftsprozessen interagieren. Wie Sie noch in Abschnitt 8.5, »Benutzeroberfläche für Benutzeraufgaben entwickeln«, lernen, wird eine Prozessgesteuerte Anwendung zumeist ihr eigenes Frontend haben. Allerdings sehe ich eine mitgelieferte Standard-Taskliste mit einfachen Formdefinitionen für das erste Prototyping als nützlich an. Auch in der Prozesserhebungsphase kann dies hilfreich sein, da die Prozessbeteiligten schnell eine visuelle Oberfläche für die Benutzeraufgabe vor Augen haben.

   Um die Ressourcen des Teams – das verschiedene Wissen jedes Teammitglieds – auch bei der Entwicklung effizient einzusetzen, ist es sinnvoll, die *User Tasks Forms* über einen Form-Editor definieren zu können. So können die verschiedenen Teammitglieder innerhalb eines PDA-Teams auch ohne Entwicklungs-Know-how bei der Umsetzung der Anwendung helfen. Dabei sollen die Formulare auf Basis von Standards wie *HTML*, *CSS*, *JavaScript* und *JSON Schema* definiert und exportiert werden können. Dies trägt dem wichtigen Aspekt der Wartbarkeit und Portabilität der Benutzeroberfläche in der Zukunft Rechnung.
6. **Process-Engine-Backend-API:** Eine Backend-API bei der Process-Engine erlaubt es, die Funktionen der Process-Engine von außen zu nutzen. Dies ist wichtig, wenn wir beispielsweise aus der SCIL-Integrationskomponente heraus im Kontext der Integration bestimmte Funktionalitäten der Process-Engine aufrufen müssen. Auch wenn wir un-

ser PDA-Frontend in die Process-Engine integrieren müssen, benötigen wir die Process-Engine-Backend-API.

Dabei muss die Process-Engine-API auf HTTP (REST) basieren, um den Entwicklungsaufwand bei der Integration der Process-Engine gering zu halten. Zudem muss die API die Steuerung der wichtigen Mechanismen der Prozessausführung unterstützen. Dazu gehören insbesondere folgende:

- das Senden von BPMN-Messages
- das Starten einer Prozessinstanz
- das Abrufen von Aufgabendetails
- das Abrufen von Prozessdaten wie Data Objects zur Prozessausführung
- die Unterstützung des User-Task-Lifecycle, wie beispielsweise »User-Task zu einem bestimmten User oder einer Gruppe zuweisen«, »User Task erzeugen« und »User Task abschließen«

8.2.2 Kurzer Vergleich ausgewählter BPMN-Process-Engines

Die im vorherigen Abschnitt vorgestellten Kriterien möchte ich nun anhand der ausgewählten BPMN-Process-Engines diskutieren. Die Auswahl dieser BPMN-Process-Engines erfolgte anhand meiner praktischen Erfahrungen. Es handelt sich hier, wie schon gesagt, nicht um einen repräsentativen Marktvergleich. Ich möchte Ihnen lediglich eine erste Orientierung über verschiedene BPMN-Process-Engines geben.

Folgende BPMN-Process-Engines stelle ich Ihnen im Rahmen der Diskussion der Kriterien kurz vor:

- Bonita Community Edition (Bonitasoft): *https://www.bonitasoft.com/*
- Camunda Platform 7: *https://camunda.com/platform-7/*
- Zeebe Engine in Camunda 8: *https://docs.camunda.io/docs/guides/*
- Flowable (Open Source Edition): *https://www.flowable.com/de/open-source*
- SpiffWorkflow (Sartography): *https://spiff-arena.readthedocs.io/en/latest/index.html*
- 5Minds Engine (5Minds): *https://processcube.io/*

Im Wesentlichen basiert der Vergleich, inwieweit die Produkte BPMN unterstützen, auf dem Stand von 2024.

BPMN-Umfang

Hier widmen wir uns dem wichtigen Kriterium, in welchem Umfang die einzelnen Engines den Standard BPMN unterstützen. Den Vergleich habe ich im Wesentlichen im November und Dezember 2024 vorgenommen. Einzig Flowable habe ich im Juni 2025 betrachtet. Die grobe Gegenüberstellung des BPMN-Umfangs habe ich Ihnen wie folgt strukturiert:

- Die Abdeckung der *Activities*, *Activity Marker*, *Gateways*, *Daten* und *Swimlanes* finden Sie in Tabelle 8.1 beschrieben. Ich habe ein X eingetragen, wenn das jeweilige Element von der Process-Engine auch in der Ausführung unterstützt wird. Das Symbol (X) verwende ich, wenn das Element eingeschränkt unterstützt wird.
- Die Abdeckung der BPMN-Events finden Sie in Abbildung 8.1 und Abbildung 8.2 dargestellt.

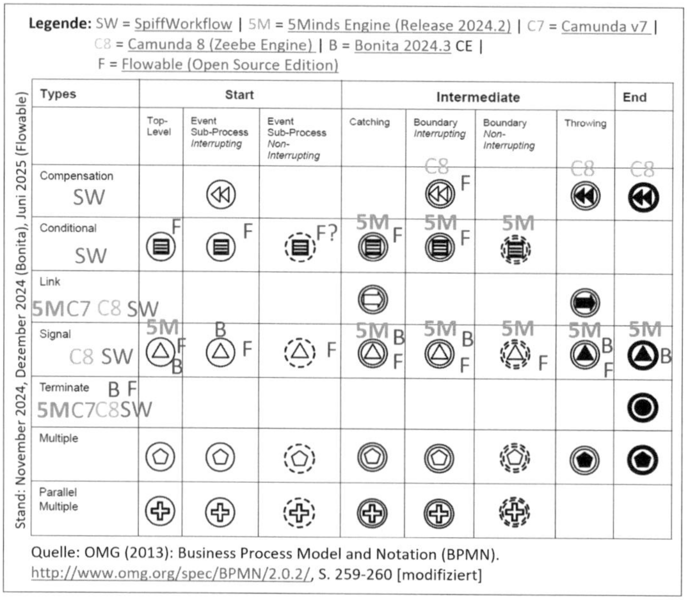

Abbildung 8.1: Grobe Abdeckung der BPMN-Events (Teil 1)

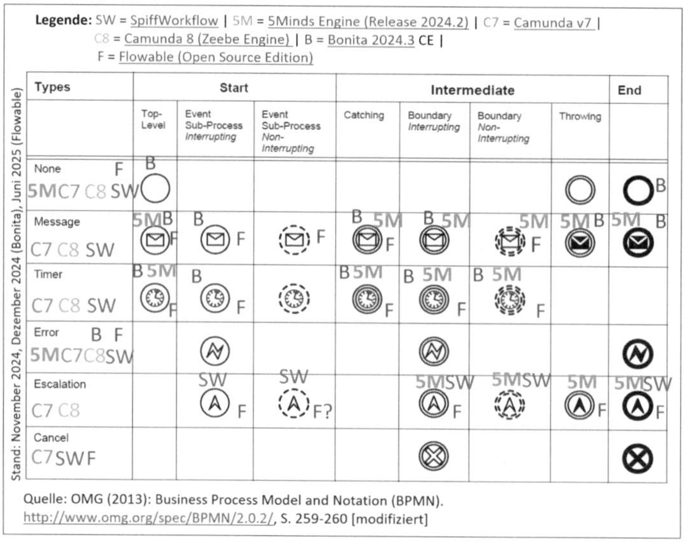

Abbildung 8.2: Grobe Abdeckung BPMN-Events (Teil 2)

Legende zu Tabelle 8.1:

- SW = SpiffWorkflow (*https://spiffworkflow.readthedocs.io/en/latest/bpmn/supported.html*)
- 5M = 5Minds Engine (Release 2024.2) (*https://processcube.io/docs/bpmn-spec-coverage*)
- C7 = Camunda v7 (*https://docs.camunda.org/manual/7.22/reference/bpmn20/*)
- C8 = Camunda 8 (Zeebe Engine)
- B = Bonita 2024.3 CE (*https://documentation.bonitasoft.com/bonita/latest/*)
- F = Flowable (Open Source Edition) (*https://www.flowable.com/open-source*)

BPMN-Element	SW	5M	C7	C8	B	F
Activities:						
Service Task	X	X	X	X	X	X
Script Task	X	X	X	X	X	X
Business Rule Task	(X)	(X)	X	X	–	X
Send Task	X	X	X	X	X	X
Receive Task	X	X	X	X	X	X
User Task	X	X	X	X	X	X
Manual Task	X	X	X	X	–	X
Call Activity (Global Task)	–	–	–	–	–	–
Embedded Subprocess	X	X	X	X	–	X
Reusable Subprocess (Call Activity)	X	X	X	X	X	X
Event-Subprocess	–	–	X	X	X	X
Transaction Subprocess	X	–	X	–	–	X
Ad-hoc Subprocess	–	–	–	–	–	–
Activity Marker:						
Standard Loop	X	X	–	–	X	–
Multi instance (Parallel)	X	X	X	X	X	X
Multi instance (Sequential)	X	X	X	X	X	X

Tabelle 8.1: Grobe Abdeckung der BPMN-Activities, Activity Marker, -Gateways, -Daten und -Swimlanes

BPMN-Element	SW	5M	C7	C8	B	F
Gateway:						
Exklusives Gateway	X	X	X	X	X	X
Inclusive Gateway	X	X	X	X	X	X
Parallel Gateway	X	X	X	X	X	X
Event-Based Gateway (XOR)	X	X	X	X	–	X
Parallel Event-Based Gateway	–	–	–	–	–	–
Complex Gateway	–	–	–	–	–	–
Swimlanes:						
Pool	X	X	X	X	X	X
Lane	X	X	X	X	X	X
Data:						
Data Object	X	X	–	–	–	–
Data Store	X	–	–	–	–	–
Data Input	X	–	–	–	–	–
Data Output	X	–	–	–	–	–

Tabelle 8.1: Grobe Abdeckung der BPMN-Activities, Activity Marker, -Gateways, -Daten und -Swimlanes (Forts.)

Der Vergleich von *Flowable* und *Bonita* basiert im Wesentlichen auf der jeweiligen Dokumentation.

Zudem möchte ich auf folgende oberflächliche Besonderheiten hinweisen, die mir im praktischen Einsatz und während des Vergleichs aufgefallen sind:

- **Bonita:** Bonita erlaubt es nicht, Message Flows zwischen zwei Pools in einem Diagramm zu modellieren.
- **Camunda Plattform 7:** Das *Cancel End Event*, eingebettet innerhalb des *Event*-Subprozesses in einem *Transaction*-Subprozess, wird leider nicht unterstützt.
- **Flowable:** Flowable lässt keine *Text Annotation* für die Ausführung zu. Sobald eine Text Annotation modelliert wurde, wurde ein Fehler angezeigt.
- **SpiffWorkflow:**
  - Es gibt zwar den Event-Subprozess im Modeler, aber bisher ist dieser leider nicht in der Ausführung implementiert.

- Das Cancel End Event, eingebettet innerhalb des Event-Subprozesses in einem Transaction-Subprozess, wird leider nicht unterstützt.

Konfiguration von BPMN Messages ohne Programmierung

Nur bei Bonita, *SpiffWorkflow* und der *5Minds Engine* lässt sich eine Kollaboration über BPMN-Messages mithilfe des Editors konfigurieren.

Bei der *Camunda Platform 7*, der *Zeebe Engine* in Camunda 8 und Flowable muss hingegen das Versenden von BPMN-Messages beispielsweise mit der Programmiersprache Java implementiert werden.

Anbindung von neuer und vorhandener Funktionalität mittels HTTP-Konnektor

Mit einer Ausnahme bringt jede der oben genannten BPMN-Process-Engines einen HTTP-Konnektor mit. Nur im Produkt von *5Minds* wurde leider der leichtgewichtige HTTP-Konnektor mit dem Release 2024.2 (Oktober 2024) entfernt. Stattdessen sollen Extensions verwendet oder der *External Task Worker* genutzt werden, um eine http-API aufzurufen.[3] Dieser Implementierungsstil wurde meiner Erfahrung nach von *Camunda* übernommen.

Andere BPMN-Process-Engines unterstützen diesen Implementierungsstil auch: Flowable, Camunda Plattform 7 sowie die Zeebe Engine in Camunda 8. Dieser Implementierungsstil für Funktionalität ist proprietär und kein Standard. Er erzeugt einen Overhead in der Entwicklung, der aus meiner Sicht in den meisten Fällen nicht benötigt wird. Deshalb zeige ich Ihnen in Abschnitt 8.4, »Funktionalität implementieren«, wie Sie ohne den External-Task-Ansatz leichtgewichtig Funktionalität implementieren.

Die Datenstruktur in das gängige Datenaustauschformat JSON überführen

Nur bei den Produkten SpiffWorkflow und 5Minds lassen sich die grafischen BPMN-Data-Objects modellieren und haben zur Laufzeit auch eine Ausführungsbedeutung. Zudem liegen bei beiden genannten Produkten die Datenstrukturen direkt als JSON vor.

Bei den anderen genannten BPMN-Process-Engines werden auch die Prozessdaten definiert und gespeichert:

- Bei Bonita können laut Dokumentation im UI-Designer Variablen als JSON angelegt und verwendet werden. Für die Business- und Prozessdaten konnte ich in der Dokumentation keine Hinweise finden, dass diese in JSON serialisiert und auf dieser Basis weiterverarbeitet werden können. Der Dokumentation und meiner Erfahrung entnehme ich, dass die Prozessdaten als Java-Datentypen repräsentiert sind. Zudem kann eine Variable als XML gespeichert werden.
- Bei der Camunda Plattform 7 lässt sich die Konfiguration der Engine so vornehmen, dass man das Standard-Serialisierungsformat der Prozessdaten auf JSON setzen kann.

3 *https://processcube.io/releases/2024.2/migration-guide#http-service-task-deprecation* (Stand: 14.06.2025)

Zudem lässt sich eine Prozessvariable als JSON-Objekt abspeichern und mit der von *Camunda* bereitgestellten *Camunda Spin*-Bibliothek verarbeiten.

- Bei der Zeebe Engine in Camunda 8 werden die Prozessdaten nur in JSON-Struktur verwendet.
- Bei Flowable konnte ich in der Dokumentation keine Informationen zu den Serialisierungsmöglichkeiten der Prozessdaten in JSON finden.

User Tasks Forms für mitgelieferte Tasklist

Dieser Aspekt wird wie folgt in den genannten Produkten unterstützt:

- Bonita bringt ein Portal mit. Zum Design der Forms ist auch ein grafischer UI-Designer im Lieferumfang enthalten. Der Frontend-Entwickler kann Formelemente auch auf Basis von *AngularJS* anpassen.
- Camunda Platform 7 verfügt über eine Standard-Tasklist, über die die Formulare mit einem grafischen Form-Editor definiert werden können. Diese basieren auf der Open-Source-*bpmn-io/form-js*-Bibliothek. Inwiefern diese ausreichend weit verbreitet ist und man sie als Standard einstufen kann, muss jeder für sich entscheiden. Auch bei Camunda 8 wird dieser Form Editor unterstützt. Allerdings kann zwischen Camunda Platform 7 und Camunda 8 der unterstützte Umfang der Elemente abweichen. Zusätzlich gibt es bei Camunda Platform 7 weitere Möglichkeiten, Formulare für User-Tasks für die Standard-Tasklist zu realisieren. Dazu verweise ich auf die Dokumentation zu Camunda Platform 7: (Camunda 7 Docs, 2025).
- *Zeebe Engine* und *Camunda 8* verfügen wie die *Camunda Platform 7* über eine Standard-Tasklist, über die mit einem grafischen Form-Editor Forms definiert werden können. Die Grundlage für die Forms ist dieselbe. Allerdings ist der Umfang der Formelemente größer.
- *Flowable* unterstützt die Definition der Formulare mit einem mitgelieferten visuellen Form-Editor. Über das Format konnte ich in der Flowable-Open-Source-Dokumentation keinen Hinweis finden.
- In SpiffWorkflow ist eine rudimentäre Standard-Tasklist integriert. Die User-Task-Forms lassen sich mit einem Texteditor und integrierten visuellen Hilfestellungen auf Basis der Bibliothek *React JSON Schema Form* umsetzen. Diese Bibliothek nutzt *JSON Schema* und damit einen Standard. Um sie zu nutzen, brauchen Sie derzeit rudimentäres Entwicklerverständnis.
- 5Minds hatte ein Portal, das mittlerweile nicht mehr weiterentwickelt wird. Hier wurde auch der Support eingestellt. Stattdessen soll die *App SDK* oder *Node-RED* verwendet werden.[4] Um die *App SDK* zu verwenden, brauchen Sie Entwickler-Know-how. Bei *Node-RED* handelt es sich meines Wissens um eine weitere, externe Drittanbieter-Kom-

4 *https://processcube.io/docs/portal* (21.06.2025)

ponente mit spezifischen 5Minds-Erweiterungen. Dabei bietet Node-RED[5] meines Verständnisses nach eine proprietäre Low-Code-Umgebung an, mit der datengetriebene Anwendungen mit grafischen Bausteinen gebaut werden können. Aufgrund des eingeschränkten Zugangs zur Dokumentation konnte ich die weiteren Details im Hinblick auf die 5Minds Engine nicht nachvollziehen.

Process-Engine-Backend-API

Alle genannten BPMN-Process-Engines verfügen über eine Backend-API. Deren Ausgestaltung ist jeweils sehr unterschiedlich. Eine genaue Analyse würde den Rahmen dieses kurzen Vergleichs sprengen. Deshalb verweise ich Sie für die genauen Details auf die jeweiligen Dokumentationen der Softwarehersteller.

Fazit und Ausblick

Die Unterschiede zwischen den exemplarisch vorgestellten BPMN-Process-Engines zeigen Ihnen, dass ein Vergleich sich durchaus lohnt. Die aktuelle Marktführerschaft in einem Land sollte aus meiner Sicht nicht das einzige Kriterium für die Entscheidung eines Unternehmens für eine BPMN-Process-Engine sein. So ist der Umfang der BPMN-Abdeckung der Schlüssel zum Erfolg. Leider ist bisher keine 100-%-Abdeckung der BPMN in allen BPMN-Process-Engines vorzufinden.

Die Gründe kann ich hier nur vermuten: Bei den Unternehmen als Kunden ist das Verständnis der BPMN selbst ausbaufähig, und so wird dies bei den Softwareherstellern kaum angefordert. Es kann auch sein, dass es dem Softwarehersteller selbst am praktischen Verständnis der BPMN fehlt und er deswegen die langfristige Nutzung seines Tools nicht versteht.

Nach dem kurzen Vergleich der BPMN-Abdeckung würde ich zu Camunda Plattform 7 oder SpiffWorkflow tendieren. Camunda Plattform 7 wird leider von Camunda nicht mehr weiterentwickelt und ist ein Auslaufmodell. Allerdings wird die Basis von Camunda 7 von CIB als CIB seven und Operaton[6] weitervertrieben. So könnten also CIB seven oder Operaton eine gute Alternative sein.

Was also tun? Anstatt sich von proprietären Features abhängig zu machen – z. B. von Konnektoren für spezifische Systeme und Services (beispielsweise *SAP*, *Open AI*-Modelle etc.), die der langfristigen Weiterentwicklung einer entwickelten Fachprozessanwendungen mit der jeweiligen Process-Engine im Wege stehen –, empfehle ich den Softwareherstellern lieber, die BPMN vollumfänglich zu implementieren. Denn so ein Produkt läuft langfristig in Prozessgesteuerten Anwendungen. Für eine professionelle Integration bevorzuge und empfehle ich spezialisierte *Integrationssoftware*. Denn Integration ist mehr als das, was ein spezifischer Konnektor bietet. Der mag kurzfristig eine einfache Entwicklung bieten, mittel- und langfristig wird sich dieser Entwicklungsstil allerdings zu einer teuren

5 *https://nodered.org/* (22.06.2025)
6 *https://operaton.org/* (12.07.2025)

Angelegenheit entwickeln. Eventuelle Migrationen zu anderen externen Systemen oder zu anderen BPMN-Process-Engines werden zeitaufwendig und teuer.

Zudem habe ich mich bei meinem Vergleich auf die kostenlosen Varianten fokussiert, die einige Softwarehersteller anbieten. Es ist natürlich verführerisch, die kostenlose Variante auch produktiv einzusetzen. Allerdings erhalten Sie für die kostenlosen Varianten zumeist keinen oder nur sehr eingeschränkten Support bei dringlichen Bugs. Jedoch laufen auf diesen Process-Engines die kritischen »Kernprozesse«. Wenn also die Prozessgesteuerte Anwendung wegen eines Bugs in der verwendeten BPMN-Process-Engine nicht läuft, dann verliert ein Unternehmen Geld. Deshalb betrachte ich die »Geiz ist Geil«-Philosophie hier als nicht gerechtfertigt. Mit einem geeigneten Support-Paket bekommen Unternehmen dann auch die dringend benötigte Unterstützung. Deshalb empfehle ich den Abschluss eines geeigneten Supportpakets.

8.3 BPMN-Prozessdefinitionen konfigurieren

Die Ihnen vorliegenden grafischen Prozesse in BPMN – also sowohl Fach- (PDA-Layer) wie auch Integrationsprozesse (SCI-Layer) – müssen Sie für das jeweils einzusetzende Workflow-Management-System konfigurieren. Das bedeutet: Sie müssen für die einzelnen Elemente unter anderem bestimmte Eigenschaften hinterlegen. Die konkrete Art und Weise der Konfiguration ist abhängig von der BPMN-Process-Engine bzw. vom Workflow-Management-System.

Folgende Aspekte sind im Kern von Ihnen zu konfigurieren:

1. **Prozessdaten:** Prozessvariablen zur Steuerung von Informationen für den Prozess im Rahmen der Ausführung
2. **Bedingte Prozessablauflogik** wie sie beim datenbasierten exklusiven Gateway und bei *Conditional Events* erforderlich sind.
3. **Vorbereitende Konfiguration für die Implementierung der jeweiligen Aufgaben.** Hier gebe ich einige Beispiele:
   - Script Tasks (d. h. Skripte implementieren)
   - Service Task-*Szenario A) Bei einem embedded Workflow-Management-System*: In diesem Szenario konfigurieren Sie die Service Task so, dass diese die Fachkomponenten zur Prozessgesteuerten Anwendung aufruft. Dies geschieht hier zum Beispiel über *Enterprise Java Beans* (EJB), *Contexts and Dependency Injection* (CDI) oder über *.NET*-Komponenten. In der Praxis beobachte ich, dass diese Art von System an Bedeutung verliert. Deshalb werde ich dieses Szenario an dieser Stelle nicht weiter ausführen.
   - Service Task-*Szenario B) Bei einem Remote Workflow-Management-System*: Hier nutzen Sie den spezifischen Mechanismus des Systemherstellers, um eine Fachkomponente aufzurufen, die zur Prozessgesteuerten Anwendung gehört. Bevorzugt

sollten Sie den vom Workflow-Management-System-Hersteller angebotenen HTTP-Konnektor nutzen, um die REST-API der Fachkomponente aufzurufen.

- Im Fall der Verwendung einer BPMN-Send-Task bzw. eines BPMN auslösenden Message Events müssen Sie die Kommunikation zwischen zwei Prozessen noch konfigurieren.
- Des Weiteren müssen Sie auch die relevanten DMN-Entscheidungsmodelle auf Entscheidungslogik-Ebene spezifizieren (*Boxed Expressions*, FEEL).

Damit Sie einen besseren Eindruck von den Tätigkeiten bei der Konfiguration der Prozessdefinition erhalten, beschreibe ich eine Auswahl an Konfigurationen, die Sie vornehmen müssen. Ich verwende hier die leichtgewichtige BPMN-Process-Engine *SpiffWorkflow* von *Sartography*.[7] Sie besteht für die Prozessgesteuerte Architektur im Wesentlichen aus folgenden relevanten Komponenten:

- **Frontend:** Diese Benutzeroberfläche vereint die Modellierungs- und Entwicklungsumgebung für Entwickler, die Überwachungsfunktion der Prozessausführung für den Betrieb sowie die Interaktionsmöglichkeiten der Endnutzer mit ihren zugewiesenen Aufgaben.
- **Backend:** Diese Komponente realisiert die Geschäftslogik einer Process-Engine. Das heißt: Mit dieser Komponente werden die definierten und konfigurierten BPMN-Prozessmodelle ausgeführt und gesteuert. Die resultierenden Prozesszustände werden vom Backend in der Process-Engine-eigenen Datenbank gespeichert.

Weitere Details zu SpiffWorkflow finden Sie in der Dokumentation: (spiff-arena.readthedocs.io, 2024).

Hinweis: Wie installiere ich die BPMN-Process-Engine auf meinem Computer?

Um die BPMN-Process-Engine SpiffWorkflow auf Ihrem Computer zu installieren, folgen Sie bitte den Schritten in der Anleitung, die in den Begleitmaterialien zu diesem Buch enthalten ist.

8.3.1 Übersicht über das SpiffWorkflow-Frontend

Nachdem Sie sich ins Frontend von SpiffWorkflow eingeloggt haben, finden Sie folgende Menüstruktur vor:

- **Home:** Hier ist die Interaktionsmöglichkeit für End-User mit den Prozessen angesiedelt. Sie können als End-User Ihre Prozesse starten und mit ihnen über die definierte UI der Benutzeraufgaben im Prozess interagieren. In Abbildung 8.3 sehen Sie die Übersichtsseite über die aktuell ausgeführten Prozesse für bestimmte Benutzergruppen.

7 *https://sartography.com/* (Stand: 22.12.2024)

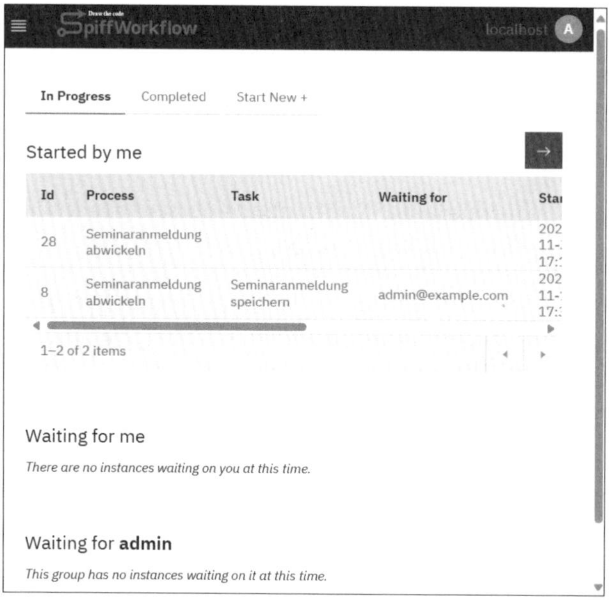

Abbildung 8.3: SpiffWorkflow-Frontend (Menü »Home«) – Übersicht über die Benutzeraufgaben für End-User mit den aktuell laufenden Prozessinstanzen

- **Processes:** Hier finden Sie Ihre Prozessmodelle, die Sie mithilfe von verschiedenen Prozessgruppen organisieren können. So können Sie in Abbildung 8.4 die Prozessgruppe *case-study-seminarverwaltung* sehen. Innerhalb dieser Prozessgruppe habe ich alle Prozessmodelle organisiert.

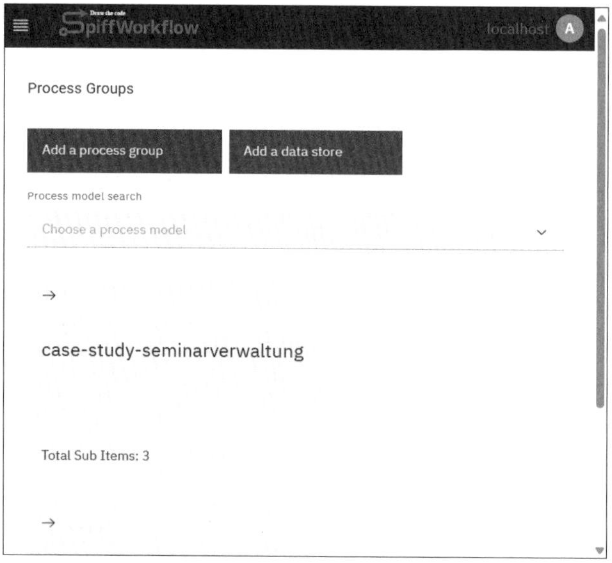

Abbildung 8.4: SpiffWorkflow-Frontend (Menü »Processes«) – Übersicht über die Prozessgruppen mit Ihren Prozessmodellen

Nach dem Klick auf eine Prozessgruppe (*Process Group*) finden Sie die enthaltenen Prozessmodelle. Wenn Sie ein Prozessmodell anklicken, gelangen Sie zur Modellierungs- und Konfigurationsumgebung des Prozessmodells. Die grundlegende Vorgehensweise zur Modellierung und Konfiguration eines Prozessmodells erkläre ich Ihnen später genauer.

- **Process Instances:** Unter diesem Menüpunkt finden Sie alle laufenden und abgeschlossenen Prozessinstanzen, wie in Abbildung 8.5 gezeigt. Diese Prozessinstanzen können Sie genauer inspizieren, und Sie können einfache Modifizierungen an einer laufenden Prozessinstanz vornehmen. Wie das geht, erläutere ich später im Abschnitt 8.3.3.

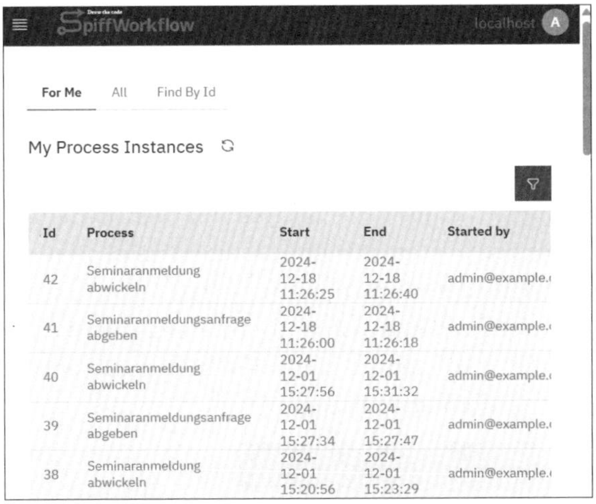

Abbildung 8.5: SpiffWorkflow-Frontend (Menü »Process Instances«) – Übersicht über die Prozessgruppen mit Ihren Prozessmodellen

- **Messages:** Unter diesem Menüpunkt können Sie sich die gesendeten und empfangenen BPMN-Messages anschauen. Eine exemplarische Übersicht der Listendarstellung finden Sie in Abbildung 8.6.

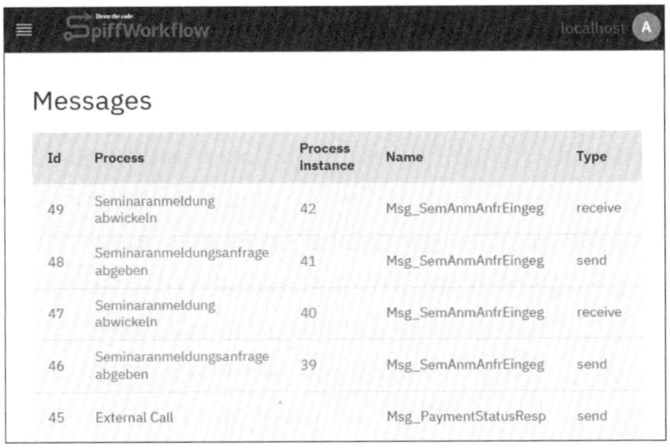

Abbildung 8.6: SpiffWorkflow-Frontend (Menü »Messages«) – Übersicht über die gesendeten und empfangenen BPMN-Messages (Auszug)

- **Data Stores:** Dieser Menüpunkt erlaubt Ihnen die Ansicht der vorhandenen Data Stores mit Ihren gespeicherten Daten. In Abbildung 8.7 finden Sie die Oberfläche, in der Sie einen vorhandenen Data Store auswählen könnten. Sie können sehen, dass aktuell kein Data Store vorhanden ist.

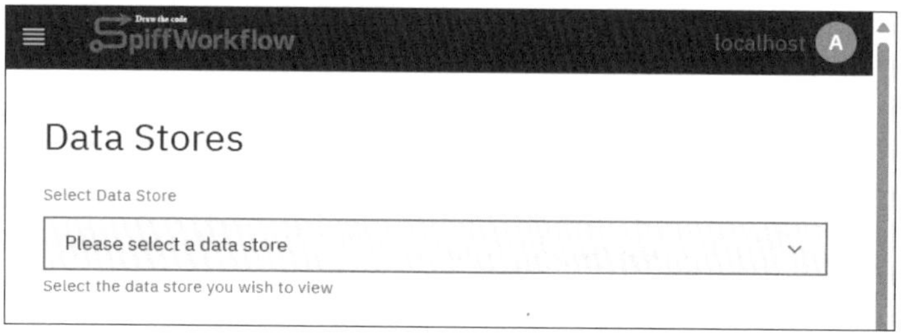

Abbildung 8.7: SpiffWorkflow-Frontend (Menü »Data Stores«) – Übersicht über die Data Stores. Hier ist kein Data Store vorhanden.

- **Configuration:** Über diesen Menüpunkt können Sie Secrets und die Authentifizierungsinformationen für Service Tasks verwalten, wie Abbildung 8.8 zeigt. Denn über *Service Tasks* lassen sich Konnektoren für die Integration zu externen Funktionalitäten und Daten nutzen. Die für diese Services benötigten Authentifizierungsinformationen können Sie hier verwalten. Anschließend können Sie in der BPMN-Prozessmodellkonfiguration auf diese Authentifizierungsinformationen zugreifen.

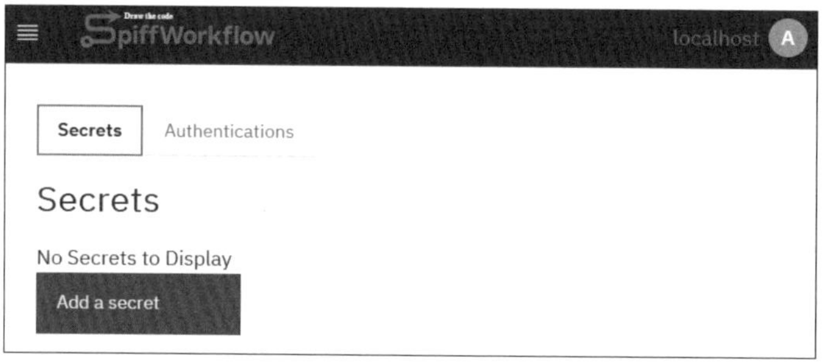

Abbildung 8.8: SpiffWorkflow-Frontend (Menü »Configuration«) – Secrets und Authentifizierungsinformationen für die Service-Task-Konfiguration verwalten

Eine weitere wichtige Funktionalität ist die *API-Key-Erweiterung*. Diese Funktionalität benötigen Sie, wenn externe Integrationen mit der Process-Engine über die Backend-API interagieren sollen. Im Untermenü des Menüs Ihres eingeloggten Profils finden Sie den Menüpunkt **Api keys**, wie in Abbildung 8.9 gezeigt, sofern Sie die API-Key-Erweiterung installiert und korrekt konfiguriert haben. Diese API-Key-Erweiterung ist derzeit nicht öffentlich verfügbar. Als Leser dieses Buches können Sie die API-Key-Erweiterung zu Testzwecken verwenden. Die Erweiterung habe ich zu den Begleitmaterialien zu diesem Buch hinzugefügt. In der Anleitung habe ich Ihnen die Schritte zur Konfiguration der API-Key-Erweiterung beschrieben.

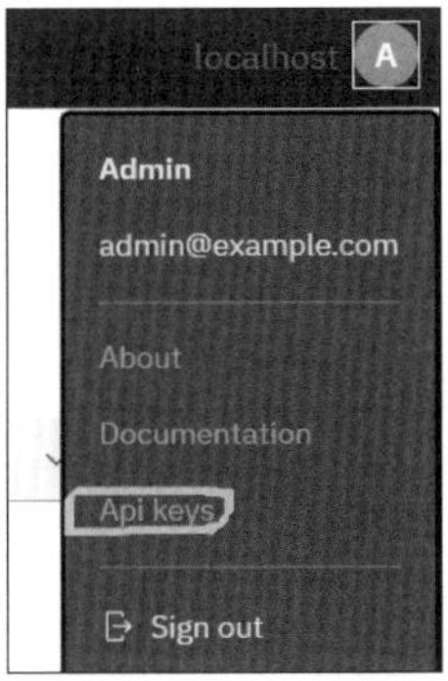

Abbildung 8.9: SpiffWorkflow-Frontend (Menü »Profile«) – das Untermenü »Api keys« für die berechtigte Nutzung der SpiffWorkflow-Backend-API von externen Integrationen

8.3.2 BPMN-Prozessmodelle organisieren, definieren und konfigurieren

Um Prozessmodelle zu definieren und für die Prozessausführung zu konfigurieren, klicken Sie in der oben angeordneten zentralen Navigationsleiste auf den Menüpunkt **Processes**.

Dort müssen Sie zunächst eine Prozessgruppe (*Process Group*) definieren. Eine Prozessgruppe hilft dabei, verschiedene Prozesskontexte zu organisieren, die von der Process-Engine ausgeführt werden. In unserem Beispiel besteht der eine Prozesskontext aus den Fachprozessen der Seminarverwaltung und der andere aus den SCIL-BPMN-Integrationsprozessen.

Prozessgruppe anlegen

Wir legen nun eine *Prozessgruppe* für die Fachprozesse der Seminarverwaltung an. Zum Anlegen einer Prozessgruppe klicken Sie auf den Button **Add a process Group**.

Nun geben Sie im Dialog zunächst einen beschreibenden Display-Namen für die Prozessgruppe an. Dieser Name wird zur Anzeige verwendet. In diesem Beispiel habe ich *Case Study Seminarverwaltung* gewählt.

Stellen Sie im Textfeld **Identifier** sicher, dass die abgeleitete technische Bezeichnung vom Display-Namen keine Sonderzeichen, Umlaute und Leerzeichen enthält und dass die Bezeichnung kleingeschrieben ist. Anschließend können Sie optional noch eine Beschreibung angeben.

Abschließend klicken Sie auf den Button **Submit**. Damit haben Sie die Prozessgruppe angelegt. Ihnen wird direkt der Inhalt der angelegten Prozessgruppe angezeigt.

Sie können diese Prozessgruppe mithilfe weiterer Prozessgruppen organisieren oder ein Prozessmodell anlegen. Wir haben aktuell keine solche umfassende Projektstruktur, sodass wir keine weitere Prozessgruppe benötigen. Somit legen wir nun ein Prozessmodell an.

Prozessmodell anlegen

Ein *Prozessmodell* legen Sie innerhalb einer Prozessgruppe an, indem Sie auf den Button **Add a process model** klicken. Als eines von zwei wichtigen Textfeldern befüllen Sie den Display-Namen mit einem fachlich-aussagekräftigen Namen für das Prozessmodell. In diesem Beispiel legen wir das Prozessmodell *Seminaranmeldung abwickeln* an.

Das zweite wichtige Feld ist **Identifier**. Ich empfehle Ihnen, dieselben allgemeinen Hinweise für den Namensaufbau eines Identifiers zu beachten wie bei Prozessgruppen. Abschließend klicken Sie auf den Button **Submit**, um das Prozessmodell anzulegen.

Nach dem Sie den Button **Submit** angeklickt haben, gelangen Sie direkt zum Inhalt des Prozessmodells. Hier wird eine BPMN-Datei mit dem Namen des Prozessmodells angelegt. Des Weiteren finden Sie hier später auch weitere Dateien zum Prozessmodell. Dies sind zum Beispiel die Konfiguration für User-Task-Forms oder weitere Prozessdateien.

In der Abbildung 8.10 finden Sie die finale Organisationstruktur des Prozessmodells *Seminaranmeldung abwickeln*. Dort sehen Sie auch die Subprozesse von *Seminaranmeldung abwickeln* als separate Prozessmodelle.

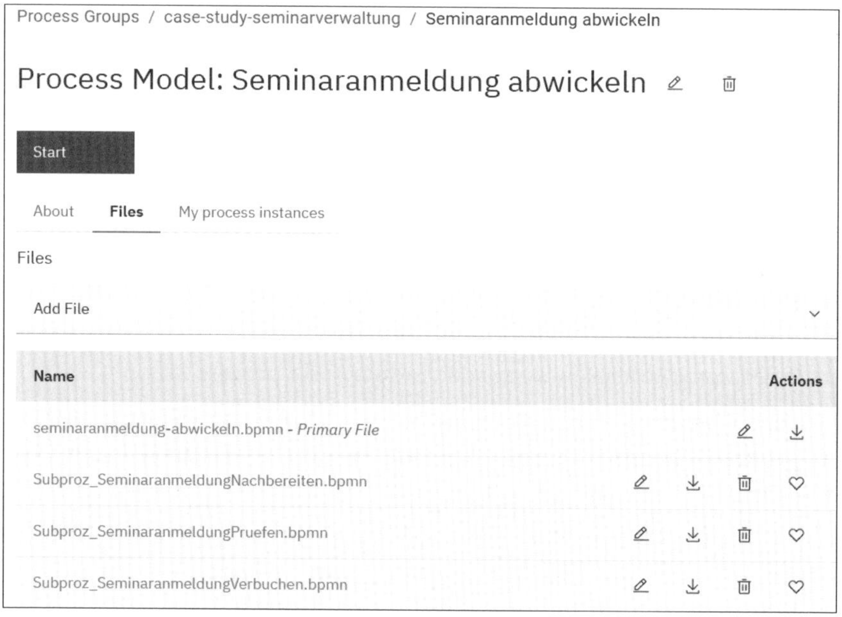

Abbildung 8.10: SpiffWorkflow-Frontend – finale Organisationsstruktur des Prozessmodells »Seminaranmeldung abwickeln«(Beispiel)

Damit Sie nun das Prozessmodell *Seminaranmeldung abwickeln* definieren und konfigurieren können, klicken Sie auf die BPMN-Datei *seminaranmeldung-abwickeln*. Daraufhin öffnet sich die Datei innerhalb des BPMN-Editors. Sie sehen in Abbildung 8.11 einen Auszug des finalen Prozessmodells *Seminaranmeldung abwickeln* mit den wesentlichen Editor-Elementen.

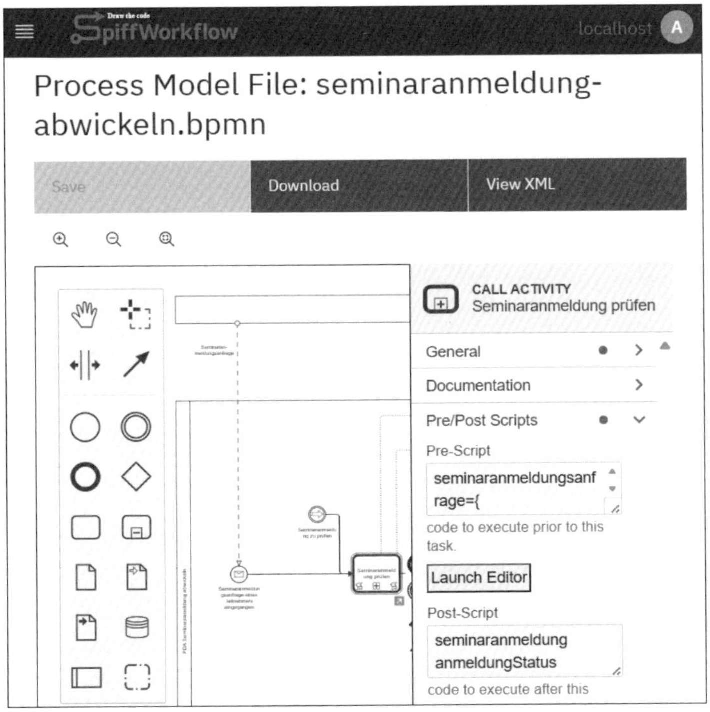

Abbildung 8.11: SpiffWorkflow-Frontend – das Prozessmodell »Seminaranmeldung abwickeln« im BPMN-Editor (Auszug)

Der BPMN-Editor ist wie in Abbildung 8.11 gezeigt aufgebaut:

- **Oben** finden Sie den Button **Save** zum expliziten Abspeichern von Veränderungen an BPMN-Elementen und Eigenschaften im Prozessmodell. Aktuell müssen Sie jede Änderung in Ihrem Prozessmodell explizit per Klick auf den Button **Save** abspeichern. Ansonsten gehen die Veränderungen verloren.

[!]

Achtung: Reine Änderungen von Eigenschaften abspeichern

Wenn Sie das grafische BPMN-Prozessmodell hinsichtlich der Elemente ändern, werden Sie sehen, dass der Editor diese Änderung des Prozessmodells registriert und Ihnen den Button **Save** zum expliziten Abspeichern aktiviert. Der Editor signalisiert damit, dass er erkannt hat, dass Sie eine Veränderung im grafischen Prozessmodell vorgenommen haben.

Wenn Sie allerdings nur Eigenschaften im Eigenschaftsbereich verändern und zum Zeitpunkt der letzten Speicherung keine grafischen Elemente verändert haben, dann können Sie beobachten, dass der Editor die Änderung nicht registriert hat und der Button **Save** immer noch deaktiviert ist. Um Ihre Änderung dennoch abspeichern zu können, verwenden Sie folgenden Workaround:

1. Verändern Sie die gewünschte Eigenschaft eines BPMN-Elements im Eigenschaftsbereich.
2. Anschließend verändern Sie das grafische BPMN-Prozessmodell, indem Sie beispielsweise ein Element aus der Werkzeugpalette dem Diagrammbereich hinzufügen und es anschließend wieder entfernen.
3. Mit dieser grafischen Änderung wird auch der Button **Save** aktiviert. Nun klicken Sie auf den Button **Save**. Ihre Änderung im Eigenschaftsbereich wird damit abgespeichert.

- Neben dem Button **Save** finden Sie den Button **Download**, über den Sie das aktuelle BPMN-Prozessmodell als XML-Datei exportieren können.
- Mit dem letzten Button, **View XML**, können Sie sich die XML-Repräsentation des grafischen BPMN-Prozessmodells anzeigen lassen.
- **Mittig** finden Sie den Diagrammbereich mit dem grafischen BPMN-Prozessmodell. Innerhalb dieses Diagrammbereichs finden Sie am linken Rand die Werkzeugpalette mit den BPMN-Elementen. Wenn Sie eines dieser Elemente nutzen wollen, klicken Sie mit der linken Maustaste das gewünschte Element aus der Werkzeugpalette an und ziehen es dann mit gedrückter linker Maustaste an die gewünschte Position innerhalb des Diagrammbereichs. Den Typ des Elements können Sie über das *Kontextmenü* des eingefügten BPMN-Elements ändern. Dazu müssen Sie das BPMN-Element im Diagrammbereich einmal mit der linken Maustaste angeklickt haben. Wie Sie in Abbildung 8.12 erkennen können, erscheinen dann am rechten Rand des Elements einige Symbole:

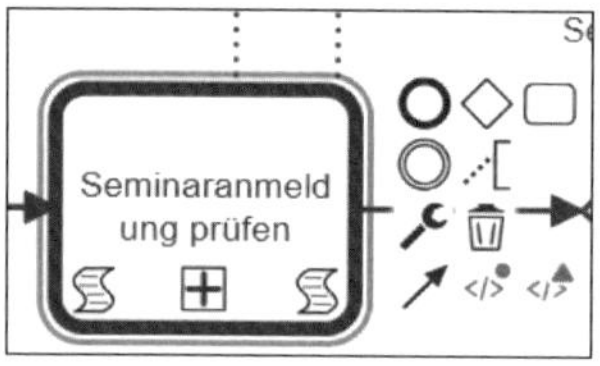

Abbildung 8.12: SpiffWorkflow-Frontend – das Kontextmenü eines exemplarischen BPMN-Elements im Prozessmodell

  - Wenn Sie auf eines der angezeigten *BPMN-Symbole* klicken, können Sie ausgehend von Ihrem aktuellen BPMN-Element dieses angeklickte BPMN-Element einfügen und mit dem aktuellen BPMN-Element über einen Sequenzfluss verbinden.
  - Wenn Sie sich für die *Text Annotation* entscheiden, können Sie dem aktuellen BPMN-Element mit einer neuen Text Annotation Erläuterungen hinzufügen.
  - Wenn Sie auf das *Maulschlüssel-Symbol* klicken, können Sie das BPMN-Element ändern.
  - Wenn Sie das aktuelle BPMN-Element löschen wollen, klicken Sie auf das *Papierkorb-Symbol*.

- Wenn Sie sich für das *Verbindungselement* (Linie mit Pfeil) entscheiden, können Sie dieses aktuelle BPMN-Element mit einem anderen BPMN-Element verbinden.
- Bei einigen BPMN-Elementen finden Sie noch zwei *Script*-Symbole im Element-Kontextmenü. Damit können Sie zu diesem Element den *Pre-Script-* oder den *Post-Script-Editor* öffnen.

■ **Rechts** im Diagrammbereich finden Sie die Eigenschaften des jeweils angeklickten BPMN-Elements. In Abbildung 8.11 können Sie einen Auszug aus dem Eigenschaftsbereich für die konfigurierte Call Activity sehen.

8.3.3 Eine Prozessinstanz starten, inspizieren und zur Laufzeit modifizieren

Eine Prozessinstanz, also eine Ausführung eines Prozesses, **starten** Sie durch Klick auf das Menü **Processes**. Dort wählen Sie die gewünschte Process Group aus, z. B. *case-study-seminarverwaltung*. Wie Abbildung 8.13 exemplarisch für das Prozessmodell *Seminaranmeldungsanfrage abgeben* zeigt, klicken Sie beim gewünschten Prozess auf den Button **Start**. Damit beginnt die Prozessausführung für diesen Prozess. Das bedeutet, dass das System die Prozessausführung koordiniert. So wird beispielsweise dem Benutzer ein Formular *Seminaranmeldungsanfrage erfassen* zum Ausfüllen angezeigt.

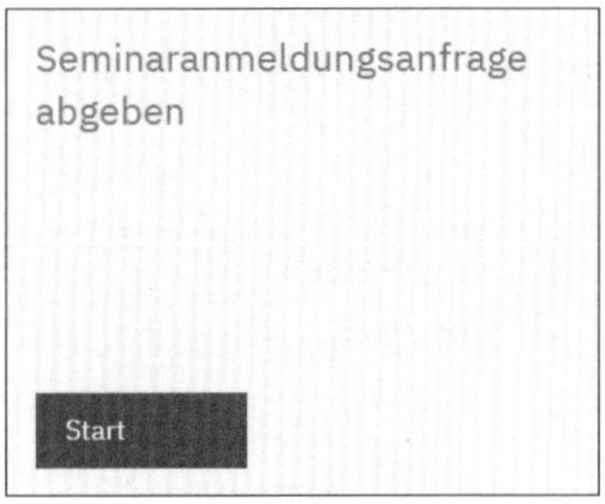

Abbildung 8.13: SpiffWorkflow-Frontend – vom Prozessmodell »Seminaranmeldungsanfrage abgeben« eine Prozessinstanz starten

Anschließend können Sie den aktuell ausgeführten Prozesspfad der Prozessinstanz innerhalb des markierten BPMN-Prozessmodells sehen. Dies zeige ich Ihnen in Abbildung 8.14 im Detail.

Nun können Sie auf ein Element in der Diagrammdarstellung klicken und sich die zur Laufzeit vorhandenen Informationen anzeigen lassen. Zum Beispiel können Sie beim Klick auf das Data Object *Seminaranmeldungsanfrage*, wie in Abbildung 8.15 gezeigt, die aktuellen Werte des Data Objects betrachten. Hingegen sehen Sie beim Klick auf eine Aufgabe die für die Aufgabe vorhandenen *Task data*. Ein Beispiel zeige ich Ihnen in Abbildung 8.16. Auf Prozessdaten gehe ich weiter unten in Abschnitt 8.3.5 ein. An dieser Stelle möchte ich Ihnen lediglich zeigen, was Sie sich über eine Prozessinstanz anzeigen lassen können.

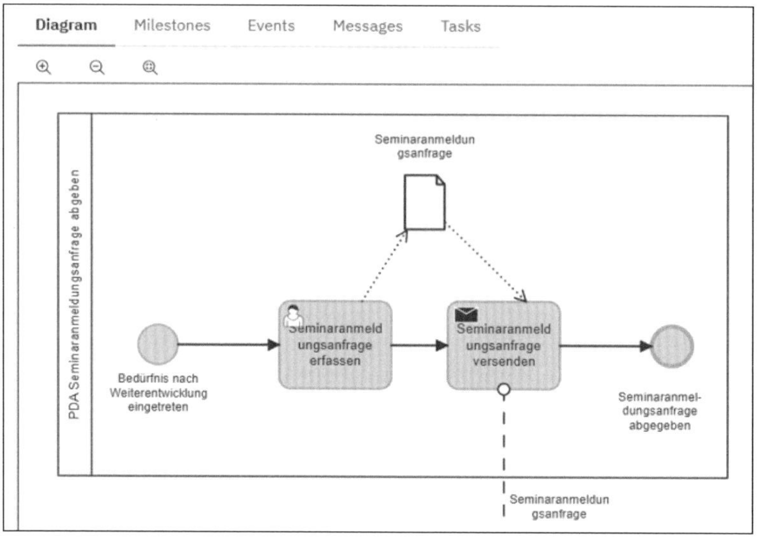

Abbildung 8.14: SpiffWorkflow-Frontend – Prozessinstanz inspizieren (Beispiel) – den aktuell ausgeführten Prozesspfad betrachten

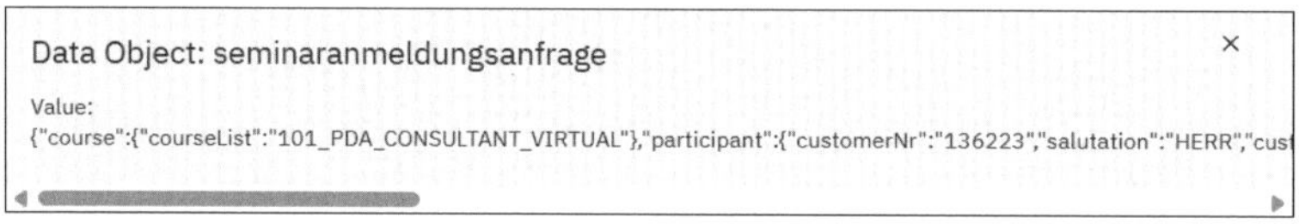

Abbildung 8.15: SpiffWorkflow-Frontend – Prozessinstanz inspizieren (Beispiel) – den aktuellen Inhalt des Data Objects »seminaranmeldungsanfrage« anzeigen

Abbildung 8.16: SpiffWorkflow-Frontend – Prozessinstanz inspizieren (Beispiel) – die »Task data« der Aufgabe »Seminaranmeldungsanfrage erfassen« anzeigen

Des Weiteren können Sie über die gleiche Ansicht auch eine Prozessinstanz zur Laufzeit modifizieren. Dazu muss diese aber noch laufen. Die Prozessinstanz im aktuellen Beispiel ist bereits beendet. Allerdings hat diese Prozessinstanz eine weitere Prozessinstanz auf Basis des Prozessmodells *Seminaranmeldung abwickeln* gestartet.

Um sich diese Prozessinstanz anzuschauen, klicken Sie oben im Menü auf **Process Instances**. Dann sehen Sie dort die gestartete Prozessinstanz *Seminaranmeldung abwickeln*. Klicken Sie diese Prozessinstanz aus der Liste an. Nun gelangen Sie zu einer ähnlichen Darstellung der Prozessinstanz. Diese Prozessinstanz läuft aktuell noch. Deshalb sehen Sie neben der Überschrift *Process Instance Id:* drei kleine Symbole. Uns interessiert jetzt lediglich das Pausensymbol. Dieses steht für **Suspend**.

Klicken Sie nun auf diesen Button. Damit unterbrechen Sie die weitere Prozessausführung dieser Prozessinstanz. Nun sehen Sie oben die Symbole für das Beenden der Prozessinstanz (**Terminate**), für die Migration der Prozessinstanz auf eine andere Version des Prozessmodells (**Migrate**) sowie für den Play-Button zum Fortsetzen der Ausführung der Prozessinstanz (**Resume**).

Wenn Sie in der Diagrammdarstellung auf die Call Activity *Seminaranmeldung prüfen* klicken und im daraufhin erscheinenden Dialog den Link **View Call Activity Diagram** anklicken, springen Sie direkt in den verknüpften Prozess. Dort gibt es die Aufgabe *Seminaranmeldung validieren*, die sich kurz vor der Ausführung befand. Wenn Sie nun diese Aufgabe in der Diagrammdarstellung anklicken, finden Sie oben drei Buttons:

- **Edit Task data**: Hiermit können Sie die aktuellen Daten innerhalb der *Task data* ändern.
- **Excecute Task**: Damit können Sie die Aufgabe ausführen.
- **Skip Task**: Damit überspringen Sie die Ausführung der Aufgabe. Das hat zur Folge, dass die nächste Aufgabe ausgeführt wird.

Zum Fortsetzen der Prozessausführung klicken Sie oben auf den Button **Resume**

Damit möchte ich diesen Abschnitt beenden. Ich habe Ihnen gezeigt, wie Sie eine Prozessinstanz inspizieren sowie verschiedene Aspekte an der laufenden Prozessinstanz verändern können.

8.3.4 Die Sache mit den Skripten sowie Pre- und Post-Scripts

Skripte (*Scripts*) sind nach meinem Verständnis wenige Zeilen von Code-Fragmenten. Die BPMN erlaubt dies in Form der *Script Task*. In SpiffWorkflow wird die Programmiersprache Python für Skripte verwendet. Neben den Script Tasks, um einfache Aufgabenlogik als Skript umzusetzen, haben alle Aufgaben auch *Pre-Scripts* und *Post-Scripts*, z. B. die User Task, die Send Task und die Service Task. In diesem Abschnitt möchte ich mich auf Pre- und Post-Skripte fokussieren.

Mit einem *Pre-Script* wird das Skript von der Process-Engine *vor* der eigentlichen Ausführung der Aufgabe ausgeführt. Hingegen werden formulierte Code-Fragemente innerhalb des *Post-Scripts*-Bereichs von der Process-Engine *nach* der Ausführung der eigentlichen Aufgabe ausgeführt. Was bedeutet dies?

Um dieser Frage nachzugehen, schauen wir uns die User Task *Seminaranmeldungsanfrage erfassen* innerhalb des Prozessmodells *Seminaranmeldungsanfrage abgeben* an. Den entsprechenden Auszug habe ich in Abbildung 8.17 dargestellt.

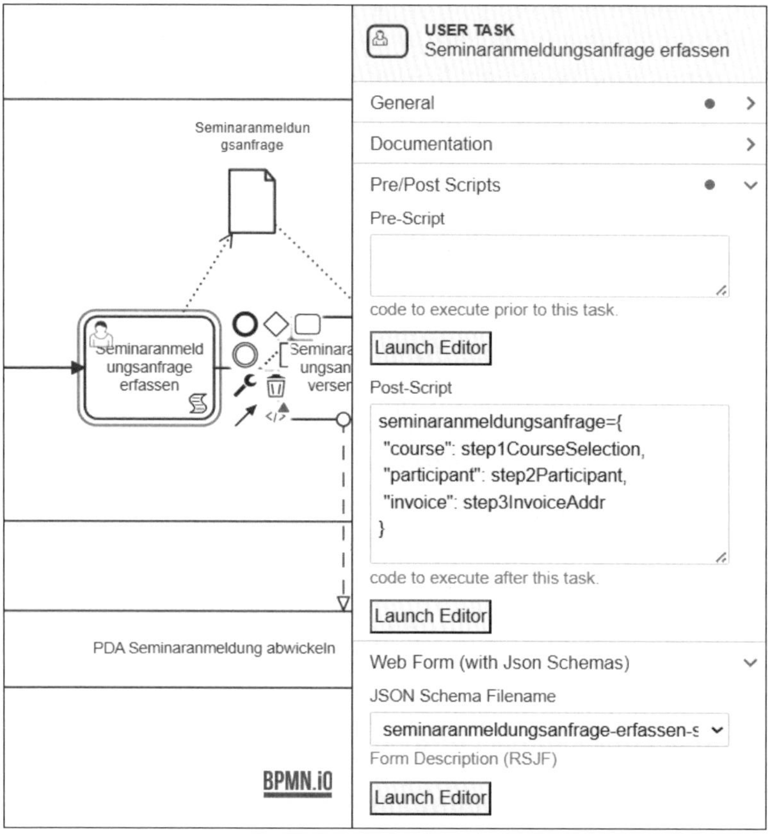

Abbildung 8.17: SpiffWorkflow-Frontend – »Post-Script« bei der User Task »Seminaranmeldungsanfrage erfassen« (Beispiel)

Die Aufgabe selbst hat einen **Pre-Script**-Bereich. Dieser ist leer. Das bedeutet schon einmal: Bevor der zugewiesene User das Webformular für die Aufgabe sieht, wird keine Aufgabenlogik ausgeführt. Hingegen wird beim angegebenen **Post-Script** zunächst das Webformular dem User angezeigt. Der User gibt dort Informationen ein. Nach dem Abschicken des Webformulars ist der Kern der User Task erledigt. Nun wird das Post-Script ausgeführt. In Abbildung 8.17 sehen Sie, wie eine Datenstruktur namens `seminaranmeldungsanfrage` erzeugt wird. Diese umfasst drei Eigenschaften: `course`, `participant` und `invoice`. Beispielsweise wird der Eigenschaft `course` der Inhalt aus der Variablen `step1CourseSelection` zugewiesen. Diese Variable und auch die anderen mit `step...` benannten Variablen stammen aus den Angaben des Webformulars. Ich mache also in diesem Beispiel nichts anderes, als die Datenstruktur aus dem Webformular in eine für den Fachprozess relevante Ziel-Datenstruktur `seminaranmeldungsanfrage` umzuwandeln. Der Inhalt dieser Datenstruktur wird aufgrund der Assoziation zum gleichnamigen Datenobjekt `seminaranmeldungsanfrage` in dieses Datenobjekt geschrieben. Damit ist die Benutzeraufgabe erledigt.

Zum Abschluss dieses Abschnitts möchte ich auf die SpiffWorkflow-Referenz verweisen. Dort finden Sie genauere Erläuterungen, welche Möglichkeiten Sie mithilfe der Skripte haben: (Spiff-arena, 2025). Denn in diesem Buch beabsichtige ich, Ihnen lediglich einen Einblick in eine exemplarische BPMN-Process-Engine zu geben.

8.3.5 Prozessdaten

SpiffWorkflow nutzt zur Spezifizierung von Daten im Prozess verschiedene Konzepte. Ich möchte im Folgenden auf die einzelnen Konzepte anhand eines Beispiels kurz eingehen:

1. **Task data:** Die Daten werden von BPMN-Task zu BPMN-Task entlang des Prozessflusses (*Token*) weitergegeben. Wenn nicht anders definiert, wird jede definierte Python-Variable zunächst zu Task data. Was dies bedeutet, demonstriere ich anhand des Beispielskripts in Abbildung 8.18. Dort finden Sie eine Menge an Variablendefinitionen im Skript: `random_string`, `random_str_seq`, `uuid_format`, `n`, `i` und `seminaranmeldung`. Nur die Variable `seminaranmeldung` hat eine fachliche Bedeutung für den Prozess. Alle anderen Variablen brauche ich im Skript nur für die temporäre Vorhaltung von skriptinternen Zwischenergebnissen. So erzeuge ich in den Zeilen 1–9 einen textuellen eindeutigen und vereinfachten Identifier für die Seminarregistrierungsnummer (`seminarRegNr`) mithilfe eines im Internet recherchierten einfachen Algorithmus (Stackoverflow, 2010-2022). Die Zwischenergebnisse dafür sind aus Fachprozess-Sicht nicht relevant. Trotzdem würden diese als Task data in der Prozessinstanz erscheinen. Damit diese Variablen nicht in den Task data erscheinen, habe ich zum Ende des Skripts die nicht benötigten Variablen mit der Funktion `del()` entfernt.

   Im Beispiel wird auch ersichtlich, wie Sie eine Variable durch Definition eines Namens erzeugen. Sie können der Variable mit dem Zuweisungsoperator `=` einen Wert zuweisen, z. B. so: `random_string = ""`. Sie greifen lesend auf eine Variable zu, indem Sie den Namen der Variable beispielsweise im Rahmen einer Wertzuweisung angeben. Dazu finden Sie ein Beispiel zur Variable `seminaranmeldung`, wie die verschiedenen Eigenschaften in dieser umfangreichen Struktur mit Werten aus verschiedenen Variablen und einem String-Literal (`"2024-11-17"`) zugewiesen werden:

   ```
   seminaranmeldung={
   "seminarRegNr":random_string,
   "seminarBeginn": "2024-11-17",
   "course":seminaranmeldungsanfrage["course"],
   ```

```
"participant":seminaranmeldungsanfrage["participant"],
"invoice":seminaranmeldungsanfrage["invoice"]
}
```

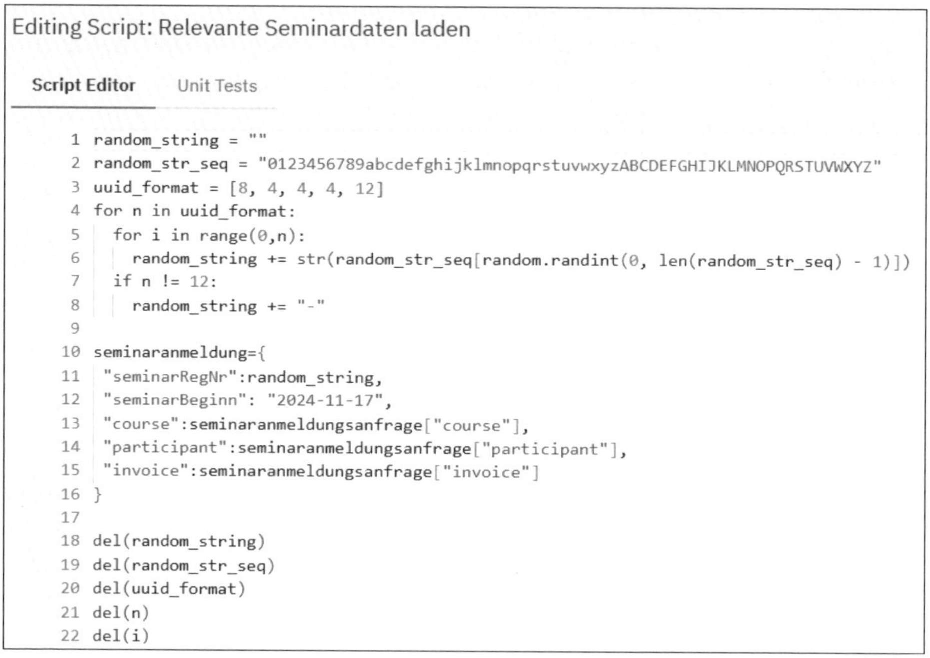

Abbildung 8.18: SpiffWorkflow-Frontend – Script Task »Relevante Seminardaten laden« aus dem Fachprozess »Seminaranmeldung abwickeln« (Beispiel)

Wenn Sie beispielsweise auf den Wert der Eigenschaft `seminarRegNr` innerhalb der umfangreichen Variablenstruktur `seminaranmeldung` zugreifen möchten, definieren Sie den Zugriff wie folgt: `seminaranmeldung["seminarRegNr"]`.

2. **Data Object:** Die Daten werden in einer zusammenhängenden Datenstruktur (dem *Data Object*) für die aktuelle Prozessinstanz abgespeichert. Sie können auf den aktuellen Wert des Data Objects an jeder Stelle im Prozess zugreifen. Ein Data Object ist ein grafisches BPMN-Element. Lassen Sie uns anhand eines Beispiels anschauen, wie wir in SpiffWorkflow ein Data Object definieren und verwenden.

   Dazu müssen wir zunächst das Data Object definieren. Dies geschieht im Eigenschaftsbereich des BPMN-Pools. Diesen Eigenschaftsbereich habe ich in Abbildung 8.19 dargestellt. Hier sehen Sie lediglich die Definition des Data Objects *Seminaranmeldungsanfrage*. Das Data Object hat eine **Data Object Id**, die als Variablenname verwendet wird und einen **Data Object Name**, der im Prozessmodell angezeigt wird.

Abbildung 8.19: SpiffWorkflow-Frontend – Definition des Data Objects »Seminaranmeldungsanfrage« im Eigenschaftsbereich des Pools (Beispiel)

Dieses Data Object wird in dem in Abbildung 8.21 gezeigten Auszug des Prozesses *Seminaranmeldungsanfrage abgeben* verwendet. Der Eigenschaftsbereich des Data Objects *Seminaranmeldungsanfrage* ist, wie in Abbildung 8.20 gezeigt, sehr unspektakulär. Sie finden hier im Wesentlichen eine Auswahlliste, in der Sie eines der definierten Data Objects auswählen müssen.

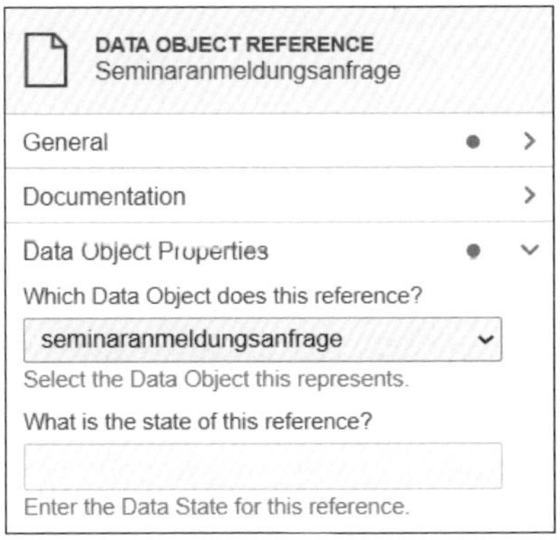

Abbildung 8.20: SpiffWorkflow-Frontend – Konfiguration der Data Object Reference »Seminaranmeldungsanfrage« (Beispiel)

In dem in Abbildung 8.21 gezeigten Auszug aus dem Beispielprozess sehen Sie eine von der User Task *Seminaranmeldungsanfrage erfassen* gerichtete Assoziation zum Data Object *Seminaranmeldungsanfrage*. Im Post-Skript der Benutzeraufgabe wird eine Variable `seminaranmeldungsanfrage` erzeugt. Die Variable in diesem Skript und die *Data Object Id* des Data Objects tragen denselben Namen, wodurch die Zuweisung über die identischen Namen erfolgt. Nach diesem Prinzip werden die Inhalte der Variable `seminaranmeldungsanfrage` im Skript der Benutzeraufgabe über die Assoziation in das Data Object geschrieben. Ohne diese Assoziation würde die im Skript definierte Variable `seminaranmeldungsanfrage` als *Task data* angelegt.

Wenn Sie nun auf den Inhalt des Data Objects lesend zugreifen wollen, nutzen Sie die *Data Object Id* als Variablennamen. Im Beispiel aus Abbildung 8.21 sehen Sie, wie ich der BPMN-Message die gesamte Struktur des Data Objects *seminaranmeldungsanfrage* übergebe.

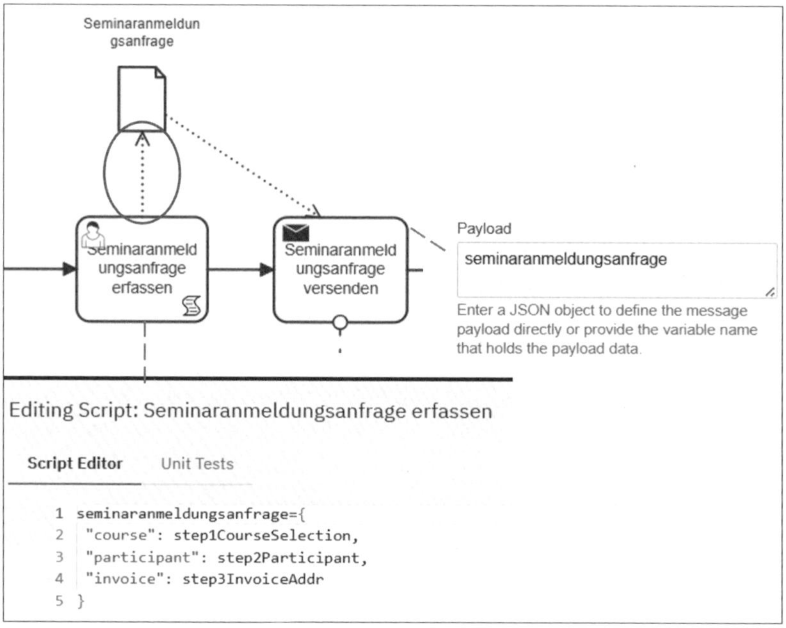

Abbildung 8.21: SpiffWorkflow-Frontend – die Verwendung des Data Objects »Seminaranmeldungsanfrage« im Prozess (Beispiel)

3. **Data Input und Data Output:** Hiermit werden in SpiffWorkflow Daten eines übergeordneten Prozesses an einen globalen Prozess per Aufruf mittels BPMN-*Call-Activity* übergeben. Ein *globaler* Prozess ist ein Prozess, der in anderen Prozessen wiederverwendet werden kann.

   Schauen wir uns nun den Auszug aus dem Prozess *Seminaranmeldung prüfen* in Abbildung 8.22 an. Dieser Subprozess wird im Prozess *Seminaranmeldung abwickeln* aufgerufen. Später werden wir uns den Aufruf des Prozesses mit der Call Activity anschauen.

   Zum Verständnis möchte ich Ihnen mitgeben, dass dieser Prozess aus meinem Fallbeispiel kein wirklich *globaler* Prozess ist. Ich verwende hier in diesem Fall die Call Activity zur Strukturierung von eingebetteten Prozessen. Das bedeutet: Dieser Prozess gehört als Subprozess zum Prozess *Seminaranmeldung abwickeln* und muss nicht unbedingt wiederverwendbar sein. Da die BPMN eine anderweitige flexible Verknüpfung eines

BPMN-Prozessmodells als Subprozess nicht vorsieht, muss ich den Aufruf über die *Call Activity* durchführen.

In Abbildung 8.22 können Sie sehen, dass ich links den Data Input und ganz rechts die Data Outputs angeordnet habe. Normalerweise würde man diese auch per Assoziation mit der Aufgabe verbinden. Dies ist aber in der mir vorliegenden SpiffWorkflow-Version derzeit nicht möglich. Auch die Data Outputs haben als Symbol schwarz ausgefüllte Pfeile. Dies ist auch ein kleiner grafischer Fehler der mir vorliegenden SpiffWorkflow-Version. Im Eigenschaftsbereich der Data Outputs rechts in Abbildung 8.22 können Sie sehen, dass es sich bei *Seminaranmeldung* und *Anmeldungsstatus* um Data Outputs handelt.

Sie können auch erkennen, dass sowohl Data-Input- als auch Data-Output-Elemente einen **Namen** als fachlichen Namen sowie eine **ID** haben. Die ID wird als Variable intern verwendet.

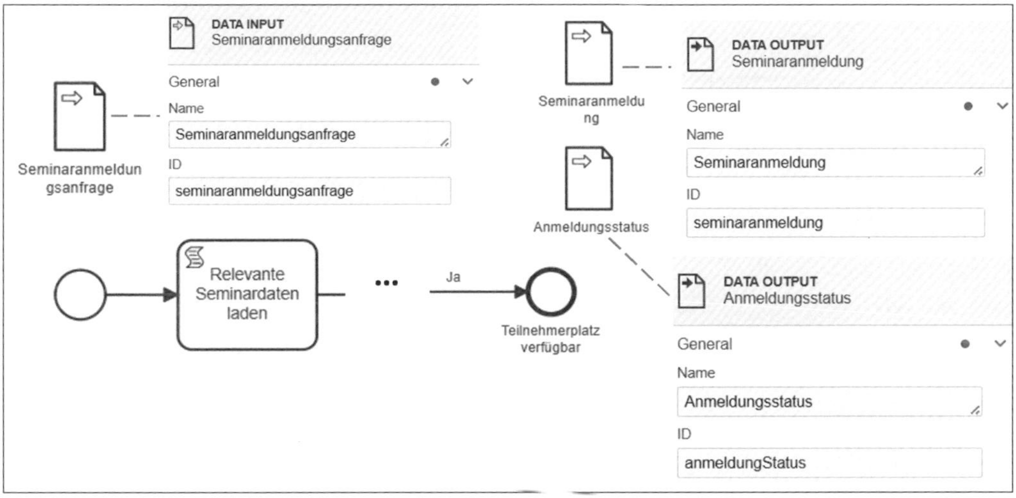

Abbildung 8.22: SpiffWorkflow-Frontend – der aufgerufene Prozess »Seminaranmeldung prüfen« (Auszug)

Diesen Subprozess *Seminaranmeldung prüfen* rufe ich über die Call Activity im Prozess *Seminaranmeldung abwickeln* auf. Den relevanten Auszug habe ich Ihnen in Abbildung 8.23 dargestellt. Sie können direkt erkennen, dass das Ergebnis der Seminaranmeldung jeweils in die Data Objects *Seminaranmeldung* und *Anmeldungsstatus* des Prozesses *Seminaranmeldung abwickeln* abgespeichert wird. Die Zuweisung der Data Objects zwischen dem untergeordneten aufgerufenen Prozess und dem Aufrufer-Prozess erfolgt über die gleichen Namen (ID). So wird beispielsweise der Inhalt des Data Objects mit der ID *seminaranmeldung* dem Data Object mit derselben ID *seminaranmeldung* im übergeordneten Prozess übergeben. Im **Post-Script** habe ich die Data Outputs aus dem untergeordneten Prozess angegeben, sodass ich damit die Abbildung der Werte vom untergeordneten Prozess zum Aufrufer-Prozess vorbereitet habe.

Des Weiteren erwartet der aufgerufene Prozess *Seminaranmeldung prüfen* als Input das Data Object *seminaranmeldungsanfrage* in einer bestimmten Struktur. Diese spezifische Struktur und Variable gibt es in dieser Form im Prozess nicht. Deshalb bereite ich diese Variable und Struktur im Pre-Script der Call Activity vor. Der Name der Variable (ID) ist exakt der Name des erwarteten Data-Input-Elements (ID) im untergeordneten Prozess: *seminaranmeldungsanfrage*. Über die Namen der Variablen erfolgt die Zuweisung.

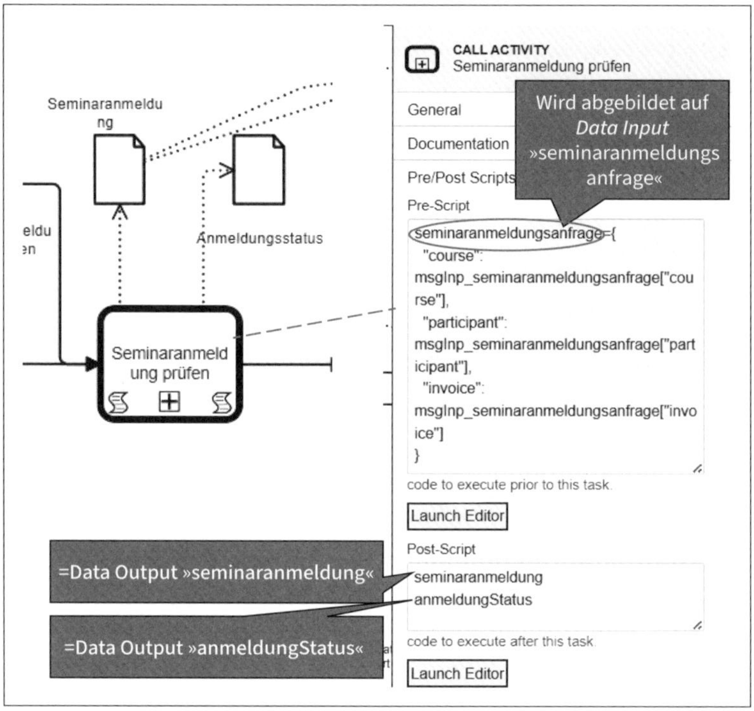

Abbildung 8.23: SpiffWorkflow-Frontend – der Aufrufer-Prozess »Seminaranmeldung abwickeln« mit der Call Activity (Auszug)

4. **Data Store:** Mithilfe des Data Store können Sie Daten über die Lebensdauer einer Prozessinstanz hinaus speichern und in unterschiedlichen Prozessinstanzen auf diese Daten zugreifen. In unserem Fallbeispiel habe ich dieses Konzept nicht genutzt. Deshalb fehlt hier auch ein Beispiel aus unserem Fallbeispiel. Sie finden eine Erläuterung und ein Beispiel auch online in der SpiffWorkflow-Dokumentation: (spiff-arena.readthedocs.io, 2025).

8.3.6 Konfiguration der Kollaboration zwischen zwei verschiedenen Prozessen

In diesem Abschnitt zeige ich Ihnen, wie Sie eine Kollaboration zwischen zwei verschiedenen Prozessen über Message Flows in der *SpiffWorkflow*-Engine konfigurieren. Dies ist für Sie wichtig, wenn Sie beispielsweise die Zusammenarbeit über Message Flows zwischen einem Fachprozess als Bestandteil der Prozessgesteuerten Anwendungsschicht und einem BPMN-Integrationsprozess als Bestandteil der Servicevertrag-Implementierungsschicht (SCIL) oder zwischen zwei verschiedenen Fachprozessen sicherstellen möchten. Dabei sind die verschiedenen Konfigurationen für ein Message Start Event und ein wartendes (empfangendes, engl. *Catching*) Message-Zwischenereignis oder eine Receive Task, die jeweils im Prozess auf eine Message warten, zu unterscheiden. Hiermit realisieren wir die Interaktion zwischen zwei BPMN-Prozessen.

Ich erläutere Ihnen die Funktionsweise der Konfiguration für beide Fälle anhand eines Auszugs aus der begleitenden Fallstudie. Ich erkläre zunächst den Fall, der in Abbildung 8.24 dargestellt ist. In ihm wird die Message `Msg_SemAnmAnfrEingeg` durch die Send Task *Seminaranmeldungsanfrage versenden* in dem Prozess *Seminaranmeldungsanfrage abgeben* abgeschickt. Diese Message wird durch das definierte *Message Start Event* im Prozess *Seminaranmeldung abwickeln* empfangen, und eine neue Instanz dieses Prozesses wird von der Process-Engine *SpiffWorkflow* erzeugt. Im Fall eines Message Start Events wird für jede empfangene Message eine separate Prozessinstanz erzeugt.

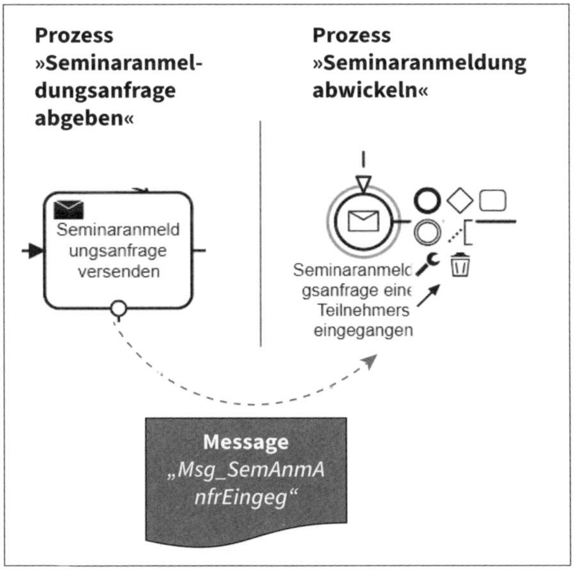

Abbildung 8.24: SpiffWorkflow – das Prinzip der BPMN-Message-Konfiguration – hier: Message Start Event (Beispiel)

Wir beginnen mit der Konfiguration der Send Task *Seminaranmeldungsanfrage versenden*. Die relevanten Eigenschaften für die Konfiguration habe ich in Abbildung 8.25 dargestellt. Wenn es die betreffende Messagedefinition bereits gibt, dann können Sie diese über die Auswahlliste auswählen. Andernfalls müssen Sie die Message konfigurieren. Dazu klicken Sie auf den Button **Open message editor**.

Daraufhin öffnet sich mir der Dialog **Create or edit a message...**, der in Abbildung 8.26 abgebildet ist. Als **Location** behalten wir unsere bereits voreingetragene Prozessgruppe bei. Schließlich wollen wir, dass alle Prozessmodelle innerhalb der Prozessgruppe Zugriff auf diese Message haben. Nun geben wir im Textfeld **Message Name** lediglich einen Namen für die Message an. Wichtig bei der Vergabe eines Namens für die Messages ist, dass der Name keine Umlaute, Sonderzeichen und Leerzeichen enthält. In diesem Beispiel habe ich folgenden Namen definiert: `Msg_SemAnmAnfrEingeg`. Durch Anklicken des Buttons **Save** speichern wir die Message-Konfiguration und beenden zugleich den Message Editor. Damit haben wir die Message-Konfiguration abgeschlossen.

Zurück im Eigenschaftsbereich der *Send Task* haben wir noch eine *Payload* definiert. Dabei handelt es sich um die Daten, die innerhalb der BPMN-Message an den anderen BPMN-Prozess übertragen werden. In diesem Fall geben wir den Inhalt der Variable `seminaranmeldungsanfrage` mit. Diese Konfiguration können Sie in Abbildung 8.25 unter **Payload** erkennen. Nun speichern wir die Änderung im Prozess über den Button **Save**. Dann können wir uns dem anderen Prozess mit der Konfiguration des Message Start Events widmen.

Abbildung 8.25: SpiffWorkflow – Message-Konfiguration in der »Send Task«

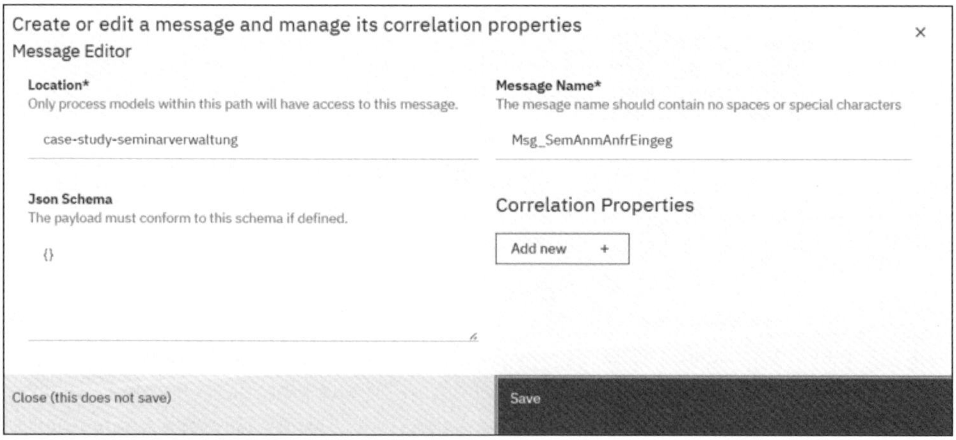

Abbildung 8.26: SpiffWorkflow – »Message Editor«: Die Message-Konfiguration für Fall »Message Start Event«

Nachdem wir die Send Task und damit das Versenden der BPMN-Message konfiguriert haben, kommen wir nun zur Konfiguration des **Empfangs der BPMN-Message**. Hier wird im Prozess *Seminaranmeldung abwickeln* auf Basis der empfangenen BPMN-Message `Msg_SemAnmAnfrEingeg` eine Prozessinstanz gestartet. Dazu ist das *Message Start Event*, wie in Abbildung 8.24 gezeigt, definiert.

Für das Message Start Event finden Sie die in Abbildung 8.27 dargestellten Eigenschaften vor. Zuerst wählen Sie in der Auswahlliste die bereits definierte BPMN-Message `Msg_SemAnmAnfrEingeg` aus. Hätten Sie diese bisher nicht angelegt, könnten Sie die BPMN-Message über den Button **Open message editor** und den Message Editor erstellen. Wir haben bereits die Message im Rahmen der Konfiguration der Send Task des anderen Prozesses definiert. Danach habe ich im Textfeld **Variable Name** eine Variable definiert, die die Datenstruktur der *Payload* der Message aufnimmt. Zur Erinnerung: Die Payload der Message ist der Inhalt der Variablen `seminaranmeldungsanfrage` aus dem Fachprozess *Seminaranmeldungsanfrage abgeben*.

Abbildung 8.27: SpiffWorkflow – Message-Konfiguration in dem »Message Start Event«

Damit haben wir die Konfiguration abgeschlossen. Wir müssen nur noch die Änderung im Prozess über den Button **Save** speichern.

Bisher haben wir uns angeschaut, wie wir den Empfang der BPMN-Message durch ein Message Start Event konfigurieren. Als **zweiten Fall** schauen wir uns nun an, wie wir den **Empfang einer BPMN-Message im Prozessverlauf** durch ein wartendes BPMN-Message-Element konfigurieren. Dies kann ein *Intermediate Catching Message Event* oder eine *Receive Task* sein. Auf die Konfiguration zum Senden einer Message aus einem BPMN-Prozess gehe ich nicht erneut ein. Dies habe ich weiter vorn bereits beschrieben. Stattdessen gehe ich auf die Besonderheiten der Konfiguration beim Empfang einer BPMN-Message im Prozessverlauf ein. Um zu verstehen, was wir gleich konfigurieren, lassen Sie mich zunächst die Situation genauer vorstellen:

- Im Prozess möchte ich als Fachexperte auf die Rückmeldung zur vorhandenen Funktionalität »Bisherigen Zahlungsstand ermitteln« warten. Dazu habe ich eine Receive Task *»Antwort ›Bisherigen Zahlungsstand ermitteln‹ empfangen«* modelliert.
- Nun gibt es zur Laufzeit viele unterschiedliche Seminaranmeldungen in der Prozessgesteuerten Anwendung. Das bedeutet: Es gibt viele verschiedene Prozessinstanzen mit dem Prozess, der auf den Empfang dieser BPMN-Message *»Msg_PaymentStatusResp«* wartet. Stellen wir uns gern als Beispiel 1000 aktive Seminaranmeldungen vor.
- Nun kommt eine neue BPMN-Message *»Msg_PaymentStatusResp«*. Wie kann die PDA genau dieses Ereignis zu meinem bestimmten Vorgang zuordnen?

In Abbildung 8.28 veranschauliche ich das Prinzip der Zuordnung eines bestimmten Ereignisses zu einem bestimmten Vorgang (Prozessinstanz) während des Prozessverlaufs.

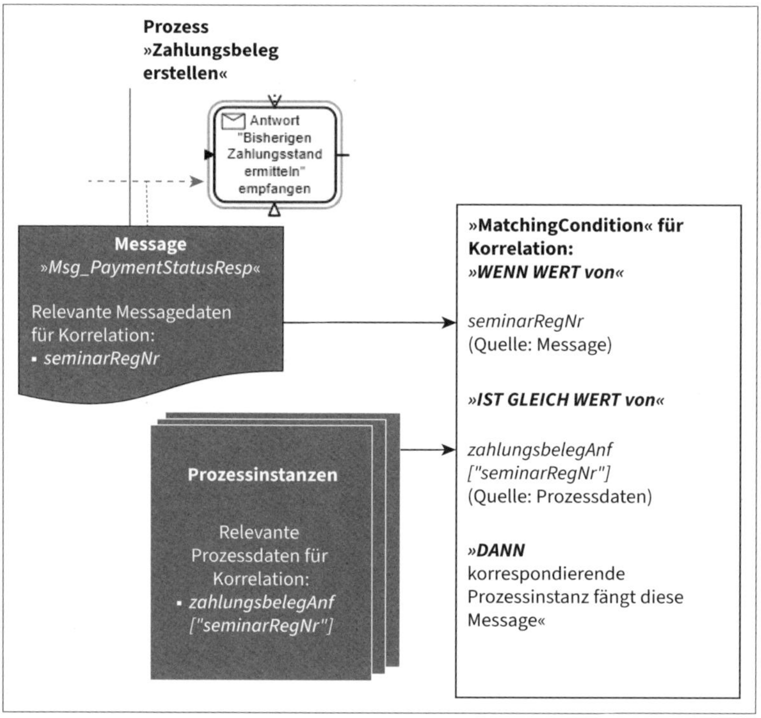

Abbildung 8.28: SpiffWorkflow – BPMN-Message-Konfiguration Prinzip – hier: Wartendes BPMN-Message-Element im Prozessverlauf (Beispiel)

Diese Zuordnung wird *Correlation* (dt. *Korrelation*) genannt:

- Das Ereignis hat einen definierten Nachrichtennamen (*Message Name*). Die wartende Receive Task empfängt lediglich eine BPMN-Message mit einem bestimmten Namen. Im Beispiel ist dies `Msg_PaymentStatusResp`. Sie sehen die Messagedefinition in Abbildung 8.29.

- Die eingegangene BPMN-Message enthält Daten, d. h. die Payload der Message. Im Rahmen der Messagedefinition lege ich fest, welche Eigenschaft für die Zuordnung der Message zu der richtigen Prozessinstanz verwendet werden soll. Das lege ich als *Correlation Property* fest. Dabei gibt es den *Property Name*, der lediglich eine beschreibende Bedeutung hat, sowie die *Retrieval Expression*. Mit der Retrieval Expression bestimme ich, wo in der BPMN-Message-Datenstruktur sich die für die Zuordnung relevante Eigenschaft befindet. So kann in den Message-Daten eine verschachtelte JSON-Struktur enthalten sein. Dann müsste ein umfangreicherer Ausdruck angegeben werden, der die eindeutige Eigenschaft aus der Message-Daten-Struktur spezifiziert. In diesem Fall ist die Eigenschaft `seminarRegNr` direkt in den Message-Daten enthalten. Die Konfiguration der BPMN-Message sehen Sie in Abbildung 8.29. Wenn mehrere *Correlation Properties* für die Zuordnung der Message relevant sind, lassen sich auch weitere definieren. Hier in unserem Beispiel ist allerdings eine Eigenschaft eindeutig.

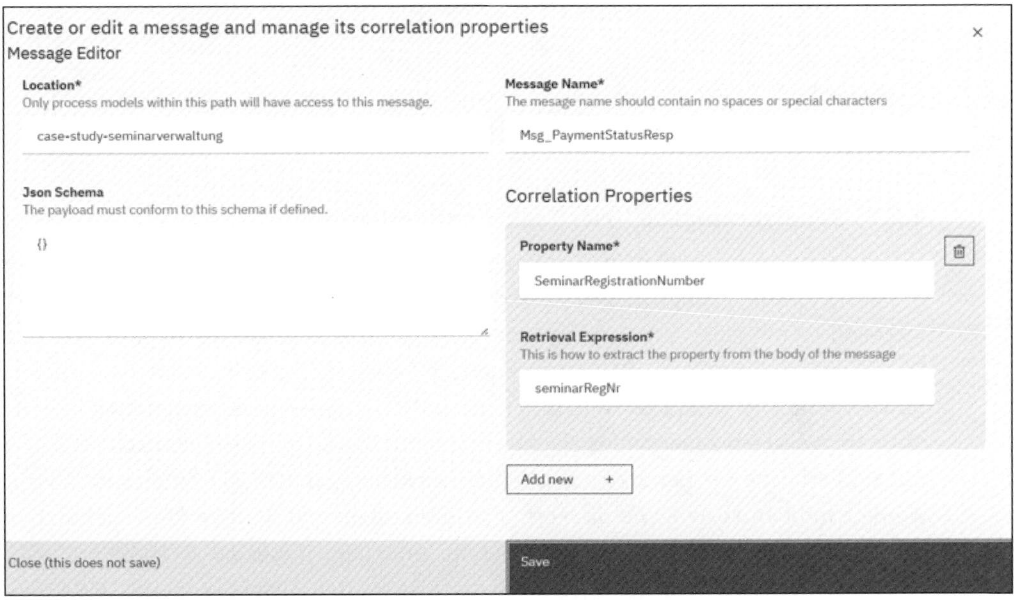

Abbildung 8.29: SpiffWorkflow – Message Editor – die Message-Konfiguration für den Fall eines wartenden BPMN-Message-Elements im Prozessverlauf (Beispiel)

- In den Eigenschaften der wartenden Receive Task ist für die Message `Msg_PaymentStatusResp` als *Matching Condition* angegeben, dass die Eigenschaft `seminarRegNr` in den Message-Daten mit der Eigenschaft `seminarRegNr` im Objekt `zahlungsbelegAnf` aus den Prozessdaten übereinstimmen muss. Es handelt sich hierbei um eine Gleichheitsprüfung. Ich zeige Ihnen die Konfiguration der BPMN-Receive-Task im Detail in Abbildung 8.30.

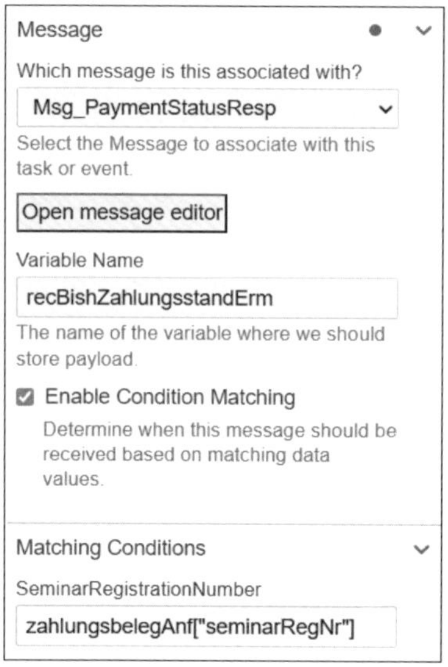

Abbildung 8.30: SpiffWorkflow – Message-Konfiguration in dem wartenden BPMN-Message-Element – hier: Receive Task (Beispiel)

8.3.7 Benutzeraufgabe (User Task) konfigurieren

Mithilfe von Benutzeraufgaben ist es möglich, dass ein menschlicher Benutzer – im Rahmen des ausgeführten Fachprozesses – mit der Anwendung interagieren kann. Wir Menschen interagieren mit einer Anwendung in der Regel über eine grafische Benutzeroberfläche. Dies bedeutet, dass wir die Benutzeraufgabe mit einer für die Aufgabe angemessenen Benutzeroberfläche ausstatten müssen. Für die Prozessgesteuerte Anwendung bauen wir normalerweise ein zugehöriges eigenes Frontend. Darauf gehe ich in Abschnitt 8.5, »Benutzeroberfläche für Benutzeraufgaben entwickeln«, genauer ein. In diesem Abschnitt werde ich Ihnen zeigen, wie die Formularunterstützung in SpiffWorkflow genutzt wird, um Webformulare für Benutzeraufgaben zu erstellen. Dabei nutzt SpiffWorkflow die *React JSON Schema Form*-Bibliothek.[8] Diese setzt auf den Quasi-Standard *JSON Schema*.

Lassen Sie uns gleich anhand unserer Fallstudie sehen, wie wir ein Formular für die in Abbildung 8.31 gezeigte Benutzeraufgabe *Seminaranmeldungsanfrage erfassen* erstellen. Die Benutzeraufgabe befindet sich im Prozess *Seminaranmeldungsanfrage abgeben*. Wenn Sie dies parallel nachvollziehen möchten, müssen Sie die gesamte Prozessgesteuerte Anwendung »Seminarverwaltung« installieren. Die Fallstudie und eine Anleitung zur Installation finden Sie in den Downloadmaterialien zum Buch. Ich gehe im Weiteren davon aus, dass Sie das Fallbeispiel bereits installiert haben.

8 *https://rjsf-team.github.io/react-jsonschema-form/docs/* (Stand: 16.12.2025)

Abbildung 8.31: Benutzeraufgabe »Seminaranmeldungsanfrage erfassen« im BPMN-Editor SpiffWorkflow

Klicken Sie auf diese Benutzeraufgabe, so sehen Sie im rechten Bereich die Eigenschaften zu dieser Benutzeraufgabe. Suchen Sie etwas weiter unten im Eigenschaftsbereich den Abschnitt **Web Form (with Json Schemas)**. Hier verbirgt sich für uns der Formulareditor. Klicken Sie nun auf den Pfeil zum Öffnen des Abschnitts. In Abbildung 8.32 sehen Sie den aufgeklappten Abschnitt **Web Form (with Json Schemas)**.

Abbildung 8.32: Eigenschaften »Web Form (with Json Schemas)« zur Benutzeraufgabe »Seminaranmeldungsanfrage erfassen«

Als Nächstes klicken Sie auf den Button **Launch Editor**. Wenn Sie eine Benutzeraufgabe haben, der bisher keine Formulardateien zugewiesen wurden, werden Sie zuerst aufgefordert, den Namen für die Formulardateien anzugeben. Ich empfehle, für die Formdateien denselben Namen zu vergeben wie für die Benutzeraufgabe. In unserem Fall ist das *seminaranmeldungsanfrage-erfassen*. Bitte achten Sie darauf, dass der Dateiname keine Umlaute, Sonderzeichen und Leerzeichen enthält, um Probleme zu vermeiden.

Sie sehen unter dem Textfeld zur Eingabe des Dateinamens, dass drei Dateien für das Formular erzeugt werden. Diese Dateien braucht die Bibliothek *React JSON Schema Form*. Nun klicken Sie auf den Button **Create Files**, um die Dateien zum Formular zu erzeugen. Diese Dateien zum Formular werden in der Process-Model-Struktur abgespeichert. Sie können dies in Abbildung 8.33 sehen.

Mit dem Anlegen der Dateien wird Ihnen der Formulareditor angezeigt. Wenn Sie den Reiter **Examples** anklicken, können Sie exemplarische Formularelemente laden und mit ihnen experimentieren. Klicken Sie gerne einzelne Formularelemente an und schauen Sie sich dann die einzelnen Veränderungen jeweils in den Abschnitten **JSON Schema**, **UI Settings** sowie **Data View** an. Ich empfehle Ihnen, für Ihre Experimente mit dem Formulareditor eine neue Benutzeraufgabe in das Prozessmodell einzufügen. Diese Benutzeraufgabe können Sie nach Ihrem Experimentieren wieder löschen.

Abbildung 8.33: SpiffWorkflow-Frontend – die Prozessmodell-Struktur zum Prozess »Seminaranmeldungsanfrage abgeben«

In unserem Fall existiert das Formular zur Benutzeraufgabe *Seminaranmeldungsanfrage erfassen* bereits. Sie sehen im Formulareditor innerhalb des Reiters **JSON Schema** die Datenstruktur des Formulars und unter dem Reiter **UI Settings** weitere Konfigurationen zum Formular. In Abbildung 8.34 können Sie einen Auszug des Form Editors sehen. Unter dem im jeweiligen Reiter angegebenen Link **Read more** oder **Learn more** gelangen Sie zur Dokumentation der Bibliothek *React JSON Schema Form*.

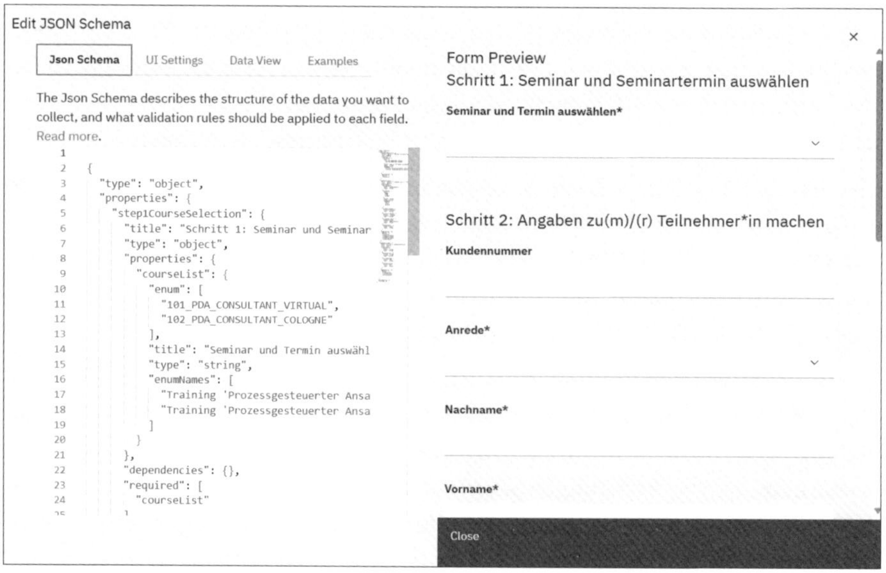

Abbildung 8.34: Der Form Editor zur Benutzeraufgabe »Seminaranmeldungsanfrage erfassen« in SpiffWorkflow

Um schnell ein umfangreiches Formular mithilfe der Bibliothek *React JSON Schema Form* erstellen zu können, habe ich den frei nutzbaren, grafischen Editor *React JSON Schema Form Builder*[9] gefunden. Dort habe ich mir, wie in Abbildung 8.35 auszugsweise gezeigt, das Formular im Abschnitt **Visual Form Builder** erstellt.

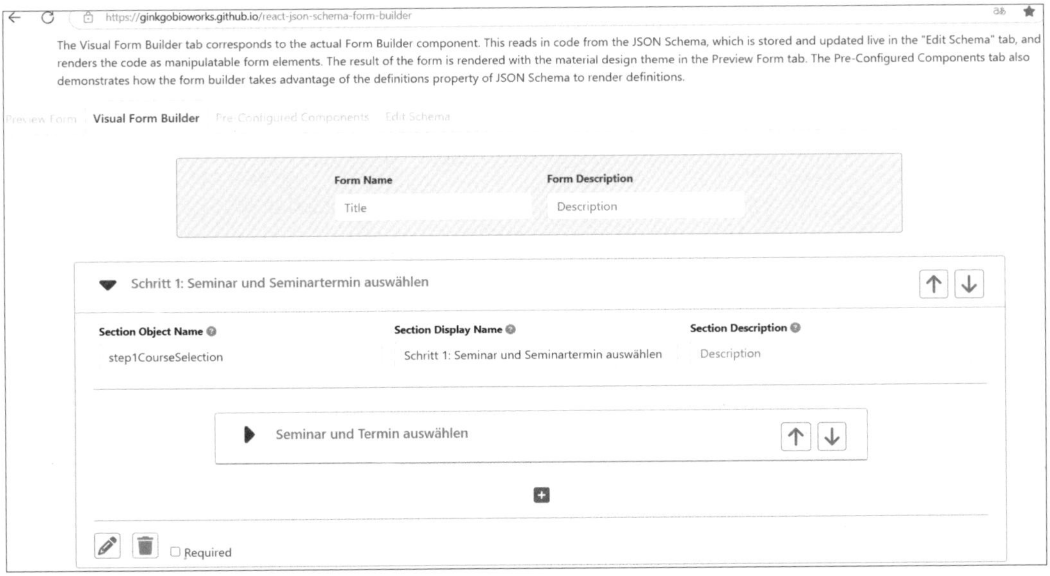

Abbildung 8.35: Der freie »React JSON Schema Form Builder« – Auszug des Formulars »Seminaranmeldungsanfrage erfassen« in der Ansicht »Visual Form Builder«

Zwischendurch habe ich die Formularstruktur im Abschnitt **Preview Form** kontrolliert. Einen Auszug von **Preview Form** sehen Sie in Abbildung 8.36. Als ich die Formularstruktur fertiggestellt hatte, bin ich zum Abschnitt **Edit Schema** gewechselt. Dort habe ich jeweils einzeln die beiden Schema-Definitionen **Data Schema** und **UI Schema** herauskopiert.

In Abbildung 8.37 sehen Sie einen Auszug der Spezifikation, die mit dem grafischen Editor erstellt wurde. Leider konnte ich diese Spezifikationen nicht direkt in den Formulareditor von SpiffWorkflow übernehmen. Zuerst musste ich die Spezifikationen aus **Data Schema** und **UI Schema** wie folgt anpassen:

1. Alle einfachen Anführungszeichen (`'`) musste ich durch doppelte Anführungszeichen (`"`) ersetzen. Zum Beispiel musste ich den Wert zur Eigenschaft `title 'object'` aus **Data Schema** wie folgt ändern: `"object"`.
2. Die Property-Namen sind nicht in Anführungszeichen gesetzt. Dies musste ich nachholen. Zum Beispiel wurde die Eigenschaft `title: 'Schritt 1: Seminar und Seminartermin auswählen'` aus **Data Schema** zu `"title": "Schritt 1: Seminar und Seminartermin auswählen"`.

9 *https://ginkgobioworks.github.io/react-json-schema-form-builder* (Stand: 27.12.2024)

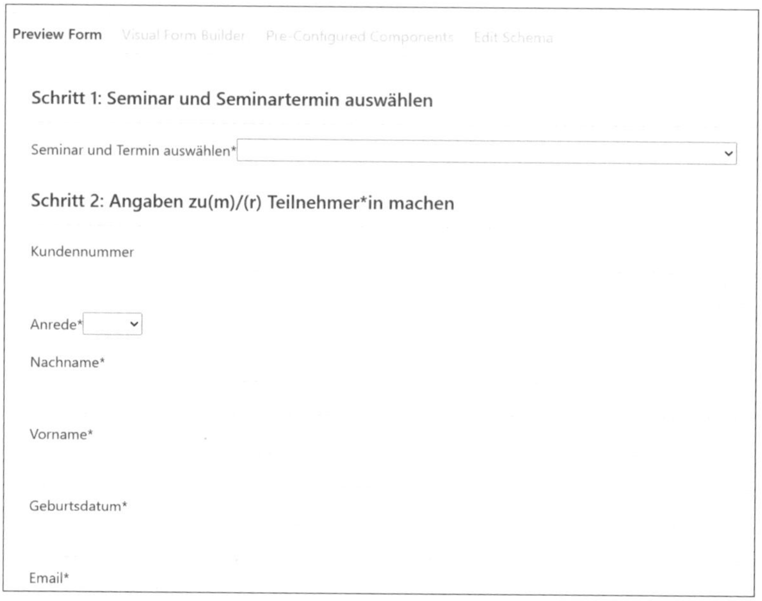

Abbildung 8.36: Der freie »React JSON Schema Form Builder« – Auszug des Formulars »Seminaranmeldungsanfrage erfassen« in der Ansicht »Preview Form«

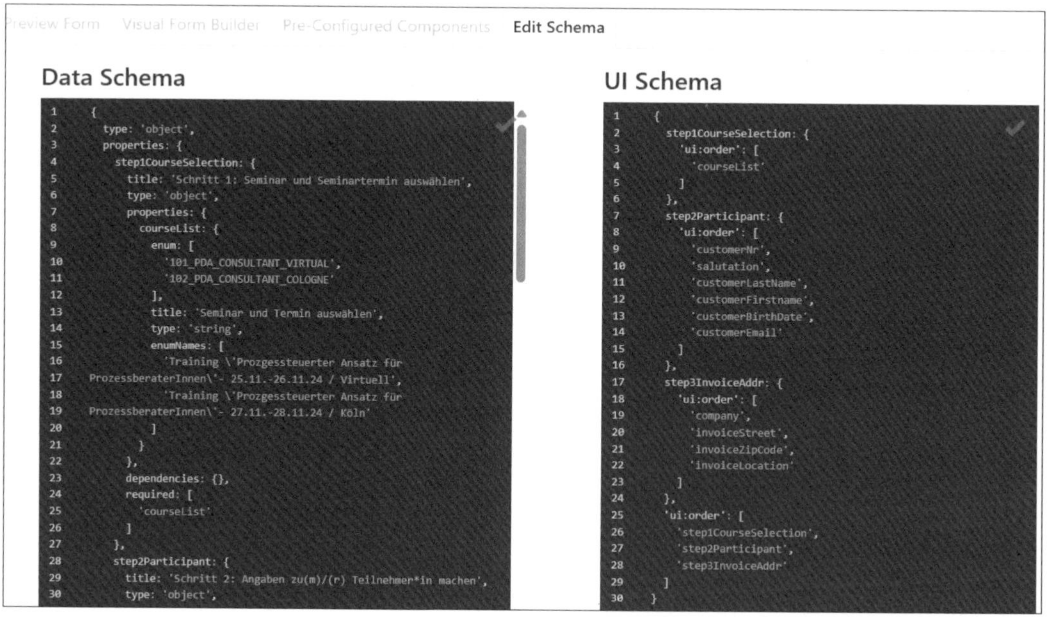

Abbildung 8.37: Der freie »React JSON Schema Form Builder« – Auszug des Formulars »Seminaranmeldungsanfrage erfassen« in der Ansicht »Edit Schema«

Für diese Nachbereitung habe ich die Struktur aus **Data Schema** und **UI Schema** in einen Texteditor eingefügt und dort die beschriebenen Änderungen vorgenommen. Anschließend konnte ich die geänderte Struktur aus **Data Schema** in SpiffWorkflow unter **JSON Schema** sowie die geänderte Struktur aus **UI Schema** in SpiffWorkflow unter **UI Settings** einfügen.

8.3.8 Vorbereitende Konfiguration zur Umsetzung von Aufgabenlogik (Service Task)

Die Service Task lässt sich im Eigenschaftsbereich mittels Konnektoren konfigurieren. Die Konnektoren sollen einen einfachen Zugriff auf die jeweiligen Systemschnittstellen ermöglichen. Für den Prozessgesteuerten Ansatz brauchen wir lediglich die Standard-Konnektoren für die HTTP-Operationen. Denn wir haben die zur Prozessgesteuerten Anwendung gehörende Funktionalität mit einer REST-Schnittstelle versehen.

Auch eventuelle Datenübergaben an ein Messaging-System zur Realisierung des *Servicevertrags* können wir über die REST-Schnittstelle des Messaging-Systems vornehmen. In beiden Fällen können wir also die mit SpiffWorkflow gelieferten Konnektoren für die HTTP-Operationen nutzen. Sollten Sie keinen Konnektor für die Nutzung Ihrer Funktionalität oder zur Übergabe an das Messaging-System vorfinden, können Sie einen eigenen Konnektor implementieren. Genauere Erklärungen dazu finden Sie in der Dokumentation zu SpiffWorkflow.[10]

Nun möchte ich Ihnen die Konfiguration der HTTP-POST-Methode anhand der Service Task *Anfrage "Bisherigen Zahlungsstand ermitteln" senden* erläutern, die sich innerhalb des Fachprozesses *Zahlungsbeleg erstellen* befindet. Wenn Sie diese Service Task anklicken, finden Sie im Eigenschaftsbereich den Abschnitt **Spiffworkflow Service Properties**. Bitte klicken Sie diesen Abschnitt an, sodass die Einstellungen so, wie in Abbildung 8.38 dargestellt, sichtbar werden.

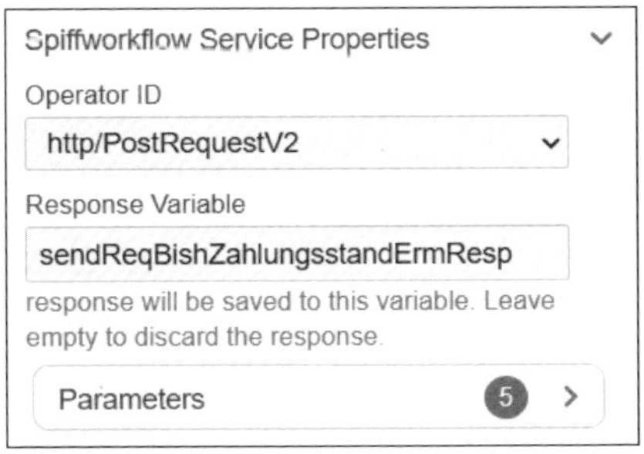

Abbildung 8.38: Service Task – »Spiffworkflow Service Properties« (Beispiel)

In Abbildung 8.38 sehen Sie zunächst die Auswahlliste **Operator ID**. Über diese Liste können Sie einen Konnektor auswählen. In diesem Fall nutzen wir den Konnektor für die HTTP-POST-Methode, also den Operator *http/PostRequestV2*. Das Ergebnis des Schnittstellenaufrufs wird in der im Textfeld `sendReqBishZahlungsstandErmResp` definierten

10 *https://spiff-arena.readthedocs.io/en/latest/index.html* (Stand: 28.12.2024)

Prozessvariable abgelegt. Im Unterabschnitt **Parameters** musste ich bestimmte Parameter für die HTTP-POST-Methode konfigurieren. Den ausgeklappten Abschnitt sehen Sie in Abbildung 8.39. Leider kann ich die Textfelder nicht größer darstellen, deshalb führe ich in Tabelle 8.2 die genauen Inhalte der einzelnen Parameter auf.

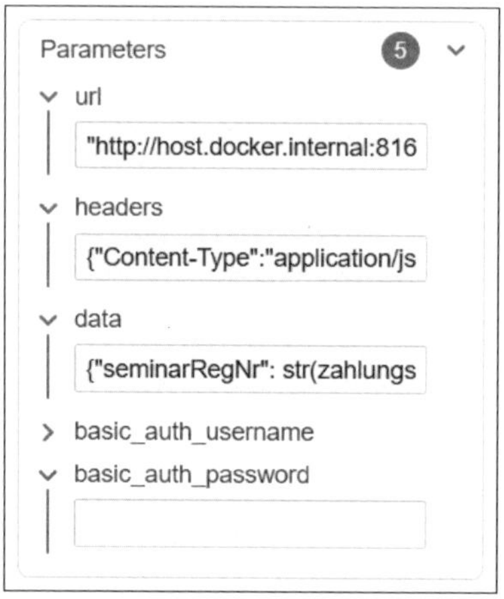

Abbildung 8.39: Service Task: aufgeklappter Unterabschnitt »Parameters« zur HTTP-POST-Methode – Abschnitt »SpiffWorkflow Service Properties« (Beispiel)

Parameter	Wert
url	`"http://host.docker.internal:8161/api/message/QPaymentStatusRequest?type=queue"`
headers	`{"Content-Type":"application/json","Authorization":"Basic YWRtaW46YWRtaW4="}`
data	`{"seminarRegNr": str(zahlungsbelegAnf["seminarRegNr"])}`
basic_auth_username	<leer>
basic_auth_password	<leer>

Tabelle 8.2: Parameterkonfiguration der Service-Task-Properties zum Konnektor der HTTP-POST-Methode (Beispiel)

In Tabelle 8.2 können Sie für das Beispiel die Parameterkonfigurationen des Konnektors *HTTP POST* erkennen. Ich möchte Ihnen noch kurz die Bedeutung der angegebenen Werte für die Parameter erläutern:

- **URL:** Hier geben Sie in Anführungszeichen die URL zur Ressource der HTTP-Schnittstelle an. In diesem Beispiel möchte ich Daten an eine Queue `QPaymentStatus-`

`Request` des Messaging-Systems *Apache ActiveMQ Classic* übergeben. Sie sehen hier die URL zur Ressource, um eine Message an das Messaging-System zu senden. Dieses Messaging-System läuft genauso wie die Process-Engine *SpiffWorkflow* in einem Container auf meinem lokalen Computer. Nun soll SpiffWorkflow versuchen, aus seinem Container heraus die Verbindung zum lokalen Computer (Host) herzustellen. Um die Verbindung zum lokalen Computer, auf dem der Docker- oder Podman-Container läuft, hinzubekommen, müssen wir anstelle von `localhost` den Namen `host.docker.internal` verwenden.

- **headers:** Hier konfigurieren wir den HTTP-Header als JSON-Struktur. Ich habe hier den `Content-Type` als JSON für die Message definiert. Zur Authentifizierung erwartet das Messaging-System die *Basic Authentication*. Dazu habe ich im Header `Authorization` angegeben. Als Wert dieses Header-Parameters wird das Schlüsselwort `"Basic"` gefolgt von der Base64-kodierten Zeichenfolge `"<username>:<password>"` angegeben. In meinem lokalen Setup lautet sowohl der Benutzername als auch das Passwort `"admin"`.
- **data:** Mit diesem Parameter übergebe ich den HTTP-Body-Request. Dieser entspricht im Fall der HTTP-Schnittstelle des Messaging-Systems *Apache ActiveMQ Classic* den eigentlichen Message-Daten. Hier wird eine JSON-Struktur übergeben, die lediglich die Property `seminarRegNr` mit dem entsprechenden Wert der Eigenschaft `seminarRegNr` aus dem Datenobjekt `zahlungsbelegAnf` enthält.
- **basic_auth_username und basic_auth_password:** Mit diesen beiden Parametern lässt sich die Basic-Authentifizierung gegen die HTTP-Schnittstelle umsetzen. Ich habe die *Basic Authentication* direkt über den HTTP-Header spezifiziert. Deshalb habe ich diese beiden Parameter leer gelassen.

8.4 Funktionalität implementieren

Aus Sicht des Entwicklers stellt der grafische BPMN-Fachprozess eine Art Perlenkette für die fachliche Prozessablauflogik durch die Prozessgesteuerte Anwendung dar. Das bedeutet: Anhand des BPMN-Fachprozesses kann der Entwickler die Prozessgesteuerte Anwendung mit allen weiteren relevanten Artefakten (wie der ergänzenden Funktionalität) verstehen. Die Konfiguration des grafischen Fachprozess (Prozessdefinition) im jeweiligen BPMN-basierten Workflow-Management-System ist spezifisch.

In Abschnitt 8.3, »BPMN-Prozessdefinitionen konfigurieren«, habe ich Ihnen exemplarisch einige Aspekte der Konfiguration beschrieben. In diesem Abschnitt werde ich Ihnen nun zeigen, wie Sie die ergänzende Funktionalität für die Prozessgesteuerte Anwendung implementieren. Doch bevor wir in die Details einsteigen, gebe ich Ihnen eine Übersicht über die Optionen, die Sie zur Implementierung von Funktionalitäten im Allgemeinen haben:

1. **Neue und damit zur Prozessgesteuerten Anwendung gehörende Funktionalität:** Deren Implementierung erläutere ich Ihnen in Abschnitt 8.4.1, »Neue Funktionalität implementieren, die zur Prozessgesteuerten Anwendung gehört«.
2. **Vorhandene Funktionalität aus der Systemlandschaft wiederverwenden:** Diese Implementierung erläutere ich Ihnen in Abschnitt 8.4.2, »Vorhandene Funktionalität aus der Systemlandschaft implementieren«.
3. **Zur Prozessgesteuerten Anwendung oder zum Integrationsprozess gehörende einfache Funktionalität mittels BPMN Script Task implementieren:** Hier lassen sich ein paar Zeilen Code zur Realisierung innerhalb der BPMN-Prozessdatei mithilfe einer Skriptsprache formulieren. Das Workflow-Management-System ist in der Lage, diese Skriptsprache (z. B. JavaScript, Python oder Groovy) zu interpretieren. Einige Produkte von Workflow-Management-Systemen schränken die zu realisierende Funktionalität für Anwendungen nur auf Skripte ein. Das Problem dabei ist, dass eine große Menge von ergänzender Funktionalität dadurch in einem schlechten Programmierstil implementiert wird (*technische Schulden*), da die Wiederverwendbarkeit von Quellcode nicht ermöglicht oder erschwert wird. Dies ist nicht im Sinne der Nachhaltigkeit und Wartbarkeit und somit auch kein Prinzip des Prozessgesteuerten Ansatzes.
4. **Aufruf geschäftskritischer Entscheidungsmodelle (ehemals »Business Rules«) in separaten Entscheidungsmodellen innerhalb von Decision-Management-Systemen:** Dabei können Entscheidungsmodelle sowohl im Rahmen der Prozessgesteuerten Anwendung als auch in Integrationsprozessen relevant sein. Bei Integrationsprozessen können Entscheidungsmodelle beispielsweise bei der Zuordnung (*Mapping*) zwischen Prozessgesteuerter Anwendung und systemspezifischen Eigenheiten herangezogen werden.

8.4.1 Neue Funktionalität implementieren, die zur Prozessgesteuerten Anwendung gehört

In diesem Abschnitt beschäftigen wir uns mit einer umfangreichen zu implementierenden **Funktionalität zu einer Aufgabe** aus dem Fachprozess. Diese Funktionalität existiert bisher noch nicht und ist damit **neu**. Sie gehört zur Prozessgesteuerten Anwendung. Im Fachprozess verwenden wir zur Beschreibung solch einer Aufgabe die *Service Task*, über die *synchron* die Funktionalität realisiert wird. Die Funktionalität wird als eine Fachkomponente *komponentenbasiert* entwickelt.

[»]

Hinweis: Komponentenbasierte Softwareentwicklung der Fachkomponenten

Bei der *komponentenbasierten Softwareentwicklung* wird eine Anwendung in wiederverwendbare Komponenten aufgeteilt. Jede Komponente stellt eine in sich geschlossene Funktionalität dar und wird auf Basis einer fachlichen Anforderung definiert. Die Basis für die komponentenbasierte Softwareentwicklung ist die objektorientierte

Programmierung (vgl. auch (Wikipedia, 2022), (Geeks, 2022) und (Tutorialspoint, 2023)).

Der Prozessgesteuerte Ansatz definiert eine *Komponente* wie folgt:

1. Eine Komponente (»Geschäftslogik«) ist eine autarke Einheit, die in irgendeiner Form von einer Ablaufumgebung wie Cloud, Application-Server oder Container verwaltet wird.
2. Sie hat eine wohldefinierte Schnittstelle. Die Kommunikation mit einer Komponente erfolgt lediglich über ihre Schnittstelle (vgl. auch (Tutorialspoint, 2023)). Alles, was sich innerhalb der Komponente befindet, kann beliebig ausgetauscht werden. Dabei bleibt die Schnittstelle der Komponente unverändert.
3. Eine Komponente kann zur Laufzeit beliebig gegen eine andere Implementierung ausgetauscht werden. Eine Komponente lässt sich durch ein neues Deployment der Implementierung der Komponente austauschen. Durch das »Injizieren« im Rahmen von *Dependency Injection* erhalten die Konsumenten dynamisch die neueste Version der Komponente. Bei der Dependency Injection wird ein Objekt nicht mehr selbst vom Programmierer erzeugt (z. B. in Java mittels `new Klasse()`), sondern seine Erzeugung wird vom umgebenden *Container* übernommen. Die Abhängigkeit zu einer Komponente wird »injiziert«, d. h. referenziert (vgl. auch (Ullenboom, 2023), S. 110).
4. Eine Komponente wird von den nutzenden Programmen (Konsumenten wie beispielweise SOAP- oder REST-Webservice, *Delegate*-Klassen-Implementierungen im Kontext eines Workflow-Management-Systems oder Frontends) aufgerufen und bekommt immer die aktuelle Version »injiziert«. Dazu rufen die Konsumenten die konkrete Implementierung nicht direkt auf. Hierbei wird das Muster *Dependency Injection* angewendet.
5. Eine Komponente implementiert den Lebenszyklus eines bestimmten Objekts: CRUD-Operationen und zusätzlich Suchen.
6. Sie übernimmt das Persistieren des bestimmten Objekts in die PDA-Datenbank.

In Abbildung 8.40 veranschauliche ich das Konzept *Komponente*.

Die Komponenten ergeben sich bei einer Prozessgesteuerten Anwendung auf Basis der Fachprozesse. Dabei ergibt sich die erste Komponente auf Basis des *Prozessobjekts*, d. h. des Gegenstandes, der im Fachprozess bearbeitet wird. **Beispiel:** Bei einem Auftragsabwicklungsprozess ist das Prozessobjekt der Auftrag. Daraus ergibt sich die zugehörige Komponente: *AuftragService*. Weitere Komponenten können sich aus weiteren Aufgaben in diesem Prozess ergeben, z. B. *Auftrag ausliefern*. Diese Komponente kann vom *DeliveryService* benannt werden. Das verwaltete Objekt ist die Auslieferung. Eine weitere klassische Komponente ist der *CustomerService*, bei dem der Kunde verwaltet wird. All diese Komponenten umfassen die Verwaltung des Lebenszyklus des jeweilig zu verwaltenden Objekts.

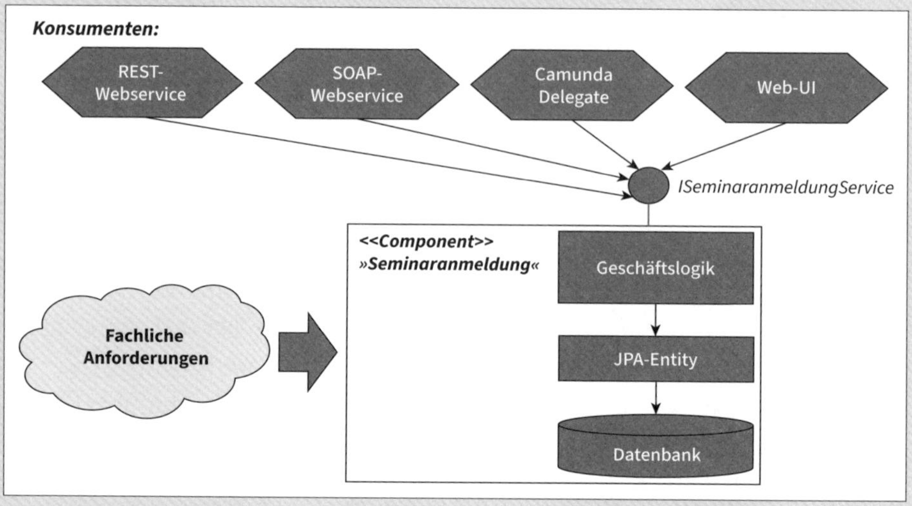

Abbildung 8.40: Eine (Fach-)Komponente am Beispiel der Seminarverwaltung

Die Art und Weise der Implementierung der neuen Funktionalität für die Prozessgesteuerte Anwendung möchte ich Ihnen anhand der Aufgabe *Seminaranmeldung validieren* aus der Fallstudie zu diesem Buch verdeutlichen. Die Aufgabe finden Sie in Abbildung 8.41 dargestellt.

Abbildung 8.41: Beispiel »Seminaranmeldung validieren«:
Zur Prozessgesteuerten Anwendung gehörende Funktionalität

Bei der Funktionalität *Seminaranmeldung validieren* können wir das Objekt direkt benennen, zu dem die Fachkomponente definiert wird. Hier ist es eben das Objekt *Seminaranmeldung*. In diesem Fall ist die Identifizierung des Objekts, das die Fachkomponente in Hinblick auf ihren Lebenszyklus verwaltet, sehr einfach.

Im Rahmen des Remote Workflow-Management-Systems lässt sich die Funktionalität einer Service Task auf die folgenden beiden Weisen implementieren:

1. **External-Task-Implementierung** (siehe den Hinweiskasten zum *External Task Pattern* in Abschnitt 8.1, »Überblick«) und Aufruf der Fachkomponente im Rahmen des Workflow-Management-System-spezifischen External-Task-Handlings.

2. Die eigenständige Fachkomponente ist direkt aus der Prozesskonfiguration der Service Task über eine **synchrone Webservice-Schnittstelle (HTTP-API)** aufrufbar. Dabei nutzen wir einen einfachen beim Workflow-Management-System mitgelieferten HTTP-Konnektor. Hierbei ist es wichtig, dass die Schnittstelle der Fachkomponente genau der Schnittstelle des Servicevertrags der Prozessgesteuerten Anwendung entspricht. Das heißt: Die Schnittstelle der Fachkomponente enthält genau die Parameter, die aus der Fachlichkeit heraus benötigt werden. Nicht mehr und auch nicht weniger.

Situation I: External-Task-Implementierung der Funktionalität

Bei einem *Remote Workflow-Management-System (WfMS)* muss die Implementierung der Funktionalität einer Aufgabe wie beispielsweise der Service Task außerhalb erfolgen. Denn es lässt sich keine Funktionalität innerhalb des WfMS der Aufgabe mitgeben.

Hierzu hatte vor vielen Jahren *Camunda* das *External Task Pattern* für ihr WfMS eingeführt. Diese Art und Weise der Implementierung wurde von vielen WfMS-Softwareherstellern aufgegriffen. Ich möchte hier festhalten, dass dieses Pattern proprietär und damit kein Standard ist.

Als Entwickler nutzen wir dabei eine Bibliothek (einen »External Task Client«), der vom WfMS-Softwareanbieter bereitgestellt wird. Diese Bibliothek abstrahiert den Umgang mit dem spezifischen WfMS im Kontext der Implementierung der Funktionalität für diese Prozessaufgabe (siehe den Hinweiskasten).

Hinweis: Funktionsweise des External Task Pattern

Das *External Task Pattern* funktioniert wie folgt (vgl. auch (Camunda 7 Docs, 2024)):

1. In der Prozessdefinition bzw. dem Prozessmodell definieren wir als Entwickler ein Topic, d. h. eine kurze Bezeichnung für die Aufgabe. Ich stelle mir dies wie eine Schublade in einem Schrank vor, die ich für bestimmte Gegenstände reserviere. In diesem Fall sind die Gegenstände die konkreten Ausführungen der Aufgabe.
2. Als Entwickler schreibe ich die Funktionalität zu dieser Aufgabe außerhalb des Workflow-Management-Systems (WfMS) mit einer beliebigen Technologie, z. B. mit Java, C#, JavaScript. Für die Koordinierung der Funktionalität mit dem WfMS wird ein *External Task Client*, d. h. eine Bibliothek, für die verwendete Programmiersprache eingesetzt (z. B. Java). Ich muss hier auch unter anderem das Topic der Aufgabe angeben, damit der External Task Client weiß, welche Aufgaben aus dem WfMS für ihn relevant sind.
3. Zur Laufzeit des Prozesses wartet das WfMS bei dieser Aufgabe, die als *External Task* implementiert wird. Das WfMS wartet auf eine Statusinformation von außerhalb, die besagt, dass es die Prozessausführung gemäß Prozessdefinition fortsetzen kann.

4. Unsere Aufgabenimplementierung (oft als *Task Worker* bezeichnet) fragt regelmäßig bei dem WfMS an, ob offene und nicht gesperrte Aufgaben vorliegen. Dies wird vom verwendeten External Task Client für das WfMS übernommen.
5. Ist dies der Fall, holt unsere Aufgabenimplementierung die Informationen der Aufgabe vom WfMS ab, z. B. Prozessvariablen. Dieser Schritt wird vom verwendeten External Task Client für das WfMS übernommen.
6. Die Aufgabenimplementierung arbeitet die definierte, individuelle Funktionalität für diese Aufgabe ab.
7. Nach Bearbeitung der individuellen Funktionalität für die Aufgabe übernimmt der External Task Client die Kommunikation der Statusinformation an das WfMS. Als Entwickler verwendet man typischerweise eine Methode des Clients oder Ähnliches, um zu definieren, dass beispielsweise die Aufgabe erfolgreich abgeschlossen ist. Hier lassen sich auch die Ergebnisse aus der Abarbeitung der Funktionalität als Prozessvariablen dem WfMS übergeben.
8. Nun setzt das WfMS die Prozessausführung gemäß der Prozessdefinition fort.

Die eigentliche Fachlogik für die Aufgabe wird innerhalb einer separaten Fachkomponente (repräsentiert durch beispielsweise eine Klasse) realisiert.

In der Funktion des External-Task-Handlings für die Aufgabe im Prozess (in diesem Beispiel: *Seminaranmeldung validieren*) wird diese Fachkomponente aufgerufen. Die Interaktion des *Task Workers* (d. h. die Implementierung der Prozessaufgabe) mit dem Workflow-Management-System beziehungsweise mit der Process-Engine wird durch den External Task Client abstrahiert.

Beim Aufruf der Fachkomponente in der Task-Worker-Implementierung wird von der konkreten Implementierung der Fachkomponente abstrahiert. Dies wird möglich, indem als Referenz auf die Fachkomponenten-Implementierung nicht die konkrete Klasse, sondern ein Interface (z. B. in Java: *Interface*) fungiert.

Des Weiteren sorgt die Injizierung der konkreten Fachkomponenten-Implementierung mittels Dependency Injection dafür, dass die Objekterzeugung durch die Umgebung gemanagt wird. So wird diese Implementierung zur Laufzeit gegen eine andere austauschbar. Damit reduzieren Sie einerseits den Migrationsaufwand von einem Workflow-Management-System zu einem anderen und andererseits die Flexibilität hinsichtlich der Implementierung. Innerhalb der Fachkomponente erfolgt der Zugriff auf die Datenbank. Das allgemeine Prinzip habe ich zusammenfassend in einem Sequenzdiagramm in Abbildung 8.42 visualisiert.

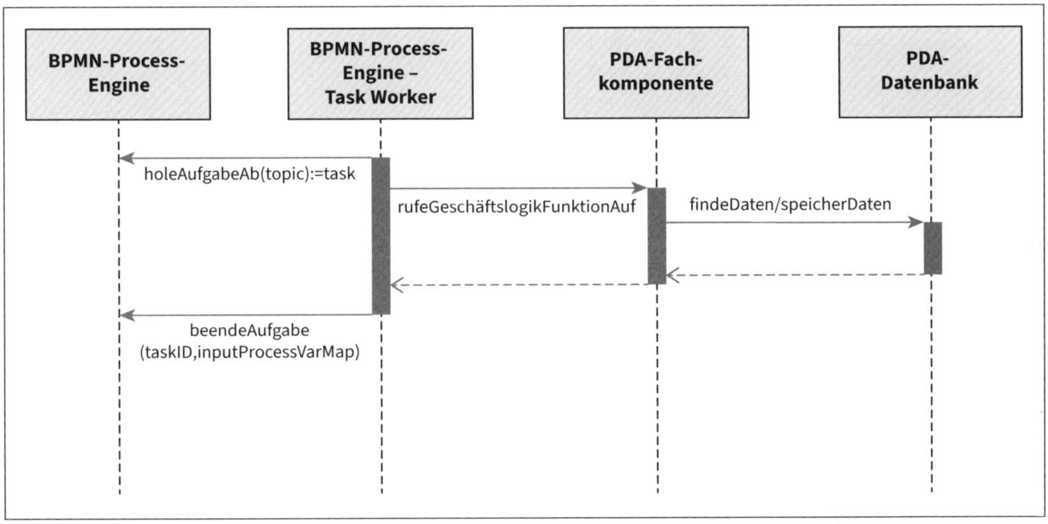

Abbildung 8.42: Laufzeitsicht der Implementierung der zur PDA gehörenden Funktionalität

Hinweis: Verzichten Sie möglichst auf die External-Task-Implementierung

Eine External-Task-Worker-Implementierung realisiert außerhalb des Workflow-Management-Systems die Funktionalität für eine Prozessaufgabe.

In dieser Implementierung rufen Sie die betreffende Funktionalität auf: z. B. die HTTP-API der Fachkomponente. Dies stellt einen zusätzlichen Aufwand dar, den wir uns zumeist sparen können. Stattdessen können wir die betreffende Ressource der Fachkomponente über die HTTP-API direkt aufrufen. Diesen Ansatz beschreibe ich im nächsten Abschnitt.

Situation II: Aufruf der Fachkomponente über den HTTP-Konnektor innerhalb der Service Task

Eine andere Möglichkeit ist, die Fachkomponente der zur Prozessgesteuerten Anwendung gehörenden Funktionalität mit einer HTTP-API auszustatten. Diese API umfasst lediglich die Parameter, die von der Fachlichkeit her erforderlich sind. Das heißt, die API entspricht dem Servicevertrag der Prozessgesteuerten Anwendung. Diese Fachkomponenten können Sie über einen vom Workflow-Management-System mitgelieferten HTTP-Konnektor aus der Service Task heraus aufrufen. Zur Erinnerung: Dieser direkte und synchrone Aufruf ist nur gestattet, weil die Funktionalität zur Prozessgesteuerten Anwendung gehört.

Die BPMN-Service-Task *Seminaranmeldung validieren* konfigurieren Sie über den Eigenschaftsbereich der Service Task, den Sie in Abbildung 8.43 sehen.

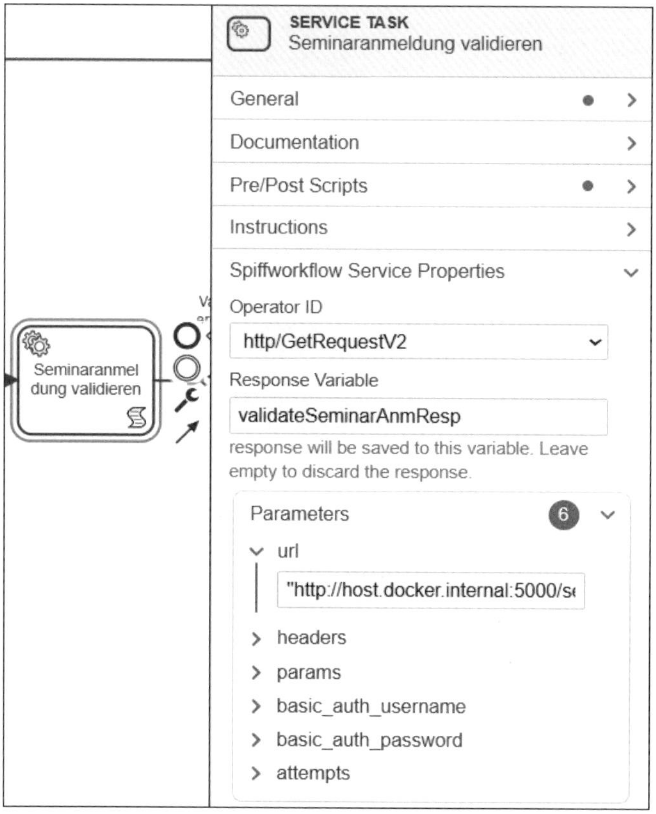

Abbildung 8.43: Prozesskonfiguration der Service Task in SpiffWorkflow zum HTTP-Aufruf einer PDA-Funktionalität – Beispiel »Seminaranmeldung validieren«

1. Im Eigenschaftsbereich der Service Task wählen Sie unterhalb von **Spiffworkflow Service Properties** die folgende Operator-ID aus: *http/GetRequestV2*
2. Als **Response Variable** für den Service habe ich folgenden Variablennamen angegeben: *validateSeminarAnmResp*
3. Unter **Parameters** geben Sie folgende Werte ein:

Parameter	Wert
URL	`"http://host.docker.internal:5000/seminaranmeldung/validate/"+str(seminaranmeldung["seminarRegNr"])`
headers	<leer>
data	<leer>

Parameter	Wert
basic_auth_username	<leer>
basic_auth_password	<leer>
attempts	<leer>

In diesem Fall liefert der Service mit der Seminaranmeldungsvalidierungsfunktion lediglich eine Information zurück, ob die Seminaranmeldung gültig ist. Dieser Aufruf verwendet die HTTP-GET- Methode. Sie können aus der URL entnehmen, dass diese als Pfadparameter die `seminarRegNr` der Seminaranmeldung umfasst. Mehr möchte ich an dieser Stelle zur Konfiguration nicht erklären. Ich habe sie bereits in Abschnitt 8.3, »BPMN-Prozessdefinitionen konfigurieren«, erläutert.

8.4.2 Vorhandene Funktionalität aus der Systemlandschaft implementieren

In Kapitel 7, »SCI-Layer: Die Integrationssicht beschreiben«, haben wir uns damit befasst, mit welchen Möglichkeiten der Servicevertrag der Prozessgesteuerten Anwendung über die Servicevertrag-Implementierungsschicht (SCIL) umgesetzt wird.

In diesem Abschnitt beschreibe ich, wie Sie die beiden Möglichkeiten implementieren:

1. **Situation I:** vom Fachprozess über die einfache Integration zu den Backend-Systemen
2. **Situation II:** vom Fachprozess über die system- und partnerabhängige Integrationsablauflogik zu den Backend-Systemen

Situation I: vom Fachprozess über die einfache Integration zu den Backend-Systemen

Wir wollen nun eine vorhandene Funktionalität über die IT-Systemlandschaft realisieren. In diesem Fall haben wir eine einfache Integrationsablauflogik, die wir mit der Integrationsplattform direkt implementieren. »Einfach« meint, dass wir nur einen Systemaufruf zur Implementierung der vorhandenen Funktionalität benötigen.

Lassen Sie uns die Implementierung anhand unseres durchgängigen Fallbeispiels anschauen. Innerhalb des globalen Fachprozesses *Zahlungsbeleg erstellen* gibt es die Aufgabe *Anfrage »Bisherigen Zahlungsstand ermitteln« senden*[11]. Basierend auf dem Datenmodell der Prozessgesteuerten Anwendung haben die Fachexperten folgende fachliche Anforderungen definiert:

11 Zu dem Zeitpunkt, als ich dieses Beispiel geschrieben habe, ließen sich in SpiffWorkflow HTTP-API-Aufrufe nur über *Service Tasks* realisieren. Deshalb verwende ich abweichend von meinen Erklärungen die Service Task anstelle der Send Task. Das richtige BPMN-Element in diesem Kontext ist die *Send Task*.

```
FACHLICHE SCHNITTSTELLENOPERATION (im Rahmen des PDA-Servicevertrags)

ZIEL:
Bisherigen Zahlungsstand zur Seminaranmeldung ermitteln (Anfrage)

INPUT:
-Seminaranmeldung:
  - .anmNr (Seminaranmeldungsnummer) -> verpflichtend
```

Sie können im obigen Listing sehen, dass lediglich aus fachlicher Sicht die Anmeldungsnummer der Seminaranmeldung aus dem Fachprozess der Prozessgesteuerten Anwendung an die vorhandene Funktionalität übergeben wird.

Diese Information senden Sie an ein Messaging-System. Um dies zu implementieren, haben Sie zwei Möglichkeiten (siehe Abbildung 8.44):

1. Sie implementieren einen *External Task Worker* (vgl. Abschnitt 8.4.1, »Neue Funktionalität implementieren, die zur Prozessgesteuerten Anwendung gehört«), und über diesen senden Sie die gemäß fachlicher Schnittstellenoperation definierte Informationen aus dem Prozess an das Messaging-System. Zum Senden der Information (*Message*) verwenden Sie die in Ihrer Programmiersprache vorhandene API für das Messaging-System.

   Oder:

2. Das Messaging-System bietet eine HTTP-API (REST-API) an, über die Sie direkt die Information gemäß fachlicher Schnittstellenoperation aus dem Prozess versenden können. Dazu nutzen Sie den vom Process-Engine-Anbieter zur Verfügung gestellten Standard-HTTP-Konnektor. Die Message stellt hier die zu versendende definierte Information gemäß Schnittstellenoperation dar.

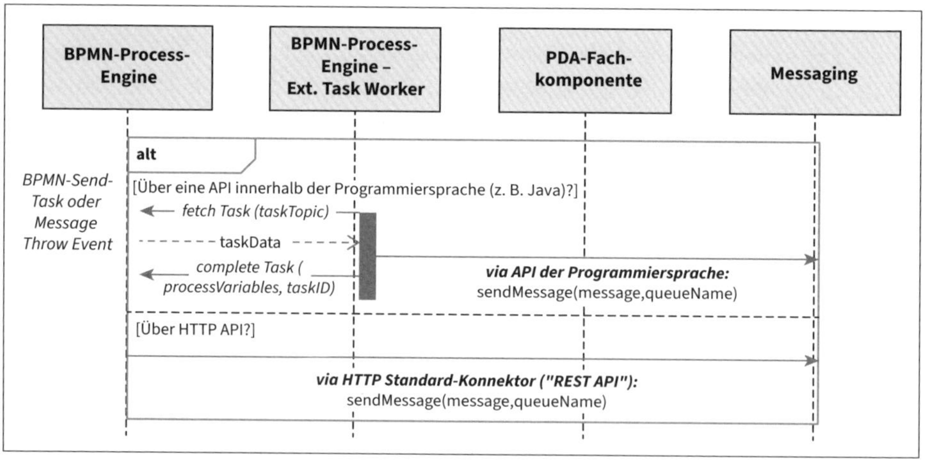

Abbildung 8.44: Laufzeitsicht der Implementierung zur Anforderung der vorhandenen Funktionalität aus der IT-Systemlandschaft (zwei Optionen)

Wir bevorzugen hier die zweite Variante. Das heißt, wir senden die Information gemäß definierter fachlicher Schnittstellenoperation als Message über die HTTP-API des Messaging-Systems. Dies hat den Vorteil, dass wir uns den Overhead des proprietären External Task Patterns ersparen. Dieser entsteht dadurch, dass wir nur speziell für diesen Aufruf eine gesonderte Implementierung außerhalb des Workflow-Management-Systems vornehmen müssen. Im Beispiel nutzen wir als Messaging-System *Apache ActiveMQ Classic*. Die Information (mit anderen Worten die *Message*) versenden wir im JSON-Datenformat an das Messaging-System.

Die Prozesskonfiguration für die Service Task *Anfrage »Bisherigen Zahlungsstand ermitteln« senden* nehmen wir in SpiffWorkflow auf dem Reiter **Spiffworkflow Service Properties** mit den in Tabelle 8.3 dargestellten Eigenschaften vor.

Eigenschaft	Wert
Operator ID	`http/PostRequestV2`
Response Variable	`sendReqBishZahlungsstandErmResp`

Parameters	**url**:
	"*http://host.docker.internal:8161/api/message/QPaymentStatus-Request?type=queue*"
	headers:
	`{"Content-Type":"application/json","Authorization":"Basic YWRtaW46YWRtaW4="}`
	data:
	`{"seminarRegNr": str(zahlungsbelegAnf["seminarRegNr"])}`
	basic_auth_username:
	<leer>
	basic_auth_password:
	<leer>

Tabelle 8.3: Eigenschaften der Service Task »Anfrage ›Bisherigen Zahlungsstand ermitteln‹ senden«

Um eine Message über die HTTP-API des Messaging-Systems *Apache ActiveMQ Classic* zu senden, bedarf es der HTTP-Methode `POST`. Deshalb müssen wir als **Operator ID** den Konnektor *http/PostRequestV2* auswählen. Die Antwort der HTTP-Anfrage speichern wir in der Variable, die unter der Eigenschaft *Response Variable* angegeben ist. Anschließend konfigurieren wir unter **Parameters** die eigentlichen Parameter für die HTTP-Anfrage:

- **url**: Hier geben wir die URL für die HTTP-Anfrage an. In diesem Fall läuft das Messaging-System lokal auf meinem Rechner als Container. Wie Sie Tabelle 8.3 entnehmen können, habe ich anstelle von `localhost` den Eintrag `host.docker.internal` verwendet. Damit kann ich aus meinem Container heraus auf den Computer (Host) zugreifen, auf dem der Container läuft. Denn dort läuft der Container des Messaging-Systems. Weiter hinten in der URL finden Sie den Namen der Messaging-Queue, an die die Message versendet wird: `QPaymentStatusRequest`.

- **headers**: Hier gebe ich als HTTP-Header den `Content-Type` als JSON und die Informationen zur Autorisierung beim Messaging-System an. In diesem Beispiel nutze ich *Basic Authorization*. Der Wert ist ein String und enthält `Basic Benutzer (admin):Passwort (admin)`, wobei »Benutzer:Passwort« base64-kodiert ist.
- **data**: Als Parameter **data** gebe ich die Datenstruktur an, die der HTTP-Anfrage als Body-Request mitgegeben wird. Der Body-Request liegt in JSON vor. Hier handelt es sich um ein einfaches JSON-Objekt, das die Eigenschaft `seminarRegNr` mit dem Wert der Seminaranmeldungsregistrierungsnummer aus dem Data Object `zahlungsbelegAnf` beinhaltet.

Die Felder **basic_auth_username** und **basic_auth_password** bleiben leer.

Wie eine Message exemplarisch im Messaging-System aussieht, können Sie in Abbildung 8.45 sehen. Diese Abbildung zeigt die im Messaging-System vorgehaltene Message über die webbasierte Administrationsoberfläche. Den Inhalt der Message finden Sie unten unter **Message Details**.

Abbildung 8.45: Anforderung der vorhandenen Funktionalität »Bisherigen Zahlungsstand ermitteln« – Inhalt der Message im Messaging-System »Apache ActiveMQ Classic« gemäß Servicevertrag der PDA

Die Integrationsablauflogik zur Realisierung der vorhandenen Funktionalität *Bisherigen Zahlungsstand ermitteln* lauscht auf der Messaging-Queue `QPaymentStatusRequest`. Bei jeder neuen Message wird die Integrationsablauflogik aktiv. In Abbildung 8.46 sehen Sie die allgemeinen Schritte exemplarisch anhand eines Backend-Systemaufrufs. Die Antwort an den Fachprozess gemäß dem Servicevertrag der PDA ist *optional*. In unserem Beispiel ist jedoch die Antwort an den Fachprozess gefordert.

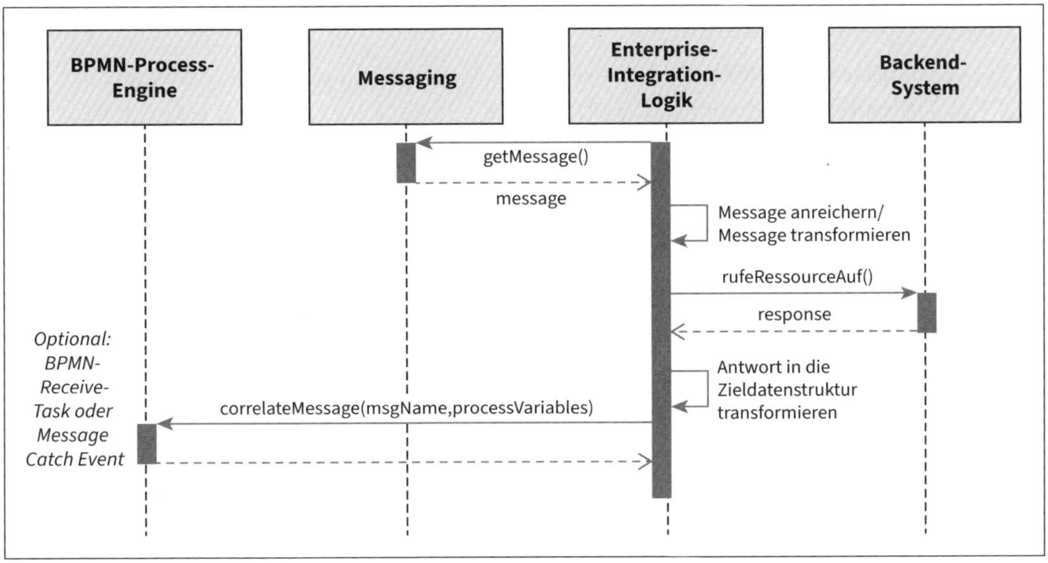

Abbildung 8.46: Laufzeitsicht der Implementierung der Antwort der vorhandenen Funktionalität an den Fachprozess

Die Integrationsablauflogik ist im Beispiel mithilfe des Java-Integrationsframeworks *Apache Camel* realisiert worden. Dieses Framework unterstützt *Enterprise Integration Patterns*. Letztendlich können Sie jede beliebige Integrationssoftware/-plattform verwenden, die professionelle *Enterprise Application Integration Patterns* unterstützt. Weil es kostenlos ist und sich nach meinem Dafürhalten relativ einfach benutzen lässt, habe ich mich in diesem Buch für Apache Camel entschieden.

Hinweis: Leseempfehlung für die Einarbeitung in Apache Camel

Für eine Einführung in das Java-Integrationsframework *Apache Camel* empfehle ich Ihnen folgende Ressourcen:

- *Camel in Action (2018), Second Edition: Manning* (vgl. (Ibsen & Anstey, 2018)
- *Apache Camel Documentation* (vgl. (Foundation, 2024))

Darüber hinaus finden Sie im Internet und im Speziellen auf YouTube auch zahlreiche Tutorials.

Die Integrationsablauflogik in diesem Beispiel besteht aus zwei Teilen. Zur besseren Verständlichkeit erläutere ich schrittweise die Integrationsablauflogik.

In Listing 8.1 sehen Sie die Integrationsablauflogik für die allgemeinen Schritte aus dem Sequenzdiagramm in Abbildung 8.46. Ich werde hier nur die groben Aspekte beschreiben, um nicht zu tief in die Konzeptwelt von *Apache Camel* einzutauchen:

1. Message aus der Queue für die PaymentStatus-Anfrage abholen:

   `from("activemq:"+paymStatusReqQueue.toString())`

2. In diesem Fall müssen wir die erhaltene Message von der PDA (Quelle) nicht mit bestimmten Informationen anreichern. Die erhaltene Message wird lediglich von JSON in ein Java-Objekt umgewandelt. Dies erledige ich mit dem Methodenaufruf `unmarshal()`.

3. Ich simuliere den Backend-Systemaufruf, indem ich die Message mit dem Text `Payment Status Service Request for Seminar registration number: (…)` und `.to("stream:out")` verändere. Normalerweise würde ich in der Angabe `.to()` den Aufruf des spezifischen Systems vornehmen. Hier habe ich lediglich die veränderte Message für das Zielsystem auf die Konsole der Integrationsanwendung ausgegeben.

   Die Antwort des Backend-Systemaufrufs wird simuliert und fest definiert. Dies geschieht im Teil `.process`. Hier wird das aktuelle Datum gesetzt und der Zahlungsstand auf 1.500 € statisch festgelegt. Anschließend wird die Antwort als *Map* (Key-Value-Liste) konstruiert, in ein JSON-Objekt konvertiert und mit

   `.to("activemq:"+paymStatusRespQueue.toString())`

   an die Messaging-Queue übergeben.

   Wenn Sie direkt die Antwortstruktur in die Datenstruktur gemäß Servicevertrag der PDA umwandeln, können Sie direkt die Antwort an den Fachprozess bzw. die PDA zurückschicken. In diesem Fall wäre das Versenden an eine weitere Messaging-Queue unnötig. Beide Vorgehensweisen sind möglich und welche Sie wählen, ist aus meiner Sicht Geschmackssache. In diesem Beispiel versende ich die simulierte systemspezifische Antwort an die Messaging-Queue für die Zahlungsstatus-Antwort. Damit endet dieser erste Teil.

```
/**
 * Input Request (Example):
* {
    "seminarRegNr": 101
  }
*/
from("activemq:"+paymStatusReqQueue.toString())
 .unmarshal(new JacksonDataFormat(HashMap.class))
 .setHeader("seminarRegNr", simple("${body[seminarRegNr]}"))
 .setBody(simple("Payment Status Service Request for Seminar
              registration number: ${header.seminarRegNr}"))
```

```
 .to("stream:out") //Simulate payment status service request
//Convert result processing from system-specific format "Payment
Status Service" to PDA format according to service contract
(simulation):
 .process(exchange -> {
    LocalDate actDate = LocalDate.now();
    String paymAmount = "1500.50";
    String paymCurrency = "EUR";
    String seminarRegNr =
exchange.getMessage().getHeader("seminarRegNr",
                          String.class);
    Map<String,Object> paymentStatus = new HashMap<String,Object>();
    paymentStatus.put("date",actDate.toString());
    paymentStatus.put("amount",paymAmount.toString());
    paymentStatus.put("currency",paymCurrency.toString());
    Map<String,Object> response = new HashMap<String,Object>();
    response.put("seminarRegNr", seminarRegNr.toString());
    response.put("paymentStatus", paymentStatus);
    exchange.getMessage().setBody(response);
   })
 .marshal().json()
 .to("activemq:"+paymStatusRespQueue.toString());
/**
 * Output (Example):
 * {"seminarRegNr":"101","paymentStatus":{"date":"2023-08-
 * 01","amount":"1500.50","currency":"EUR"}}
*/
```

Listing 8.1: Integrationsablauflogik zur Realisierung der vorhandenen Funktionalität »Bisherigen Zahlungsstand ermitteln« – Teil I (Apache-Camel-Beispiel)

Anschließend wird im Rahmen der Integrationsroute die zwischengepufferte systemspezifische Antwort für den zweiten Teil der Integrationsablauflogik aus der Zahlungsstatus-Antwort-Queue abgeholt (siehe Listing 8.3). Die Umwandlung der systemspezifischen Antwort in die Datenstruktur erfolgt gemäß Servicevertrag der PDA. Die fachliche Schnittstellenoperation im Servicevertrag der PDA für *Bisherigen Zahlungsstand empfangen* ist wie folgt definiert:

```
FACHLICHE SCHNITTSTELLENOPERATION (im Rahmen des PDA-Servicevertrags)

ZIEL:
Bisherigen Zahlungsstand zur Seminaranmeldung erhalten (Antwort)
```

```
INPUT:
-Seminaranmeldung:
 - .anmNr (Seminaranmeldungsnummer) -> verpflichtend
 - .Zahlung (= Liste von Zahlungen zu dieser Seminaranmeldung):
   -- .datum -> verpflichtend
   -- .betrag -> verpflichtend
   -- .waehrung -> verpflichtend (Default: "EUR" = Euro)
```

Listing 8.2: Integrationsablauflogik zur Realisierung der vorhandenen Funktionalität »Bisherigen Zahlungsstand ermitteln« – Teil II (Apache-Camel-Beispiel)

Schließlich wird die oben dargestellte Antwort an den Fachprozess der PDA verschickt. Dazu wird der Workflow-Management-System-spezifische HTTP-API-Aufruf zum Anstoßen einer BPMN-Message durchgeführt. Die Implementierung aus Listing 8.2 entspricht dem unteren Teil der allgemeinen Beschreibung aus dem Sequenzdiagramm in Abbildung 8.46.

Im Fachprozess der PDA wartet eine *Receive Task*. In Abbildung 8.47 sehen Sie den Ausschnitt aus dem Fachprozess sowie die exemplarische eingegangene Information zum bisherigen Zahlungsstand des Trainings.

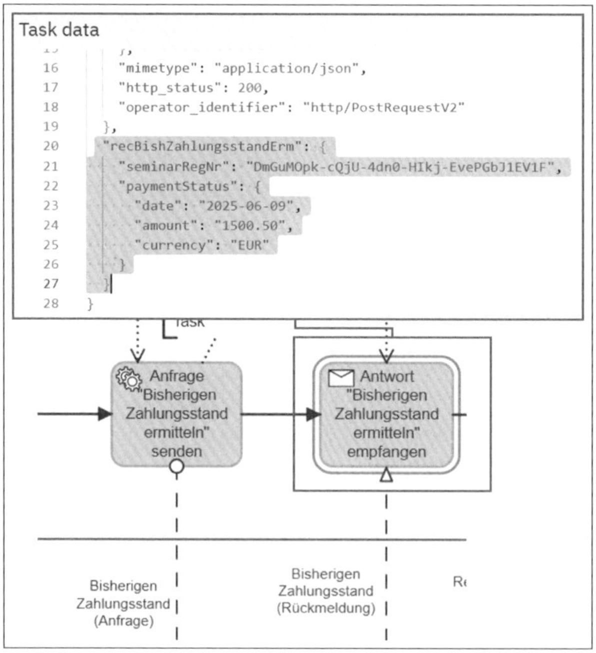

Abbildung 8.47: Beispiel »Bisherigen Zahlungsstand empfangen« – Antwort an den Fachprozess zur Laufzeit

Wie Sie diese *Receive Task* zum Empfangen der BPMN-Message konfigurieren, habe ich ausführlich in Abschnitt 8.3, »BPMN-Prozessdefinitionen konfigurieren«, beschrieben.

Sie haben nun gesehen, wie die Integrationsablauflogik für einen einzelnen Backend-Systemaufruf implementiert wird. Sie sehen: Schon hinter der Implementierung einer einzigen Systemintegration einer vorhandenen Funktionalität steht viel Aufwand. Mit dem Aufruf eines systemspezifischen Konnektors ist es nicht getan. Wenn wir das nun so mit der Fachlogik vermischen (sprich: wenn wir innerhalb des Fachprozesses die vorhandene Funktionalität integrieren), wird es nicht einfacher. Ganz im Gegenteil: Der Aufwand für den Austausch eines Systems gegen ein anderes System nimmt zu. In jeder PDA, in der diese Funktionalität mithilfe des Systems realisiert werden soll, muss die Integrationsablauflogik erkannt und angepasst werden. Stattdessen muss ich bei dem hier eingesetzten Ansatz lediglich die Integrationsablauflogik zur Realisierung der Funktionalität mit dem bestimmten System anpassen. Das war es dann auch schon!

Situation II: vom Fachprozess über die system- und partnerabhängige Integrationsablauflogik zu den Backend-Systemen

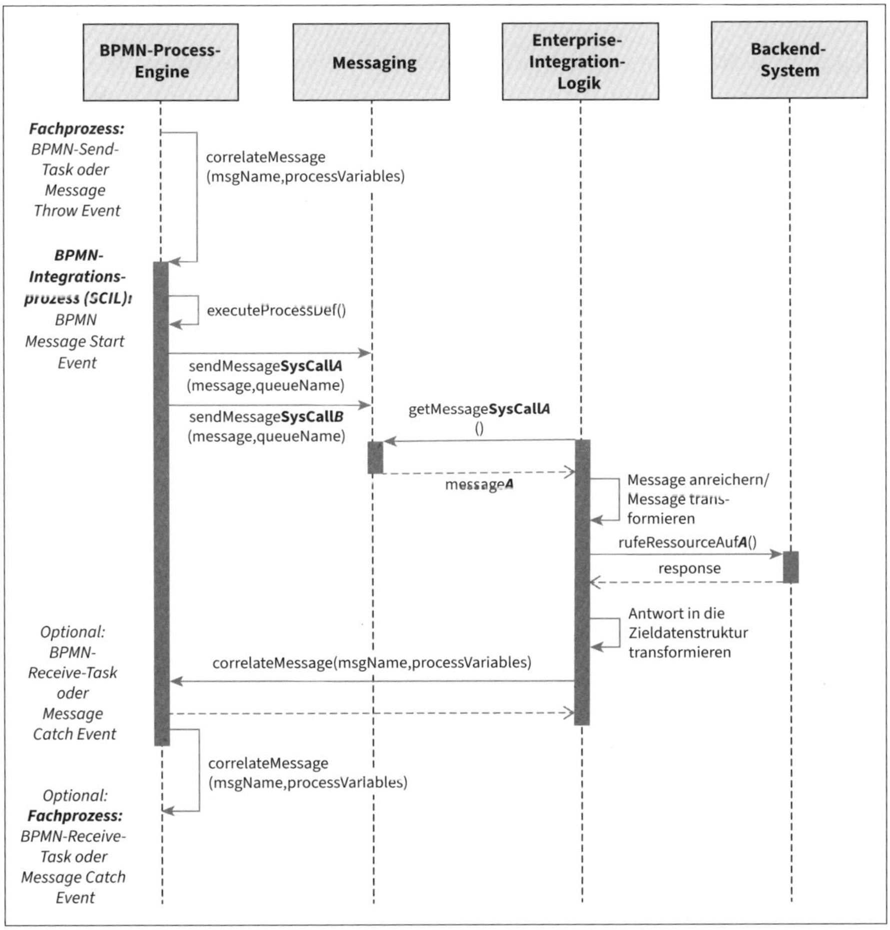

Abbildung 8.48: Laufzeitsicht der Implementierung des PDA-Servicevertrags mithilfe der system- und partnerabhängigen Integrationsablauflogik

Gemäß dem Servicevertrag der PDA werden die benötigten fachlichen Informationen der Schnittstellenanforderung über die BPMN-Kommunikation vom Fachprozess an den SCIL-Integrationsprozess gesendet (siehe Listing 8.3). Dieser wird über ein *Message Start Event* gestartet.

```
FACHLICHE SCHNITTSTELLENOPERATION (im Rahmen des PDA-Servicevertrags)

ZIEL:
Bestätigung Seminaranmeldung an Teilnehmer*in (Initiator) versenden

INPUT:
- Entität "Seminaranmeldung" (verpflichtend)
- Entität "Teilnehmer" (verpflichtend)
- Entität "Seminar" (verpflichtend)
- Entität "Seminartermin" (verpflichtend)
-Benachrichtigungstyp: "Bestaetigung_Seminaranmeldung"
```

Listing 8.3: Fachliche Schnittstellenoperation »Bestätigung Seminaranmeldung an Teilnehmer versenden« aus dem Servicevertrag der PDA

Daraufhin wird der in BPMN beschriebene und ausgeführte SCIL-Integrationsprozess vom Workflow-Management-System bzw. von der BPMN-Process-Engine ausgeführt, wie es als Beispiel in Abbildung 8.49 zu sehen ist. Irgendwann werden die verschiedenen Systeme angesprochen. Dies geschieht für jeden Backend-Systemaufruf über das Versenden der benötigten Teilmenge der fachlichen Informationen aus dem Servicevertrag der PDA an das Messaging-System. Dabei sind lediglich die Informationen aus dem Servicevertrag zu verwenden, die für die jeweiligen Systemaufrufe relevant sind. Die Transformation der fachlichen Datenstruktur, der Aufruf des Backend-Systems und die Verarbeitung der systemspezifischen Antwort geschieht über die Integrationssoftware bzw. -plattform. Dies habe ich in Abschnitt »Situation I: vom Fachprozess über die einfache Integration zu den Backend-Systemen« beschrieben. Die jeweils optionalen Antworten von der Integrationssoftware/-plattform an den SCIL-Integrationsprozess und vom SCIL-Integrationsprozess an den Fachprozess werden über BPMN-Message-Elemente umgesetzt. Eine Beispiel-Konfiguration für BPMN-Message-Elemente in der hier exemplarisch genutzten BPMN-Process-Engine *SpiffWorkflow* habe ich in Abschnitt 8.3, »BPMN-Prozessdefinitionen konfigurieren«, beschrieben.

Den beschriebenen Ablauf finden Sie in Abbildung 8.48 als Sequenzdiagramm visualisiert. Aus Platzgründen wird die Verarbeitung des zweiten Systemaufrufs durch die Integrationssoftware/-plattform (»Enterprise-Integration-Logik«) nur angedeutet. Er funktioniert analog zum Systemaufruf A aus der Enterprise-Integration-Logik (dt. *Integrationsablauflogik*) heraus. Natürlich können auch weitere System-/Serviceaufrufe notwendig sein, wie Sie es in Abbildung 8.49 im SCIL-Integrationsprozess des Beispiels sehen können.

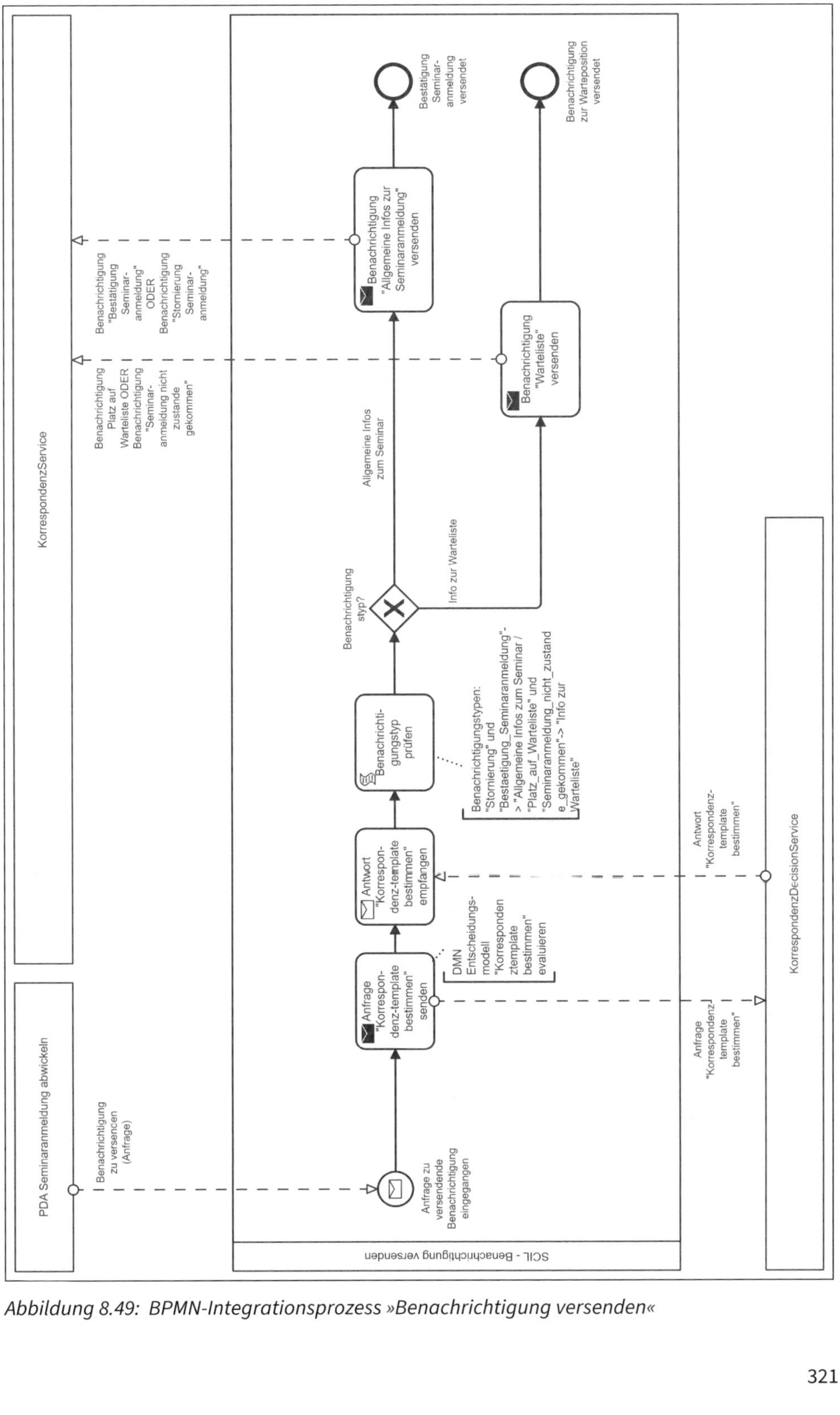

Abbildung 8.49: BPMN-Integrationsprozess »Benachrichtigung versenden«

8.5 Benutzeroberfläche für Benutzeraufgaben entwickeln

Wir Menschen interagieren im Allgemeinen mit einem Anwendungssystem über eine Benutzeroberfläche. Dabei ist es wichtig, dass für die jeweiligen Benutzeraufgaben aus den Fachprozessen die relevanten Informationen für die Benutzer dargestellt werden. Damit sollen die Benutzer die betreffenden Aufgaben durchführen können. Dazu haben Sie bereits die relevanten Informationen für die jeweiligen Benutzeraufgaben in Abschnitt 6.4, »Die weiteren Details des fachlichen Prozesses erarbeiten«, in enger Zusammenarbeit mit den relevanten, ausgewählten Fachexperten erarbeitet.

Eine Prozessgesteuerte Anwendung hat grundsätzlich ihre eigene unabhängige Benutzeroberfläche. Die Benutzeroberfläche setzt die »Benutzeraufgaben« aus den Fachprozessen der Prozessgesteuerten Anwendung um.

Dabei spielt es keine Rolle, welche *Typen von Benutzeroberflächen* Sie verwenden. Der Prozessgesteuerte Ansatz ist technologieoffen und unabhängig von Technologien. Somit können Sie beliebige Frameworks und Technologien für Ihre Benutzeroberfläche nutzen:

- **Native Apps** sind dedizierte Apps, die betriebssystemabhängig, aber nicht systemabhängig sind. Sie sind nativ für die jeweilige mobile Plattform (z. B. *iOS*, *Android*).
- **Web-Apps** sind betriebssystemunabhängige Apps. Für sie können beliebige Frameworks verwendet werden (z. B. *React JS*, *Angular JS*).

In der Praxis beobachte ich auch oft die Umsetzung von Formularen auf Basis eines zentralen Formularservers für einen Fachprozess oder ChatBot-Interaktionen auf Basis eines zentral eingesetzten ChatBot-Produkts. Streng genommen sind dies keine eigenen Benutzeroberflächen für eine bestimmte Prozessgesteuerte Anwendung. In diesem Fall benennt der Prozessgesteuerte Ansatz einen Idealzustand: eine eigene Benutzeroberfläche zu haben. Externe Frontend-Services wiederzuverwenden entspricht nicht dem Idealzustand einer Prozessgesteuerten Anwendung. So macht die Nutzung eines externen Frontends die Prozessgesteuerte Anwendung wieder abhängig von der Benutzeroberfläche von anderen Systemen. Dies wollen wir vermeiden. Zur Erinnerung: Unser Ziel ist es, die langfristigen Aufwände und Kosten für die Betreuung der Anwendung zu reduzieren.

Schließlich müssen wir eine Integration für das Frontend zur Process-Engine entwickeln. Nutzen wir nun ein externes Frontend, sorgt das auch für eine Abhängigkeit vom Process-Engine-Hersteller. Deshalb ist die Entwicklung eines zur Prozessgesteuerten Anwendung zugehörigen Frontends, in dem die spezifische Process-Engine-API abstrahiert wird, auch dahingehend sinnvoll.

Ein solches Frontend entwickeln wir auf Basis von Standards (z. B. HTML, CSS, JavaScript). Das Frontend besteht aus den folgenden Bestandteilen. Diese habe ich in Abbildung 8.50 illustriert.

1. **View (Client):** Hier finden Sie die Präsentationssicht für die Aufgaben der Prozessgesteuerten Anwendung: z. B. *Seminaranmeldungsanfrage erfassen*. Dazu gehört auch

die einfache Validierungslogik für die jeweiligen Formulare. Lesenden und schreibenden Zugriff auf die zur PDA gehörenden Daten können Sie direkt über die zugehörige API der Fachkomponenten realisieren. Denn schließlich gehört das Frontend zur PDA.

Innerhalb des Frontends greifen die Komponenten der View über die Frontend-Module auf die benötigte Funktionalität des Frontends zu. In den einzelnen Views einen direkten Zugriff auf herstellerspezifische APIs für Funktionen außerhalb der-Frontend-Komponente zu implementieren, kann ich nicht empfehlen, und es ist auch kein Prinzip des Prozessgesteuerten Ansatzes. Andernfalls haben wir bei einer Änderung einzelner Produkte (wie beispielsweise der Process-Engine oder der temporären Dateiablage) einen enormen Aufwand bei anstehenden Migrationsangelegenheiten. Dafür würde das Unternehmen unnötigerweise teure IT-Ressourcen verbrauchen. In dieser Zeit kann die IT die Fachexperten bei wettbewerbskritischen und innovativen Aufgaben nicht unterstützen. Schließlich hat ein Unternehmen viele Anwendungen zu betreiben, und eine Fachprozessanwendung hat auch verschiedene Benutzeraufgaben und damit verschiedene Formulare.

Stattdessen abstrahieren wir die herstellerspezifische API durch eine aufgabenorientierte und zugleich herstellerunabhängige API. Damit muss die IT beim Austausch des spezifischen Produkts lediglich die konkrete Implementierung des Moduls *Process Engine* einmal zentral ändern. Die abstrahierte API selbst bleibt identisch. Wie kann nun eine aufgabenorientierte und herstellerunabhängige API für die exemplarischen Frontend-Module *Process Engine* und *Dateiablage* aussehen? Dies beschreibe ich für die Process-Engine in Tabelle 8.4 und für die Möglichkeit, Dateien mit dem Modul *Dateiablage* hochzuladen, in Tabelle 8.5 (siehe weiter unten).

2. **Frontend-Module (Frontend-Backend):** Hier findet sich die für die Darstellung (View) relevante Funktionalität. Im Wesentlichen abstrahieren Sie die benötigten APIs der externen Funktionalität – etwa die Integration zur Process-Engine, das *Identity and Access Management (IAM)* sowie den temporären Dateiupload-Speicher –, damit im Formular einer Benutzeraufgabe eine Dokumentenupload-Funktion bereitgestellt werden kann.

In Abbildung 8.50 zeige ich, wie für die IAM-Funktionalität sowie für die Dateiupload-Funktionalität zur langfristigen Dokumentenablage des hochgeladenen Dokuments eine vorhandene Funktionalität aus der Systemlandschaft wiederverwendet wird. Auch hier muss ich über den Servicevertrag der PDA gehen, da ich eine vorhandene Funktionalität aus der Systemlandschaft wiederverwenden möchte. Als Identity Access Management (IAM) könnte beispielsweise *Azure EntraID* und als Dokumentenmanagementsystem (DMS) oder File Storage *MS SharePoint Online* in einem Unternehmen vorhanden sein. Der temporäre Dateiupload-Speicher gehört zum Frontend der PDA und dient lediglich dazu, das Dokument für das Frontend zeitlich befristet für die weitere Verarbeitung zu speichern. Realisieren können Sie dies beispielsweise mit einem Blob-Storage wie *Azure Blob Storage* oder *AWS S3 Storage*.

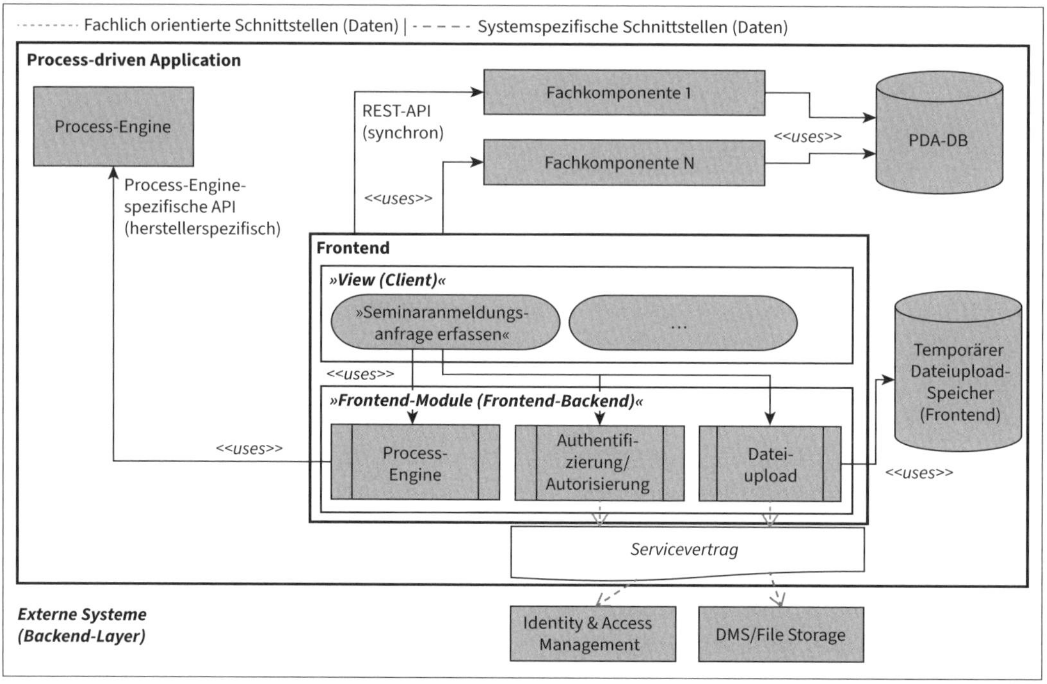

Abbildung 8.50: Die Struktur des Frontends zur Prozessgesteuerten Anwendung und ihre Beziehung zu anderen Komponenten

Die genaue Handhabung zur Realisierung der vorhandenen Funktionalität *IAM* und *Dateiupload* zwischen dem PDA-Frontend und den jeweiligen externen Systemen verdeutliche ich mithilfe von Abbildung 8.51:

1. **Wiederverwendung der IAM-Funktionalität – lesender Zugriff aus der UI auf externe Systeme:** In diesem Fall der PDA möchte ich lediglich einen bestimmten User, der sich anmeldet, über die vorhandene Funktionalität IAM authentifizieren und autorisieren. Dazu wurde der User mit bestimmten Rechten in dem externen IAM-System definiert. Die PDA muss lediglich *lesend* auf die vorhandene IAM-Funktionalität zugreifen, um die Rechtmäßigkeit des beabsichtigen Zugriffs des bestimmten Users zu prüfen. Da es sich um einen lesenden Zugriff aus einer Benutzeroberfläche heraus handelt, wird direkt ein synchroner API-Aufruf in der Integrationskomponente (SCIL) durchgeführt. Somit wird die Akzeptanz des Benutzers hinsichtlich der Antwortzeit erreicht. Der API-Aufruf mit Übergabeattributen und Antwort entspricht den Anforderungen gemäß Servicevertrag der PDA. Die Vermittlung zwischen der fachlichen Anforderung der PDA und dem externen System erfolgt in der Integrationskomponente des SCIL.

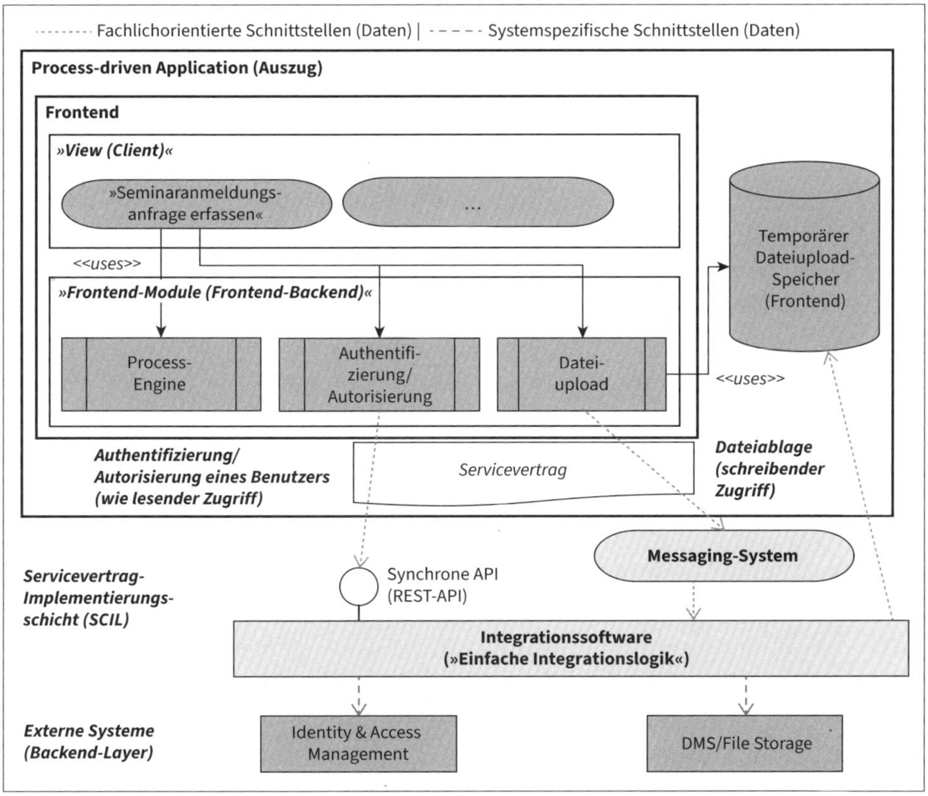

Abbildung 8.51: Das Zusammenspiel des PDA-Frontends mit benötigter vorhandener Funktionalität aus der IT-Systemlandschaft

2. **Wiederverwendung von DMS oder File Storage – schreibender Zugriff aus dem PDA-Frontend auf ein externes System:** In diesem Fall möchte ich über ein Formular der Benutzeraufgabe ermöglichen, dass ein Benutzer ein oder mehrere Dokumente hochladen kann. Das Unternehmen möchte, dass die abgegebenen Dokumente auf einem bereits vorhandenen Dokumentenmanagementsystem oder File Storage abgelegt werden. Das bedeutet: Die Funktionalität *Dateiupload* ist bereits vorhanden und soll wiederverwendet werden. Dies implementieren Sie über das Frontend-Modul *Dateiupload* wie folgt[12]:
   - Das Dokument wird über die API des Frontend-Moduls *Dateiupload* auf dem temporären Dateiupload-Speicher des PDA-Frontends abgelegt. Der temporäre Dateiupload-Speicher dient lediglich dazu, dass das Dokument in der PDA zur weiteren Verarbeitung zur Verfügung steht.

12 Auch wenn ein oder mehrere Dokumente hochgeladen werden können, erläutere ich das Prinzip mit einem Dokument. Damit möchte ich meine Erläuterung verständlich halten. Das Prinzip mit mehreren Dokumenten ist identisch.

- Die gemäß Servicevertrag definierten fachlichen Informationen für den Dateiupload werden aus dem PDA-Frontend-Modul *Dateiupload* an die Messaging-Queue versendet. In der Regel wird die Dokument-URL des temporären Dateiupload-Speichers innerhalb der Message-Daten mit an die Messaging Queue verschickt, sofern das Dokument nicht sinnvoll als Bestandteil der Message-Daten mitgeschickt und in der Messaging Queue vorgehalten werden kann. So kann die Integrationskomponente das Dokument aus dem temporären Dateiupload-Speicher abrufen.
- Die Integrationskomponente als Bestandteil des SCILs holt sich das Dokument aus dem temporären Dateiupload-Speicher der PDA ab, transformiert die Daten aus der Message und übergibt diese über die systemspezifische API an das betreffende Dokumentenmanagementsystem oder den File-Storage. Nach erfolgreicher Übergabe des Dokuments an das externe System zur Realisierung des Dateiuploads wird/werden im Rahmen des SCILs die Datei(en) im temporären Dateiupload-Speicher der PDA gelöscht.

[»]

Hinweis: Einen Copiloten anbieten, um mit natürlicher Sprache durch die Prozessgesteuerte Anwendung zu navigieren

Ein *Copilot* ist ein unterstützender KI-Assistent, der einen Menschen bei seinen Aufgaben unterstützt. Sie können mit dem Copiloten in natürlicher Sprache interagieren. Dazu beinhaltet der Copilot ein Sprachmodell (*Large Language Model*, LLM). Dieses hat auf Basis einer sehr großen Anzahl von Texten allgemeines Wissen sowie die natürliche Sprache gelernt.

Ergänzend zum grafischen Frontend können Sie auch in Ihre PDA eine Copilot-Funktionalität integrieren. Sicherlich fragen Sie sich nun, wie Sie das machen.

Ihr Vorgehen hängt davon ab, ob es sich um ein zentrales Copilot-Produkt handelt, und davon, ob Sie eine vorhandene Funktionalität wiederverwenden wollen. Alternativ könnten Sie auch eine produktspezifische Copilot-Funktion nur für Ihre PDA implementieren. Schauen wir uns die beiden Szenarien aus Sicht der Prozessgesteuerten Architektur an:

- **Szenario 1 – Wiederverwendung einer vorhandenen Copilot-Funktionalität:** In diesem Fall nutzen Sie bereits ein Copilot-Produkt aus Ihrer Systemlandschaft für Ihre PDA. Somit integrieren Sie die Copilot-Funktionalität über den SCIL. Weiter oben sehen Sie Beispiele dafür, wie Sie vorhandene Funktionalität wie IAM und DMS/File Storage in Ihrem PDA-Frontend realisieren.
- **Szenario 2 – einen für die PDA spezifischen Copiloten bauen:** Diese Funktionalität ist neu und gehört zur PDA. Wenn Sie allerdings das Sprachmodell aus einem externen Service wie beispielsweise *Azure Open AI Service* nutzen wollen, dann

müsste zur Nutzung des Sprachmodells dieser Teil als Wiederverwendung vorhandener Funktionalität über den SCIL realisiert werden. Die anderen Funktionalitäten gehören zur PDA und sind demnach auch Bestandteil der PDA.

Ich hoffe, dass ich Ihnen mit diesem kurzen Abriss klarmachen konnte, wie Sie aus Sicht der Prozessgesteuerten Architektur eine Copilot-Funktionalität in Ihre PDA integrieren können. Die Copilot-Funktionalität betrachte ich hier bewusst als Blackbox. Denn meine Erfahrung hat gezeigt, dass es nicht damit getan ist, ein allgemeines Copilot-Produkt einfach nur an die Datenquelle – in diesem Fall wäre es die PDA – anzubinden. Solch eine Funktionalität zu bauen, benötigt mehr Wissen im Hinblick auf die Architektur und die zielorientierte Aufbereitung der Daten für den Zweck des Copiloten. Dazu gibt es viel Literatur, in der Sie sich das Grundlagenwissen aneignen können. Sammeln Sie eigene Erfahrungen und bitten Sie gegebenenfalls ein Beratungsunternehmen Ihres Vertrauens um Unterstützung.

Kommen wir nun zu den oben angekündigten Tabellen:

Zweck	Bereitstellung der Funktionen für die Interaktion mit der Process-Engine und zugleich Abstraktion von der herstellspezifischen Process-Engine-API.
Schnittstellenoperationen der API (Beispiele)	– `completeTask(taskVar:Map<String,Object>), identifierVar:Map<String,Object>)`: Hiermit kann eine (User-)Task als abgeschlossen gekennzeichnet werden. Zur Identifizierung der richtigen Aufgaben in der Prozessausführung wird vorher eine Variable mit fachlichem Bezug definiert (`identifierVar`), zu der der Wert mitgegeben wird. Dieser Wert muss dem Wert der Variablen in der Prozessausführung entsprechen. Optional kann eine Map mit Variablen und zugehörigen Werten mitgegeben werden, die für die Prozessausführung relevant sind. – `getTaskDetails(identifierVar:Map<String, Object>)`: Gibt die relevanten Informationen zu der Benutzeraufgabe zurück, deren fachliche Identifikationsvariable(n) (`identifierVar`) mit den übergebenen Werten in der Key-Value-Liste (Map) übereinstimmen. Die Ergebnisinformationen werden in einer generischen Aufgabendatenstruktur bereitgestellt. Das Ergebnis sind Prozessdaten (Token-Daten und verknüpfte Data Objects).

Tabelle 8.4: Frontend-Modul »Process Engine« mit Beispiel-Operationen

Schnittstellenoperationen der API (Beispiele) (Forts.)	– getVariable(String varName, identifierVar:Map<String,Object>): Liefert zu einer definierten Prozessvariable (varName) den aktuellen Wert zurück. Dabei wird anhand von identifierVar die entsprechende Prozessausführung identifiziert. Wichtig dabei ist, dass identifierVar die fachlich bezogene Information in der Prozessausführung darstellt und keine Process-Engine-spezifischen IDs. Somit stellen Sie die Herstellerunabhängigkeit sicher. Hierüber wird sowohl der Zugriff auf Token-Daten als auch auf Data Objects möglich. Im Fall von Namensgleichheit zwischen Token-Daten und Data Objects sollte das Data Object vorrangig behandelt werden. – saveVariable(String varName, Object value, identifierVar:Map<String,Object>): Speichert eine neue Variable unter dem Namen varName mit dem Wert value in der Prozessausführung ab. Sollte die Variable bereits existieren, wird der vorhandene Wert mit dem neuen Wert überschrieben. Wenn die Variable weder im Token noch im Data Object existiert, wird die Variable im Token geschrieben. Dabei wird anhand von identifierVar die entsprechende Prozessausführung identifiziert. Wichtig dabei ist, dass identifierVar die fachlich bezogene Information in der Prozessausführung darstellt und keine Process-Engine-spezifischen IDs. Somit stellen Sie die Herstellerunabhängigkeit sicher.

Tabelle 8.4: Frontend-Modul »Process Engine« mit Beispiel-Operationen (Forts.)

Zweck	Dient zum Hochladen von Dateien über das Frontend und zum Bereitstellen dieser Dateien in einem temporären Dateispeicher. Die hier hochgeladenen Dateien können von den jeweiligen Fachprozessen der PDA weitergenutzt werden: z. B. über den SCIL zur Ablage in ein Dokumentenmanagementsystem.
Schnittstellenoperationen der API	uploadDocuments(filenames: List<String>): Die übergebene(n) Datei(en) wird/werden in den temporären Dateiupload-Speicher der PDA hochgeladen.

Tabelle 8.5: Frontend-Modul »Dateiupload« mit Beispiel-Operation

Negativ-Beispiel: Auswirkungen der Abhängigkeit → Fallbeispiel »Seminarverwaltung« – Prozess »Seminaranmeldung abwickeln«: Benutzeroberfläche für Aufgabe »Seminaranmeldungsanfrage erfassen«

Ich habe ein eigenes Frontend vereinfacht mit einer Portal-Integration eines Process-Engines-Herstellers erstellt, die in der Vergangenheit noch unterstützt wurde. Diese Frontend-Anwendung basierte auf *React JS* und *React Bootstrap*.[13] Exemplarisch habe ich für die Benutzeraufgabe *Seminaranmeldungsanfrage erfassen* (Prozess *Seminaranmeldungsanfrage abgeben*) ein Benutzerformular umgesetzt. Die React-JS-Komponente nutzte für die Process-Engine-Integration eine spezifische JavaScript-Bibliothek des Process-Engine-Herstellers.

Was Sie hier bereits sehen: Diese Beispielumsetzung der spezifischen Integrationsbibliotheken des Process-Engine-Herstellers ist sehr herstellerspezifisch. Ich habe mir hier aus Zeitgründen bewusst eine Abhängigkeit hereingeholt. Wenn der Hersteller des Produkts die Funktionalität rund um das Portal ändert, muss ich mein Frontend mit dieser herstellerspezifischen Implementierung auch ändern. Und wie es der Zufall so wollte, ist dies auch eingetreten: Der Process-Engine-Hersteller unterstützte seit Oktober 2024 das Portal nicht mehr. Der Support wurde eingestellt. Stattdessen setzt der Hersteller nun auf eine andere spezifische UI-Integration auf Low-Code-Basis mit jeweils proprietären Bibliotheken und Erweiterungen.

Diese Entscheidung habe ich bewusst nur für das Buch getroffen, um Ihnen ein Beispiel zu geben. Wenn ich diese Entscheidung auch für eine reale professionelle Unternehmensanwendung treffen würde, bedeutete dies für das Unternehmen eine potenziell teure Abhängigkeit vom Hersteller der Process-Engine. Die Aufwände und Kosten der langfristigen Anwendungsbetreuung steigen durch solche Abhängigkeiten enorm. Deshalb würde ich dieses Vorgehen für eine reale Prozessgesteuerte Anwendung im Unternehmenskontext niemals empfehlen und auch nicht in dieser Form umsetzen wollen. Wie dies nachhaltiger funktioniert, habe ich weiter vorn in diesem Abschnitt beschrieben: Bauen Sie ein eigenes Frontend mit Abstraktion der spezifischen Process-Engine-API.

Ich möchte Ihnen nun kurz als Ausblick beschreiben, wie die Frontend-Anwendung angepasst werden müsste:

1. **Frontend-Backend:** Diese Komponente muss ich »neu« bauen. Ich könnte sie beispielsweise in *Node JS* mithilfe des Frameworks *Nest* bauen. In diesem Kontext muss ich lediglich eine BPMN-Message mit einem definierten Namen und optional zu übergebende Prozessdaten an die Process-Engine senden können, um den Fachprozess *Seminaranmeldung abwickeln* zu starten. Diese Funktionalität wird in einem REST-Controller für den Aufrufer – Frontend-View/Client – zur Verfügung gestellt.

13 *https://react-bootstrap.netlify.app/* (Stand: 02.01.2024)

2. **Frontend-View/Client (React JS):** Hier muss ich die Abhängigkeiten von der proprietären Bibliothek des Process-Engine-Herstellers entfernen und innerhalb der Form-Komponente zu *Seminaranmeldungsanfrage erfassen* die abstrahierte API aus dem Modul *Process Engine* des Frontend-Backends aufrufen. Hier nutze ich den unter Punkt 1 definierten REST-Controller des Frontend-Backends, um eine Prozessinstanz des Fachprozesses *Seminaranmeldung abwickeln* zu erzeugen. Dabei übergebe ich neben den definierten Messagenamen des Message Start Events im Fachprozess *Seminaranmeldung abwickeln* auch die aus dem Formular eingegebenen Daten als Prozessdaten.
3. Der Fachprozess *Seminaranmeldungsanfrage abgeben* wird nicht mehr benötigt.
4. **Weitere Überlegungen für eine eventuell »schnellere« Entwicklung der Formulare im Rahmen der Fachbereich/IT-Zusammenarbeit:** Bisher wurde die UI für diese eine User Task – inklusive der Validierungslogik – manuell programmiert. Es wurde zwar bereits zur Beschleunigung das *React JS-Bootstrap*-Framework als einfaches Hilfsmittel für das UI-Design verwendet. Allerdings ist dies aus meiner Sicht für die Zusammenarbeit zwischen Fachbereich und IT immer noch nicht Beschleunigung genug. Denn der Fachbereich erstellt ein Mockup in einer beliebigen Software und anschließend muss der Frontend-Entwickler diese UI in einer anderen Technologie, nämlich in diesem Fall mittels *React JS* und dem *React JS-Bootstrap*-Framework, umsetzen.

   Meine Vision ist: Der Fachbereich kann das Formular für die Benutzeraufgabe in einem Formdesigner der zugrunde liegenden Technologie (hier: React JS) definieren und dieses wird dann an den Frontend-Entwickler übergeben. Der Entwickler passt eventuell noch Kleinigkeiten an. Anschließend kann diese Form gerendert werden. Wichtig ist mir dabei, dass ich hier auf einen Standard aufsetze, z. B. auf *JSON Schema*. Im React-JS-Kontext kenne ich die Bibliothek *react-jsonschema-form*.[14]

   Wenn Sie *Camunda* als Workflow-Management-System einsetzen, werden Sie sicherlich die Camunda-Forms-Bibliothek kennen: *Form-JS*.[15] Hier lassen sich mit dem Camunda-Form-Designer im Rahmen der Camunda-Modeler-Applikation auch Forms designen und diese als Grundlage für die Implementierung der User-Tasks-UI nutzen. Die JSON-Struktur der Forms folgt meines Wissens nicht zu 100 % einem Standard. Dies könnte für Abhängigkeit vom Camunda-Hersteller sorgen.

Meiner Ansicht nach zeigt dieses Vorgehen sehr schön, wie man sich durch vermeintliche Einfachheit und Schnelligkeit langfristig erhöhte Aufwände und Kosten in die Anwendung holt. Dieses Thema ist meiner Erfahrung nach bei vielen Produktherstellern

14 *https://rjsf-team.github.io/react-jsonschema-form/docs/* (Stand: 03.11.2024)

15 *https://bpmn.io/toolkit/form-js/* (Stand: 03.11.2024)

relevant. Aus meiner Sicht liegt dies an den verschiedenen Interessen: Ihr Interesse als Nutzer ist es, eine Prozessgesteuerte Anwendung zu entwickeln, die *nachhaltig* ist und wenig Abhängigkeiten von Produktanbietern umfasst. Softwarehersteller hingegen wollen meiner Erfahrung nach den Abhängigkeitsgrad von ihrer Software erhöhen, sodass Sie lange ihr Produkt nutzen müssen. Mit diesem Beispiel will ich Sie für die negativen Auswirkungen einer solchen Abhängigkeit sensibilisieren.

8.6 Datenbank aufsetzen

Auf Basis des fachlichen/konzeptionellen Datenmodells der *Prozessgesteuerten Anwendung* erstellen Sie nun ein physisches Datenbankschema in einer Datenbank wie beispielsweise *PostgreSQL*, *Oracle* oder *MS SQL-Server*. Dazu ist ein Framework hilfreich, das aus den Entitätsklassen und ihren Beziehungen das physische Datenbankschema erzeugt. So unterstützen uns dabei beispielsweise im Java-Umfeld professionelle Unternehmensanwendungsframeworks wie das *Spring*-Framework (Spring Data) und *Jakarta EE*.

Auch im Kontext der Integration der vorhandenen Funktionalität (*Servicevertrag-Implementierungsschicht, SCIL*) könnte die Integrationskomponente ein eigenes physisches Datenbankschema benötigen. Dies ist beispielsweise im Rahmen von Kompensationen bei mehreren angebundenen Systemen bedeutsam. Das bedeutet: Wenn es möglich sein soll, eine Änderung durch die Prozessgesteuerte Anwendung in einem externen System auch rückgängig machen zu lassen (z. B. um eine Bestellung in einem externen System zu stornieren), dann müssen Sie für diesen Fall weitere Logik und eine spezifische Datenbank zur Vorhaltung der Information vorsehen. Diese muss die Zuordnung zwischen den konkreten PDA-Prozessinstanzen und den externen Systemen speichern, in denen eine Änderung vorgenommen worden ist (vgl. dazu (Stiehl, 2013), S. 118 und S. 125). Auf dieser Basis kann bei einer fachlichen Ausnahme oder einem Fehler (wie der Stornierung einer Bestellung) die Wiederherstellung der Zustände vor der Verbuchung in den jeweiligen Anwendungssystemen eingeleitet werden.

Beispiel: Fallbeispiel »Seminarverwaltung« – Prozess »Seminaranmeldung abwickeln«: physische Datenbank [zB]

Für den Prozessgesteuerten Ansatz ist es wichtig, dass die zur Prozessgesteuerten Anwendung gehörenden Daten von den Prozesszustandsdaten des Workflow-Management-Systems getrennt gespeichert werden, da ein Workflow-Management-System als allgemeine Infrastrukturumgebung seine Datenhaltung für die Ausführung/Steuerung von fachlicher Prozessablauflogik (Prozessinstanzen) vorhält. Eine Prozessgesteuerte Anwendung besteht aus einem oder mehreren Fachprozessen. Diese Fachprozesse arbeiten mit ihren fachlichen Daten. Wenn Sie also diese beiden Datenwelten der Prozessgesteuerten Anwendung und Prozesszustandsdaten des

Workflow-Management-Systems vermischen, wird beispielsweise das lose gekoppelte Aufsetzen eines Prozess-Reportings oder der Wechsel zu einem anderen Workflow-Management-System enorm erschwert.

Ich habe mich wegen des Zeitaufwands für dieses Fallbeispiel gegen die Implementierung einer physischen Datenbankanbindung für die Prozessgesteuerte Anwendung entschieden. Somit werden die Daten der Prozessgesteuerten Anwendung mit den Zustandsdaten des Workflow-Management-Systems über die Prozessinstanzen zusammen gespeichert, was in der realen Welt in der nahen Zukunft zu Problemen bei der Erweiterbarkeit und Wartbarkeit führen wird. Diese Probleme führen zu enormen Anpassungsaufwänden, die sich auch in den Wartungskosten widerspiegeln.

Um solche Probleme erst gar nicht real entstehen zu lassen, brauchen wir mindestens eine Fachkomponente (z. B. einen Seminaranmeldungsservice), die zur Prozessgesteuerten Anwendung gehört. Diese wird den Lebenszyklus des Prozessobjekts (Entität) der *Seminaranmeldung* verwalten: vom Anlegen bis zum Löschen sowie zum Suchen von Seminaranmeldungen. Darauf bin ich in Abschnitt 8.4.1, »Neue Funktionalität implementieren, die zur Prozessgesteuerten Anwendung gehört«, eingegangen. Für die Seminaranmeldung und die damit verbundenen Entitäten werden die Daten eines Teilnehmers verwaltet. Dabei können wir während der Prozessausführung einer Seminaranmeldung (Prozess *Seminaranmeldung abwickeln*) oder/und auch erst zum Schluss der Seminaranmeldung die Daten in die Datenbasis der Prozessgesteuerten Anwendung abspeichern. Letzteres ist hilfreich, um die Performance der Prozessgesteuerten Anwendung zu erhöhen, sofern dies ein Thema ist. In diesem Fall würden die Fachdaten in der Datenhaltung zur Prozessinstanz (Seminaranmeldung) im Workflow-Management-System mit den Zustandsdaten temporär gespeichert (*Caching*). Für Sie als professionellen Entwickler ist dies Routine. Denn hierbei helfen Ihnen entsprechende professionelle Frameworks für Unternehmensanwendungen wie beispielsweise im Java-Umfeld das *Spring*-Framework (*Spring Data*) und *Jakarta EE*. Dies explizit darzustellen, sehe ich nicht als nötig an, um den Prozessgesteuerten Ansatz zu verstehen. Denn dies gehört für mich zur allgemeinen Anwendungsentwicklung dazu.

8.7 Zusammenfassung

Die zu Beginn des Kapitels formulierten Fragen können nun wie folgt beantwortet werden:

Wie wird die Prozessgesteuerte Anwendung (PDA-Layer) implementiert?

In diesem Kapitel haben Sie gelernt, wie Sie die verschiedenen Bestandteile zur Implementierung der Prozessgesteuerten Anwendung erfolgreich erledigen:

1. **Auswahl der passenden BPMN-Process-Engine für die Prozessgesteuerte Anwendung:** Ich habe Ihnen die relevanten Kriterien für die Auswahl der richtigen BPMN-Process-Engine für den Prozessgesteuerten Ansatz nach Volker Stiehl vorgestellt. Zudem habe ich Ihnen einen groben Überblick über die aktuell für mich wesentlichen Workflow-Management-Systeme bzw. BPMN-Process-Engines gegeben. Diese Erläuterungen finden Sie in Abschnitt 8.2, »Die Auswahl der richtigen BPMN-Process-Engine«.
2. **BPMN Prozessdefinitionen in der BPMN-Process-Engine konfigurieren:** Ich habe in Abschnitt 8.3, »BPMN-Prozessdefinitionen konfigurieren«, erläutert und gezeigt, wie Sie die in BPMN modellierten grafischen Prozesse – sowohl Fachprozesse (PDA-Layer) als auch Integrationsprozesse (SCI-Layer) – anhand der exemplarisch verwendeten BPMN-Process-Engine konfigurieren.
3. **Neue Funktionalität der PDA implementieren:** Ich habe Ihnen die Bedeutung einer Fachkomponente erklärt und Ihnen gezeigt, wie Sie relevante Fachkomponenten aus einem Fachprozess identifizieren können. Zudem habe ich Ihnen die Möglichkeiten erklärt, wie Sie die Methoden einer Fachkomponente für eine Aufgabe im Fachprozess verwenden können:
   - Aufruf der Methode(n) der Fachkomponente gemäß des proprietären *External Task Patterns* von *Camunda* über eine External-Task-Worker-Implementierung oder
   - direkter Aufruf über einen HTTP-Konnektor aus der Service-Aufgabe des Fachprozesses

   Wir bevorzugen hier den Aufruf der Fachkomponente über den HTTP-Konnektor, da das External Task Pattern proprietär ist und einen zusätzlichen Aufwand in der Implementierung bedeutet. Dies habe ich in Abschnitt 8.4.1, »Neue Funktionalität implementieren, die zur Prozessgesteuerten Anwendung gehört«, erläutert.
4. **Wiederverwendung vorhandener Funktionalität:** Wie Sie die fachlichen Anforderungen an die vorhandenen Funktionen aus der Systemlandschaft realisieren, habe ich in Abschnitt 8.4.2, »Vorhandene Funktionalität aus der Systemlandschaft implementieren«, beschrieben.
5. Benutzer interagieren mit der Prozessgesteuerten Anwendung über eine *Benutzeroberfläche*. Benutzeroberflächen werden insbesondere bei den Benutzeraufgaben (BPMN-User-Tasks) relevant. In Abschnitt 8.5, »Benutzeroberfläche für Benutzeraufgaben entwickeln«, habe ich beschrieben, dass eine Prozessgesteuerte Anwendung grundsätzlich ihre eigene Benutzeroberfläche hat und Sie eine beliebige Technologie für die Benutzeroberfläche Ihrer Prozessgesteuerten Anwendung nutzen können.
6. Die Prozessgesteuerte Anwendung arbeitet mit *Daten*, die für die Fachprozesse relevant sind. Über die Fachkomponenten der Prozessgesteuerten Anwendung werden die Daten der verschiedenen Objekte eines Fachprozesses verwaltet. Diese Daten werden in einer Datenbank der Prozessgesteuerten Anwendung vorgehalten. Die Notwendigkeit, als Entwickler diese *Datenbank auf Basis des Datenschemas der Prozessgesteuerten Anwendung aufzusetzen*, habe ich in Abschnitt 8.6, »Datenbank aufsetzen«, beschrieben.

Wie wird der Servicevertrag einer PDA implementiert?

Den Servicevertrag einer Prozessgesteuerten Anwendung (PDA) realisieren Sie über die Schicht *Servicevertrag-Implementierungsschicht* (*SCI-Layer*) der Prozessgesteuerten Architektur. Die in den Schnittstellenoperationen des Servicevertrags formulierten fachlichen Anforderungen an die vorhandene Funktionalität implementieren Sie durch Integration der Systeme aus der Systemlandschaft der Organisation bzw. des Unternehmens.

Dabei stehen uns zwei Optionen zur Verfügung, wobei die erste Option auch bei der zweiten Option relevant ist:

1. Situation I: vom Fachprozess über die einfache Integration zu den Backend-Systemen: Im Fall einer »einfachen« Integration (d. h., es ist lediglich ein Systemaufruf für die Realisierung der vorhandenen Funktionalität notwendig) werden die fachlichen Informationen aus dem Fachprozess gemäß Servicevertrag der PDA an eine Messaging-Queue gesendet. Die zugehörige Integrationsablauflogik in der Integrationssoftware/-plattform holt diese fachliche Information aus der betreffenden Messaging-Queue ab und verarbeitet diese.
2. Situation II: vom Fachprozess über die system- und partnerabhängige Integrationsablauflogik zu den Backend-Systemen: Bei einer umfangreichen Integrationsablauflogik für die Realisierung einer vorhandenen Funktionalität (d. h., es sind mindestens zwei Systemaufrufe erforderlich) sollte diese als SCIL-Integrationsprozess mittels BPMN beschrieben und im Workflow-Management-System bzw. der BPMN-Process-Engine ausgeführt werden. Die letztendlichen systemspezifischen Aufrufe erfolgen über die Integrationssoftware bzw. -plattform.

Anhang A
Ausgewählte Artefakte zur PDA »Seminarverwaltung«

Nach dem Motto »Ein Bild sagt mehr als tausend Worte«, werden hier ausgewählte Artefakte aus der Fallstudie dargestellt.

Frage(n), die dieses Kapitel beantwortet:
Wie sehen ausgewählte Artefakte zur Prozessgesteuerten Anwendung »Seminarverwaltung« aus?

A.1 Grobe Auflistung der Aktivitäten zum Fachprozess »Seminaranmeldung abwickeln«

	Beschreibung	Mögliche Endzustände und passende nächste Top-Level-Prozessschritte
Seminaranmeldung prüfen	Hier wird die Seminaranmeldung auf ihre Gültigkeit geprüft. Dies umfasst, dass alle erforderlichen Daten für die Anmeldung vorhanden sind, und auch das Prüfen der Verfügbarkeit des Teilnehmerplatzes.	– Teilnehmerplatz verfügbar → Seminaranmeldung verbuchen – Teilnehmerplatz nicht verfügbar → Seminaranmeldung in Warteliste verwalten – Unvollständige Seminaranmeldung vorhanden → Seminaranmeldung korrigieren

Tabelle A.1: Die groben Aktivitäten (»High Level Activity Map«) »Seminaranmeldung abwickeln«

	Beschreibung	Mögliche Endzustände und passende nächste Top-Level-Prozessschritte
Seminaranmeldung in Warteliste verwalten	Falls kein Teilnehmerplatz verfügbar ist, wird der Teilnehmer mit seiner Seminaranmeldung auf der Warteliste vorgemerkt. Sobald ein Patz verfügbar ist, wird er dem Teilnehmer angeboten. Die Organisation des Platzes auf der Warteliste für die Seminaranmeldung wird hier beschrieben.	– Seminaranmeldung nicht zustande gekommen → End Event »Seminaranmeldung nicht zustande gekommen« – Seminarplatz akzeptiert → Seminaranmeldung verbuchen
Seminaranmeldung verbuchen	Die Seminaranmeldung des Teilnehmers wird für das Seminar erfasst.	– Seminaranmeldung gespeichert → Seminaranmeldung ändern UND Seminaranmeldung nachbereiten
Seminaranmeldung korrigieren	Im Fall von unvollständigen Daten in der Seminaranmeldung muss diese vom Teilnehmer vervollständigt werden.	– Seminaranmeldung korrigiert → Seminaranmeldung prüfen
Seminaranmeldung ändern	Die Seminaranmeldung kann in folgenden Fall verändert werden: Die Seminaranmeldung wird durch den Teilnehmer storniert.	– Seminaranmeldung durch Teilnehmer storniert → Seminaranmeldung stornieren – Stornierung der Seminaranmeldung nicht mehr möglich → End Event »Seminar wurde zum Termin durchgeführt«
Seminaranmeldung stornieren	Hier wird beschrieben, wie mit der Stornierung der Seminaranmeldung umgegangen wird. So kann entweder der Teilnehmer oder das Trainingsunternehmen die Seminaranmeldung stornieren.	– Seminaranmeldung wurde storniert → End Event »Seminaranmeldung wurde storniert«
Seminaranmeldung nachbereiten	Nach der Teilnahme am Seminar werden hier die abschließend durchzuführenden Tätigkeiten zur Seminaranmeldung beschrieben.	– Seminaranmeldung nachbereitet → End Event »Seminar wurde zum Termin durchgeführt«

Tabelle A.1: Die groben Aktivitäten (»High Level Activity Map«) »Seminaranmeldung abwickeln« (Forts.)

A.2 Der BPMN-Top-Level-Prozess »Seminaranmeldung abwickeln«

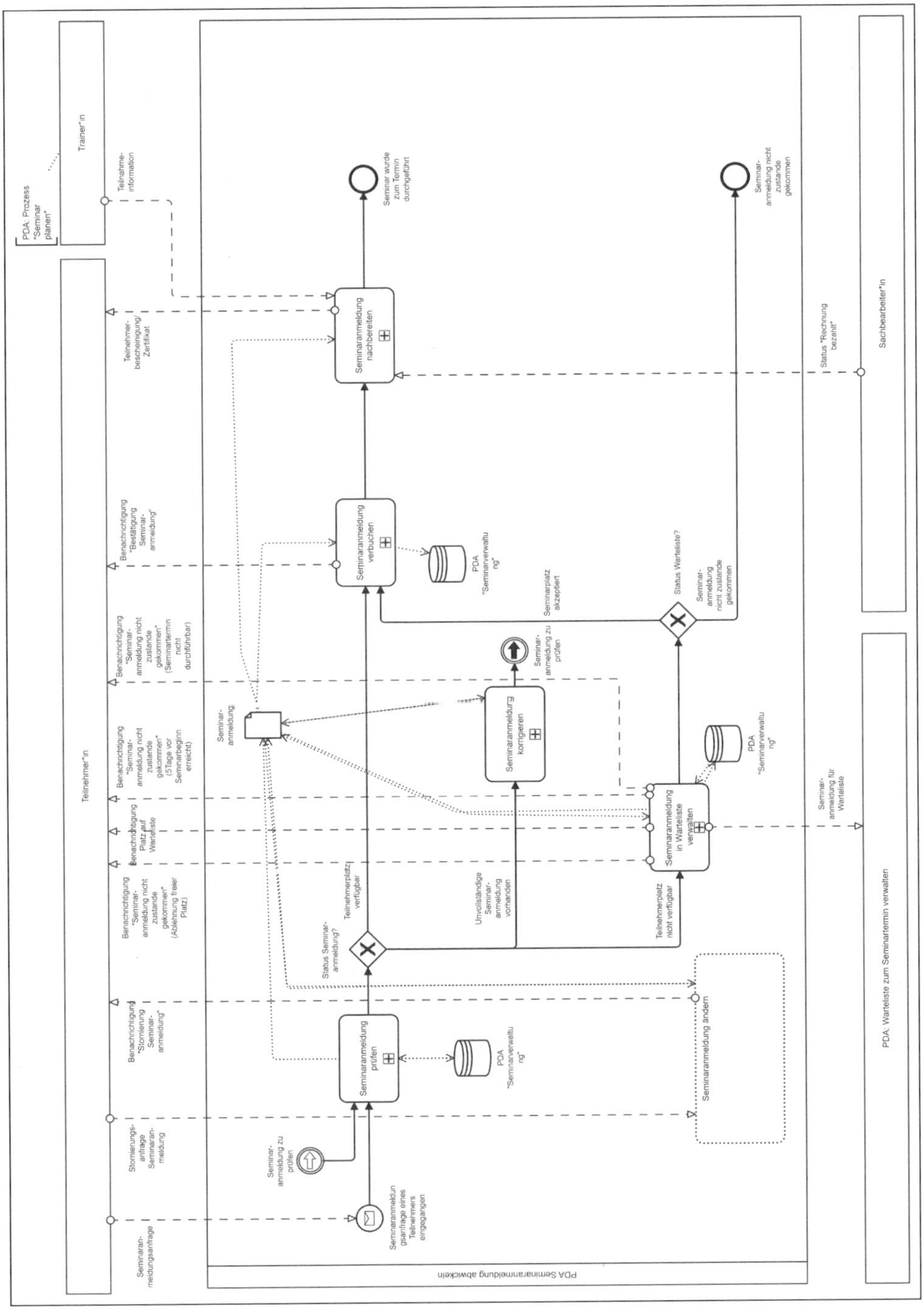

Abbildung A.1: Der Top-Level-BPMN-Prozess »Seminaranmeldung abwickeln«

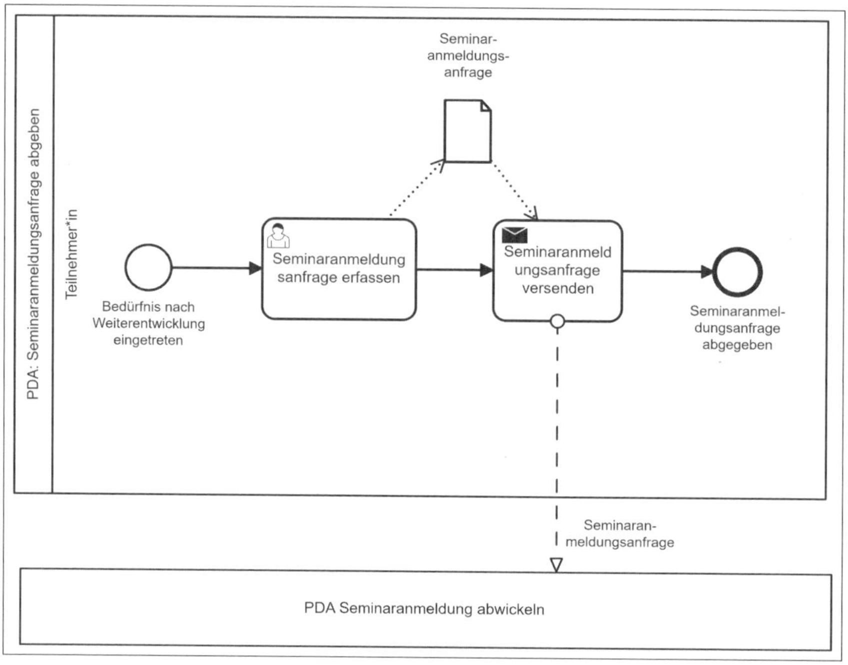

Abbildung A.2: Fachprozess »Seminaranmeldungsanfrage abgeben« – zur Initiierung des Fachprozesses »Seminaranmeldung abwickeln«

A.3 Skizzen zur Benutzeroberfläche mit den fachlich relevanten Informationen

Abbildung A.3: Informationsskizze der Benutzeraufgabe (UI) »Seminaranmeldungsanfrage erfassen« – hier: Schritt 1: Seminar und Seminartermin auswählen

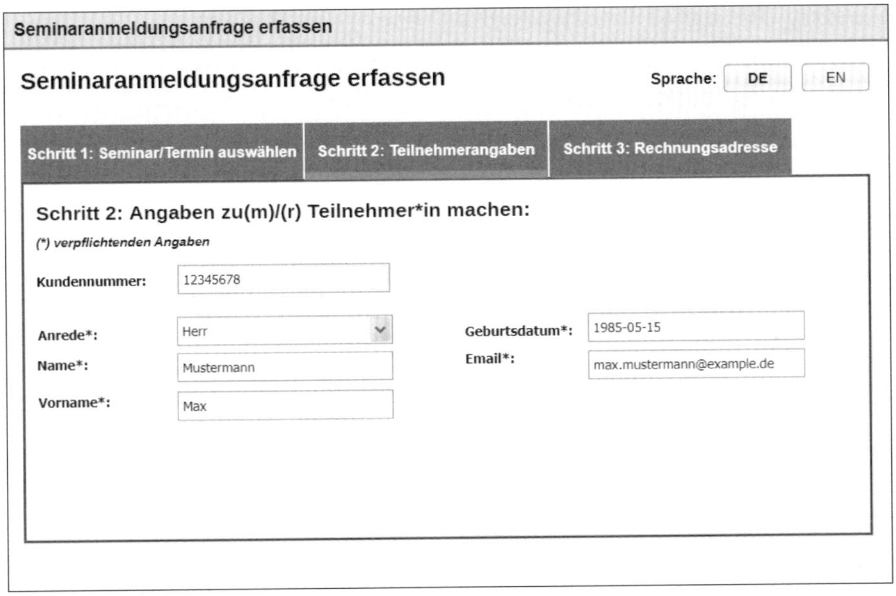

Abbildung A.4: Informationsskizze der Benutzeraufgabe (UI) »Seminaranmeldungsanfrage erfassen« – hier: Schritt 2: Angaben zum Teilnehmer

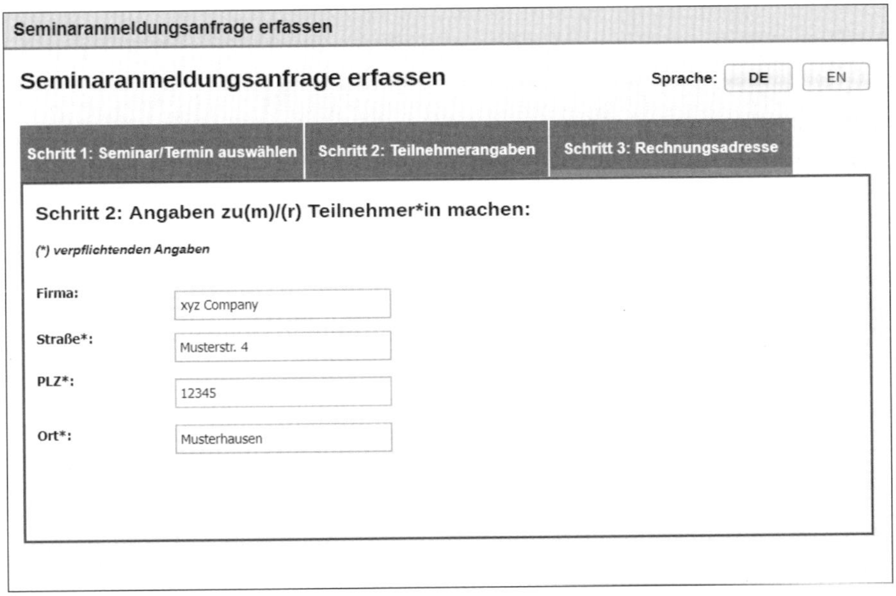

Abbildung A.5: Informationsskizze der Benutzeraufgabe (UI) »Seminaranmeldungsanfrage erfassen« – hier: Schritt 3: Rechnungsadresse

A.4 Auszug aus einer Detailprozessbeschreibung am Beispiel: Der aufgeklappte Subprozess »Seminaranmeldung verbuchen«

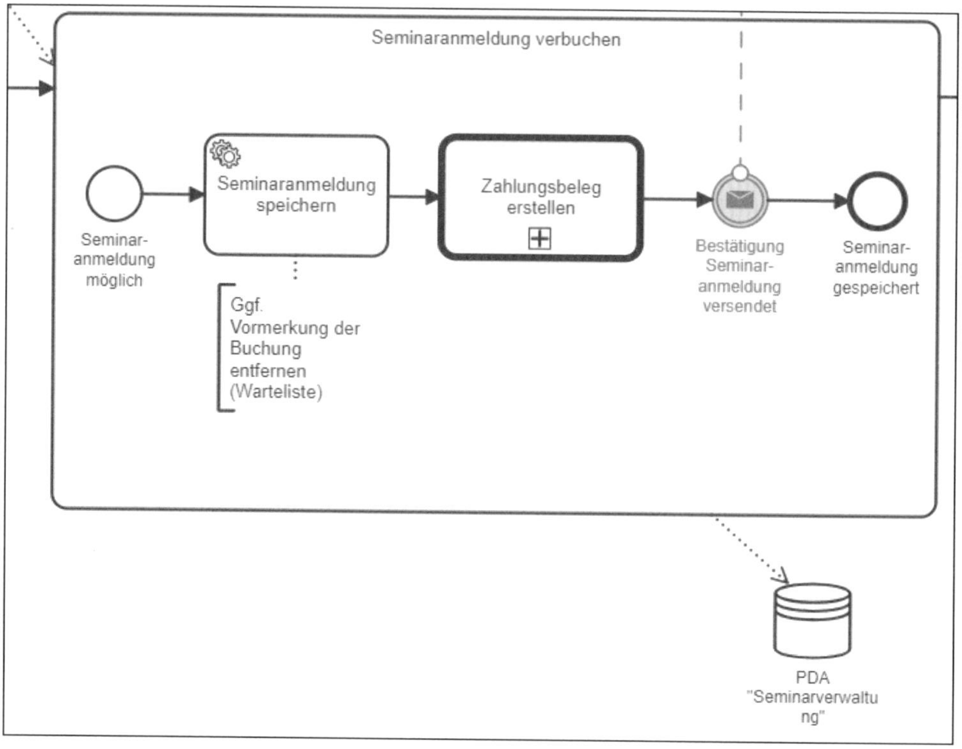

Abbildung A.6: Fachprozess »Seminaranmeldung abwickeln« (Auszug Detaillevel) – Subprozess »Seminaranmeldung verbuchen«

A.5 Der BPMN-Integrationsprozess (SCIL) »Benachrichtigung versenden«

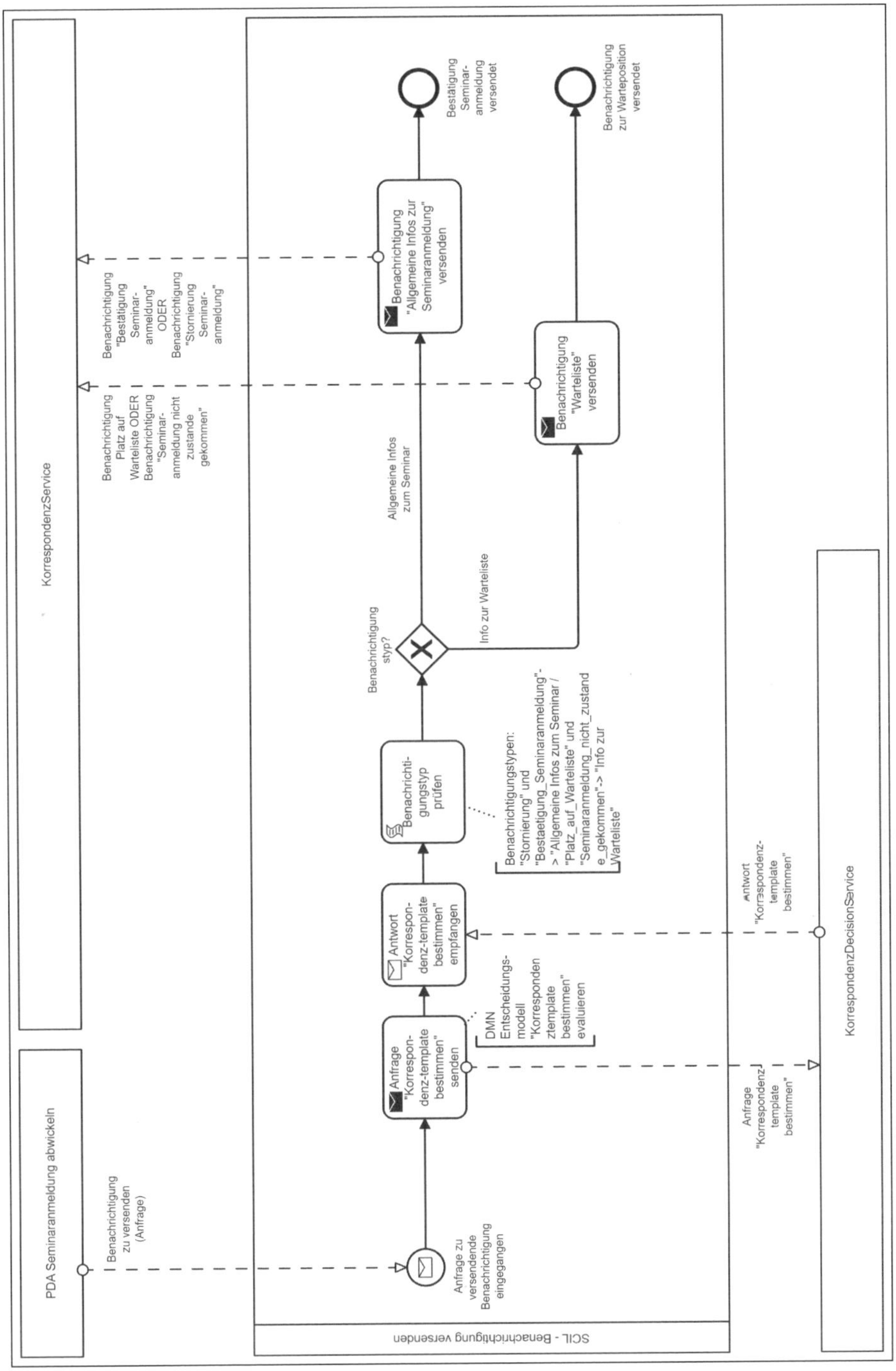

Abbildung A.7: SCIL-BPMN-Integrationsprozess »Benachrichtigung versenden«

A.6 Der globale Fachprozess »Zahlungsbeleg erstellen«

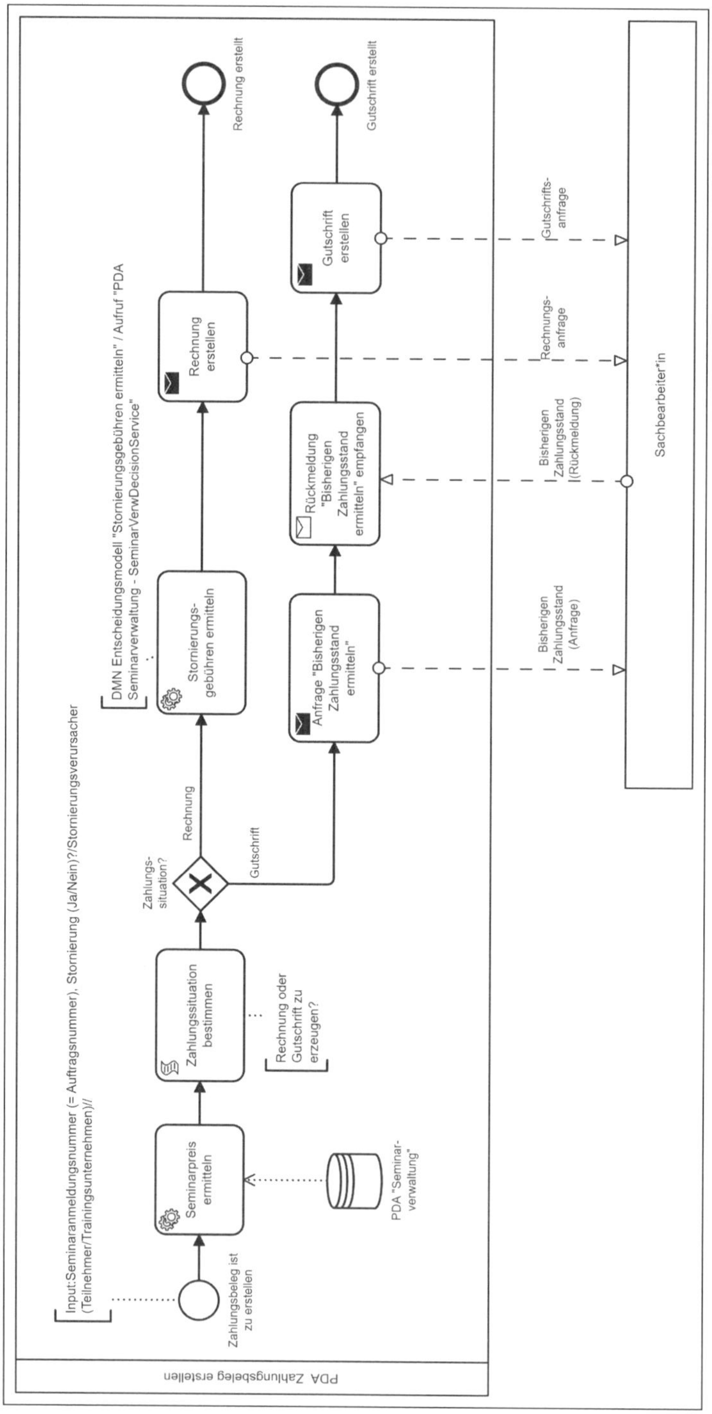

Abbildung A.8: Der globale Fachprozess »Zahlungsbeleg erstellen«

A.7 Das fachliche Datenmodell zur Prozessgesteuerten Anwendung

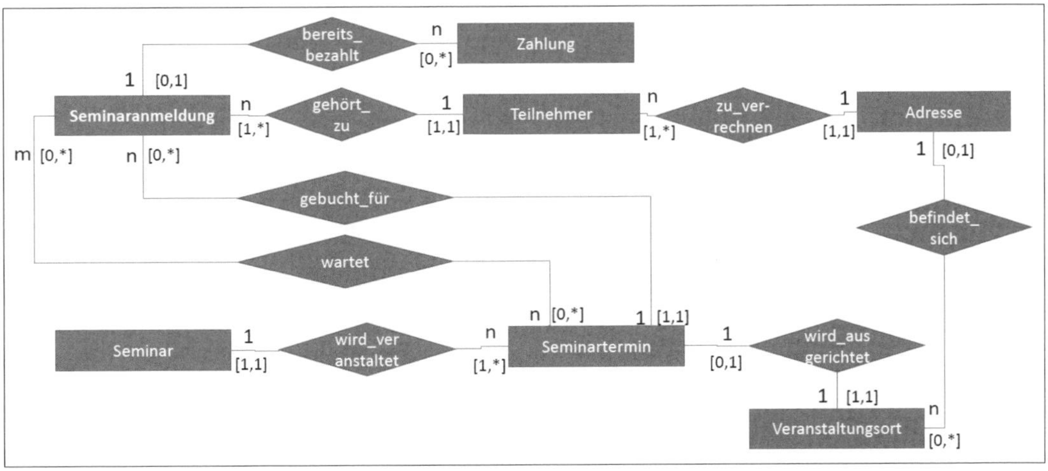

Abbildung A.9: Fallbeispiel »Seminaranmeldung abwickeln« – Datenmodell (Entity-Relationship-Diagramm)

Die Attributliste zum Entity-Relationship-Diagramm entnehmen Sie bitte den Download-Materialien zur Fallstudie.

Q

R

S

T

U

V

W